ジャズの歴史物語

油井正一

ジャズの歴史物語　目　次

第一章　前期

第二章　中　期

第三章　後　期

第四章　余　滴

楽器略号

as アルト・サックス
arr アレンジ
b ベース
bcl ベース・クラリネット
bj バンジョー
bs バリトン・サックス
cl クラリネット
cor コルネット
ds ドラムス
fl フルート
g ギター
orch 楽団。オーケストラ
p ピアノ
ss ソプラノ・サックス
tb トロンボーン
tp トランペット
ts テナー・サックス
vb ヴィブラフォン
vn ヴァイオリン
vo ヴォーカル

第一章　前　期

ジャズはニューオリンズではじまった

「ジャズはニューオリンズで起ったのではない」という説をとなえる人がある。そういう説に耳をかす必要はない。いつの世にも横紙やぶり的な言葉を弄《ろう》する人がいるものだ。ジャズはまさしくニューオリンズで起るべくして起った。ニューオリンズで起った。ニューオリンズという町以外にこれほどジャズが起り得る要素をもった町はなかった。

まず第一に次頁「アメリカ領土合併乃図」をごらんいただきたい。ミシシッピーの西方地域が、アメリカの領土となったのは、いずれも一八〇〇年代に入ってからのことである。長い歴史をもつわれわれ日本人の目からは特に面白い。このうち初期のジャズ史に関連するのは中央部の巨大なルイジアナ地方である。

今日ルイジアナ州といえばニューオリンズを含む南方の小さな一州に限られているが、当時はカナダ国境にまたがるこの大きな土地を指したのであった。この土地を第三代大統領ジェファーソンがナポレオンからわずか千五百万ドルで買い入れたのが一八〇三年のこ

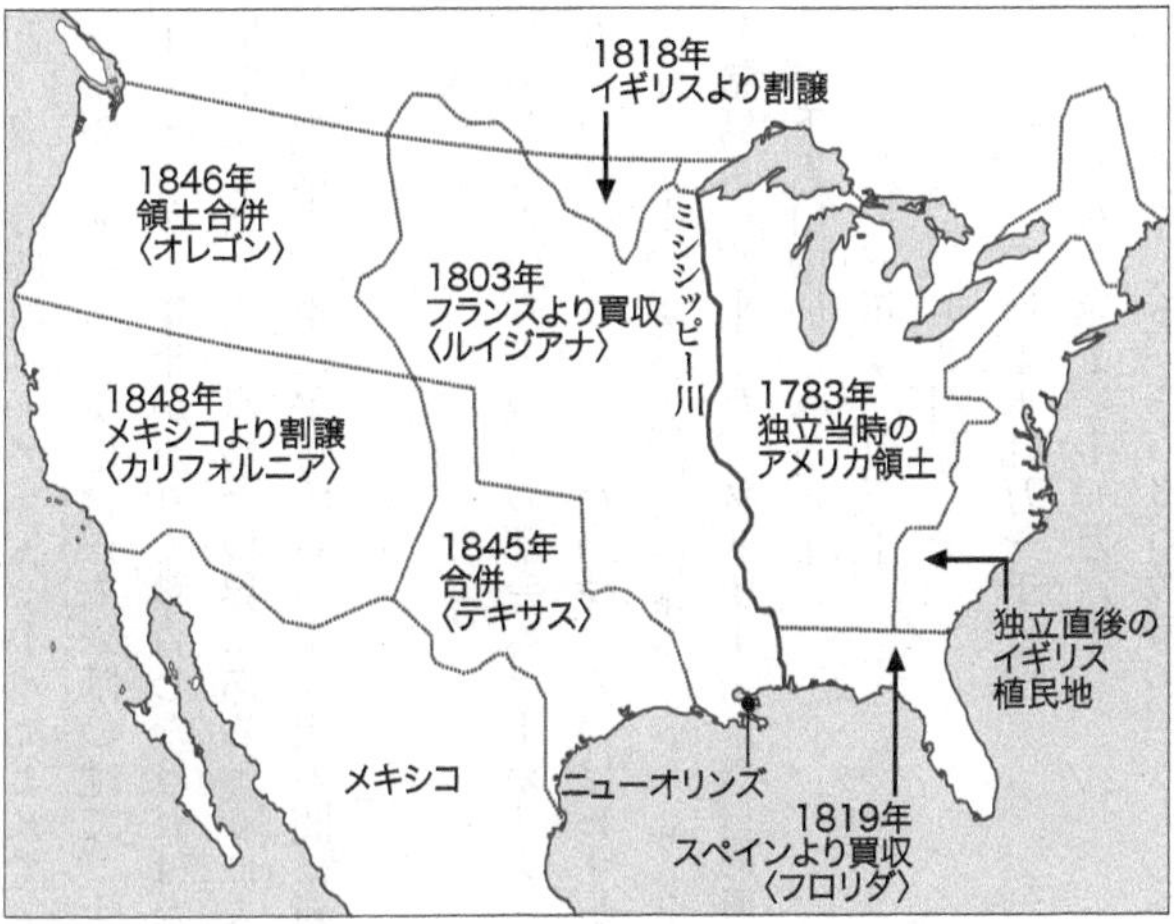

上　アメリカ領土合併乃図
下　19世紀初頭のルイジアナ州

と。史上最低のバーゲン・セールによってアメリカの領土は一躍二倍になったのであった。その頃ルイジアナ奥地は白人未踏の地で、大統領が指名した探険隊はセントルイスから四千マイルを一年半がかりで踏査しなければならなかった。地図でみるとニューオリンズは旧領土と新領土の微妙な境界にあるようにみえるが、ミシシッピーの河口に近い北緯三十一度線以南、東に平行するパール川の間は新領土に入っていたのである。

人口

現在の人口六十数万の都会ニューオリンズは昔から大きな町だったのではない。一八〇五年市制に切りかわった当時の人口はわずかに一万人であった。その後五年間で約二万人になったが、その大部分はキューバ、サント・ドミンゴ(ハイチのこと)、その他西インド諸島から渡来した、クリオール(黒白混血)であった。

以下人口増加をみると――

一八一五年↓三万三千
一八二〇年↓四万一千
一八七〇年↓十九万一千
一八八〇年↓二十一万六千

となっている。その後の数字が手に入らないが、一九三〇年で四十五万八千になっているので、按分《あんぶん》してみると、ジャズが誕生した頃の推定人口は三十万人足らずだったと思われる。このうち黒人は約1/4弱であったようだ。

歴史

この地方は最初スペイン人が占拠したが、十七世紀の後半フランスの手に渡り、一七一八年開拓されたことになっている。一七二二年には五百人の人口と百軒の家が立っているだけの漁村みたいなものだった。この時フランス政府は広域にわたる植民地をルイ十四世の名にちなんでルイジアナと名づけ、この町をオルレアンにちなんで「新オルレアン」(La Nouvelle Orleans) と名づけたのであった。

七年戦争後のパリ講和条約（一七六三年）で、イギリスはフランスが支配していたミシシッピーの東側全部を植民地として得た。その前年（一七六二年）ルイ十五世はニューオリンズを含むルイジアナ全土を従弟《いとこ》にあたるスペインのチャールズ三世に与える秘密協定をしていた。一七六四年になってフランスは初めてこの事実を公表し、スペインから統治者が来たら明け渡すように知事に通告した。こうしてニューオリンズはスペインの統治下に入り一七八八年と九四年に二度にわたる大火を経験し、木造建築は耐火建築にかわった。一七八三年アメリカは独立した。一七九五年マドリッド条約によってスペインはアメリカに港を開放した。貿易港として活動するようになったのはこれ以降のことである。

一八〇二年秘密条約によってスペインがイタリー中部の小国トスカニーと交換にルイジアナをフランスに返還した時、アメリカはパリ条約のシッペ返しをおそれた。事実ナポレオンは、この地にフランス植民地帝国を建設するつもりであった。ところが第一着手としてハイチに送った遠征軍が黒人独裁者ルーヴェルチュールの強い抵抗と疫病でたおれ、かろうじてルーヴェルチュールは捕えたがアメリカに対する計画を断念せざるを得なくなり、翌年大バーゲン・セールを行うこととなったのである。フランスの三色旗がおろされて、アメリカの国旗が練兵場の掲揚台に上ったとき、フランス系市民は涙を流して口惜《くや》しがったという。

こうしてアメリカの領土となったものの、この町の文化は、あらゆる国の文化の混血であった。建築物のおもな影響としては――

(1) フランスの影響……ルイ十四世時代の宮廷建築とルネッサンス様式の折衷。

(2) アメリカの影響……ギリシャ様式のリバイバルと連邦様式の折衷。湿気多く暑い当地の気候に順応させたもの。

(3) ミシシッピー沿岸様式とでもよべる、いくつかの影響が微妙に入りまじったもの。

にわけることができる。そして「いくつかの影響が微妙に入りまじった」という表現は、建築ばかりでなく、この町の服装、習慣、料理、そしてしゃべり方にまでみられるものである。人種もまた種々雑多で、フランス人、イギリス人、スペイン人、クリオール人……

とさながら人種展覧会のようであった。こういう人種で構成された社会には一定した性格がみられない。話し言葉も混乱していて、フランス語、スペイン語、英語、クリオール語（フランス語の方言といってもいいもの）が通用していた。

ニューオリンズは世界の縮図であり、世界から集まった新しい住民によって、人口増加と共にニューオリンズ市の文化的性格がつくられたのである。これは混血文化とよんでよいものと思う。

一八八〇年から今世紀のはじめにかけて、ニューオリンズで演奏されていた音楽は、「世界の縮図」をそのまま反映したものであった。この町ほど、音楽と市民生活が密着していた都市は他に類がない。音楽会などをわざわざ聴きにゆかなくとも、市民生活イコール音楽だったとさえいえるのである。

ブラス・バンドで練り歩くストリート・パレード——いろんな編成のグループがいっぱいあって町中が音楽で溢《あふ》れていた。家庭でも客間でも台所でも人々は歌った。市民はおのおのの出身国の音楽をもってきていた。西インド諸島、イギリス、アイルランド、スコットランド、ドイツ、アフリカ、スペイン、メキシコ、フランス……。そのうえ国内を巡業してくる音楽グループを通じて東部、中西部、南部、北部の音楽をおぼえこんだ。換言すれば、のちにジャズをつくりだしたミュージシャンの頭の中には、世界中の音楽が強制的に詰めこまれていたというわけである。

ニューオリンズで黒人の男が死ぬと（男性に限る。女性はやらない）ブラス・バンドが雇われ、墓場への葬列の先頭に立って行進する。土葬がすむと一転してジャズを演奏しながら町へ戻ってくる――あまりにも有名なお葬式風景はシネラマ第二作「シネラマ・ホリデイ」で克明に紹介されていた。これはニューオリンズの黒人独得のものと考えられていたが、ベーレントによると南フランスに今も残っている風習だという。

ルイ・アームストロング・オールスターズの《ニューオリンズ・ファンクション》（デッカ）ではサッチモ自身が次のようなナレーションを入れて“Flee as a Bird”と“Oh, Didn't He Ramble”を演奏している。

「みなさん、ルイジアナ州ニューオリンズで演奏されるOh, Didn't He Rambleのお話をいたしましょう。まず墓場への道すがら演奏される葬送行進曲からはじまります。（中略）棺《ひつぎ》が土葬されはじめると、そこここから家族の泣き声がきこえ、老牧師は〝幽冥境《ゆうめいきょう》を異《こと》にして、もはやこの世に君を見るすべもなし〟とお経をあげだします。スネアー・ドラム（小太鼓）のプレイアーはドラムの中からハンケチをとりだし、メンバーの涙を一人ずつ拭《ふ》きとってやります。そして墓場からの帰りみちには、Oh, Didn't He Rambleを陽気に演奏するのです」……「シネラマ・ホリデイ」を見損ねた人には打ってつけの実況的演奏である。だがジャズ的にみると、やはりアームストロングらしい演出でショウ化されている点はやむを得ない。特に帰り道の陽気な演奏はサッチモ、ティーガーデン、ビガードなどのソロ・リレーになっていて、ニューオリンズらしいアンサンブルはきかれない。もっと純粋な演奏に接したければ一九五八年の暮ネシュイ・アーテガンがニューオリンズに出張して、野外でヤング・タキシード・ブラス・バンドのパレードを録音したアトランティック盤の方が、ナレーションはなくともより忠実であろう。ディキシー・ファンには耳なつかしいこれらの曲の出典をたどると各国の民謡に行きつく事実は、ニューオリンズの音楽の混血性をよく示していると思う。Flee as a Bird はスペイン民謡で、日本では《追憶》として知られる歌である。Oh, Didn't He Ramble はアイルランド民謡《ダービーシェア・ラム》である。《Just a Closer Walk with Thee》は讃美歌《さんびか》のようにきこえるが、スウェーデンの糸つむぎ歌《Spin, Spin》（英訳）で、日本では《むなしく老いぬ》として知られているものだ。

ぼくが前々から引きあいに出す重要なレコードは、故ジェリー・ロール・モートンが一九三八年五月、アメリカ国会図書館のために吹込んだドキュメントである。このレコードは民謡研究家アラン・ロマックス氏の企画で、大型のラッカー盤にカットされたもの。のちサークル、リバーサイドの両社からLP化されたが音質最悪で、聴き通すのにはかなり忍耐力が要る。その第一巻で彼がピアノを弾きながら分析する《タイガー・ラグ》が面白い。彼は語っている。

「ジャズはニューオリンズではじまりました。この《タイガー・ラグ》は沢山のちがったテンポをもった古いクォードリル（カドリール）から出来あがったものです……」そして彼はワルツ、マズルカと古いヨーロッパの舞踊曲によって合成されたスタンダード・ジャズ曲《タイガー・ラグ》を分析してみせるのである。この分析には説得力がある。ジャズを形成した諸要素の中でヨーロッパ的要素は極めて大きいからである。

十九世紀、ニューオリンズの舞踊会で演奏されたのはマズルカやポルカ、ワルツのたぐいであった。黒人的なビート感をたくみに加味したラグタイム・ピアノも弾かれた。町の中ではブラス・バンドがマーチをひびかせ、煙突掃除や苺《いちご》売りの売り声（ストリート・クライ）にまじって、世界各国語で歌われる民謡がきかれた。黒人の労働歌、教会歌、ミンストレルで歌われた歌にだぶって愉快な物語を織りこんだカリプソ……。こういう音楽的記憶の豊富さがすべて初期のジャズに含まれている。ニューオリンズという特殊な町以外でジャズが生まれたと信じられないのはこの故にである。

一言で定義すれば「ジャズは今世紀のはじめ頃、ニューオリンズの黒人ブラス・バンドから起った」のである。解放後自由市民となった黒人は音楽が充満しているこの町で、南北戦争（一八六一－六五年）で敗れた南軍軍楽隊が残した楽器を安く手に入れ、ブラス・バンドを組織し、アルバイトとしてかせぐ手段を考えついたのである。「黒人ブラス・バンド」という一句は特に大切だ。もし白人ブラス・バンドだけしかなかったら、ジャズは決して誕生せず、今以《も》って「ブラス・バンド・マーチ集」ぐらいのLPを吹込んでいたにちがいない。

ニューオリンズのクリオール

フランスが統治していたことから生じたもうひとつの特殊性は、クリオールの発生である。これはアメリカの他の都市になかったことだ。

この十年あまり日本でもアメリカの黒人に関する研究がさかんになって、日本語による黒人関係の書物もたくさん出版されるようになったが、今もってクリオールに関して掻《か》ゆいところに手の届くような解説書にめぐりあえない。ぼくの眼に触れない出版物も多いと思われるので、もしそのような書物をご存知の方があったらぜひお知らせいただきたい。ぼくは信頼するに足る参考書なしに、いままで何となく理解していた程度のことをここに記してみる。

クリオールとは白人（おもにフランス人、スペイン人）と黒人の混血のことで、正確にはCreoles of Colorという。フランス流に「クレオール」と発音したいところだが、アメリカではクリオールとよぶのが正しい。アメリカでは黒人の血が一滴でもまじっていれば、いくら白人のような姿をしていても「黒人」とされる。白人だと思って結婚の約束をし、家庭を訪ねてはじめて黒人と知って逃げ出す悲劇は、映画「アメリカの影」をはじめ色々な小説、映画の素材になっているが、掟《おきて》がそうなっているのだから仕方がない。故にクリオールはまごうかたなき「黒人」である。ところが昔のニューオリンズにおいては、クリオールは「白人」とみなされ、黒人たちを優越感にみちて見くだしていたのである。「この当時、白人が黒人に対する態度よりも、クリオールが黒人に対する偏見の方が、もっと激しかった」とギター奏者のジョニー・センシアは述懐している。これはルイジアナ地方にのみ見られた現象である。今でもフランス人は黒人に対して偏見をもっていない。有能な黒人ジャズメンの幾人かがアメリカを逃げだしてパリに住みついているのもそのせいだ。フランスの支配期間が長かったニューオリンズに、クリオールが多く生まれ、一般黒人とちがった階級を形成していた事実が、ジャズという音楽を生むのに大きく役立ったのである。

おなじ南部でも、アングロ・サクソン（イギリス系白人）が支配していた町ではそうはゆかなかった。マーク・トウェーン（一八三八－一九一〇）はミズーリ州に生まれた小説家だが、特に黒人に悪感情をもっていないことはその作品からわかる。いわば平均的白人だ。彼の小説「ハックルベリー・フィン」に登場する黒人ジムは、白人に好かれる「いいニグロ」の代表である。ジムは半分は道化《どうけ》、半分は愛玩《あいがん》用の家畜のように描かれ、人間として扱われていない。白人の眼から「いいニグロ」にみえたのはこういう愛玩物的黒人であった。

一九二〇年代から三〇年代に現われたジャズの巨人は、いずれもこの雰囲気を察しとり、見事な道化役者になりきった。ルイ・アームストロングしかり、ファッツ・ウォーラーしかりである。白人観客にうけようと思えば道化をやる他はなかった。テレビでよく放映される古いアメリカ映画をみれば出てくるニグロはエレベーター・ボーイであろうが、運転手であろうが皆道化として扱われていた当時の世相がよくわかる。

ディジー・ガレスピーをこの型の最後のミュージシャンとして、モダン・ジャズ時代になるとその反動として、客を客とも思わぬ黒人ミュージシャンが発生してくる。拍手をしてもお辞儀もせずサッサとステージから消えるマイルス・デヴィスや、客にステージから喧嘩《けんか》を売るチャーリー・ミンガスの意識の底にはあきらかに、三〇年代の黒人に与えられた非人間的なものへの意趣がえしがある。礼儀を重んずる平均的日本人には、この両極端のマナーはどっちもうけない。そこをすばやく見抜いたアート・ブレイキーは、メンバーにもいい含め、拍手をうけるや客席に向って一斉に最敬礼をさせる。賢い男だ。

クリオールの発生

このように人間性を失い、阿呆《あほう》とならねばうけなかった当時の黒人の中で、ニューオリンズのクリオールはまさに別格の存在であった。

クリオールの発生をマーシャル・スターンズ博士は次のように記している。「一七二四年に制定された黒人規則（Black Code）によって、次のような奴隷解放規定が定められた。子供は母親の身分に従う。白人の主人が死ぬと、黒人の妾《めかけ》は解放される。間に生まれた子供は、母親の身分に従うから自動的に解放される。この規定によってフランス人、スペイン人と黒人の混血であるクリオールという階級が発生した」

クリオールはこのようにして発生し、またたく間に、ニューオリンズに肌は黒くとも白人と同じ身分の新階級を形成していった。今日、肌の色が白くとも黒人は黒人とされる彼らが当時うけていた自由を知るために、次の記述は特に驚異的である。

「ルイジアナでは、フランス人またはスペイン人を祖先にもっていることを証明できる黒人は皆、白人としての身分を保証された。このため一八〇三年ルイジアナをアメリカに売り渡したナポレオンは《この制度は今後も継続さるべし》という一項を附したのであった」（注1）

ニューオリンズ市の中央部にジャズでも有名なキャナル・ストリートという広い通りがある。この通りを境界にして、西側がアップ・タウン、東側がダウン・タウンとされていた。アメリカでいうところの「アップ・タウン」「ダウン・タウン」を日本的な感覚で「山の手」「下町」と考えるのは初歩的な誤まりである。

ダウン・タウンはクリオールが住んでいた一等地で、アップ・タウンには奴隷に属する人種が住んでいた。

クリオールの中には黒人奴隷を使って農場経営をする人も多かった。一八五〇年頃クリオールの繁栄は絶頂に達し、子弟をフランスに留学させ、中にはそのままフランスに住みついてしまう者も多かった。日常用語はフランス語。一種のエリート階級で、子供たちにはヴァイオリンやピアノを習わせて、みっちりと音楽教育をほどこす商人などの金持が多く、金を出しあって百人編成の交響楽団まで養成したというから、教育パパと教育ママが揃った階級だったといえよう。この交響楽団の指揮者がニューオリンズ生まれのクリオール、エドモン・デーデ（Edmond Dédé）でパリの音楽院で学んだ人。のちボルドーのオペラ・ハウスの音楽監督になった俊才である。

もっとも成功に乗りおくれたクリオールでも、靴屋、床屋、洋服屋、大工、室内装飾の仕事をやり、だいたい中産階級の生活を送っていたという。

クリオールの没落

クリオール階級の没落が、奴隷解放令の実施と共にはじまったとは何とも皮肉な話だ。奴隷を人間の地位に引き上げるべく、南北戦争というとてつもない内乱をしてまで実行した奴隷解放令は、奴隷の地位を引き上げたと同時に、クリオールの地位を転落にみちびいたのである。奴隷の労働力に頼って貴族的な生活を営んでいた南部の白人にとっては手痛い打撃である。タダで使えた奴隷に明日からは労賃を払い、労働契約を結ばねばならぬ。「そんなアホなことを――」と彼らは嘆いた。奴隷はよろこんだかというとそうでもない。今まではお仕着せで、金の苦労は何ひとつなかったのに、これからは収入によって生活の一切をまかなわねばならない。お金の悩みを歌ったブルースは奴隷時代にひとつもなく、解放後に数え切れぬほど出てきたのである。

ともかく南部の人々は勝手のちがう新生活にあわてふためいた。白人にとっては生活権に直接ひびく問題である。彼らの憤懣《ふんまん》はついに「白人同盟」(White League)の結成をみちびいた。一八七四年のことだ。その目的は南部に入りこんでくる北部人を追放することと、黒人に対してその分を守らせることにあった。とんでもないとばっちりをうけたのはクリオールだった。「あいつらだって黒ん坊じゃないか。やっつけちまえ。でけえつらはさせとけねえ」というわけだ。クリオールの商人から物を買うのをやめる。クリオールの仕事を白人の手に片っ端から奪いかえす。悪意的にこういうことをやられてはひとたまりもない。数十年まえクリオールの知識階級に牛耳られていた市の行政機構も全部白人の手に握られることになり、地位的、経済的にクリオールの没落がはじまった。

ベイビー・ドッズは語っている。「黒人の仕事はわるくなるばかりだった」一八九四年、こうした傾向に終止符を打つかのように行政条例第百十一号が出た。即ち、「クリオールもまた一般黒人と同様、人種差別を受けるべきこと」というのである(注2)。しかしこの条例の公布をまつまでもなく、白人社会から締めだされたクリオールは、アップ・タウンのもと奴隷たちの中に、恥をしのんで働きに出なければならなかったのであった。両者の間にはげしい憎悪と敵意があったことは容易に了解できよう。

この対立は今日も尾を引いている。ニューオリンズの黒人はお互いにかなり仲が悪いことで知られる。バンク・ジョンソンにしろジェリー・ロール・モートンにしろ、インタビューでは「自分こそ最高で、あとの連中は何をしとるかわからん」ふうなことをいっている。人格高潔なジョージ・ルイスさえ日本公演中はしばしばメンバーの非協力を嘆いた場面があったのである。

ジャズ誕生の現実の姿

クリオールが没落してゆく姿は、ジェリー・ロール・モートンの話を速記したアラン・ロマックスの著書に克明に捉《とら》えられている。

自分の本名はレッキとしたフェルジナンド・ジョセフ・ラ・マントであったにもかかわらず、芸人としてフランス名前を避けたかったために英語に直したといういいわけにはじまり、祖父が手広くやっていた酒問屋は、やがて客足を失い、抵当権でガンジガラメにしめ上げられ、経営は人手にわたり、孫であるモートンはアップ・タウンのいやしい奴隷の子孫と肩をならべて町工場に働きにゆかなければならなかった事情が長々と語られる。彼が遊廓《ゆうかく》ストーリーヴィルのおかかえピアニストになった時、怒った祖母は彼を勘当した。にもかかわらず彼はいい収入を得、「先生」とよばれる身分になった。クリオールの家庭の熱心な音楽教育が、ここで役に立ったのである。

ニューオリンズが音楽いっぱいの町であったという事実から、ミュージシャンを志すことはアップ・タウンの黒人たちにとっていい仕事であったことは疑いない。クリオールの子孫にとっては教育ママの情操教育の一環にすぎなかったから、これはかなり身を落す仕事と考えられた。だが社会的、経済的な没落は、そんなことをいっている余裕を与えなかった。アップ・タウン族は無教育で楽譜がよめなかったから、買いこんだ安楽器を力一杯吹きまくったが、クリオール族はヨーロッパのクラシックの素養をバッチリ身につけており、楽譜もよめたから、そうでたらめな音楽は演奏できなかった。

「ジャズとは、アメリカにおいて黒人とヨーロッパ音楽の出会いから生まれた芸術である」とベーレントは定義する。このばあいヨーロッパ音楽は白人がもたらしたものと気軽く考えてはならない。人種差別が厳重になったニューオリンズで黒人と白人が共演できる機会はほとんどなかった。今日ですらそうである。すると黒人とヨーロッパ音楽はどういうふうに出会ったか？ヨーロッパ音楽の教養を深く身につけたクリオールが実際的な媒介役を果したのである。奴隷解放令によって、地位のあがった奴隷の子孫と、地位のさがったクリオールの子孫が対等な出会いを行い、ミックス・バンドを組んだところからジャズという新しい音楽が発生した。

解放後百数年を経た今日、クリオールという誇り高き階級は絶滅し、誰がクリオールの子孫かはわからなくなっている。今のジャズ界で、誰々がクリオールの子孫だと区別しても全く意味はない。だがジャズの発生をさぐる時、クリオールの存在は、ジャズの歴史に特に一項を設けるほど重要なものなのである。

ジェリー・ロール・モートン

ベーレントの見解にこういうのがある。

「ジャズはニューオリンズに生まれた……とは、いい古された言葉である。こういう言葉には、あたっていることもあるし、まちがっていることもある。ニューオリンズが、ジャズの発生上、最も重要な町だというのは正しい。ニューオリンズが、その唯一の町だというのは、まちがっている。ジャズは、ひとつの町の特産物とするには、あまりにも大きすぎるのである。

ジャズは大陸の音楽であり、世紀の音楽であり、文明の音楽である。ニューオリンズ以外にも、メンフィス、セントルイス、ダラス、カンサス・シティその他、南部や中西部のたくさんの町で、おなじような音楽が演奏されていた。いろんな人間がちがった場所でお互いに無関係でいながら、おなじような芸術的成果をあげているということ——これもまた、純粋な芸術にみられる特徴である」

この文章を何気なく読んでしまえば「ジャズをニューオリンズだけで発生したと考えてはならない。それは誤りだ」としか頭に入らない。だがよく読むとベーレントは、「いろんな人間がちがった場所でお互いに無関係でいながら、おなじような成果をあげていること。これ即ち純粋な芸術にみられる特徴であること。故にジャズは立派な芸術であること」を強調したがっていることがわかる。それを強調したいために、他のいろんな町で、「同じような音楽が演奏されていた」とボカしているのである。

この「同じような音楽」という訳文は英文によれば、similar ways of playing music evolved in Memphis, ……とあり、similar は same でなく「類似、似ている」の意だから、上記の訳文でよいが、現実にはそれほど似ている音楽が演奏されていたわけではない。そのところを補足すると共に、ジャズの核心ともいえる即興演奏部分が、ニューオリンズで形造られたことを証明しておこうと思う。

ベーレントが、「同じような音楽が演奏されていた町」の筆頭にあげたメンフィス市で生まれ、育ったバスター・ベイリーはのちシカゴを経てニューヨークに出、フレッチャー・ヘンダーソン楽団、ジョン・カービー・コンボ、そしてアームストロング・オールスターズというジャズ史上の有名コースを経て、一九六七年四月十二日、六十四才の生涯を閉じたクラリネットの名手である。彼の言葉を引用してみよう。

ニューオリンズのストーリーヴィルで演奏されていた頃、我々もメンフィスで演奏していた。ふたつの演奏のちがいはニューオリンズの方がもっとインプロヴァイズされていたことだ。我々は譜面によって演奏した。

一九一七年私たちはニューオリンズに旅し、同地の音楽を実地に聴くことができた。この旅行はのち私がシカゴに出てニューオリンズ・ミュージシャンと共演するようになった時とても役に立った。ニューオリンズからメンフィスに戻ると、ジャズ演奏を始めた（……and started jazzing it up in Memphis.）。

私たちのバンドの仕事のひとつに、一九一七―一八年（第一次大戦の）召集兵を駅に送ってゆくことがあった。《召集のブルース》、《軍備のブルース》を私はジャズでやった。みんな私の伴奏者になった。私は注目の的になった。ほかの連中はストレートに吹き、私は校長の言にしたがえば、「メロディを飾った」のであった。当時の私はインプロヴィゼーションという言葉の意味を正確には知らなかった。だが「メロディを飾る」という意味はわかった。ニューオリンズの連中がやっていたのも、このメロディを飾るということだった。

バスター・ベイリーの思い出話は、メンフィスで演奏されていたダンス音楽でさえ、ニューオリンズと同質のものでなかったことを証明している。W・C・ハンディ楽団をはじめ多くの楽団は譜面どおりの演奏をやっており、インプロヴィゼーションはおろか、「メロディを飾る」ことさえほとんどやっていなかったのである。

ベーレントが他の諸都市でも「同じような音楽」が聴かれたというのは、実はニューオリンズから流れ出たミュージシャンとか、バスター・ベイリーのように本場の空気を吸ってやりかたを体得したミュージシャンによって、地方へとひろがって行った「結果」を同時進行と見誤ったものでしかないのである。ではベーレントの記述は誤まりであろうか？大局的にいえばまちがっていないと思う。リズムの面でたしかにジャズっぽい音楽に傾いていたことは確実で「同じような音楽」といういいまわしは充分あてはまると思う。そこでまえに戻ってもういちどいえば、「やはりジャズはニューオリンズで生まれた――」ということになるのである。

一九四一年ロサンジェルスで死去したジェリー・ロール・モートンについてはいろんな評価が伝えられている。「みずから〝ジャズの創始者〟と名乗った大ボラ吹き」という評価は一般化しているが、そういう観点からだけみると、「ではそんな大ボラ吹きに、なぜジャズ史上不滅の名盤（RCA）がつくれたのか？」という問いへの回答は出てこない。ジェリー・ロール・モートンは、ジャズ界のほかの如何《いか》なる人よりも古くからこの音楽にたずさわってきたパイオニアだが、誰にも理解してもらえない昔ばなしを、わかって貰《もら》おうとしているうちに、表現がオーバーになりすぎて天下のヒンシュクを買い、笑い者になってしまった悲劇の主人公なのである。

諸君もタイム・トンネルに入れられて百年後の世界につれてゆかれ、知る人とてない世界で無理解な仕打ちをうけたら、ジェリー・ロールの心境が理解できるようになると思う。

一九三〇年代の後半、突如としてジャズは脚光をあび、スイング・ブームが到来した。当時活躍した如何なるミュージシャンも彼より年が下だった。アームストロングは十五才も年下であった。わずかにカリフォルニアでかすんでいたキッド・オリーが、彼より一才年下だった。だが私がまえにのべたように、ニューオリンズの黒人同志は意外に仲が悪いという事実は忘れないでほしい。さらに一九三九年に「ジャズメン」という本が出るまで、アメリカ人はスイングという音楽に全く無知であったという事情を頭に入れておく必要がある。

一九三〇年代の大不況で、モートンは引退し、首都ワシントンでナイト・クラブを経営していた。彼の作曲、《キング・ポーター・ストンプ》はグッドマン楽団の名演で有名になったが、モートンという作曲家が何者であるかは知られていなかった。これに反して《セントルイス・ブルース》の作者W・C・ハンディはニューヨークで楽譜出版社を経営しており、既にしてたいへん有名であった。以上のいきさつを頭に入れておかないと次のエピソードは正しく理解できないであろう。

世界の珍話奇話を紹介した、故アーサー・リプレィの《Believe It, or Not》は、当時ラジオの人気番組であった。一九三八年三月の放送で彼は「ジャズとブルースの創始者W・C・ハンディ」という話題をとりあげ、（当時）知られざる作品だった《ビール・ストリート》、《イエロー・ドッグ》、《メンフィス》などのブルースは《セントルイス》とならんでハンディの傑作であり、その作品は数百にのぼることを紹介した。

ジェリー・ロール・モートンの怒りが爆発したのはこの時である。「大ウソツキのW・C・ハンディ」というのはボルチモア・アフロ・アメリカン紙の投書に載った抗議文の見出しであった。彼はリプレイにも四千語に及ぶ抗議文を書き、コピーをダウン・ビート誌に送ったので、同誌に大見出しで掲載された。以下はその大意である。

親愛なるリプレイ殿

放送は欠かさず聴いております。あなたの放送こそ文化に対する偉大な貢献と確信しております。だが一九三八年三月二十八日の放送で、あなたがW・C・ハンディをジャズ、ストンプ、ブルースの創始者として紹介されたことは、私に対する侮辱であると共に、聴取者を誤解にみちびいたものといわねばなりません。ニューオリンズこそジャズの発生地であることはれっきとした事実であり、同地において一九〇二年ジャズを創造したのは、ほかならぬこの私なのであります。W・C・ハンディ氏には一九〇八年に会ったことがありますが当時の彼はジャズを全く演奏できないミュージシャンでありました。今もってできないはずであります。またハンディ氏のぼう大な作曲なるものは、著作権なきまま歌われている俗謡を自分の作品として登録したものでありまして、彼の創作であることを証明し得るものは何ひとつとして無いのであります。今日スイングの創始者とかキングとかデュークと自称するやからが横行しておりますが、こういうニセモノを皆ウソ発見器にかけて化の皮をはがしてみたい気が致します。

リプレイ殿、ハンディ氏がなした虚偽の声明は音楽史上かつてなき卑劣なる詐欺行為といわざるを得ません。誤解なさらないでいただきたい。私はハンディ氏のブルースが発表される以前に沢山のブルースを作りましたが、ブルースの創始者と僭称《せんしょう》する気は毛頭ございません。ただ本当は溝掘りや道路清掃をやっているべき人間が名誉と富を得て横行している事実を指摘し、公正なるご判断を仰ぎたく存ずる次第であります。

敬　具

ジャズとストンプの創始者
ビクター・アーティスト
世界最高のホット曲作者
ジェリー・ロール・モートン

こんな文章しか書けない男だった為に、モートンは「世にもイヤな奴」という印象を与えてしまったが、彼のいうことはそれほどまちがっていないように思う。当時の世相を知る私はモートンに対してかなり同情的である。この手紙がダウン・ビート誌に出たおかげでモートンの生存がわかり、国会図書館でぼう大な「昔ばなし」の録音が行われ、ジャズ初期の貴重な資料が陽の目をみることになったのであった。ヒステリックで挑発的な言動にもかかわらず、ジェリー・ロール・モートンは史上最初の偉大なジャズマンの一人だったのである。

ストーリーヴィル

ニューオリンズのどまん中に吉原《よしわら》や島原《しまばら》に比肩する遊廓《ゆうかく》があった。ジャズ・ファンがとっくにご承知の「ストーリーヴィル」である。

世界各国で遊廓そのものが歴史的事実と化した現在、ストーリーヴィルにおけるエキゾチックなナイトライフは、絶好の研究対象にちがいないが、誤解しないでほしいのは、贅《ぜい》をつくした妓楼《ぎろう》の中で賑《にぎ》やかなジャズが演奏されていたわけではないということだ。遊廓というのは日本でもそうだったが、廓内は森閑としていて、たまに新内流しがムードを添えるぐらいなものだ。ところが一歩周辺に踏み出ると、おでん屋、射的屋、安カフェが立ちならび、急にガラが悪くなったものである。ストーリーヴィルもまさにそのパターンで、ジャズは周辺地区のダンスホールやキャバレーで演奏されていたのだった。「ジャズは女郎屋の音楽だ」と抜かすクラシック・ファンがいたら勇ましく切りかえすがよい。「女郎屋であっちの方の伴奏をつとめたのはモーツァルトの絃楽《げんがく》四重奏曲なんだぞ」と。当時は絃楽四重奏曲あたりが打ってつけのムード・ミュージックだったのである。

一九一七年四月、アメリカがおくればせながら第一次大戦に参戦すると、ニューオリンズは軍港となり、すべての兵士がこの港から出征した。死を覚悟した兵士の目の前に、生きる歓《よろこ》びを教える高楼が立ちならんでいては甚だまずい。海軍長官は断乎《だんこ》としてストーリーヴィルの閉鎖を命じ、一九一七年十一月この豪華な遊廓は歴史の幕を閉じたのであった。周辺のダンスホールやキャバレーも立ちゆかなくなり、多くのジャズメンが職場を失った。

今までのジャズの歴史はここで非常に誇張されている。ニューオリンズ・ジャズメンは皆ただちにシカゴに移動したように伝えられている。だが真相はかなりちがう。ニューオリンズで職を失ったミュージシャンが大挙してシカゴに向ったわけではない。シカゴに出て行ったミュージシャンはごく少数で、大部分がニューオリンズにそのまま残留していたのである。このことは一九四〇年代のはじめ「ニューオリンズ・リバイバル」に際して、かなり多くのジャズメンがニューオリンズで発見されたことでも証明されるが、それがなぜだったかを考えておくことは無意味ではあるまい。

NHKテレビの人気番組「ふるさとの歌まつり」では、珍らしい各地の民謡舞踊、まつりの音楽が紹介される。無形文化財として保存しておきたいようなものばかりである。ショウが終ってお面をぬがせ、宮田《みやた》アナがインタビューすることになるが、出演者は皆農民であったり、役場の書記であったり、主婦であったりして、プロは一人もいないことに気付かれるであろう。本業のある人がお祭りが近づくにつれて寄り集まり練習を積み、伝統芸能を保存しているのである。民族芸能とはそうしたものである。

ニューオリンズに生まれたジャズもそういうものであった。プロらしいプロが多くなかったのも当然で、横丁の床屋のおやじや大工やペンキ屋がパレードがあるたびにかりだされて練り歩き、少々暇の多い連中が夜のダンス音楽も演奏したというにすぎなかった。ニューオリンズの生き残り組にジャズが本業化したのは一九四〇年代に入り、無形文化財として本業の方が手につかないほど多忙になってからのことなのである。そうでなくても住みついた土地は離れにくい。余程の保証がなくては動けるものではない。アルバイトの収入が減っても居残って本業に精を出そうと考える方が自然だったわけだ。だからストーリーヴィルの閉鎖によってシカゴに移動したジャズメンは少数であった。少数ではあったがこの道で一生をすごそうという決意と自信をもったプロだったのだ。

ニューオリンズからシカゴへ

北部への大移動と人種問題

一九一〇－二〇年にかけて、南部から北部へ移動した人口は白人五百万、黒人三百五十万といわれる。まさに大移動であってExodusといわれるゆえんだ。発展途上にあったアメリカの経済組織、産業構造の変化（農業中心→工業中心）が北部の工業都市へ人口を移動させた原因である。

黒人の多くはニューヨークを避けてシカゴ周辺に群がった。これにも理由がある。同じ黒人でもニューヨークの人間はどことなく洗練されて都会的な感覚を身につけており、南部の田舎者を露骨に軽蔑《けいべつ》した。南部出身者にとっては近よりにくい町だったのだ。それにシカゴなら万一失敗して故郷に帰るにも距離が近く旅費が安い。しかもシカゴは大量の黒人労働者を必要とした。ニューオリンズから北上したプロ・ミュージシャンの気持もおなじだった。南部で生活をともにしていた同胞にならたちどころに理解してもらえる。同じ環境に育っただけに、ブルースがわかる。マ・レイニーもベッシー・スミスも、シカゴを第二の故郷としたし、ブラインド・レモン・ジェファーソンもこの地に落ち着いた。シカゴが今日でも「ブルース・シティ」である理由はここに発している。

シカゴのサウス・サイド……十二丁目から三十一丁目にかけて、通称「ブラック・ベルト」とよばれる黒人居住区があった。ここの人口は五年間で二倍にふくれあがり、その結果家賃が高騰した。呼吸もできないような人いきれにたまりかねた黒人が「ベルト」の境界線を越えて家をかまえたりすると、近所の白人が爆薬を仕掛けて追い払った。警察の記録によると、一九一七―二〇年の四年間に、この種の爆破事件は五十八件に及んだ。

黒人の人口がふくれあがるにつれて人種問題も色々とトラブルの種になった。ＡＦＬ（American Federation of Labour ――産別会議総同盟）は黒人を組合員とすることを否定し、さらに黒人だけの労組をつくることも許さなかった。だからストをやっても黒人は平気で働きにゆく。こんなことから摩擦を生じ、互いに憎み合うといった因果関係をくりかえした。

ジャズという言葉はシカゴでつくられた

この音楽には最初「ジャズ」という名称がなかった。

一九一五年五月、シカゴの「ラムのカフェ」に出たトム・ブラウン（tb）のバンドはBrown's Band from Dixie Land と称したし、同年八月楽旅のため東部に向った時はThe Kings of Ragtime と称した。一九一六年三月、のちＯＤＪＢ（オリジナル・ディキシーランド・ジャズ・バンド）となったグループが「シラーのカフェ」に出た時は Stein's Band from Dixie といっていた。Dixie とは南部のことである。

ある晩、客の中にいた元ボードビリアンがウイスキーに酔ったあげく"Jass it up!"と声援を送った。Jass とはシカゴの暗黒街の俗語でわいせつな意味をもっていたが、この種の俗語は何にでも用いられているうちに本来の意味を失い変化していくものである。たとえば日本語の「よがる」という言葉はわいせつだ。「ひとりよがり」といったらわいせつの極致のような言葉になるはずだが、本来の意味を失って紳士淑女も堂々と口に出来るようになっている。その頃のJassがそうだったのである。

「こいつはうまい言葉だ」と直感した彼らは早速バンド名をStein's Dixie Jass Bandと改名し、名のなかった音楽はついにジャズという名称をもった——と文献にある。

この新しいジャズという音楽はニューオリンズから運ばれたものであるし、ジャズといえばニューオリンズ・スタイルしかなかったのだから、「ニューオリンズ・ジャズ・バンド」などという名称は（今でこそスイングありモダンありで当然区分されるべきであろうが）当時としては、重複のきらいがあったわけだ。あえて重複させたのは北部人にエキゾチシズムを売るためだったか、あるいは南部出身者に共感を与えるためだったのだろう。

黒人と白人の混合編成

シカゴにジャズを広めたのは、まず白人のディキシー・バンドだった。トム・ブラウンのバンドと、そのメンバーだったガス・ミューラー（クラリネット）やレイ・ロペッツ（コルネット）は、一九一〇年代から二〇年代のはじめにかけて多くのシカゴの白人たちと共演してニューオリンズのレパートリーや演奏法を伝授した。二〇年代のはじめには本格的な白人バンドNORK（ニューオリンズ・リズム・キングス）が現われ、南部のエキサイティングなスタイルを、シカゴの白人たちに注入した。レコードの方も一九一七年のODJBのビクター盤を皮切りにNORKなど白人バンドの方が先に出たので、黒人ジャズの存在はほとんど知られていなかった。

さてジャズ・レコードにおいて、白黒混合セッションがいつから行われたかについては、『ジャズの歴史』を改版する毎に新事実が現われ、小生もホトホト手を焼いているのであるが、オランダのフィリップスから出たリバーサイド盤『ニューオリンズ・ボーイズ』(RLP8818)にはガックリ参った。その中に二曲、オリジナル・ニューオリンズ・ジャズ・バンドの演奏がある。これは疑いもなく白黒混合セッションで、録音年月日が一九一八年十一月というのだから決定的である。一九三〇年代に「鼻のジミー」で鳴らした喜劇俳優ジミー・デュラントは、時々ジャズ・ピアノを映画でも弾いたことがある。一九一八年ニューヨークでODJBの演奏をきいて感激しピアノを弾かせてもらったが、自分のジャズ・バンドをもちたくなり、ニック・ラロッカに推薦を依頼し、メンバーをニューオリンズからよびよせたのであった。デュラントのこのバンドはコニー・アイランドの「カレッジ・イン」に出演してセンセーションをよんだという。メンバーの中の黒人というのはクラリネットを吹いているアシール・バケェ(アメリカよみならバケット)で、全く白人としか思えぬクリオールであった(注3)。

これに関連して思いあたることは、北部では混合編成がそれほどやかましく考えられていなかったという一事である。つまり人種偏見とか差別観念というようなものは、南部から大量に黒人がなだれこみ、白人の生活権を侵害するにつれて高まってきたのではあるまいかという仮説である。シカゴの週刊新聞「デフェンダー」紙に二〇年代のなかば、デイヴ・ペイトンが書いていた音楽コラムには、「一九一六年ごろまでは黒人バンドで白人ミュージシャンがレギュラー・メンバーとして働いていたのだが、ユニオンが強化されるにつれて、この現象は消えてしまった」という一文があったそうだ。

一九六七年三月四日号の「週刊新潮」にアメリカ人気質の核心を衝《つ》いたと思われる名文が出ていた。「日本望見」というコラムで、署名はなかったが相当な人が書いたにちがいない。東宝では帝劇でやった「風と共に去りぬ」をブロードウェイにもちこみ、お得意のスペクタクル演出であっといわせようとしているらしいという情報がニューヨークに伝わった。ところが東京でこの芝居を見たルック誌の記者は「日本人の俳優はLとRを逆に発音している」とひやかした。日本語でやる芝居だから逆もくそもないが、殊更そうからかったのは、アメリカ人としてひどくイラ立ったためであるらしい……というのがその文章の大筋だったが、そのむすびが水際立っていた。「アメリカ人は力を持った者を歓迎すると同時に〝自分のナワ張りに立ち入る者〟は即座に撃ち倒したくなるクセも持っている」おぼえて損のない警句である。日本の優秀なジャズメンがあちらで演奏すると直ちにこういう情況下にさらされると思うからだ。

ブギ・ウギ

一九六五年、キングが不滅のジャズ・シリーズのひとつとして『ブギ・ウギ・ピアノ』（MH3027）を出したことがある。予想通り売れなかったし、コーラル・レーベルも他社に移ってしまったので市場に出回った数は知れている。もし出物があったら目をつぶって買って損はない。少数ではあったが手に入れた人からは大変に感謝されたものである。ブギ・ウギという言葉から大部分の読者がすぐ思い出すのは笠置《かさぎ》シズ子《こ》の流行歌《東京ブギ》や《買物ブギ》であろう。「あんなものを不滅のジャズ・シリーズに入れること自体がおかしい」と目もくれなかったのであろう。ところが、このレコードはジャズ史上他に類例のないオリジナリティを秘めていたのである。「ジャズのルート」を研究するための最も貴重な資料のひとつだったのである。

重要なことは、このレコードでピアノを弾いている五人のピアニストのうち、プロとして働いたのはたった一人、カウカウ・ダヴェンポートだけで、他はすべてシロウトであったという一事である。誰一人としてピアノの弾き方を正式に習ってはいなかった。すべて独習であった。

黒人が楽典も奏法も習うことなく突如ヨーロッパの楽器を手にしたところからジャズは起った。ところがレコードにされたのはずっとあとのことなので、発生期のかたちは我々がどんなに苦労しても正確につかめない。ブギ・ウギという一小節に八拍のリズムもその発生は甚だ古くあいまいであるが、問題はピアノという楽器がジャズでは最もおくれてお目見得したヨーロッパの楽器である点にある。弾き方もわからぬヨーロッパの楽器を前にして、ショパンもリストもドビュッシーも知らぬ黒人が、はじめてこれに手を触れたとき、どんな音楽がつくられたか？　その有様がこのレコードでわかるのだ。極言すればこのレコードでしかわからないのだ。いかにこのレコードが社会学的にも音楽的にも、ジャズという音楽を解明する上での重要資料であるかがわかると思う。

一九一〇年代の中頃、南部の黒人が大量に北部の都会に移動した。その移動先がニューヨークを避けて主としてシカゴであったことはまえに記した。ブラック・ベルト（黒人居住区）の人口は五年間に二倍の割合でふくれあがり、当然のことながら家賃が暴騰した。労賃収入だけでは家賃がまかない切れなくなった時、相互扶助運動が起った。これがいわゆる「家賃パーティ」（House-Rent Party ——略してレント・パーティ）だ。

レント・パーティの起りは「教会の食事パーティ」（Church Supper または Partty Social）に発したものだという。教会のメンバーは、おのおの夫人が作った料理に値をつけて持ち寄り、それらを買って会食する。売り上げは積みたてられて、教会の修理費や牧師の休暇旅行費に寄進される仕組みだ。このアイディアがそのままレント・パーティに使われた。食べものや密造酒（当時禁酒法があった）が豊富に準備され、お客は入場料を払って参加し、飲み踊り、そして食う。純益は家賃支払にあてるというのである。ピアノが楽器として使われた。ピアノを弾けるタレントは入場料を払わず入場できた。

シカゴ、カンサス・シティ、デトロイトそしてニューヨークなど、黒人人口が急にふくれた北部の都会でレント・パーティは盛大に行われた。ニューヨークに移住した黒人の大半は東部沿岸から集まったもので、南部出身者はすくなかった。ニューヨークの黒人は南部出身の黒人を「田舎者」として侮蔑《ぶべつ》したからだ。

レント・パーティで行われた音楽（ふしぎにピアノである点が共通している）にしても、ニューヨークとシカゴでは違った性格をみせていた。すなわち——

ニューヨーク→ストライド・ピアノ（注6参照）

シカゴ→ブギ・ウギ

となる。ストライド・ピアノは俗にハーレム・スタイルといわれるが、ラグタイム・ピアノからの論理的な発展である。ラグタイム・ピアノは十九世紀末のニグロ音楽だが、リズムを除けば極めてヨーロッパ音楽に近いものだ。だからニューヨークのピアニストは楽典にくわしく、立派なテクニックをもたねば通用しなかった。

一方ブギ・ウギは完全なブルースである。ここにも両都市の黒人の大きなちがいがみられる。ブルースのルートはニューヨークに薄く、シカゴ、カンサス・シティ、デトロイトに濃い。

レント・パーティは一九二〇年代の終りには全く消滅してしまった。その原因に触れた著述はすくないが、ニューヨークの場合について、「家賃パーティを衰微させたのは、ジューク・ボックスの普及と、ギャングの割りこみであった。賑やかなパーティを見た白人ギャングは抜け目なく割りこみ、頼まれもせぬのに監視と称して巨額の報酬を要求するようになった。一九三〇年代に入ると家賃パーティは全くの昔ばなしと化してしまった」(注4)とあるのが唯一の資料かもしれない。

ブギのベース・フィギュア

ピアノの基本奏法について全く無知なブギ・ピアニストたちにとってジェームズ・P・ジョンソン、アール・ハインズ、ファッツ・ウォーラーといったピアノの巨匠が弾きだすベース・パートは高嶺《たかね》の花であった。

まず彼ら流に、フォア・ビートを四分音符で弾いてみた。ところがこれではサマにならない。そこで、八分音符にして同じ音を二度ずつ叩《たた》くと――サマにならないどころか実に面白いベース・パターンが出来上る。この着想がブギ・ウギの原形パターンとなった。ブギは一小節八拍のビートによるブルース・ピアノである。ビートはそうであっても常に八分音符が羅列されるわけではなく、四拍のベースをとることもむろんある。大まかにわけると次のようになる。

(1)均等な八分音符による構成（コーラル盤　ロミオ・ネルソン《ヘッド・ラグ・ホップ》、スペックルド・レッド《ウィルキンズ・ストリート・ストンプ》）
(2)附点八分と十六分音符のグループ（ブルーノート盤　ミード・ルクス・ルイス《シックス・ホイール・チェーサー》）
(3)四分音符と八分音符の三連音タイムによる四グループ。(2)とこれの場合はフォア・ビートの感じになる。（コーラル盤　モンタナ・テイラー《デトロイト・ロック》、《インディアナ・アヴェニュー・ストンプ》）
(4)三つの四分音符の間に八分音符ふたつをはさむ。（ビクター盤　ジミー・ヤンシー《ヤンシー・ストンプ》）
(5)おなじレコードでヤンシーが《ステート・ストリート・ストンプ》の第二コーラス以下で演ずるリズム・パターン。

まだあると思うが、いずれにしても最初の発想は八拍の創案にはじまっており、あとはそのアマルガメーションである。最も面白い点は、未知のヨーロッパ楽器たるピアノに接するにあたって、
(1)打楽器的に使ったこと。
(2)素材をブルースに求めたこと。
という、黒人の本能的な音楽観が、最も素朴なかたちで示されたことにある。

ブギの父ジミー・ヤンシー

ジミー・ヤンシー（一八九四－一九五一）は、シカゴで生まれシカゴで死んだ黒人で、歌手兼ギター奏者の父について巡業し、幼時はタップ・ダンサーだった。十五才のとき全くの独学でピアノをはじめ、やがてレント・パーティの人気者になり、彼だけは入場料を払わなくても歓迎された。

「ギャラは貰わなかったのか？」と諸君は心配されるだろうが、ギャラなどという考えはそのころまるでなかった。ジミーはアマチュアであり自宅にすらピアノがなく、一九二五年以後死ぬまでの二十五年間をコミスキー公園にあったホワイト・ソックス球団のグラウンド・キーパー（というとカッコいいが、地ならし兼小使）として過した勤労者だったのである。宴会のかくし芸でギャラをとる人がいますか？　そうだ。ブギ・ピアノは宴会のかくし芸だった。だがヤンシーがパーティに現われると熱心に彼の指先きをみつめる後輩たちの姿があった。そのなかから、パイン・トップ・スミス、アルバート・アモンズ、ミード・ルクス・ルイスのようなすぐれたブギ・ピアニストが現われた。一九二九年三月、街頭でギャングが撃ち合った流弾にあたって二十四才の生涯を終えたパイン・トップのブルースの稀少盤《きしょう》が四曲も入っているのが前記のコーラル盤である。うち《パイン・トップ・スミス・ブギ・ウギ》は、ディーン・キンケイドの編曲をトミー・ドーシー楽団が演奏してビッグ・

ヒットを記録した《ブギ・ウギ》の原作にあたる。

ビクター盤のジミー・ヤンシー全八曲をきいて驚くのはリズムの多彩さである。アフリカの舞踊音楽を思わせるものもあれば、ハバネラ・リズムを思わせるものもある。彼自身が歌ったブルースも二曲ある。すごく感動的で、彼がいかにブルースの精神を体得していたかを示している。

ブギの音楽的性格

ブギはブルースだけを素材にした。これはハーモニーに弱かった黒人の性格を正確に映しているように思われる。ジャズ・ピアニストたちが好んでとりあげる小唄《こうた》のたぐいには全く無縁であった。そこにたいへん面白い音楽的性格がある。両手はメロディとコードという関係ではなく、メロディとリズムという関係であり、他のピアノ・スタイルと全くちがうのである。右手と左手は独立した二本の平行的な音を弾く点で「二声音楽」になっているといえる。クリップル・クラレンス・ロフトンというブギ奏者は一流だが、まるで曲の構成に無頓着《むとんちやく》で、十二小節なければならぬブルースさえ十小節から十四小節ぐらいに縮めたりのばしたりして平気である。「ブルースとは論理でなくムードである」とベーレントはいったが、この場合まさにそれだ。要するに音楽的に弱くとも感動させる作品をつくり上げるところがジャズの偉大なところである。逆にいえば音楽的な無知を恥としなかった勇気が、このように感動的な一連の作品を生んだようにも思える。

これらのピアニストはレント・パーティが神話と化したあと、おのおの本業に精を出しタクシーの運転手などをやっていたが、評論家のジョン・ハモンドが十年ものちに躍起となって発掘につとめ、カーネギー・ホールの舞台にのせた。一九三八年十二月のことである。その録音も残っている。これがアメリカの一般ファンがブギ・ウギ・ピアノを聴いた最初の出来事だったのであった。

その夜の聴衆の中にバーテンを本業とするジャズ・ファン、ダン・クオリーと、ドイツから出張してきていた貿易会社の社員アルフレッド・ライオンがいた。二人はブギに感動し、その夜出演したアルバート・アモンズとミード・ルクス・ルイスを訪ねて録音をとらせてもらいたいと申し出た。これがまもなく潰《つぶ》れた「ソロ・アート」と、今日世界最高のジャズ・レーベルと自他ともに許す「ブルーノート」の誕生になったわけである。

ブギ・ウギの急速な衰微

アルバート・アモンズも、ミード・ルクス・ルイスも、ジミー・ヤンシーも、後年の吹込になればなるほど感動を与えなくなってきた。「時代と環境」こそ感動的なジャズを生む条件であることが、この時ほどはっきりした瞬間はなかった。なぜ彼らはオカシクなったのだろうか？　「年をとったからだ」とか「レント・パーティがなくなったからだ」とか色々の見方もあろう。

ぼくの観察はすこしちがう。知ってはいけないことを知ったのだ。シカゴの貧民街で、プリミティヴな音楽知識で、宴会の余興として無心に弾きたわむれていた音楽が、カーネギー・ホールのステージにのっただけでも彼らにとっては仰天すべきことだった。数週間まえまではシカゴのしがないタクシー運転手だったのだ。カーネギー・ホールのプレイは上出来だった。この日の聴衆はことごとくブギの魅力に腰を抜かさんばかりに驚いた。一夜にしてブギ・ウギはジャズ、ポピュラー界の人気リズムになった。それからがいけない。フレディ・スラック、クレオ・ブラウン、サミー・プライスといった連中がたちまちブギをマスターし、人気を得はじめた。この連中のテクニックとピアノに関する知識は、アモンズやルクス・ルイスが逆立ちしても追いつかない。そればかりではない。大御所のジェームズ・P・ジョンソンまでが《パイン・トップのブギ・ウギの印象》などを吹込んだ。シカゴから出てきたピアニストたちにとってはあまりにもショックが大きすぎた。劣等意識にとりつかれた結果、彼らはその核心ともいうべき本質を守り通し得ず、ニセモノ・ブギ・ピアニストのテクニックとフォームを追いはじめた。こうぼくは推理する。まちがっているかもしれない。だがニセモノの擡頭《たいとう》とともにホンモノが急激に衰微していった現象は、こういう風にしかとらえようがないのである。

ともかく一九三八年のカーネギー・ホール・コンサートは、ブギ・ウギのニューヨークへのデビューであると共に衰微のはじまりであった。トミー・ドーシーが《ブギ・ウギ》で大ヒットをとばし、アール・ハインズが、《ブギ・ウギ・オン・セントルイス・ブルース》でハインズ楽団創立以来の人気に投じ、カウント・ベイシーが《レッド・バンク・ブギ》を吹込み、ジーン・クルーパが《ドラム・ブギ》を演奏しはじめたころ、シカゴのレント・パーティで育った最もプリミティヴな黒人芸術ブギ・ウギはあとかたもなく消え失《う》せていた。もし読者が今ここに列挙したようなレコードで「ブギ・ウギならよく知っている」と口にしたら大間違いなのである。これらはターク・マーフィーのニューオリンズ・ジャズ以上にホンモノではない。せめてジミー・ヤンシーのビクター盤でも聴いてほしい。これとても実は一九三九年、四〇年の録音である。そんな点で、音もなく現われ、騒がれることなく姿を没したコーラル盤の悲運に涙したいのだ。

シカゴ・スタイル

一九二〇年代にかかるわずかまえ、ストーリーヴィルの閉鎖によってニューオリンズを追われたミュージシャンのうち、プロとして音楽に一生を捧《ささ》げる決心をした人々は北上してシカゴに定着した――ということは前に述べた。キング・オリヴァー、すこしおくれて北上したルイ・アームストロング、ジョニー(cl)、ベイビー(ds)のドッズ兄弟、ジミー・ヌーン(cl)らが、一九二〇年代のサウス・サイドのジャズを活気あるものにした。

白人バンドもいた。その重要なものはNORKの略称で知られるニューオリンズ・リズム・キングスである。一九二一年「フライアーズ・イン」に出演した彼らはNORKとよばず、フライアーズ・ソサエティ・オーケストラと称していた。コルネットのポール・メアーズがリーダーで、クラリネットのレオン・ラポロ（ラポロは誤りで本名はロポロRoppoloの曲）がスターであった。メアーズはキング・オリヴァーに私淑していたし、ラポロは白人ながら黒人のフィーリングを自分のものとし、誰の模倣でもないオリジナルなスタイルを創造した稀《まれ》なる天才であった。天才と狂人は紙一重というが一九二五年に突如発狂した彼は一九四三年にこの世を去るまで精神病院で悲惨な生涯を送ることとなった。もうひとつの白人バンドは、ビックス・バイダーベックを唯一のスターとするザ・ウォルヴェリンズであった。このバンドはシカゴの土着とはいえなかったが、多くの機会にシカゴで演奏していた。

一九二三年、オースチン高校に在学する少年たちが、ジャズにしびれてバンドをつくった。ジミー・マクパートランド（tp）が最年少の十四才。ジム・ラニガン（pのちb）が十七才で最年長。その間はジミーの兄ディック・マクパートランド（bj）、フランク・テッシュメーカー（ヴァイオリンのちcl）、バド・フリーマン（Cメロディ・サックスのちts）、デイヴ・タフ（ds）というのである。彼らがNORK（当時のフライアーズ・ソサエティ・オーケストラ）に範をとったことは明瞭《めいりょう》である。バンド名を「ブルー・フライアーズ」とつけたのだから——。

ブルー・フライアーズはPTAが承認した「ティー・ダンス」（午後三時－五時）で演奏し、やがて他の高校のティー・ダンス・パーティにも出演するようになった。こうして他校の同好の士と相識《あいし》るようになり、ベニー・グッドマン（cl）、フロイド・オブライエン（tb）、デイヴ・ノース（p）なども加わって吹いたこともある。

一九二四年ザ・ウォルヴェリンズのスター、ビックス・バイダーベックがジーン・ゴールドケット楽団に加わるために抜けた。当時ザ・ウォルヴェリンズはニューヨークのブロードウェイにある「シンデレラ・ボールルーム」に出ていたが、シカゴに電報を打ち、ジミー・マクパートランドを迎え入れた。事実マクパートランドは徹底的にビックスを研究していたのでこの入団は大成功だった。

その後ザ・ウォルヴェリンズのオリジナル・メンバーが退団するごとにオースチン高校のメンバーが入りこみついにはハスク・オヘアというイモをスポンサーにつけて、ハスク・オヘアのウォルヴェリンズというバンドに看板を塗りかえてしまった。このバンドは、シカゴのサウス・サイドの公園にあった「ホワイト・シティ」と長期契約を結ぶことになった。この「ホワイト・シティ」では毎週末になると二バンドとなったが、そのときに来るバンドはシグ・マイヤーズ楽団で、スターはコルネットのマグシー・スパニアであった。ハスク・オヘアのウォルヴェリンズも黒人的な演奏では人後に落ちないつもりだったが、マグシー・スパニアのコルネットには完全にダウンしてしまった。そのはずジミー・マクパートランドはビックスの直系だけあって、アームストロングやキング・オリヴァー系統とはほど遠いものだったのに、マグシーはオリヴァー＝アームストロングの直系だったからだ。

「ホワイト・シティ」の契約が終ると、ハスク・オヘアのウォルヴェリンズは解散し、フリーマンやラニガンやジミー・マクパートランドはダンス・バンド、アート・カッセル楽団に行き、テッシュメーカーはマグシーと一緒になって「ミドウェイ・ガーデン」に出演することになった。「ミドウェイ・ガーデン」のバンドは、マグシーとテッシュのほか、フロイド・オブライエン（tb）、ジェス・スティシー（p）、ジョージ・ウェットリング（ds）などであった。

そのほか「セラーズ・カフェ」には、ニューオリンズ系白人ウィンギー・マノン（tp）がいたし、「スリー・デューセズ」にでていたルイ・パニコ楽団にはエディ・コンドンがいた。いよいよシカゴ・ジャズ・シーンは賑やかになってくる。時はまさに禁酒法時代——夜の大統領アル・カポネがこれらのナイト・スポットを牛耳っていたのであった。

までてこなかった二、三のミュージシャンについて紹介しておこう。

チャールズ・ピアーズはサウス・サイドの肉屋の若旦那《わかだんな》。アルト・サックスを吹いたが腕の方は大したものではない。だが無類のジャズキチ。この人がマグシーやテッシュを雇って吹込んだレコードが、シカゴ・スタイルの最古のものとなっている。

レッド・マッケンジーは歌手でセントルイスの出身。もともと競馬の騎手だったが落馬をして怪我をしてから櫛《くし》に薄い紙を巻いてブルー・ブロアーと称する楽器?を吹き、ノヴェルティ・バンドをつくって成功した。ブルー・ブロアーというのは子供のときに誰でも一度はやったことがあろう。薄い紙を唇にあててブーブーと歌えば振動して音がでる。あれである。こんなものは楽器ではない。この男がシカゴ・スタイル・レコーディングをやったことが、彼の名をジャズ史上にとどめることになった。ただし彼のブルー・ブロアーだけは邪魔な存在である。

ピーウィー・ラッセルもまたセントルイスの出身。小さい時からフェート・マラブルのリヴァーボート・バンドや、チャーリー・クリス（tp）のブルースをきいて育った彼は、シカゴアンたちとしばしばつきあっている。テッシュメーカーはピーウィーをほめ、ピーウィーはテッシュを尊敬した。ごく初期のベニー・グッドマンにテッシュとピーウィーの影響がみられることは、識者の指摘するところである。まるで二つの音を同時に吹こうとしているような、ピーウィーのクラリネット・グロウルは、ジョン・コルトレーンに三十年も先立って現われた前衛的なところがある。ぼくはピーウィー・ラッセルを昔から最高に買っているが、とかくキレイごとに走りやすい白人プレイアーが、ピーウィーのような異色ミュージシャンの成長を援護し敬愛してきたことは美談としてよいであろう。

ジャック・ティーガーデンはシカゴ派のミュージシャンとたくさんレコーディングを残しているが、シカゴアンの多くはニューヨークにでてきてからティーガーデンを知り、同志として互いに敬愛しあったのであった。トランペットのマックス・カミンスキーもそうである。

純粋のシカゴアンであるミルトン・メジロウこと、メズ・メズロウを紹介しておかねばならぬ。みずから「特別志願黒人」と自称したこの人は、筆者の知る限りではフランク・テッシュメーカー以上にシカゴ・スタイルの象徴的人物であるように思われる。彼のクラリネットは技術的にはうまくない。だがジャズにおいてはテクニックがすべてでない。こんなにもハートのこもったクラリネットを吹く人は黒人の一流にも稀である。パナシエはメズロウを「偉大なクラリネットの奏者であるばかりでなく、最大の白人ジャズ・プレイアー」であるといったが、その気持はわかるような気がする。

ジョー・サリヴァンは音楽学校に学んだピアニストであった。彼がはじめてジャズ界に入ったときは《タイガー・ラグ》すら知らなかった。その頃彼に影響を与えたのはアール・ハインズだったが、独特のスタイルは一時「ジンミル・スタイル」とよばれた。汚いニグロの居酒屋を思わすピアノ・スタイルという意味である。

まだ二、三脱落した人もある。クラリネットのバド・ジャコブソンやロド・クレスについても語っておきたいが、このあたりでシカゴ・スタイルの存在意義をまとめておこう。

シカゴ・スタイルとはどんなジャズか

シカゴ・スタイルとは何か？……白人の若いアマチュア（のちプロになったが）ミュージシャンによる黒人ジャズの模倣演奏である。彼らはまず白人の先輩NORKやザ・ウォルヴェリンズに傾倒したが、そのあと間もなく、オリヴァー、アームストロング、ドッズ、ヌーンらを知った。そして黒人たちの演奏に、より一層の共感をおぼえ、それを徹底的に模倣した。

マグシー・スパニアの初期のソロは、ルイ・アームストロングの初期にそっくりである。だがスパニアはそれ以上ルイを追いかけなかったので、中音域だけで力強いスイングをつくりだす彼のスタイルはユニークな彼自身のスタイルとして残った。

フランク・テッシュメーカーは、あるレコードではジョニー・ドッズにそっくりで、その他の曲ではジミー・ヌーンによく似ている。テッシュは事実上シカゴアンズの中心的存在であったが、一九三二年春二十七才の若さで自動車事故のためこの世を去ってしまった。フレージングに借り物が多いとはいえ多分に独創的で、その意味で中心人物であったことはわからぬでもない。だがまだアマチュアの城を脱していたとはいえなかった。

ベーレントがその著書のなかで、「シカゴ・スタイルが、本当にスタイルとよべるものであるかどうかをめぐって、論議がかわされてきた。事実そのベスト・レコードは、ディキシーランドないしニューオリンズ・ジャズにあまりにも似すぎており、シカゴ・スタイル自身は、その数枚のレコードの中の、未完成な部分にあるのではないかと思われるほどである」と書いているのは皮肉でも冗談でもない。シカゴ・ジャズを初恋の人のように考えているぼくでさえそう思う。その証拠にシカゴアンたちがまもなくニューヨークに出て、本格的プロとなってから吹込んだレコードの大部分は、ただのディキシーランド・ジャズとしかよびようのないものになってしまった。

本格的シカゴ・スタイルのレコードにはリラックスした味わいがない。緊張し切って余裕のない点ではアマチュアのオーディションみたいだ。ベーレントがおなじ著書の中で、「シカゴ・スタイルには、ニューオリンズ・ジャズの特徴である、もつれ合うメロディック・ライン（ディキシー・アンサンブルのこと）があまりみられない。メロディック・ラインは一本ではないとしても、きれいに平行している」と書いているのもその通りだ。これらの大部分のアンサンブル・パートはフランク・テッシュメーカーが書いたものである。

シカゴ・スタイルの特色的技法

黒人ジャズをみようみまねでこしらえ上げたシカゴ・スタイルには、ほんもののニューオリンズ・ジャズに溢れる力強さがないし、演奏自体もギクシャクして面白味にとぼしい。

だが模倣の中にも、特色ともいうべきいくつかの目立つ技法がある。

(1)シャッフル・リズム

四つ打ちをダブルに打って八つにする。これは彼らがベイビー・ドッズのドラミングにヒントを得たものである。ドッズはウッドブロックを倍テンポで叩いた。ジミー・ヌーンのクラリネットの低音域ヴァリエーションにもしばしばこの技法がみられる。シカゴアンズの演奏での適例は、《I've Found a New Baby》（ブランスウィック）におけるメズ・メズロウのテナー・ソロがそうだし、テッシュのクラリネットのサビの部分もそうである。

(2)エキスプロージョン（爆発）

三十二小節曲の八小節目の終りや、サビの終り、コーラスの終りにシンバルとベース・ドラムで入れる合の手である。アート・ブレイキーの「ナイヤガラ瀑布《ばくふ》」みたいなものだが、ブレイキーはシカゴを模範にしたわけではない。ニューオリンズの名人ベイビー・ドッズやズティ・シングルトン以来の伝統である。ただニューオリンズの名手は、ブレイキー同様、ソロイストに対する鼓舞として用いたが、シカゴアンズのそれは、ソロの息つぎと進行個所の明示に使われているふしがある。同じレコードでテナーがシャッフル・リズムで吹くサビの終り、クラリネットやラスト・アンサンブルのサビの終りにその例をきくことができる。

(3)フレアー・アップ（燃えあがり）

ソロのつなぎにトランペットがリードして吹く二小節のアンサンブルのことである。上記のレコードではクラリネットからピアノ・ソロへ移る個所、ピアノからテナーへのつなぎ目およびテナー・ソロのあとにきくことができる。

シカゴ・スタイルは過渡的現象

こうしてみてくるとシカゴ・スタイルとはいかなるものかについて、おぼろげな輪廓《りんかく》がつかめよう。すなわち黒人に対する偏見が非常に強かった時代……黒人人口の急激な膨張が白人との間にいくつかの爆弾事件のような摩擦を生じつつあった時代に、相当数の白人の少年たちがこれらの黒人芸術を尊敬し、彼らなりに摂取してつくりだして行った過渡期現象なのである。これらのアマチュアが相次いでニューヨークに進出し、各地から来たミュージシャンと切瑳《せっさ》たくましてゆくうちにテクニカリーには完成され、精神的には職人になりさがったニューヨーク風ディキシーに変貌《へんぼう》してしまったのである。

古典的名著「ジャズメン」のなかで、「オースチン・ハイスクール・ギャング」について書いたチャールズ・エドワード・スミスが次のようにいっているのは興味深い。

「黒人ジャズに負うところの多かったこれらのミュージシャンが、必ずしも人種的偏見を持たなかったとはいい得ない。シカゴアンズのなかでもっとも黒人スタイルを身につけたといわれたある人は、非常に素朴な人種的偏見をたたきこまれて育ったが、黒人に対して恩義を感じていることを表明した。このことは異例で、シカゴ・ミュージシャンの多くは白人社会の通念にしたがっていたといえるのである」

ハーレム

ハーレムの地理と歴史

ニューヨーク市の中心はマンハッタンである。正確には島になっている。北から東へハーレム川によって切断されているからだ。ブロードウェイもグリニッチ・ヴィレッジもウォール街もセントラル・パークも皆このマンハッタン島にある。

大坂夏の陣が終って豊臣《とよとみ》家が滅亡した十七世紀のはじめ、オランダ人がこのマンハッタン島を、二十五ドル程度の装身具と引き換えにインディアンからゆずりうけ、ニュー・アムステルダムと命名した。約四十年後、水戸《みと》光圀《みつくに》が大日本史の編さんに汗だくになっていた頃にイギリス領となり、ヨーク公の名にちなんでニュー・ヨークと改称した。初代大統領ワシントンが就任式をあげたのはこの町である。その頃一年あまりこの町はアメリカの首都だったのだ。ワシントン広場があるのはこの理由による。ワシントン広場やウォール街が南に偏していることでもわかる通り、この町は南端から開けた。現在ハーレムがある北部は山と谷間にすぎなかった。

ハレムとハーレムの区別がつかない人がいる。ハレム（Harem）とはアラビア語のHaram（神聖不可侵な場所）から転訛《てんか》した言葉で、夫以外の男子は入ることができないイスラム社会の婦人専用の部屋をいう。

今のハーレムの区域はセントラル・パークの北端百十丁目からはじまり、百五十丁目が北端となる。西は八番街、東はハーレム川（この川は東南に流れている）を境界としている。最初から黒人街として作られたわけではなく、むしろ高級な白人富裕階級の住宅地として開発された。

十九世紀の終り、不動産業者の委嘱で建築象スタンフォード・ホワイトが、百三十九丁目（ストリート。丁目は東西に、アヴェニューは南北に走る。アヴェニューをここでは番街と訳す）の七番街から八番街にかけて、豪華な住宅街を設計した。作詞家ハマースタイン二世の父オスカー・ハマースタイン一世は「ハーレム・オペラ・ハウス」（一八八九年）、アスター一族は私用自動車道路と噴水をもつ豪華アパートを七番街百十六丁目（今のデュウイー・スクエア）に建設した。

不動産業者の投機は大成功を収めたかにみえたが、住宅街ができあがっても入居者はほとんどなかった。理由はただ一言ですむ。「交通不便」だった為である。最も速い乗り物が「二頭立て馬車」だった時代だ。ニューヨークのビジネス・センターは現代ですら四十二丁目より南に固まっている。朝夕の通勤に六、七十丁もパカパカ馬車を走らせる馬鹿が

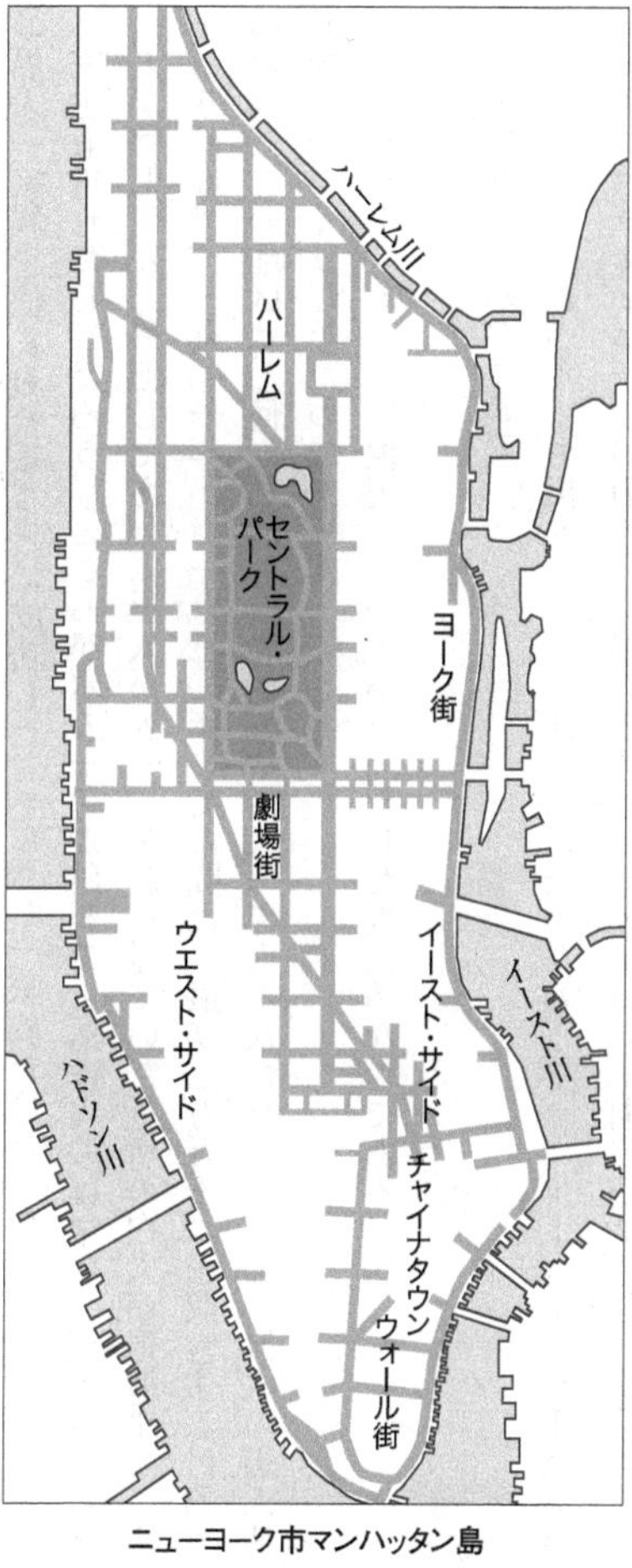

ニューヨーク市マンハッタン島

あろうか？　町づくりに失敗した不動産業者は全部白人だったが、この住人なき豪華なゴースト・タウンに目をつけた抜け目ない不動産業者フィリップ・ペイトンは黒人であった。

一九〇一年、いやがる家主を説得した彼は、レノックス街百三十四丁目の一軒家に最初の黒人一家族を住まわせることに成功した。「たった一家族だけだから――」という言葉に家主も折れたわけだろう。ところが氷の一角が破れると溶けるのは早い。黒人が住むと白人が移転する。移転したあとに黒人が入る。それを見ていた近所の白人が退散する……というわけで、一九〇一年から一九三〇年までの間に、最初七万五千人を収容する目的で造られたこの地区に、何と七倍ちかい約五十万人の黒人がなだれこみ、世界最大の黒人地域社会をつくりだしたのであった。

つまりハーレムは二十世紀になってから出現した黒人街なのである。

ハーレムに住みつくまで

ハーレムに住みつくまで黒人はどこに住んでいたのだろう？　ニューヨークがまだニュー・アムステルダムとよばれていた時代から、黒人たちは白人社会との摩擦を経験していたのである。

一八六五年に奴隷は解放されたが、それ以前から解放されていた黒人は町の郊外に一団となって住んでいた。解放令の直後はワシントン広場の南側一帯で集団生活を営んでいたが、まもなく白人たちが黒人たちを押し出した。追い出された一部の黒人は六番街の西にあった赤線地区が粛正され空き家になったところに移り、他の大部分は通称「サン・ファン・ヒル」とよばれた西六十丁目の旧赤線の北部に集団で移転した。また別に東八十丁目から三番街のヨークヴィルに接した一帯にも住んでいた。

数か所に分散して生活していた黒人にとって、ハーレムの開放は絶好の朗報だったのである。新しい町に人種的な摩擦はなかった。しかしこれだけでは五十万という途方もない数にはならない。第一次大戦前後になって、西インド諸島や南部から大量の移住をみた。移住者の急増によって住宅事情はひっぱくした。家主たちは（多くは白人の不在家主）地下室に間仕切りを入れ、小部屋を急造した。「ホット・ベッド」という新語が生まれたのもこの頃である。昼夜別々の仕事をもつ二人の労働者が、半々ずつ出しあって一部屋を借りる。一人が働きに出る頃、もう一人が帰って、まだ暖かいベッドにもぐりこむのであった。家賃は暴騰した。

シカゴの場合とおなじく、ここでも「家賃パーティ」が開かれ、ハーレム・ピアノの発展に貢献することになるが、そのまえにハーレムの音楽の変遷について語らねばならない。

ハーレムの芸能人

初期ハーレムの住人は、ほとんどニューヨーク生まれで、都会人的なセンスを身につけており、南部の黒人とは生活感覚の上で大きな開きがあった。彼らは南部黒人を「田舎者」として見下していたが、ショウ・ビジネスの世界は冷酷だった。黒人芸能人が起用される時は、きまって南部の農園が舞台となっており、そこで白人の笑い者になる道化を演じねばならなかったのである。当時はニューヨークでさえも黒人が下男下女以外の職業につくことは困難であった。ブロードウェイでは白人観客を対象にしたニグロ・ショウが大ブームを呼んでいたのである。ショウに関係した黒人たちは揃って資産をつくり、ハーレムの代表市民となったのであった。

名声と資産が保証されれば、ハーレムの芸能人たちは「都市黒人」の誇りを押さえて、侮蔑すべき山出しの南部黒人を演じ、観衆の笑いを買う以外になかった。二〇年代にニューヨークで名を売った黒人タレントは例外なくこの技術を身につけていた。ルイ・アームストロングしかり、ファッツ・ウォーラーしかり、数年前日本で死んだビリー・バンクスしかりである。

ニグロ・ブームを生んだもうひとつの要因は「ケークウォーク」の大ヒットである。ケークウォークは黒人のラグタイム・ピアノに合わせて踊ったステップだが、上流社会のパーラー・ゲームにまでなった。バネのきいた黒人ダンサーは「先生」とよばれる身分になり、ニューヨーク中の高級ホテルやレストランに出演のチャンスを得た。

こうした黒人芸能ブームに着目してバンド・リーダー、ジム・ユーロップは芸能プロを創立し、みずからはシンフォニー・オーケストラを編成して指揮者となった。彼はダンスの名手キャッスル夫妻とていけいし、その専属楽団もつくった。キャッスル夫妻のライバルにウォルトン夫妻がいた。こちらも負けずに専属ミュージシャンをかかえたが、その伴奏ピアニストが、ラグの名手ラッキー・ロバーツだったのである。

イギリス風の折り目正しい社交ダンスとちがってアメリカで生まれたダンスが、「キャッスル・ウォーク」から「ジルバ」を経て「ゴーゴー」に至るまで、黒人ダンスを底流にもっていることは注目してよい。白人文化に与えた黒人の影響は、ジャズだけにとどまっていないのである。これについては別項「ジャズ・ダンス」に詳述した。

ハーレムの音楽

ジム・ユーロップのオーケストラが一九一四年に吹込んだレコードは、オール黒人のメンバーにもかかわらず、ラグタイムの痕跡《こんせき》以外にはジャズ的なものがみられない点で、初期のハーレム音楽がどんなものであったかを示唆している。

ニューヨークに起った最初のジャズはラグタイム・ピアノだった。

初期のピアニストは、放浪楽士で「ラグタイム・キッド」というアダナで呼ばれ、サロンでピアノを弾くほか、売春婦のヒモとポン引きを兼ねていた。それらの中で有名なのに、のちエリントンの曲名になった「ジャック・ザ・ベア」ことジョン・ウイルソンがいる。

こうした程度の悪いラグタイム小僧たちに続いて、若い有能な一群のピアニストが現われた。すなわち、

ラッキー・ロバーツ（一八九五－一九六八）
ジェームズ・P・ジョンソン（一八九一－一九五五）
ウィリー・ザ・ライオン・スミス（一八九七－一九七三）
ファッツ・ウォーラー（一九〇四－一九四三）
ユービー・ブレイク（一八八三－一九八三）などである。

彼らは先輩同輩から学び合い、どんなキーでも弾け、クラシックを含めたかなり広いレパートリーをもっていた。もはやポン引きなどをせず、ミュージシャンとしての誇りをもち自分自身のスタイルをつくり上げることに専念した。そうした意欲の現われが、「カッティング・コンテスト」（注5）である。互いに目を光らせて相手の新技法、新着想を探りあい、同じ曲を弾きあっては、誰が最もすばらしいヴァリエーションをやるか？　を確認しあった。こうした刺戟《しげき》、激しい練習、変ったスタイルの集積がストライド・ピアノ（注6）となって結晶した。

ストライド・スタイルがおこってまもなく、ハーレムへの大移動がはじまった。人口の過密化は家賃高騰をよび、相互扶助運動としての「家賃パーティ」がはじまった。シカゴではブギ・ウギが主役だったが、ニューヨークではストライド・ピアノが主役だった。だ

が両都市のパーティ・ピアノには決定的な質のちがいがある。シカゴのはオール・アマチュアだったが、ニューヨークのはオール・プロだった。

ジェームズ・P・ジョンソン、ウィリー・ザ・ライオン・スミス、ファッツ・ウォーラーはパーティの花形で、一回十ドルの謝金をとり、時には三つ四つのパーティをかけもった夜もあったという。ウィリー・ザ・ライオン・スミスのソロ・レコードをきけば、ニューヨークのピアニストが、いかに洗練されたプロであったかがよくわかる。ライオン・スミス→デューク・エリントン→セロニアス・モンクが太い一本の線でつながっていることを知らずに、モダン・ジャズだけをジャズと思いこむことは断然やめてほしい。同様にアール・ファーザー・ハインズもまた不毛の原野から「ホーン（吹奏楽器的）スタイル・ピアノ」を創造したわけではない。彼の基礎にハーレムのストライド奏法があることは、吹込んだおびただしいソロ・レコードに明瞭に示されている。

ハーレムのジャズを語る時、最も力を入れねばならぬのがピアノ音楽である理由はここにある。

次にオーケストラル・ジャズの発生があり、さらにモダン・ジャズの母胎となるビ・バップの発生となる。

ハーレムで演ぜられたジャズは他都市のいかなるスタイルと比べても多彩である。ジャズとポピュラーの境界すらはっきりしていない。その複雑で多彩な姿は『ジャズ・オデッセイ／ハーレム篇』（CBS）によく捉えられている。傑出したミュージシャンですら道化を演じ、女性歌手は黒人といえども白人的ソフィスティケーションを必要とした。リヴァーボート・バンドのリーダーだったフェート・マラブルは嘆息していった。

「シカゴやセントルイスのジャズはすぐいいあてることができる。だがニューヨークのジャズ・スタイルはわからない。みんなが別々のスタイルでやっているからだ」これがいちばんうがった見方だろう。トッピなことをしなければ競争に勝てない町ニューヨークの性格が根底にあったからだ。

要約すると、すくなくとも次の三点でハーレムのジャズは歴史に大きく貢献したといえるのである。

(1)ラグタイム・ピアノを基礎にハーレム・スタイル……ストライドが生まれた。
(2)ビッグ・バンド・ジャズへの道——ジャズを五線紙の上で編曲することがはじめられた。
(3)モダン・ジャズの母胎となったビ・バップが生まれ、発展した。

現在のハーレムは決して一九三〇年代のハーレムではない。デューク・エリントンの心を深く捉えたアラビアン・ナイトを思わせる町ハーレムは徐々に地上から消えつつある。黒人ジャズの中心は下町グリニッチ・ヴィレッジに移ってしまった。都市の再編成が進み、黒人たちはロング・アイランドやニュー・ジャージーに続々移転していった。

この町から離れられないのは収入の低い階層だけとなりつつある。下層黒人のゲットーと化し、不法と暴力の街となりつつある今のハーレムから、黄金時代のこの町を想像することは、とてもできそうもないことだ。

カンサス・シティ

アメリカの中央部はミッド・ウエストとよばれる。サウス・ウエストとよぶ人もある。よびかたはあいまいだ。ここではサウス・ウエストとよぶ。ミズーリ州、カンサス州、オクラホマ州、アーカンソー州、テキサス州、ルイジアナ州北部が接するあたりは「ブルース地帯」としても知られている。

ニューヨークのジャズよりもはるかに重要なこの地域のジャズ発展史は、意外に知られていない。モダン・ジャズの形成に最も大きな影響を与えたカンサス・シティ（以下KCと略す）ジャズの全貌《ぜんぼう》がわかったようでさっぱりわからないのは、レコードが非常にすくないためである。KCにはレコード・スタジオがなかった。いくつかの楽団が楽旅の途次、ニューヨーク、シカゴ、セントルイスで吹込んだものが残っているだけである。

大汚職政治家ペンダーガスト

KCはミズーリ川をはさんで、ミズーリ州KCとカンサス州KCにわかれている。重要なのはミズーリ州側だ。禁酒法時代に今のラスヴェガスのように、賭博《とばく》場があり、大っぴらに酒が飲めた唯一の市だからだ。民主党の大ボス、トム・ペンダーガストが驚くべき腐敗政治を行ったためである。

一九一一年彼は市政委員となった。二五年の選挙で再選された彼は数日後、「シティ・マネージャー」(注7)に、ヘンリー・F・マッケルロイを指名し、以後十三年間にわたり、KC市政の腐敗とジャズの発展がはじまったのであった。

トム・ペンダーガストはもっぱら寝わざ師で、決して表面に立たなかったが、強力な地盤とすぐれた子分をたくさん持っていた。後年その子分の一人が大統領になっている。第三十三代大統領ハリー・S・トルーマンがその人だ。

ペンダーガストは寝わざ師だけに床につくのも早く(これは冗談)毎晩九時きっかりに寝室に入り、仲間と子分に歓楽境の経営を一任していたが、寝ている間にも私腹は肥える一方だった。キャバレー、賭博場、売春街を経営する一方、セメント会社、土建会社をもち、当時アメリカ土建業界にブームを巻きおこしていたハイウェイ建造に関しても、ペンダーガストがミズーリ州内の工事を独占していた。その工事総監督を命ぜられたのがトルーマンで、功績を買われ、ペンダーガストの地盤をもらって国会に出て、ルーズベルトの許《もと》で副大統領となり、第二次大戦の末期、大統領の急死によってその椅子をおそったのであった。

ペンダーガスト＝マッケルロイのコンビは「ペンダーガスト・マシーン（機関）」とよばれ、賭博場の開設、終夜営業を禁じた旧法律を全廃し、自ら酒造会社を営み、州内に独占《し》シェアを布いた。まあよくもこれだけすき放題のことができたものだ。アメリカ政治史でも稀にみる大汚職事件だけに、「臭いものには蓋《ふた》をしろ」の精神だろうが、カポネの伝記はあってもペンダーガストの伝記はない。「エンサイクロペディア・ブリタニカ」にもわずかにハリー・S・トルーマンの項に一寸《ちょっと》触れてあるだけという始末だ。市役所内は悪徳、贈賄、汚職の巣になり、市中にはギャングが跳梁《ちょうりょう》した。すくなからぬ市民が非難の声をあげたが、それ以上にペンダーガストは人気があった。「貧者の味方ペンダーガスト」が彼のスローガンだった。

一九三〇年、保守的な地方紙「カンサス・シティ・スター」は、ペンダーガスト＝マッケルロイ市政の四年間を回顧して、次のようなゴマスリ社説を掲載している。「過去四年間いろいろな失敗はあったにせよ、カンサス・シティはその歴史においてたぶん最も有能な市政当事者をもったといえよう」

一九二七年の統計によれば、KCに発生した人口十万あたりの殺人件数は十六を数え、カポネが跳梁していた同年シカゴの十三・三をはるかに凌駕《りょうが》していた。翌一九二八年KCでは八十九の殺人事件があったが、つかまって死刑になったのはたった三人。同年その人口においてKCの八十倍にのぼるイギリス全体の殺人事件はたった十七。しかも十三人が死刑、四人が終身刑をいいわたされている。

市政が腐敗すればするほど、ジャズメンは忙しくなった。

ミズーリ州はラグタイムの中心地

ミズーリ州のほぼ中央部に前世紀末から今世紀のはじめに「ラグタイムの首都」といわれたシダリアの町がある。スコット・ジョプリンがこの町のクラブの名にちなんで作曲した《メイプル・リーフ・ラグ》は不朽の名曲だ。このようにこの州は東端のセントルイスから西端のカンサス・シティに至るまでラグタイム・ピアノの本場を形成していた。ニューオリンズの妓楼のマダム、ルル・ホワイトが一九〇四年の世界博覧会を見にセントルイスに来て、ルイ・ショヴァンとサム・パターソンのラグを聴いて感激し、高給で長期契約を申し出たが二人とも拒絶した。セントルイスで手に入らないものは何もなかったのである。


KCで有名なのはジェームズ・スコットだ。一九一四年に居を定め三八年に亡くなるまでKCが彼の第二の故郷となった。

《十二番街のラグ》の作曲者ユーディイ・ボウマンもペンダーガストの町へ移住したラグ・ピアニストの一人だった。

この町の黒人学校リンカーン・ハイにメイジャー・N・クラーク・スミスという音楽の

先生がいたが、その教え子からハーラン・レナード、ウォルター・ペイジ、ラマー・ライトなどすぐれたミュージシャンが現われた。ジャズ・バンドが人気を得るにつれてラグタイムは消滅した。

KCのバンド

KCにも白人バンドがたくさんあった。そのすべてが、特にジャズ的ではない。簡単に紹介すると、ホテル・ミュールバックにはクーン＝サンダース楽団（カールトン・クーンとジョー・サンダース）、テッド・ウィームズ楽団が出ていたし、ワン・ブロックはなれたボルチモア・ホテルのウィラード・ロビンソン楽団には数か月間ジャック・ティーガーデンも雇われていたことがある。ベルライヴ・ホテルには、ハル・ケンプ、ベン・ポラック、バーニー・カミングス楽団やグレン・グレイのカサロマ・オーケストラが出ていた。

当時のカサロマを含めてこの町の白人楽団が揃ってシュマルツ（非ジャズ的）であったことは、黒人バンドと面白い対照をなしている。

黒人バンドを代表する二人のリーダー、ベニー・モーテンとジョージ・E・リーは不思議なほど似通ったバンド・リーダーで、二〇年代を通じてライバルとして対立した。モーテンは一八九四年、リーは一八九六年に生まれた。ともにピアノを弾くリーダーだった。モーテンは一九二二年に歌手を含めて四人編成のコンボをつくり、リーも同じ年にトリオをつくった。妹のジュリア・リーが歌手とピアノを兼任し、妹がピアノを弾くと兄はバリトン・サックスを吹いた。ふたつのトリオは十八丁目のライバル同士のキャバレーに出た。

一九二九年十月の暴落以前、ブラック・ボトムというダンスがブームを巻き起していた頃、モーテンとリーはKCを代表する二楽団になっていた。カンサス州側で生まれたジェッシー・ストーンは野心的な作編曲家であり、川向うではモーテン、リーと同列にランクされたバンド・リーダーだった。他にポール・バンクス楽団もある。

両都市のミュージシャンはもちろん高架橋をわたって自由に交流して働いたから、ここでカンサス州側から生まれたおもなミュージシャンを書き出しておこう。

バド・ジョンソン（ts）、チャーリー・パーカー（as）、ケグ・ジョンソン（tb）、ジーン・ラメイ（b）、エディ・ダーハム（tb）、ブッカー・ピットマン（as）。

別にふたつのすぐれた楽団があった。ウォルター・ペイジ（b）のひきいる「ブルー・デヴィルズ」と、アルフォンソ・トレント楽団である。

ウォルター・ペイジはリンカーン・ハイを出たあと、カンサス大学に学んだヴォリュームゆたかなベース奏者で、ブルー・デヴィルズはオクラホマ・シティで旗上げした。そのメンバーにはホット・リップス・ペイジ（tp）、エディ・ダーハム（tb）、バスター・スミス（as─チャーリー・パーカーに大きな影響を与えた人）、ジミー・ラッシング（vo）、そしてビル（カウント）・ベイシー（p）がいた。のち立場が逆転するが最初はペイジがリーダーで、ベイシーはサイドメンだったのである。

アルフォンソ・トレント（p）は一九〇五年アーカンソー州フォート・スミスの生まれ。テキサス州ダラスで成功を収めたが、そのメンバーには、ピーナッツ・ホーランド（tp）、スタッフ・スミス（ヴァイオリン）、スナブ・モーズレー（tb）、ヘイズ・ピラーズ（ts—のちセントルイスでジッター＝ピラーズ楽団をつくり、ジミー・ブラントンを雇った）がいた。ジェネットに数曲吹込んでいるが、トレント楽団は「ミュージシャンズ・バンド」（音楽的だが人気が伴わないバンド）だったといわれる。二〇―三〇年代にトレント楽団で働いた人にはほかに、ハリー・エディソン（tp）、ダン・マイナー（tb）、チャーリー・クリスチャン（g）がいる。

ジョージ・モリソン（ヴァイオリン）も彼自身はクラシック派だったが、第一次大戦後デンヴァーですぐれたダンス・バンドをつくった。映画「風と共に去りぬ」で助演女優賞を得た故ハッティ・マクダニエルはこのバンドの歌手であり、アンディ・カークも一時チューバ奏者としてこの楽団にいた。ここを出てからカークは、オクラホマのテレンス・ホルダー（tp）楽団にゆき、一九二八年ホルダー楽団を引きついで独立。「クラウズ・オブ・ジョイ」（愉快な仲間）という名のバンドをつくったのであった。このバンドにはジョン・ウィリアムズ、その妻メリー・ルウ・ウィリアムズ（p）、ディック・ウイルソン（ts）、ベン・シグペン（ds—エド・シグペンの父）がいた。ベン・ウェブスターのライバルとして鳴らしたディック・ウイルソンは惜しくも一九四一年結核のためこの世を去った。

一時モーテン楽団に比肩するバンドを持っていたジャップ・アレン楽団ではクライド・ハート（p）がアレンジを担当した。彼のホットなアレンジは、ドン・レッドマンのマッキンニーズ・コットン・ピッカーズのそれに酷似していた。この楽団は一九三一年に解散してしまった。

ジョージ・E・リーの楽団は一九三〇年代に入ると下降しはじめた。彼よりもピアノと歌を担当していた妹のジュリア・リーの方がすぐれていることがはっきりしたためである。妹のジュリアはまもなく独立。一九四〇年代にはキャピトルの専属としていくつかのヒット・レコードを放った。

一九三〇年代に入るとベニー・モーテン楽団はカンサス最高の楽団として君臨した。とくにウォルター・ペイジのブルー・デヴィルズを合併吸収したので、まさに絢爛《けんらん》たる黄金時代を現出することになった。

フレッチャー・ヘンダーソンやデューク・エリントン楽団の場合とおなじく、モーテン楽団のメンバーであったということは、ミュージシャンにとって最高の推薦状となった。

一九三五年四月リーダーのモーテンは扁桃腺《へんとうせん》の手術を誤まって他界した。リーダーを失ったモーテンのバンドは分裂したが、ビル・ベイシーはいちはやくその一つを指揮して十二名編成のバンドを組織した。ビル・ベイシー楽団がラジオのレギュラー・プロに出演している時、アナウンサーが「カウント」という敬称を呈したのが、カウント・ベイシー楽団の誕生となった。

一九三三年末の禁酒法解除は、KCジャズを東部へ前進せしめる契機をつくった。一九三八年、勇敢なジャーナル・ポスト紙がペンダーガスト・マシーンに挑戦し、十三年間にわたる悪事の数々を白日下に暴露した。中央政府も調査に乗り出し、ペンダーガストは逮捕された。その容疑は所得税脱税。なんとつまらぬ容疑であることよ。しかしカポネがつかまったのもこの容疑であった。ペンダーガストは結局獄中で死んだ。カンサス・シティ・ジャズの黄金時代はそれで終った。

カンサス・シティ・ジャズへの郷愁

ラグタイムとブルースの伝統から起り、一九三〇年を中心にラスヴェガス的大歓楽都市に発展したKCには、ニューヨークにみられぬビッグ・バンド・スタイルが生まれた。五線紙に編曲するというのでなく、ヘッド・アレンジ（口頭編曲）で行われたアンサンブルは、「カンサス・リフ」という代名詞で知られる。

ニューヨークから来た有名な楽団もこの町では相手にされなかった。フレッチャー・ヘンダーソンもデューク・エリントンも敗北した。わずかにキャブ・キャロウェイ楽団が対等に扱われたが、それはこのバンドがもとの名を「ザ・ミズーリアンズ」といい、カンサス、セントルイスの出身者で固められていたためである。

「ブルース地帯」から発芽して、KCで育ったシャウト（絶叫）唱法は、のちハーレムに根を据えて「リズム・アンド・ブルース」という黒人ポピュラー音楽に発展した。

KCで活躍したバンドやプレイアーが、ニューヨークに進出しなかったら、モダン・ジャズは決して生まれなかったであろう。ニューヨークが真にジャズの中心となったのは、ペンダーガストの逮捕前後にKCミュージシャンをどんどん受けいれてからであった。

その当時にこの町を訪れた人々は、ジャズ・サウンドばかりでなく、町に漂う独特の匂いをわすれることができないという。暑い夜KCは耐えがたい湿気と頭上を覆う毛布のような熱気に悩んだ。家畜収容所からの臭いにまじって、チリ・コン・カーン、リブ・バーベキュー、エビ、ザリガニを煮る匂いが入りまじって、暑い夜に活気を与えた。カンサスの郷土料理は今でも人々に郷愁を与えるという。ジャズ史上最もユニークな中西部ジャズの真の姿が、しばしばぼう大なジャズの歴史からオミットされているのは、アメリカに住む評論家の怠慢といわざるを得ないのである。

前期の巨人たち

キング・オリヴァー

ジャズというのはもともと悲劇的芸術であるらしい。ジャズの巨人とよばれる人は、ルイ・アームストロングとデューク・エリントンというわずかな例外を除けば、揃いも揃って人の世の不幸を一身に背負ったような生涯を送っている。サッチモとデュークですら、ハタで見るほど幸福ではないかもしれない。もしお涙頂戴《ちょうだい》小説を得意とする小説家がいたら、ジャズの歴史をタネ本にして一生喰《く》えそうな気がする。

なかでもキング・オリヴァーの生涯などは悲劇の典型的な一例だ。あまりにも典型的なので、キング・オリヴァーの生涯を描いた読物はジャズメン物語として終戦直後、アメリカでもヨーロッパでも日本でさえもよくとりあげられた。もっともその頃はジャズに関する研究も緒についたばかりで、キング・オリヴァーの伝記やベッシー・スミスの悲劇的な死ぐらいしか知られていないせいもあったようだ。

チャーリー・クリスチャン、ジミー・ブラントン、チャーリー・パーカー、ファッツ・ナヴァロ、クリフォード・ブラウンから最近のジョン・コルトレーン、アルバート・アイラーのように、続々悲劇的な生涯が知れわたるようになると、悲劇への感性もにぶくなり、書く気も読む気もしなくなる——とはこれまた悲劇的である。

キング・オリヴァーについてはすばらしい文献がひとつある。ウォルター・C・アレンとブライアン・ラストの共同著作になる「キング・ジョー・オリヴァー」だ。オリヴァーの伝記、人間としての性格、スタイルとその影響、作曲、全ディスコグラフィー、一曲、一曲のソロイストとソロ小節数から、「会社がまちがえてキング・オリヴァー楽団として出したニセモノ・レコードの表」までついている。ぼくが持っているのは一九五五年の初版で定価は二ドル。謄写版刷りで一冊一冊に一連番号が振ってある。ぼくのが八百二十一号だからまず一千部ぐらい刷ったのであろうか。当時ジャズ評論界をアッといわせた労作だが、それ以後出た本は皆このゆきかたを踏襲するようになった。この本も世界から註文《ちゆうもん》が殺到したため、のち印刷して立派な装丁のものにかわった。

この本からかなり引用することになるのでお断わりしておく。

オリヴァーのレコードはLP時代になってからも随分たくさん出ている。だが聴かれているかとなるとだいぶ疑問だ。事実レース・レコード（黒人向レコード）として一九二三年に吹込まれたLPの再録は、古色蒼然《そうぜん》たる音をだし、聴き通すのにはかなり忍耐力がいる。ジェリー・ロール・モートンのレッド・ホット・ペッパーズ（一九二六年）以前にグループ表現を企図していた証拠としては聴いてほしいが無理におすすめはしない。ぼくは好きだが。

コーラル＝ブランスウィック盤となると音もよく感動的だ。そしてこの中にはオリヴァーとしては最高のヒットを記録した《サムデイ・スイートハート》（一九二六年九月）も入っている。下らぬ流行歌がたちまち何十万枚と売れるのを比較すると馬鹿みたいだが、たちまち五万枚売れたのである。

ジョー・オリヴァーは一八八五年五月、ニューオリンズのガーデン・ディストリクトで生まれた。十六のときに母が死に、姉のヴィクトリア・デヴィスが後見人となった。

十八才の頃コルネットを手にしたが、それは最初のトランペット奏者といわれるバディ・ボールデンがジャズをやりはじめて数年後のことであった。少年バンドに入ってルイジアナ州の首府バトン・ルージュにまで遠征したが、家に帰った時左眼に深い傷を負っていた。真相はわからない。死ぬまで彼は片ちんばな眼をしていた。

大きくなるにつれて彼は市中の色々なダンス・バンド、ブラス・バンドで働いた。まえにも述べたようにこれらはすべてアマチュア・ミュージシャンで、皆本業をもっていた。オリヴァーの本業はバトラーだった。ピート・ララのキャバレーに一九一四年クラレンス・ウィリアムズがマネージャーとして就職した時、彼はキッド・オリーのバンドをやとったがオリヴァーは招かれてそこに入り、オリーは彼に「キング」の称号をつけて宣伝した。

一九一七年ストーリーヴィルが閉鎖された時、本業を捨ててジャズ一本に生きぬく決心をしたミュージシャンはシカゴへ出たが、一足先きに行っていたビル・ジョンソン（b）がコルネット奏者バティ・プチを招いた。プチが断わったので第二候補のキング・オリヴァーに口がかかった。シカゴの「ロイヤル・ガーデン」（のちのリンカーン・ガーデン）に出ているジョンソン・バンドに入るため、オリヴァーはシカゴに出た。

シカゴでは「ロイヤル・ガーデン」のジョンソン楽団に出ると共に「ドリームランド」のローレンス・デューエ楽団にもかけもちで出演した。一九二〇年一月「ドリームランド」に自分のバンドを編成してデビューすると共に、ステート・ストリートの「ペキン・イン」へバンド全体でかけもちした。「ペキン・イン」はギャングの巣窟《そうくつ》として知られ、のち皮肉にもその建物はそのまま裁判所になった。この仕事はつらいもので一日も早くやめたいと思っていたところ、サンフランシスコのダンスホールから「キッド・オリーにきいたが、是非きてほしい」という招きがあった。カリフォルニアでの仕事は楽しいものでなかった。ニューオリンズでオリヴァーから奏法を習ったマット・カレイ(tp)がひと足さきにカリフォルニアで人気を得ていたのでオリヴァーは真似ごと師としか思われなかったためである。一年後オリヴァー・バンドは再びシカゴに戻った。

新装なった「リンカーン・ガーデン」に出演したのは、一九二二年六月のことであった。オリヴァーはセカンド・コルネットを加える決意を固め、ニューオリンズから弟子のルイ・アームストロングをよびよせた。

しばらく会わなかったサッチモを聴いてオリヴァーは仰天した。「これは俺よりうまい!」

ここから説は二つにわかれる。一つはオリヴァーがアームストロングの実力におそれを抱き、絶対セカンド・コルネットの持ち分をふみはずさぬよう厳命したという話。もうひとつは自分が休みたいばっかりに、サッチモにファースト・ペットの代役を命じて自分はサボったという説。前者説をとるのはクラリネット奏者のガーヴィン・ブッシェル、後者はルディ・ジャクソンの説である。オリヴァー・バンドのピアニストでサッチモと結婚したリル・アームストロングの話だと、

「キング・オリヴァーがある晩私に〝ルイは俺よりうまいよ。だが彼を雇ってそばに置いとく限り、俺を抜くことができないから、俺は王様でいられる〟といいました」(注8)。二人が結婚したのは一九二四年二月五日のことだからこれはその前の話で、この話をきい

てからサッチモに関心をもつようになったと語っている。再びリルの話。「レコードに吹込むことになりました。はじめてのレコーディングで、ジェネットのスタジオの大きなラッパに吹込むのです。そのラッパをかこんで、ルイはいつものようにジョー（オリヴァー）の傍に並んだのです。だめでした、それだとジョーの音がきこえないんです。そこで技師がルイをバンドから離して隅の方に立たせました。ルイは隔離されてとても淋《さび》しそうな姿で立ってました。あんまり悲しそうな顔をしているので、私は彼にほほえみを送りました。バランスをとるのにはこれしかなかったのです。ルイはすくなくともバンドから十二フィートから十五フィート（三メートル半から四メートル半）はなれて録音しました」

リルとサッチモが結婚してまもなくバンド内にもめごとが起った。オリヴァーは吹込みの都度メンバー一人に九十五ドルずつのギャラを会社からうけとり、ピンハネして二十ドルを渡していたことをドッズ兄弟（ジョニーとベイビーともに初期の巨人）にすっぱ抜かれ、サッチモ夫妻を残して皆バンドをやめてしまった。そのうちリルもサッチモに「あんたいつまで恩師のセカンドをつとめてるの。ひとり立ちすべきだわ」とたきつけてやめさせてしまった。まもなくサッチモはニューヨークのヘンダーソン楽団に引っぱられることになる。

このあとオリヴァーはサックス・セクションを加えた「ディキシー・シンコペーターズ」や「サヴァナ・シンコペーターズ」の名でレコードをつくり、コマーシャルだとしてモールディ・フィグ（548頁参照）の非難をあびることになった。だが、そういう編成もまたニューオリンズに昔からあったことが、のちに『ジャズ・オデッセイ／ニューオリンズ篇』（CBS）で明らかにされたことはご承知の通りである。そしてコーラル盤にきくように、この時期になると彼のグループ表現はますます明確なかたちをとってきたのであった。だが仕事は多難であった。あまりにもツイていないことが多すぎるので一表にしてみる。

(1)一九二四年十二月、「リンカーン・ガーデン」の新装開店に出演予定のところ、初日に火災を起してオジャンとなった。

(2)一九二七年三月、出演中の「プランテーション」が警察に手入れされて休業。再開の日、おなじく火災のためオジャン。

(3)一九二七年五月はじめてニューヨークの名声高き「サヴォイ・ボールルーム」に出ることになったが、旅費がなく鈍行列車に乗ったため時間がなくなり、ヨレヨレのクタクタ姿で初日を飾る。

(4)その年ハーレムに開店する「コットン・クラブ」のハウス・バンドに決定しかかったところを、ワシントンから来たデューク・エリントン楽団にさらわれた。

(5)その後三年間サイドメンはこのツカないバンドに寄りつかず、ヴォカリオン＝ブランスウィックの吹込にはルイ・ラッセル、エルマー・スノーデン楽団を使用。

(6)一九二八年、一千ドルという破格の前渡金でビクターと契約したが、歯がわるくなりあまりソロをとらなくなった。大部分の編曲は甥《おい》のデイヴ・ネルソンが書いたが、オリヴァーは一文も払えなくなり、ネルソンは一九三〇年ビクターの契約切れと共に、ぼう大な作品をかかえて伯父の許を去る。

(7)三〇年代の不況時代は南部を巡業したが、前記書物の附録にその頃の収入日記が載っている。メンバーへの日給はいちばんいい日で例外的に四ドルというのがあるが、平均して一ドルそこそこ。百九十二日の巡業でキャンセルされたのが十六日、興行主にひっかけられて賃金が貰えなかった日が二十八日もある。まずは最低のドサ廻りだった。レスター・ヤングが雇われたのはこの時期のことである。

一九三六年サヴァナに引退。金も衣類もなくなり、玉突き屋の小使となって糊口《ここう》をしのいだが、一九三八年四月八日(金)脳出血のため無一文でこの世を去った。姉が死体をニューヨークに運ぶ費用を負担した。四月十五日ルイ・アームストロング、クラレンス・ウィリアムズをはじめ数人のミュージシャンが、ブロンクスのウッドロウン墓地に葬ったが、墓石はついに建たなかった。晩年に彼が姉のヴィクトリアに送った苦しい手紙の数々は名著「ジャズメン」に掲載され、オリヴァーの悲劇を広く知らしめることになった。

不思議なことがひとつある。

キング・オリヴァーはわずか五十二才でこの世を去ったのに、我々の印象に残る彼の姿は常に年老いてヨボヨボの老人であることだ。これはぼくたちだけの印象ではなく、彼の下で働いたサイドメンたちも「老人」扱いをし、「老人」と思っていたそうだ。ジャズ史上の不思議のひとつであろう。

ルイ・アームストロング

あるレコード・コンサートが終ったあとで、熱心な学生がたずねた。「あなたはジャズの歴史で最も偉大な仕事を残した人としてルイ・アームストロングを挙げていますが、ぼくたちには、どうしてもわかりません。本当にそう思っているのですか？」ぼくは答えた。「本当にそう思っています」学生は何度も不審げに首をかしげて帰っていった。だがこの学生ばかりではない。読者の中にも「サッチモは本当に偉かったのか？」という疑問をおもちの方がかなり多いと思う。日本ばかりでなく世界中のジャズ・ファンの七十％ぐらいは、口に出す出さぬにかかわらず心の片隅にそういう疑念をもっているにちがいない――とぼくは推定する。

かつて栗村政昭《あわむらまさあき》氏が、昔の偉大さを知るが故に晩年のアームストロングをボロクソに書いたことがある。サッチモには悪いがそういういいかたをしないと彼の過去の業績は説明がつかないような気がする。

「サッチモは偉い」ときいた新しいファンがはじめて彼のコンサートに出かけて行ったとしよう。白いハンケチで汗をぬぐいながら恰幅《かっぷく》のいい爺《じい》さんが目玉をクルクル動かして《ハロー・ドーリー》を歌う。喝采《かっさい》にこたえて後半部を二度三度とくりかえし、歌い終ると両手で投げキッス。次に歌うのは《ブルーベリー・ヒル》だ。

こんな寄席芸人じみた爺さんが、本当にジャズ史上最高の巨人だったのだろうか？　エリントンやマイルスやパーカーやコルトレーンの方がどう考えても偉いような気がする——と思うのは無理もない。「なぜ偉いのか？　どこが偉いのか？　偉いというのは本当なのか？」という質問が山積するゆえんである。「ジャズはポピュラー音楽でもなければ寄席演芸でもない。ジャズは芸術である」と信ずるファンにとって、芸人的なサッチモのコンサートに行ったことは耐えがたい屈辱として記憶されるかもしれない。

ところがアームストロング自身の見解は全く反対なのだ。彼の考えにしたがえば「ジャズは芸術ではなく、大衆演芸の一種」なのである。にもかかわらず、「芸術」といわれるジャズをつくった当の男がルイ・アームストロングなのだ。この矛盾にみえる論理を理解しないとジャズはあなたのものにならないのである。

ルイ・アームストロングがいつ生まれて、いつシカゴに出たかというようなことを紹介するのは本稿の目的でない。

一九二三年シカゴのキング・オリヴァー楽団に入ったあとの彼の足跡は、すべてレコードでたどることができる。音のわるさを我慢して連続五日ぐらい、年代順に彼のレコードを聴いてゆけば、必らず「ああなるほど、たしかにこれは大変な男だ」と納得できるようになる。納得は出来るがそれでは充分でない。その時代の他のミュージシャンのレコードと比較してみると、サッチモの図抜けた天才ぶりがより一層はっきりするのである。

「キング・オリヴァー」の項に書いたが、一九二〇年カリフォルニアに出たキング・オリヴァーが意外にうけなかったのは、マット・カレイが一足さきにこの土地で人気を得ていたのでオリヴァーは真似ごと師と思われたからだそうだ。これは聴き手の錯覚で、本当のところはカレイの方がオリヴァーの弟子だったのである。こういうのは全くの錯覚だが、ジャズの歴史はよほど年代を頭に刻みこんで解いてゆかないと往々にそういうケースにぶつかりやすい。

このあいだモダン・ファンで、「デクスター・ゴードンはソニー・ロリンズから影響をうけた」といっている人がいた。事実は逆でロリンズは先輩のゴードンから影響をうけて出発したのである。但しその場合「再影響」という厄介な現象があるので、一概に「きみの説はちがう」ときめつけることは出来ない。つまり今のデクスター・ゴードンがロリンズから再影響をうけていないとはいえないのだ。

少年マイルス・デヴィスが故郷のセントルイスではじめてラッパを手にした時、セントルイス第一のトランペット奏者はクラーク・テリーであった。マイルスはテリーにつきまとい、彼をコピーした。これは史実である。ところが今日のクラーク・テリーに全くマイルス・デヴィスからの影響がないかというとそうはゆかない。こういう厄介な現象を再影響という。

なぜこういうことをクドクドしくいうかというと、ぼく自身が昔ひどいまちがいをやったからだ。ブランスウィックのSPでアルバート・ウィン（tb）楽団の《Down by the Levee》を古道具屋で発掘し、踊りあがるほどよろこんだ。ついにルイ・アームストロングが最高という伝説を打破できる証拠を握ったと思った。トランペットを吹き、歌を歌っているパンチ・ミラーというのが凄《すご》いのだ。歌もペットもサッチモそっくりなのだ。「サッチモはこのパンチ・ミラーをコピーしたにちがいない。動かぬネタをつかんだぞ！」と思った。「一体パンチ・ミラーとは何者か？」これが中々わからない。戦後になってこれがサッチモより三才年上のニューオリンズ・ミュージシャンで、故郷を出たまま消息不明になっている幻の名トランペッターであることを知り、ぼくの確信はますます強いものになった。ところがその後サッチモをコピーしたレコード表という中にこのレコードが挙げられているのを見てギャフンとなったのであった。同じことがジョージ・ミッチェルについてもいえる。名作『黄金時代のジェリー・ロール・モートン』（RCA）を聴いた人は、一九二六年にジョージ・ミッチェルがルイ・アームストロングをはるかにしのいだコルネットの巨人のような錯覚に陥るにちがいない。ミッチェルはニューオリンズが生んだ一流の名手だが、実はキング・オリヴァーとルイ・アームストロングに影響されたコルネット奏者だったのである。

以上のような前置きのもとにズバリ結論にすすもう。

(1)　トランペット界に与えた影響――これは実に大きい。全ジャズ界を見渡して直接、間接に彼に影響されないトランペット奏者は一人もいないとさえいえる。一九二〇年代にサッチモと対照的なスタイルをもっていた白人の天才ビックス・バイダーベックも広い影響を及ぼしたが、ビックスの弟子たち？ですら、同時にサッチモの影響をうけたのである。この分類に属する人に、レッド・ニコルス、ワイルド・ビル・デヴィソン、ボビー・ハケット、そして誰よりもバニー・ベリガン……といった白人、レックス・スチュアート、ジョー・スミスといった黒人をあげることが出来る。アームストロング一色で影響をうけた人々は、ホット・リップス・ペイジ、ジョー・トーマス、レッド・アレン、バック・クレイトン、マグシー・スパニア、ウィンギー・マノン、タフト・ジョーダン、そして誰よりもロイ・エルドリッジ……と続く。ロイ・エルドリッジはディジー・ガレスピーの出発点となった人だから、間接的にはなるが、ファッツ・ナヴァロ、クリフォード・ブラウン……

…とモダン・ジャズにつながってくる。

(2) 他の楽器奏者への影響――テナー・サックスの父コールマン・ホーキンズのスタイル形成に最も影響を与えたのはアームストロングのトランペットであった。たとえレスター・ヤングという偉大な別派があったとしても、ホーキンズの影響をうけないテナーはまずいないから、ジャズ・テナー・サックスの真の開祖はルイ・アームストロングとなる。

ジャズ・ピアノはラグタイムに発し、ジェリー・ロール・モートンを経てジェームズ・P・ジョンソン、ウィリー・ザ・ライオン・スミスといったハーレムのストライド奏法に発展した。のち「ジャズ・ピアノの父」とよばれたアール・ハインズもこのスタイルをマスターしてデビューしたが、彼がピアニスティックなストライド奏法から新しいホーン的(吹奏楽器的)奏法に進むことが出来たのは、ルイ・アームストロングとの出会いからのことである。故にアール・ハインズに発し、アート・テイタム、バド・パウエルを経てトミー・フラナガン、オスカー・ピーターソンに至る系列の出発点に我々はまたもルイ・アームストロングを見出《みいだ》すのである。

トロンボーンはテイルゲイト奏法とよぶニューオリンズの半リズム楽器的用法にはじまったが、今日のようにメロディ楽器的に発展せしめた開祖は、黒人ジミー・ハリソンであった。ケンタッキーに生まれたハリソンは最初テイルゲイト奏法を習得したらしいが、シカゴでオリヴァーとアームストロングを聴き、天の啓示をうけて新奏法を創造した。ハリソンの影響をうけたジャック・ティーガーデンからJ・C・ヒギンバッサムを経てJ・J・ジョンソンに至る系列の出発点に再びサッチモがデンとすわっているのである。

ジャズ・ヴァイブの父ライオネル・ハンプトンがルイ・アームストロングを出発点としていることは誰でもすぐわかる。十七才の時レス・ハイト楽団にドラマーとして入った彼は、ハイト楽団ぐるみ雇っていたルイ・アームストロングに徹底的に影響されたのであった。ハンプトンのビッグ・バンドは今でもビッグ・バンド時代のアームストロング的バンド・カラーを持っている。

(3)　ビッグ・バンド・アレンジャーへの影響――これがまた大きい。一九二四年ルイ・アームストロングがフレッチャー・ヘンダーソン楽団へ加わる前とあとの、この楽団のアレンジをきけば、誰にもすぐその大きな変化がわかる。ヘンダーソン・スタイルを創造したのは名編曲者ドン・レッドマンであったが、彼はサッチモのトランペットに啓発され、ビッグ・バンド・アレンジの基本的パターンを創造したのであった。このパターンは今日のバディ・リッチ楽団にまでうけつがれている。各楽器とアレンジに及ぼした影響を知るのに最もよいレコードは『フレッチャー・ヘンダーソン物語』（CBS）である。

(4)　歌手への影響――これがまた大へんだ。一連のブルース歌手を除けば、ジャズ・ヴォーカルはルイ・アームストロングを開祖としているといえる。トランペット界を制圧したようにジャズ・ヴォーカル界にも彼を凌駕する歌手はいなかった。それはそうだ。彼のヴォーカルはトランペットをそのまま肉声に置きかえたものだからである。全く器楽的なスキャット・ヴォーカルをはじめてレコードにしたのも彼である。そのしわがれた悪声こそジャズ・サウンドの本質をなすものだ。コロラチュラ・ソプラノのジャズ歌手はいないのである。

発声にはトランペットと全くおなじヴィブラートがある。メロディは歌詞に優先する。フレージングが要求するならば、歌詞は自由につくりかえられたり、くりかえされたりする。《スターダスト》で、「オー・メモリー、オー・メモリー」と二度くりかえすところは今でこそ何気なく聴いてしまうが、当時としては新着想で、コレクターは「オー・メモリー・ヴァージョン」として珍重したものである。ミルドレッド・ベイリーの不朽の名唱といわれた《恋人よ我に帰れ》のラストで、「オー・ラヴァー、オー・ラヴァー」と二度くりかえすアイディアがどこに発しているかを改めて指摘する必要はなかろう。

キャブ・キャロウェイ、ファッツ・ウォーラー、ルイ・プリマ、ウィンギー・マノン、レオ・ワトソン……あげていったらきりがない。特記しておきたいのはホット・ヴォーカルばかりでなく、ポピュラー・バラードに対する彼の解釈が、ビング・クロスビーからビリー・ホリデイに至る歌手にかなり深い影響を与えていることである。

三〇年代にデッカの専属になってからは、会社の方針もあり、もっと大衆に愛される芸人になりたいというサッチモ自身の希望もあって、映画主題歌、ラテン、ハワイアン、流行歌などを続々歌うようになった。レコード自体としてはそれ以前のものにくらべてジャズ的に興味うすだが、それらが疑いもなくジャズ・ヴォーカルになっていることに驚かされる。冒頭にのべたように戦後のサッチモのレコードを聴いていたのでは真の偉大さがわからない。『タウン・ホール・コンサート』（ビクター）、『シンフォニー・ホール』（デッカ）、『プレイズ・W・C・ハンディ』（CBS）は戦後としてはいい出来だが、ジャズ史をゆるがすような作品ではない。音の悪さをしのんで、CBS盤またはオデオン盤に収められた一九二〇年代の傑作をきいてほしい。その一作、一作に全ジャズ界がどよめいたのである。

ファンのみならずプレイアーも時代を超え、スタイルを超え、史上最大の巨人を時折りきいてみることだ。

ビックス・バイダーベック

ぼくはジャズについては黒人の味方であり、おしなべて黒人の作品により共感をおぼえるが、さりとて「ジャズは黒人にしかできぬもの」とまで断言したことは一度もない。ビックス・バイダーベックを知るゆえにである。

ぼくにとってビックスは死別した親友のようなものだ。生前の写真帳をひもとく思いでぼくは時折りビックスのレコードをかけ、その都度ひどく感動する。

時々ぼくは「最も好きなミュージシャンは誰か?」という質問をうける。いつでも「ビックス・バイダーベック」と答える。若いファンはキツネにつままれたような顔をするが「ビックスってどんな人ですか?」と追いうちをかけられたことは一度もない。あとくちはきわめてわるい。知らない人だったら徹底的にきいてほしい。それとも質問自体が単に儀礼的な時間つなぎにすぎないのだろうか?

白人ジャズの確立者

ビックス・バイダーベックはジャズ史上はじめて白人ジャズを確立した偉大な存在であった。そういうと反論も起ろう。

「ニューオリンズには黒人と時を同じくして白人バンドがあった。パパ・レインがそれだ。またODJBやNORKはどうなる? ビックスはこれらのレコードをきいてジャズをおぼえたということではないか!」

だが、この反論に対しては次のように答えよう。ジャズがシカゴに来た時、白人の高校生はみようみまねで黒人ジャズを習得した。だが彼らは黒人のプレイに共感をおぼえ、黒人的な演奏を心掛けた点で〝白人ジャズ〟とはよび得ないのである。バップが発生した時も同じだ。進歩的な白人ミュージシャン……アル・ヘイグ、ジョージ・ウォーリントン、アレン・イーガーらはすぐに黒人の新しいジャズに共感を示し、共演したが、そのプレイを〝白人ジャズ〟と呼べるであろうか？　呼べないと思う。モダン・ジャズにおいて真に〝白人ジャズ〟を確立したのはレニー・トリスターノ、リー・コニッツであると思う。このことは313頁に詳述している。

ビックスより数年おくれてスタートしたトロンボーンのジャック・ティーガーデンも、ぼくの好きな白人ミュージシャンではあるが、白人でありながら、最も黒人的なフィーリングで演奏したプレイアーであってビックスとは全くちがう型に属する。だがビックスは自分から「白人ジャズを確立してやろう」という野心をもってスタイルをつくりあげたわけではない。彼はおのれに忠実な音楽を創造しようと心掛けた。「自己表現」という言葉はその頃使われなかったが、ビックスは、自分自身を偽らずに表現しようとし、黒人特有のヴィブラートを真似しなければジャズにならない……などとは思わなかったのである。結果的にはそれが白人ジャズを確立したことになった。

ビックスは一九〇三年（明治三十六年）アイオワ州ダヴェンポートに生まれた。ドイツ人を祖先にもつビックスの父は燃料、木材の会社を経営していた。ビックスは三才の時に一本指で《ハンガリア狂想曲第二番》を弾いたほどの楽才をもっていたので、両親は教師につけてみたが、聴いたものは即座に弾けるこの子供は、面倒臭がって楽譜の読み方をおぼえようとはしなかった。

ビックスがコルネットを吹きはじめたのは十五才の時だったが、その頃、軍隊から戻った兄が蓄音器を買い、オマケについてきたレコードの中にODJB（オリジナル・ディキシーランド・ジャズ・バンド）のものがあって、ビックスはそれに魅了された。彼は蓄音器を相手に独習でコルネットをおぼえた。彼の吹奏法が正式でないのはこの独習のせいである。

ここで伝説の人エメット・ハーディ（一九〇三－一九二五）が登場する。文献によればハーディはニューオリンズ郊外グレトナに生まれた白人で、ビックスと同い年。同じ楽器のコルネットを吹いた。十五才でプロ入りし、リヴァー・ボートでダヴェンポートに来て、この土地の楽団で働くうちにビックスと知りあい、ビックスの手をとって吹き方を教えたという。ハーディは一枚のレコードも残していない。しかしビックスにかなりの影響を与えたことは確実と思われている。

ビックスが最も愛好したのはODJBの名演《タイガー・ラグ》だった。十八才になった時、息子のジャズ熱を心配した両親は、彼をレイクフォレスト陸軍士官学校に入れてしまった。ところがこの学校はシカゴ郊外十五キロのところにあったので、ビックスは毎週末シカゴに出て、NORKのナマをじっくり聴くことができた。彼は学生バンドをつくり、学業には身をいれず、落第して中退し、二年後にはプロとしてジャズ界に身を投じた。

プロになってみると楽譜に弱いことは致命的だった。このことについて彼は死ぬまで悩んだが、習うよりは慣れで、徐々に読譜力もついたようである。

やがて仲間と「ウォルヴェリンズ」というバンドをつくり、毎週末インディアナ大学のパーティで演奏した。その頃、その大学にホーギー・カーマイケルがいて、ビックスと親交を結び、《リヴァーボート・シャッフル》を書き与えたりした。

ウォルヴェリンズがシカゴで演奏していた頃、オースチン高校の生徒たち――ジミー・マクパートランド、バド・フリーマン、フランク・テッシュメーカー、エディ・コンドン、ジーン・クルーパらがバンドを組織し、黒人的な演奏をはじめていた。これがやがて「シカゴ・スタイル」の発生となる。

ウォルヴェリンズがODJB的白人ジャズを継承したのに対して、シカゴ・スタイルの少年たちは、黒人ニューオリンズ・スタイルを継承した。しかし彼らもビックスを尊敬していた。なかでもコルネットのジミー・マクパートランドは最もビックスに影響をうけたスタイルの持ち主として知られている。

ビックスはやがてジーン・ゴールドケット楽団に入るためウォルヴェリンズをやめた。一九二六－二七年にかけてのジーン・ゴールドケット楽団は、コルネットにビックス、サックスにフランキー・トランバウァー、編曲にビル・チャリスを擁した名実ともに第一級の白人ビッグ・バンドである。

二七年九月ゴールドケット楽団は解散し、そのスター・プレイアーの大半はポール・ホワイトマン楽団に吸収された。ホワイトマン主演映画「キング・オブ・ジャズ」の撮影中(一九二九年九月)、ビックスは健康を害し、故郷のダヴェンポートに帰った。その年の十月二十四日、世界大恐慌の発端となったウォール街の大暴落が起り、銀行がバタバタつぶれた。ビックスは高給をとり、すくなからぬ預金を持っていたが、これが皆、水泡に帰したことは、病身のビックスに大きな精神的な打撃となった。

十か月療養ののち、再びニューヨークに現われたが、暴落以来ホワイトマンも編成を縮小し、ビックスを必要としなくなっていた。友人のつてでカサロマ楽団に入ったが、ジーン・ギフォードのこみ入った編曲に目をまわし、わずか四日間で退団した。この年の秋ダヴェンポートに帰り、翌三一年春もういちどニューヨークに出たが、健康は目立って悪くなっていた。プリンストン大学のパーティに出て肺炎をこじらせ、八月六日にこの世を去った。

ビックスのレコードにあまり大きな期待をかけると失望する。ゴールドケット、ホワイトマン両楽団時代を通じて、彼はサイドメンに恵まれなかった。サイドメンはほとんど両楽団員からえらばれた。技術的には有能なミュージシャンばかりだが、ジャズ的なセンス、力倆《りきりよう》という点ではお話にならない。いきおい八小節か十六小節を吹くビックスのわずかなソロだけが鑑賞の対象となる。ちょっと考えると、ものすごく効率のわるいコレクションのような感じだが、全世界のコレクターは皆満足している。それほどビックスはちょいと出ただけで満足感を与えてくれるのだ。こんなミュージシャンは他に例がないと思う。もっともその中でCBSの『バイダーベック物語』の第二枚目には、《シンギン・ザ・ブルース》、《私はヴァージニアへ》といった、全編これ傑作という演奏もあることはある。

かなり以前だが放送するために彼のソロの部分を抜きだしてテープにつなぎあわせてみたことがある。これは面白かった。だが、積極的にすすめることができないのは、ビックスが入ったアンサンブルというのがまた快い個性をもっているからである。

ビックスのレコードで耳を傾けるべきもう一人のソロイストがいる。Cメロディ・サックスのフランキー・トランバウァーだ。Cメロディ・サックスというのは、大きさはアルト・サックス程度、音もアルトだが、ネックの曲り具合はテナーのようになっていて、当時わりと珍重された楽器であった。トランバウァーのCメロディ・サックスはまるでビックスの申し子のように歌う。二人の間には後年のビル・エヴァンスとジム・ホールにみられるようなキメこまやかな感情交流と相互影響がみられた。それはルイ・アームストロングとアール・ハインズを結んだ感情交流とはいささか異質だ。サッチモとハインズの交流には「親友ムード」的なものより、「対決ムード」に近いスリルとサスペンスがある。事実一九五〇年代に入ってサッチモはハインズを罵倒《ばとう》し、口も利かないような仲になってしまったのであった。

ジャズは面白い音楽だ。対決ムードに近い決戦的雰囲気のほうがしばしばスリル満点の傑作を生むチャンスに恵まれる。バド・パウエルとファッツ・ナヴァロ、マイルス・デヴィスとセロニアス・モンクの傑作はそのような雰囲気から生まれた。ビックスとトランバウァーは兄弟以上に一心同体のようなところがある。対決的スリルはないが、相互敬愛の気持はどの演奏にも、はっきり表われている。事実トランバウァーはビックスの死後、全く性格がかわってしまったという。一九四〇年に楽界を去り、民間航空会社のパイロットとなって、第二次大戦の輸送に従事し、一九五六年六月十一日、五十六才でこの世を去った。ビックスと同じようにトランバウァーのサウンドにもヴィブラートはなかった。そのプリティなサウンドは後年のポール・デスモンドを思わせる。だからぼくは「ポール・デスモンドのオヤジ」というアダナを彼に呈した。デスモンドが来日した時、それとなくトランバウァーの話をもちだして反応をためしたが、彼は全く知らないようであった。他人のソラ似という奴であろう。このトランバウァーの女性的でリリカルなトーンとフレージングは次代にハッキリと影響を与えている。

レスター・ヤングのクールな音は、彼がテナー・サックスでどうにかしてフランキー・トランバウァーの音を出そうと努力した結果創造されたものであることは、レスター自身が明言したところである。

クール・サウンド……そうだ。一九五〇年代前半をふうびしたクール・サウンドの源はビックスとトランバウァーに発したものだ。後年ジェリー・マリガン四重奏団でチェット・ベイカーがデビューしたとき、多くのファンが「ビックスの再来」という形容で彼を評したことは記憶に新しい。（ぼく自身にはチェット・ベイカーが到底「ビックスの再来」とは思えなかったが――。）

ビックスは数曲のピアノ曲を残した。彼のピアノ・ソロ・レコード《イン・ナ・ミスト》（CBS）は後期印象派のおもかげをみせたもので、彼のルートと憧憬をはっきりと示している。

黒人が創造したジャズは、ヨーロッパの音楽伝統とアフリカ（およびラテン・アメリカ）音楽の混血によって発生した。一方、ドイツ人の血をひくビックスにはドイツ・ロマン派の巨匠に共通する血が流れていたのである。自分自身の音楽を偽らずに表現することによってビックスは、それまでのジャズになかった新しいスタイルを、期せずして創造することになったのであった。結果的には、ルイ・アームストロングが一切を支配していた当時のジャズ界にまったく革新的で独創的なコルネット・スタイルを確立することとなったが、これをもって反逆精神の発露ととるような見方は正しくない。彼自身に忠実だったからそうなったのである。

ジャズは反抗の音楽といわれる。反逆精神の持ち主によってジャズは発展してきたようにみえる。だが、数人のイノヴェーターを反逆精神の発露として捉えるような解釈は、観念論としてなりたつようにみえるが正しくはない。アームストロング、ビックス、ビリー・ホリデイ、レスター・ヤング、パーカー、モンク、コールマン、アイラーのどれをとっても、自分自身に忠実であったことが、結果的にイノヴェーションになっていた——という観察が素直に的をついているように思う。

これはまたぼく自身「ほんもの」と「にせもの」を鑑別するときの立脚点である。「伝統がなんだ！　既成の一切を破壊するところから我々の新しい芸術が生まれる！」と気負い立った連中の手で「ほんもの」が生まれたためしは、残念ながらジャズの歴史に一度としてなかったのである。

ビックスがジャズ界に及ぼした影響はかなり大きい。表現のテクニックや、似た音を出す点だけをとりあげれば、共演してウリふたつの音を出したアンディ・セクレストなどは最右翼だ。

もっとしっかりした人に、ジミー・マクパートランド、ボビー・ハケット、レッド・ニコルスがおり、スイング時代に大きな存在となったバニー・ベリガンもその一人だ。

だがビックスがもたらした影響の核心は、もっと精神的なものに解釈したい。黒人のマネをしなければジャズが吹けないと思っていた白人たちに、白人は白人なりに立派なジャズが出来ることを身をもって示したのだ。ビックスの影響は、ひとり白人世界にとどまらなかった。黒人ミュージシャンにも影響を与えた最初の巨人であることは、フレッチャー・ヘンダーソン楽団のジョー・スミスのプレイがそれを証明している。またヘンダーソン楽団はビックスの最大傑作《シンギン・ザ・ブルース》をそっくりコピーして、ビックスのパートをレックス・スチュアートに一音一音まねて吹かせたレコードまでつくっている。

一九六四年レイ・チャールズ楽団が来日したとき、そのうちの一曲が、トランペット・ソロだけでなく、リズムから、ハーモニーに至るまでビックス・スタイルにアレンジされているのを聴いて、ぼくと野口久光《のぐちひさみつ》氏は異様な感動をうけたのであった。

ベーレントはこの間の事情を一行で書き記している。「ビックス・バイダーベックは、ジャズ史上最初の偉大なクール・ソロイストであった。その系譜はマイルス・デヴィスに直結している」と。

フレッチャー・ヘンダーソン

読者は何らかの機会に「フレッチャー・ヘンダーソン」という名を耳にされたことであろう。ルイ・アームストロング、コールマン・ホーキンズからアート・ブレイキーに至るまで、つまり、一九二〇－四〇年にかけてジャズに貢献した有名黒人ミュージシャンは必ずといってよいほどヘンダーソン楽団で働いた経歴をもっている。「フレッチャー・ヘンダーソンに雇われたことがある」という経歴は、お役人の「東大卒」の肩書きと同様、ジャズのエリートを象徴した時代があったのだ。デューク・エリントンよりもベニー・モーテンよりも古くからヘンダーソンはビッグ・バンドをもち、楽器編成と編曲スタイルはそのまま現代にまで踏襲されているのである。

全米娯楽の中心地でありながら、純ジャズ的には不毛の地にひとしかったニューヨークで、エセル・ウォーターズ（黒人歌手）の伴奏コンボをひきいていたヘンダーソンが、みようみまねでダンス・バンドらしき演奏をおぼえ、名編曲者ドン・レッドマンを得て一九二三年夏クラブ・アラバムにデビューし、翌二四年秋シカゴから招いた天才青年ルイ・アームストロングを通じて、はじめてジャズ・イディオムの真髄にふれ、以後十年間他の追随を許さぬオーケストラに成長し、不況のため挫折《ざせつ》。数年間の売り喰い生活ののち、ベニー・グッドマンにゆずり渡した過去のアレンジが空前の「スイング・ブーム」を巻き起したため再起。最高の演奏を続けながらも他のバンドほどに人気を獲得できず再び挫折。ついにフンドシを貸し与えたベニー・グッドマンに拾われるが、眼の手術をうけるため退団。五十才にして振りだしに戻り、今は老女となったエセル・ウォーターズの伴奏者として巡業の旅にのぼった末、中風のためにたおれ、クリスマスの鐘の音をききながら五十四才の生涯を閉じるという悲劇の生涯は、そのまま一篇のヒューマン・ドキュメントであり、そのあゆみを、一九二三年からの傑作六十四曲でたどった『フレッチャー・ヘンダーソン物語』（CBSソニー）は、数多くある「誰々物語」シリーズ中最高の感動を与えた不滅の大作であった。

そのくわしい歩みについてはここで語らないこととする。四百字百枚におよぶ同アルバムの別冊解説書をご参照いただきたい。

フレッチャー・ヘンダーソンはなぜこのような悲劇の生涯をたどったか？　という問いに一言でズバリ答えるならば、「リーダーに適しない人物が生涯リーダーをつとめねばならなかった運命にあった」といえる。こういう見方は冷酷すぎてイヤな感じだがその通りなのだ。

二十二才でアトランタ大学を出たフレッチャーは、薬学の学位を得るためコロムビア大学での仕上げを志してニューヨークに出た。だがアルバイトに楽譜出版社につとめたことが人生を大きく変えてしまった。

ジョージア州で父は校長、母はピアノ教師という黒人でも上位の家庭に育った彼にはピアノの素養があった。もちろんクラシックである。そのまま経営者の一人が設立した「ブラック・スワン」レコードの音楽監督になり同社のピカ一スター、エセル・ウォーターズの伴奏ピアニストとして巡業。ジャズに無知なフレッチャーにエセルはジェームズ・P・

ジョンソンのピアノ・ロール（注17参照）をきかせ、それとなく教育したが、賢明なフレッチャーは彼女の思いやりを素直に受け、すぐファッツ・ウォーラー的なジャズ奏法を習得した。

巡業を終えてニューヨークに帰るとそのまま「ブラック・スワン・オーケストラ」をひきいて、ハーレムのダンス・クラブにも出るようになった。名編曲者ドン・レッドマンと知りあったのはこの頃のことである。彼らはフロアー・ショウの伴奏楽団を求めていた「クラブ・アラバム」のオーディションに合格し、採用されたが、当時のメンバーは次のようなものだった。

エルマー・チェンバース、ハワード・スコット（tp）、テディ・ニクソン（tb）、ドン・レッドマン、コールマン・ホーキンズ（リード）、フレッチャー・ヘンダーソン（p）、チャーリー・ディクソン（bj）、ボブ・エスクデロ（チューバ）、カイザー・マーシャル（ds）。

この時までこのバンドには正式なリーダーがなかった。唯一の大学出でルックスのいいヘンダーソンが全員に推されてリーダーになった。

「クラブ・アラバム」から「ローズランド・ボールルーム」時代（一九二四－二八年）はヘンダーソンの絶頂期であり、白人の客と白人ミュージシャンに多くの偉大な黒人スターを紹介したのであった。ルイ・アームストロング、コールマン・ホーキンズ、ジョー・スミス、ジミー・ハリソン、バスター・ベイリー……などなど。

このような立派なリーダーになぜ「リーダー不適格」の烙印《らくいん》がつくのかを説明しておこう。

(1)　人格的にも音楽的にもいうことはなかったが、数字に弱かった。マネージメントも悪かったが、しばしばタダ働きをした。

(2)　統率力に欠けていた。メンバーは個性の強い連中が揃っていたから、掌握力のなさが目立った。メンバーの遅刻や無断欠勤が多くなり、これがよく契約キャンセルにつながった。

(3)　のち「ローズランド」をはじめホール経営者は、ヘンダーソンのリーダーシップに疑念を抱き、契約をしなくなった。

「ローズランド」末期以降の歩みを紙数の関係で、年代記的に摘記してみよう。

一九二八年――バンド経営者としての無能が明らかになってきたこの年、不幸にもヘンダーソンは自動車事故で頭を強打し、鎖骨は折れて肩胛骨《けんこうこつ》にあたり、これがのち左半身不随の遠因になったと伝えられる。この事故のあと「やる気」がなくなり、バンドのミストーンにも気づかず、すべての点で進歩性を失った。

一九二九年――「ローズランド」の信用をなくし南部楽旅。

一九三〇年――オクラホマへ楽旅。アンディ・カーク楽団を発見してニューヨークの

「ローズランド」や「サヴォイ」への出演をあっせんした。ヘンダーソン自身のバンドはカンサス好みのブルース演奏ができなかったため失敗している。年末よりニューヨークの「コニーズ・イン」出演。

一九三一年――五月まで「コニーズ・イン」。不況はげしく失意の年。スタイルは時勢に応じスイート化する。トロンボーンの名手ジミー・ハリソンは、前年より健康すぐれずヴォーカルのみ担当したが、この年七月ガンのため死去。

一九三二年――不況のためコロムビアは再建中で吹込はなかったが、ジョン・ハモンドのあっせんでイギリス市場向きに数曲を吹込む。「ローズランド」の筋向いにある「エンパイア」に出演。

一九三三―三四年――エリントン楽団のあとがまに入る予定の「コットン・クラブ」は直前にジミー・ランスフォード楽団に、またアーヴィング・ミルズが企画したヨーロッパ巡演も直前になってキャロウェイ楽団にケツをかかれた（横取りされた）。最大の失望は創立以来の大スター、コールマン・ホーキンズ（ts）が辞表を出してヨーロッパに行ってしまったことである（ホーキンズは一九三九年まで帰米しなかった）。すこしあとアーカンソー州リトルロックでカウント・ベイシー楽団の演奏をきいて仰天し、自分のバンドを解散してベイシー楽団をそっくり雇おうかと思った。しかし気をとりもどし、ホーキンズのあとがまとしてレスター・ヤングを引き抜いた。フレッチャーは満足だったが、リーダーより威張っているメンバーが承知せず、音が小さく女性的なフレージングのレスターをクビにして、豪快な音色のベン・ウェブスターを雇い直した。一九三四年冬、仕事がなくなりバンド解散。

一九三五年——春、ジョン・ハモンドのあっせんでベニー・グッドマン楽団に過去に使った編曲をゆずり渡す。他に最新流行曲のスイング編曲も依頼される。ベニー・グッドマンの成功と共に「編曲者フレッチャー・ヘンダーソン」の名も新しいファン層に知られるようになり、バンド再編。

一九三六年——一月シカゴの「グランド・テラス」に出演。メンバーはロイ・エルドリッジ、チュー・ベリー、バスター・ベイリー、ジョン・カービー、シドニー・カトレットを中心にした強力十三人編成。この年の秋巡業に出るとき「グランド・テラス」に入った新しいバンドが、カンサスをあとにニューヨークに向う途中のカウント・ベイシー楽団であった。

一九三八－三九年——「グランド・テラス」には三九年春までアール・ハインズ、ルイ・アームストロング、アンディ・カークの各楽団と交代で出演。三九年春ヘンダーソンはバンドを解散、単身ベニー・グッドマン楽団のスタッフ・アレンジャー兼コンボ・ピアニストとなる。疲労と眼の手術のため六か月で退団。

一九四〇年——編曲のみグッドマン楽団に提供。

一九四一年――再びバンド編成。日米戦争勃発《ぼっぱつ》。メンバーの変化激しく、二年あまりドサ廻《まわ》りを続ける。金にはならなかった。
一九四五年――グッドマン楽団の編曲者として返り咲く。
一九四六年――シカゴの「クラブ・デリーザ」にバンドをひきいて出演（一年三か月）。
一九四七年――高血圧のため九か月療養。
一九四八年――エセル・ウォーターズの伴奏者として旅に出る。
一九五〇年――ビッグ・バンドを指揮しニューヨークの「バップ・シティ」に出演。客ほとんど来ず。直ちに解散。セクステットをひきい「カフェ・ソサエティ」に出る（ラスト・ステージとなった）。この出演中脳出血でたおれる。
一九五一年――DJ、マーチン・ブロックのよびかけで、オリジナル・グッドマン楽団とトリオを集めた「フレッチャー・ヘンダーソン療養資金募集のための放送」催さる。録音権をレコード会社に売って療養費寄贈。
一九五二年――十二月二十九日死去す。

ブラス・セクション対サックス・セクション。そのよびかけと応答の間隙《かんげき》を縫ってソロが続く……フレッチャー・ヘンダーソンにはじまり、現代のビッグ・バンドへと続くこの不動のパターンを最初に確立したのは、一九二三―二七年までアルト・サックス奏者として在団したドン・レッドマンであった。

レッドマンはヘンダーソンより二つ年下で一種の天才児だった。十五才でカレッジを出るまでに、すべての楽器に習熟し、立派な曲を書いていた。その頃ダンス・バンドはたくさんあったが、多くはストック・アレンジ（レディメイドの編曲）を使っていた。それらは「編曲屋」の手になる安手のものだった。ポール・ホワイトマンが人気を得はじめた頃で、黒人楽団もホワイトマン的なコマーシャルな演奏をやって得々としていた。レッドマンは古謡、ヒット曲、オリジナル曲をすべて自分の手で編曲した。彼がいわゆるヘンダーソン・スタイルを創始したのは、ルイ・アームストロングのトランペットに耳を傾けた時以降である。これはコールマン・ホーキンズのようなソロイストについてもいえることだ。たった一年サッチモを雇ったことが、このバンドの体質を根本的に改善したのである。いったんパターンがきまるとヘンダーソンもそれに応じて編曲を書いた。

レッドマンがこのバンドに残した功績はスタイルの創始ということの他に、偉大なソロイストたちを、同時にセクション・ワークの一員として教育したことであろう。たとえばトミー・ラドニア（tp）とかバスター・ベイリー（cl）、さらにサッチモなどビッグ・バンドの経験をもたないジャズメンをセクションメンとして立派に育てあげたことを見てもわかる。

レッドマンの退団後入ったベニー・カーター（as）もまたその路線を踏襲して見事な編

曲を書いたし、フレッチャーが自動車事故に遭ったのち彼を助けた弟のホレス・ヘンダーソン（p）に至っては、ピアニストとしても編曲者としても、兄を抜く存在であったとぼくはひそかに考えている。

オーケストラ・リーダーとしてのフレッチャー・ヘンダーソンを人生の負け犬としたものは何か？　一にも二にも「時代」だったとぼくは考える。なるほどヘンダーソンはお坊っちゃん育ちで、掌握力もなく商売も下手だった。だが同じような資質をもちながら成功した幾人かのバンド・リーダーもないではないし、たとえリーダー不適格とはいえ、常時最高のオールスターを手中に収めており、そのレコードはどれを聴いても一級の作ばかりである。

悲劇は彼の生きた時代にあった。ヘンダーソンは白人的洗練化をとげつつあった一九二〇年から三〇年代の黒人の中で、一足早く洗練化を終えていた人であった。そのような例をすこしあとの時代にとればレスター・ヤングがこれにあたるといえよう。

ヘンダーソンが十年もまえに使い古した編曲をゆずりうけて演奏したベニー・グッドマンは「スイングの王様」として莫大《ばくだい》な富と名声を得た。今おなじ編曲をヘンダーソン楽団とグッドマン楽団が吹込んだレコードで聴きくらべると、ヘンダーソンのアンサンブルは泥くさく、グッドマンの方はいかにも明快で洗練されている。レッドマンそしてヘンダーソンがもくろんだシャープでメカニックな編曲は、最初から音楽的にしっかりした下地をもつ白人バンドにより向いていたのである。

ヘンダーソンが白人的なものに憧《あこが》れを抱いていたのは、ビックス・バイダーベックの傑作《シンギン・ザ・ブルース》の一音一音をコピーして別の会社に二度も吹込んでいることでもわかる。レスター・ヤングを好んだのも、そのあらわれといえる。「時代がわるかった」というもうひとつの点は、アメリカを襲った史上最大の不況であった。もうその頃にはすぐにスイート・スタイルに転ずるといった小まわりのきかないホット・オーケストラになってしまっていた。グッドマンの成功に刺戟されて再起したあとの演奏には、あべこべにグッドマン楽団の見事なアンサンブルをお手本にしたようなところがたしかにある。これはヘンダーソン楽団に限ったことではなく、当時のあらゆるバンドにみられる顕著な傾向であった。

《クリストファー・コロンバス》、《スティーリング・アップルズ》など一九三六年に吹込まれた一連の作品は、ヘンダーソンが十年まえから抱き続けていたヘンダーソン・スタイルの究極の理想境に到達し得た作品として聴かれるべきだ。

だがその年、カンサス・シティからニューヨークに現われたカウント・ベイシー楽団は、ヘンダーソン＝グッドマン・スタイルとは全然ちがったスタイルで満都を熱狂させた。彼は再び敗残の身となったのである。徹底的に不幸な星の下に生まれた男だったという他はない。

カウント・ベイシーは語る。「私のバンドを導いてくれたのはヘンダーソンだった」この言葉は皮肉ではない。カンサスにはブルースとオリジナル曲のレパートリーしかなかった。ベイシー楽団には最新流行歌やスタンダード曲の譜面がなかった。三六年シカゴを経てニューヨークに現われた時《シュー・シャイン・ボーイ》など数曲のスタンダードを演奏できたのは、ヘンダーソンの好意によるものだったのである。

デューク・エリントンは語る。「あの当時のヘンダーソン楽団は空前のダンス・バンドとして誰もが忘れ得ないだろう。天下無敵の演奏をした。一人一人のミュージシャンが皆偉大だったのだ」

舞台裏は悲劇の連続だったがヘンダーソン楽団が残したレコードは、キラ星のような黒人スターの名演によって常に最高水準を保ち続けた。CBSの『ヘンダーソン物語』を聴き終った瞬間、ぼくは不覚にも落涙したが、内情を知って聴けば皆同じような感動を与えられるにちがいない。

この四枚組大作に、ジョン・ハモンドは"A Study in Frustration"(挫折の研究)という副題をつけた。ジャズの歴史は多くのばあい、こうした悲劇の上に発展を続けてきたのである。

第二章　中期

スイング時代

世界恐慌が起ったのは一九二九年（昭和四年）十月二十四日木曜日のことであった。ニューヨークのウォール街にはじまった底値知れずの株式大暴落は、社会主義国ソ連を除く世界中を恐慌の渦中に陥しいれたのである。翌三〇年三月、アメリカのラモント商務長官は楽観的な予言をした。「あと六十日で失業はなくなる！」だがその六十日目がきた時、失業者はふえ、物価は大下落し、生産指数はおち、株式は底値をはっていた。時の大統領フーヴァーは決して無能な人ではなかったが、資本主義社会がかつて経験しなかった危機であるとは見抜けず、楽観論をとなえ続けた。三一年夏にはドイツが破産し、その秋イギリスをはじめ二十数か国が金本位制を停止した。すべての国の経済が結びあっていた資本主義下にあっては、全世界的規模に拡大せざるを得ないのである。

わが日本は最もひどい打撃をうけた国に属する。恐慌が起るまえからわが国は不況に沈潜していた。関東大震災の時とられた臨時金融措置が尾を引いて、昭和二年春には金融恐慌が起り、大銀行はむろん地方財閥が経営していた三十七行が倒産した。地主と小作人からなりたっていた封建的農業国日本では農村の疲弊がひどく、娘たちは都会の赤線に売られた。浜口《はまぐち》内閣が金解禁を行ったのが、ウォール街暴落から二か月後の一九三〇年一月であったことも致命的だった。当時の金解禁は、今の貿易自由化に匹敵する。日本とスペインだけができないまま経済的三等国とされていた。だからこれをやることは国際水準に復する唯一の活路だったわけだが、いかにもタイムリーでなかった。台風のまっさい中に窓をあけたようなものである。一年半後、犬養《いぬかい》内閣は金輸出再禁止をおこない、結局為替の高いうちにドル換金する「ドル買い」をやった財閥だけが莫大《ばくだい》な利益をあげた。

明治百年を通じて、日本の景気がよかったのは、戦争があった時に限られていたことは銘記しておいてよい。戦争がない時は不景気が常態であった。「戦争の時にボロ儲《もう》けができる」という不逞《ふてい》な信念の持ち主だけが不思議に富を得てきたのであった。

さて世界不況の震源地アメリカの景気は、一九三三年三月、フーヴァーにかわって大統領となった民主党のフランクリン・D・ルーズベルトのニュー・ディィール政策によって回復に向った。この三三年三月が恐慌の最もひどい時期であったことも記憶しておいてよい。失業者は千五百万人に達し、スープとパンの無料給与をうける貧民は長い列をつくり、全国の銀行が扉をしめたままという最悪の事態の中で、就任式が行われたのであった。

ニュー・ディィールを一言でいえば、それまで全く個人の自由に放任されていた資本主義経済に、強力な国家統制を加えることを意味した。共産主義、社会主義に似ているが、正しくは修正資本主義とよぶべきであろう。学説的にはアダム・スミスからケインズ、ハンセン理論への移行である。政府機関による統制経済は、官僚の権力統制を思わせるが、三権分立の原則は固く守られ、政策は国民側の意見を反映して決定せられ、官僚には単なる実施者としての権限しか与えられなかった。ニュー・ディール以降、もとの放任資本主義に復することは二度となかったから、やはりルーズベルトは今世紀が生んだ偉大なる政治家といえるのである。

大不況とジャズ

今日SP時代の名盤が続々LP化しつつあるのはよろこぶべき現象である。新しいファンも研究者も、それらによって自分たちが生まれる前の名作を知ることができる。だが忘れてはならないことがひとつある。

それらの多くはいずれもジャズとしての話題作ばかりであって、時代や世相を必ずしも克明に反映してはいないものであること……むしろその時代としては例外的、反時代的なものが多いという一事である。特に一九三〇－三四年に至る不況時代のものは、大河を流れる落葉のように微々たる例外的にホットな作品だけがくりかえし再発売されている傾向が強く、これだけを聴けば、不景気時代も結構ジャズが盛んであったかのような印象を与えられるが、現実には九牛の一毛にも等しかったのである。

大不況時代はスイート・ミュージックの全盛期であった。マーシャル・スターンズの「ザ・ストーリー・オブ・ジャズ」から、その部分を要約してみよう。

一九二九年フーヴァーは「経済情勢は基本的には健全である」と声明した。ジャズとジャズ・ミュージシャンにとってはすこしも本当のことではなかった。すくなからぬ例外はあっても、ジャズは六年後の一九三五年まできかれなかったといえる。シカゴからニューヨークに移住したオースチン高校出身者は、ミッド・タウンのホテルで豆と塩とコショウを振ったパンで飢えをしのぎながら、どんな仕事でも手あたり次第に引きうけていた。《メイキング・フレンド》に聴くジャック・ティーガーデンのヴォーカルには、その頃の彼らの気持が偽りなく歌われている。

〝ほら穴に寝て泥水をすすっていたほうがマシだ（くりかえし）
このニューヨークで野良犬のように扱われるよりは……〟〔ブルース〕

一九二〇年代のランチキさわぎはどこへやら、大衆は静かで甘いダンス音楽を求めはじめていた。

デューク・エリントン、ノーブル・シスル、ルイ・アームストロングらはしばらくヨーロッパに逃避し、ガイ・ロンバード、ウエイン・キング、フレッド・ワーリング、ルディ・ヴァリーといったスイートなコマーシャル・バンドが生き残り、もてはやされていた。

ジャン・ガーバーはおなじ失敗を二度くりかえしている。一九二九年と三九年にホット演奏に乗りかえ、またもとのスイート・スタイルに戻ったのだ。そのつど彼はスイート・ミュージックの方が儲かることを確認した。

白人ジャズメンたちはコマーシャル・バンドに入ったり、ラジオに職を得たりした。マグシー・スパニアとジョージ・ブルニーズはテッド・ルイス楽団に、ジーン・クルーパはマル・ハレット楽団を経てバディ・ロジャース楽団に、ウィンギー・マノンはチャーリー・ストレート楽団に、ベニー・グッドマンはB・A・ロルフのラッキー・ストライク・オーケストラに加わってラジオに出た。

黒人ジャズメンの場合はひどかった。シドニー・ベシエは靴磨きのスタンドを開き、トミー・ラドニアは洋服屋、ヘンダーソン楽団で名声があったトロンボーンのチャーリー・グリーンに至っては、肝硬変と栄養失調のため、ハーレムの路上で死亡したという。

このように不況期のポピュラー(すなわちダンス・ミュージック)の主流は、スイート・スタイルであった。ジョージ・オルセン、ヴィンセント・ロペス、ウエイン・キング、ジャン・ガーバー、ガイ・ロンバード、アイシャム・ジョーンズなどのオーケストラが有名だった。他に一連のトーチ・シンガー(女性)とクルーナー(男性)が輩出した。ケイト・スミス、ルース・エティングは前者に属し、ラス・コロンボ、ビング・クロスビーは後者に属している。古いジャズ・レコードの録音年月日を調べて、一九三〇－三四年のものだったら特に留意して耳を傾ける必要がある。多少とも世の風潮にさからったレジスタンス精神と、真に立派なものを守り通す堅い信念とが確かに聴かれるからだ。スイート・スタイルのころもを着せながら、わずか数小節のホット・コーラスを聴かせるレコードにめぐり合った時の感動は言葉でいい表わせない。

ベニー・グッドマンとスイング時代

一九三五年、不景気はようやく回復のしるしをみせてきた。失業と生活苦から一般庶民が立上り、前途に明るい希望をみいだした時、彼らの気分を鼓舞するような明るい溌剌《はつらつ》たる音楽がきこえてきた。それがスイング・ミュージックだったのである。

ベニー・グッドマンはこの年二十五才から二十六才を迎えた青年クラリネット奏者だった。貧しい子沢山のシカゴの洋服仕立職の十二人兄弟の下から二番目として生まれ、十二才の時には半ズボン姿でミシガン湖遊覧船のバンドに加わり、オースチン高校の連中ともよくジャムった。一九二五年八月、十六才でロサンジェルスのホールに出ていたベン・ポラック楽団に加わった。この楽団と共にニューヨークに出てからは、最も多忙なスタジオ・ミュージシャンとしてレッド・ニコルス、ベン・セルヴィンその他数多くの録音やラジオ放送につきあうほか、自分の名を冠した臨時編成バンドでもたくさんのレコードをつくっている。

一九三四年十二月、ナビスコことナショナル・ビスケット社がスポンサーになって、NBCの全国中継で「レッツ・ダンス」という三時間のプログラムがはじまった。グッドマン、クガートおよびケル・マレイという三楽団が交互に出演するものである。ベニーはまだスタジオ・ミュージシャンを集めたバンドで出演していたが、一九三五年四月のビクターとの新契約から、本格的なレギュラー・バンドとしての活躍がはじまる。

フレッチャー・ヘンダーソンのアレンジを買いこんで使いはじめたのもこの時からであった。「レッツ・ダンス」の放送は一九三五年五月で終り、ガイ・ロンバード楽団のあとを襲ってホテル・ルーズベルトに出演したが、ロンバードのスイート・サウンズに馴《な》れたお客や従業員から総スカンを喰《く》って三週間でクビになっている。

そして大陸横断の演奏旅行がはじまった。デンヴァーでは初日が終るとホール側から早くも契約破棄を通告される有様。泣く泣くロスのパロマー・ボールルームで旅行の最終演奏をやったのが一九三五年八月二十一日のことであった。これが予期もしなかった大成功。一夜にしてスイング時代がはじまったのである。ついでシカゴのコングレス・ホテルとの契約、さらにニューヨークのペンシルヴェニア・ホテルへ……。初期の大スター、バニー・ベリガン（tp）は、ロサンジェルスでバンドを離れ、今もってコレクターには惜しまれているが、当時としては全く話題にものぼらなかったことであった。

不況を克服したアメリカ市民は二才の童子から八十才の老人までが、ベニー・グッドマンのスイング・ミュージックに狂喜乱舞したのである。「これこそアメリカの音楽だ！」と彼らは叫んだ。

一九三六年には二人の黒人、テディ・ウィルソン（p）、ライオネル・ハンプトン（vb）が加わり、オーケストラとは別にコンボ演奏のステージが生まれた。これは白人と黒人が公衆の面前で共演した最初の出来事といわれている。

ベニーの成功を物語るもうひとつのエピソードは、一九三七年三月十日（水）から五日間、ニューヨークのパラマウント劇場での熱狂的成功であった。それまで楽団はホテルとかボールルームとかオトナ向きの場所にしか出演していなかった。はじめて未成年者が入れる映画館に出演したのだ。併映された映画はクローデット・コルベール、フレッド・マクマレー主演の「セイルムの娘」——およそティーン・エイジャー向きの作品ではなかったが、少年少女は早くも朝の七時に切符売場から長蛇の列を作っていた。映画が終ってグッドマン楽団が舞台にセリ上ってゆく瞬間、「大みそかのタイムズ・スクエアーのような騒音がきこえた」（グッドマンの話）という。支配人は「これは暴動だ。このままではケガ人や死人が出る！」と頭をかかえた。午後三時までの入場者が一万一千五百人、売店の売りあげが九百ドル、ともに開場以来の大記録をつくったのである。

今日だと少年少女を熱狂させるがオトナたちは比較的つめたいという音楽が多い。グッドマンは、幼児から老人たちまでを熱狂させた。ここがちがう。景気の回復とともにグッドマンが口火を切ったスイング・ブームは、ジャズがはじめて全世界の注目を集めた画期的な出来事であった。

当時ベニー・グッドマンとその音楽について悪くいう人はほとんどいなかった。堂々正面切って批判したのはフランスの評論家ユーグ・パナシエだけだったといっていい。「こんなクラリネットは小鳥のさえずりだ」と彼はいった。同僚のミュージシャンで彼を批判したのはバド・フリーマン（ts）ぐらいなものだ。フリーマンはグッドマンと同じシカゴの出身だがこういっている。「彼はまあ偉大な吹奏家といえるが、ワキ役にスターが必要だったよ。彼自身クリエイティヴでないからだ。すばらしいサイドメンがいなかったら、あれだけの成功を収めたとは思わないね」ぼくなどもグッドマンの絶頂期の演奏は今でもすばらしいと思うが、来日演奏を聴いてガッカリした。特に二度目の時はひどかった。小著『ジャズの歴史』（東京創元社）の改版にあたって、特にグッドマンの項に三頁のきびしい批判をつけたした位だ。

だがグッドマンのスイング・ブームは、陽のあたらぬ場所で演奏されていたジャズをはじめて大衆の音楽とした。これは偉大な功績である。

今ここでスイング時代に脚光をあびたすべてのバンドをあげるわけにはいかないが、おもなものだけ拾ってみる。

トミー・ドーシー（tb）は仲のわるかった兄のジミー（cl、as）と別れて、別々のバンドをもつことになった。兄弟は終生喧嘩《けんか》し、特にトミーの場合は露骨で、兄のジミーのことを賞《ほ》めた批評家はボイコットするというかたくなな態度を持ち続けた。

ドーシー・ブラザーズ楽団時代のアレンジャー、グレン・ミラー（tb）は独立してバンドをもち、一度挫折《ざせつ》したが、やがてミラー・サウンドを創造し、スイング時代のニュー・サウンドをつくりあげた。

グレン・グレイのカサロマ・オーケストラはスイング・ブーム以前から最もホットな演奏を続けた。この楽団の真価は後期のスイート・スタイルで最高の境地に達したが、《ホワイト・ジャズ》、《マニアックス・ボール》など大不況の最中（一九三一－三三）に吹込まれた一連のホット物はいちど聴いてみる価値がある。ぼく自身これがリアル・ジャズの真髄とは思わないが——。

一九三六年五月、グッドマンのライバルとして現われたアーティ・ショウ楽団は、グッドマンと比較して聴く価値のあるオーケストラのひとつだ。特にショウのクラリネットはグッドマンに対して、よりモダンであると思う。

ベン・ポラック楽団をうけつぎ、ビッグ・バンドでディキシーを演じたボブ・クロスビーは、ニューオリンズ出身の白人プレイアーを擁し、一時は大変な人気を得た。

スイング・ファンがふえるにつれて、この音楽をまじめに研究しだす青年がふえた。真のジャズ・ジャーナリズムはこの時期から勃興《ぼっこう》することになった。

読者はここに黒人バンドがひとつも挙げられていないことを不思議に思われるであろう。アメリカの大衆はスイング・ミュージックとは白人がはじめた新しいアメリカの音楽だと思いこんでいたのである。エリントンやランスフォードの黒人的なねばりのある音楽は、スイング・ミュージックとは別のものと思われていた。エリントン楽団のマネージャー、アーヴィング・ミルズはエリントンがブームに乗らぬことを嘆き、ついに「一九三二年不況のどん底において《スイングなければ意味ないね》という曲をつくった偉大な先覚者はデューク・エリントンでござる」と鳴り物入りで宣伝につとめた。この宣伝文はうまく出来ているので、あっちこっちのジャズ評論に引用されているが、ぼく自身はエリントンの音楽を評価する上でさほど意味のあることだとは思っていない。

ジャズ・ジャーナリズムの擡頭

「メトロノーム」と「ダウン・ビート」

スイングがブームとなった一九三六年以前からジャズ・ジャーナリズムはあった。いちばん身近なのは雑誌であろう。

「メトロノーム」と「オーケストラ・ワールド」は前世紀末から発刊されていたが、その内容は軍楽隊、ブラス・バンド、スクール・バンドに関するもので、ジャズ関係の記事はほとんどなかった。しかし「メトロノーム」は一九三五年、ハーバード大学を卒業したドラマー、ジョージ・T・サイモンを編集部に加えてから面目を一新して、スイング・ミュージック専門誌の観を呈するようになった。「ダウン・ビート」は一九三四年に発刊されたが、当初はミュージシャンに生命保険の加入をすすめるPR雑誌だった。ところがジャズ界（当時はダンス音楽界）のニュースに飢えていたミュージシャンに熱読されているのをみて、カール・コンスとグレン・バーズが編集発行を買って出て、本格的なニュース雑誌（隔週刊）に変貌《へんぼう》させた。このコンス＝バーズの営業方針はセンセーショナルなもので、ハースト系新聞の煽情《せんじょう》的な見出しを踏襲したものであった。ブギ・ウギ・ピアノの歴史を紹介する記事が、「血を吐いて倒れたパイン・トップを目撃!!」というのである。昨今のスポーツ新聞のトップ見出しを連想すればよい。この伝統は一九四〇年七月十五日号で頂上をきわめる。

女性歌手ドレスをはぎとらる！

エラ・フィッツジェラルドがバンド・スタンドから降りる時、サインを求めるファンにドレスをひっぱられて、ちょっとほころびたという話の見出しがこうなる。表紙に三十六ポイントで組まれたこの見出しのおかげで、その号はまたたく間に売り切れた。その頃は今のようにヌード雑誌はなく、わずかに「フィルム・ファン」という映画のスチールを意味ありげにトリミングして並べた雑誌が好き者を喜ばせていた程度だが、「ダウン・ビート」は毎号人気バンドの歌手を半裸にした写真を掲載して劣情を刺戟《しげき》した。

結局「メトロノーム」「ダウン・ビート」の二誌がライバルとして対立しあったが、内容的には後者がずっとおもしろかった。「メトロノーム」はサイモン編集長の温和な人柄を反映して、あらゆるバンドを上手にほめあげたが、「ダウン・ビート」ではほめるものはほめる一方、ケナすものはケナした。莫大な広告料をもらえば、一楽団を特集してほめあげることもあった。グレン・ミラーやレス・ブラウン、戦後ではビリー・メイの特集号にはかなりお金の匂いがしたことを記憶している。だが俗受けする編集方針の中にも貴重な資料が数え切れぬほどあった。たとえば一九四〇年に十一回にわたって連載された一万語に及ぶウォーレン・W・ショルの力作「ポール・ホワイトマン・ディスコグラフィー」は、一九一九－三九年に及ぶホワイトマンの全吹込レコードについてメンバーはむろん、ソロ・オーダーに至るまで、ことこまかに記載したもので、この種の連載物中の傑作だったと記憶している。私は一九三四年以降のこの種の雑誌を全部集めた末、戦災で焼いたので記憶の中にしか残っていない。

「メトロノーム」は今日の「ダウン・ビート」とおなじ大きさだったが、当時シカゴを本拠にしていた「ダウン・ビート」の方は新聞一頁の大きさのものを二つ折りにして綴《と》じ、さらに二つ折りにして表紙をつけた不思議なティサイであった。この形式は一九五〇年代に入ってからも存続した。

その他の専門誌

イギリスではかなり早くから「グラモフォン」および音楽新聞「メロディ・メーカー」がジャズを積極的にとりあげていた。英国ではファンが「リズム・クラブ」を各地で組織し、本格的にジャズを研究していた。それらを結ぶ機関誌として一九三五年三月に発刊された「スイング・ミュージック」は、おそらく最も専門的なジャズ雑誌だったといえよう。

わが日本では一九三二年（昭和七年）暮、日本舞踏教師協会の機関誌として月刊「モダン・ダンス」が出た。その編集陣に石川達三《いしかわたつぞう》、永田一脩《ながたいつしゆう》両氏の名がみえるのも興味深い。昭和十年代に入ると軍国主義の圧力で「ヴァラエティ」と名をかえ、舶来芸能誌に変貌した。村岡貞、大井蛇津郎《おおいたつろう》（故野川香文《のがわこうぶん》氏の筆名）、野口久光、現役プレイアー菊池《きくち》滋弥《しげや》、紙《かみ》恭輔《きようすけ》のほか伊藤栄次郎、当時学生だった稲吉愈右、河野《こうの》隆次《りゆうじ》の諸氏に伍《ご》して小生なども寄稿していた。戦時中唯一のジャズ雑誌だったが、今も続いている「ダンスと音楽」はその後身である。驚くことは現編集長榛名静男氏が、創刊第三号以来の編集者であることだ。戦後復刊と同時に、ここから気鋭の新進評論家西門譲治（ジョージ・サイモンにあやかった牧芳雄《まきよしお》氏の筆名）が登場したのであった。

さてアメリカでは、ジーン・ウィリアムズとラルフ・J・グリーソンによる「ジャズ・インフォーメーション」、現フライング・ダッチマンのボブ・シールがはじめた「ジャズ」（一九四二年）、「ダウン・ビート」をやめたカール・コンスがジョン・ハモンドとはじめた「ミュージック・アンド・リズム」（一九四二年）などがあるが、「ジャズ」を除いていずれも永続しなかった。これらの比較的高級ファン向きの雑誌で最も長く続いたのは「レコード・チェンジャー」である。雑誌の半分はファン同士の「レコード売りたし」「買いたし」の広告に割かれていた異色誌で、最初ゴードン・グリックソンがはじめ、まもなくピル・グローア、オリン・キープニューズの手にわたり、この二人がリバーサイド・レコードの経営に忙しくなるまで続けられた。

アメリカの一般雑誌

スイング・ブームは一般誌の注目するところとなり、ほとんどすべての月刊雑誌がスイングの記事をとりあげたが、中でも最も力を入れたのが「エスクァイア」、「ルック」、「チャーム」の三誌であった。この三誌に共通していたのは、編集者がジャズ・ファンだったことである。

「エスクァイア」の編集長アーノルド・グィングリッチは熱心なジャズ・レコード・コレクターだった。一九四三年から評論家ポール・エドワード・ミラーをブレーンに、毎号必ずジャズの記事と写真を出し、年鑑を出し、また二十五人の批評家投票によるエスクァイア・オール・アメリカン・ジャズ・バンドを編成して、コンサート、放送、レコード吹込みを行った。現在これに近い活躍をしている雑誌に「プレイボーイ」がある。「ルック」の編集長ジャック・ゲンサーもジャズ・ファンだった。レナード・フェザーとサム・ローランドがジャズ記事を寄稿し、二百万読者にジャズの聴き方を啓蒙《けいもう》した。「チャーム」と「ピック」に掲載されたカールトン・ブラウンの記事もジャズへの関心を呼ぶに充分だった。

ヨーロッパのジャズ評論

ジャズ評論という面で、アメリカが逆立ちしてもかなわないのがヨーロッパの水準である。初期の最もすばらしいジャズ評論は私の読んだかぎり、指揮者エルネスト・アンセルメが一九一九年「レヴュー・ロマン」誌に寄稿した「シドニー・ベシエ論」である。若き天才音楽家アンセルメの耳に、黒人ウィリー・マリオン・クック楽団の演奏はまるで天の啓示ともいうべき閃《ひらめ》きを与えたのであった。「……この驚くべき天才の名を書き置こう。私は永久に彼の名を忘れることはない。彼の名はシドニー・ベシエ！」この小文の中でアンセルメはクック楽団の音楽的特質を縦横に分析して感嘆している。なんと一九一九年ですぞ。

ベルギーの刑事弁護士ロベール・ゴファンは一九三二年『ジャズの開拓者たち』という本を書き、戦時中『ジャズ　コンゴからメトロポリタン歌劇場へ』を著した。

フランスのユーグ・パナシエは一九三四年『ル・ジャズ・オット』を出版した。スイングが全盛時代にかかった一九三六年、ニューヨークでこの英訳本『ホット・ジャズ』が出た。このパナシエの本はアメリカを含めて全世界のファンに決定的な影響を与えたのであった。

アメリカ人というのは不思議な性格をもっており、アメリカ人が逆立ちしても書けなかったような啓蒙の書が他国から出ると、けっこうそれに啓発されていながらイチャモンをつけずにはいられないらしい。一九三四年に足の不自由なフランス人がこれだけ鋭い観察をし、ていねいにジャズの聴き方を示しているだけで、最敬礼ものであるのに、いまだかってアメリカ人が「パナシエの著は名著だ」と率直にほめたのをきいたことがない。「パナシエは、インプロヴィゼーションは譜に書けぬことを強調するが厳密な意味であらゆる音楽は譜に書けぬものである」「パナシエはジャズはスイングせねばならぬことを、全巻を通じて強調するが、スイングとは音楽的にいかなるものであるかを定義していない」「パナシエは譜に残せぬジャズ音楽ではレコードが唯一の作品となるというが、譜に書かれた編曲だって重要なのだゾ」ｅｔｃ。何かアゲ足をとらずにはいられないあせりのようなものが感ぜられる。

後年ドイツのベーレントが『ジャズ　その歴史と鑑賞』のような立派な書物を書いたときでさえ、英文で書かれた書評は、「ニューオリンズにはじまったジャズは北上して……云々《うんぬん》……またもや耳にタコができるような本である」とあった。以上でおわかりのようにアメリカのジャーナリズムは自国の著作に甘く、他国の評論に辛い。この点は充分に留意する必要がある。レナード・フェザーが日本の評論家を語っている中にもほめているのかケナしているのかわからぬ一節がある。

「パネル・ディスカッション以外に、久保田《くぼた》、油井その他の批評家とのうちとけた意見交換を通じて、日本の批評家がアメリカのジャズ界を非常にくわしく把握していることを知るのは困難でなかった。たとえ誤解している点がすくなからずあったとしても、それ以上にアメリカの専門家と同じく全的に理解している点が多かった……」（注9）。この「誤解している点」というのはこうである。フェザーは「白人のジャズも黒人のジャズもおなじであって、それを区別して聴くのはおかしい。アメリカの評論家はそんなことをやらないし、自分が編さんした《ジャズ百科事典》の人名にも白人黒人の区別は一切つけていない。ところがパナシエにしろベーレントにしろ外国の批評家は、白人ジャズ、黒人ジャズとわけて聴く傾向がある」と彼の著書「ブック・オブ・ジャズ」に書いている。われわれはこの考えを誤りだといったのだ。双方自説を固持してゆずらなかったのだ。ミンガスのジャズとデスモンドのジャズを黒白の区別なしに聴けますかってんだ。アチラから見れば「誤解」と思うのだし、コチラから見れば「世にも不思議な主張」ととるわけだろう。

アメリカのジャズ評論の一般的傾向

討論が終ったあとで久保田二郎《じろう》君がうまい観察を下した。「アメリカでは本当の意味のジャズ評論がなりたたない」というのである。「白人と黒人がいて、人種偏見というものがある限り公正な発言はなし得ない」というのだ。たとえば「私は人種偏見をもっていない」という発言自体、人種偏見というものの存在を認めるからこそ出るのである。そうすると人種を全く無視して発言する以外にないが、偏見は実在するのだから、どう転んでも公正な発言にはならない、というのである。

この久保田説には感心した。その通りである。結局あたりさわりのないことを書いたりしゃべったりするのだから批評家とか評論家とかいうものでなくリポーターに堕さざるを得ない。自分ではそのつもりでなくても白と黒しかないのだから、「ジム・クロウ」か「クロウ・ジム」(注10)のどちらかにされてしまう。そういうむずかしい国で評論活動をしようと思えば、「私は色盲でござんす。白も黒も一色にしか見えません」という以外にないことになるのだ。

レナード・フェザーは三〇年代後半アメリカに移住するまでイギリス人であった。その頃書いたミュージシャン紹介文を私は手元に持っているが、名前の次に必ず「白人」とか考えていたのである。

「黒人」とかいれていたのである。つまり彼もアメリカに行くまではチャンと色わけして考えていたのである。

こういう国柄だけに、傾聴すべき評論はまことにすくない。ライターの数は多いが、彼らの文章で役に立つのは、アート・ブレイキーに何人子供がいるとか、ジョン・ルイスは朝メシになにを食うかといったインフォーメーションに限られてしまう。ヨーロッパ勢の優勢は覆うべくもない。だがいくつかの注目すべき名著はあった。まず第一が「ジャズメン」である。バンク・ジョンソンや、ジョージ・ルイスが再発見される契機をつくっただけでも価値がある。これはアメリカに居住しているもの以外には完成し得なかった労作であった。音楽的な技術面を説いたものでは『ジャズ　ホット・アンド・ハイブリッド』が原著は古いが抜群の書であった。アメリカ人が書いた最高のジャズ解説書はマーシャル・スターンズの『ザ・ストーリー・オブ・ジャズ』であろう。これらが真の意味での啓蒙の書である。

驚異の書『ホット・ディスコグラフィー』

ジャズ評壇におけるヨーロッパの優勢になにかとイチャモンをつけてきたアメリカではあるが一九三六年フランス人シャルル・ドローネエが『ホット・ディスコグラフィー』を出版したときは腰を抜かさんばかりに驚いた。ジャズ・レコードの一枚一枚のメンバー、吹込年月日、レコード番号がすべて記載されていたのである。文章らしいものは一行もないのに、こんなにもたのしめる読物はなかった。アメリカで製作された全ジャズ・レコードのデータがフランスで整理され出版されたのだから二の句がつげない。

一九四八年に改版して『ニュー・ホット・ディスコグラフィー』となったこの本は、この種の研究の口火を切った画期的名著であった。アメリカ版は初版ともどもコモドア・ミュージック・ショップを通じて発行された。ベニー・グッドマンのスイング・ブームをきっかけとして、ジャズ・ジャーナリズムが本格的に擡頭《たいとう》すると共に、ジャズに対する正しい知識がファンの間に普及しはじめた。これらがやがて「ジャズすなわちダンス音楽」とされたそれまでの観念を一歩踏み出て、「鑑賞のための音楽」であることを認識するようになり、ビッグ・バンド以上にコンボ演奏がうける下地をつくりだしていったのである。

音楽戦争

皆さんはセンベイを焼くような具合にプレスされるLPがなぜあんなに高いかについて考えたことがおありだろうか？　ここでは話を原曲著作権使用料に絞って考えてみる。むずかしい規定はさておいてLPが片面七曲、両面で十四曲入っているとすると、一曲あたりの原曲使用料は七円二十銭だから、百円八十銭がLPの値段に含まれていて、諸君のポケットからレコード会社→著作権代行者を通じて作詞作曲者に支払われることになる。一万枚売れれば百万円になる。作詞者と作曲者がこれを半々に山分けするのだからこの収入は馬鹿にならない。「空にゃジェット機あのプロペラよ」とか「パイプくわえて口笛吹けば――」などというデタラメな作詞をしてもアタれば金がごっそり転げこんでくるのだからこたえられない仕事である。

著作権代行とはレコード会社から徴収した一曲七円二十銭から自分の手数料をさし引いて残りを作詞作曲者に渡す仕事である。手数料は大体二十％前後だから、この仕事も歩がいい。××楽譜出版社というのがそれで、現在は東京でも百社ちかくある。レコードばかりでなく放送局、ジャズ喫茶、劇場などのナマ演奏も、演奏した場所から納めることになっている。場末のキャバレーでバンドに、《スターダスト》をリクエストすれば、ミッチェル・パリッシュ（作詞者）とホーギー・カーマイケル（作曲者）が喜ぶシカケになっているのである。徴収してから原作者に支払うまでの期間銀行に預けただけでも莫大な利息がつくし、配分のときにちょっと悪知恵を働かせれば大金を蒸発させることだってできる。だから著作権代行者は信用ある個人または法人でないとつとまらない。先年、日本最大のJASRAC（ジャスラック、日本音楽著作権協会）の何億という隠し資産が追及され話題となったことは記憶に新しい。

ＡＳＣＡＰとラジオ

アメリカにおける著作権代行者の大手はＡＳＣＡＰ（アスキャップ、American Society of Composers, Authors and Publishers）であった。一九一四年、ボードビルやビア・ガーデンでタダで演奏されている曲の著作権を保護し、確実な徴収をはかるため、関係者の総意によって設立されたものである。最初は全くの任意団体であったが、一九二五年シンシナチのＷＬＷ局を相手取ってＡＳＣＡＰ加盟者の作品を放送する場合は事前に許可をとり、使用料を支払うべしという裁判に勝って以来急速に発言力を増すこととなった。しかし当時はラジオもまだ揺籃《ようらん》期だったので、その育成を助けるといった意味から年間会費という形で著作権使用料を徴収していた。

一九三二年――不況のためダンスホールやキャバレーに閑古鳥が啼《な》き、レコード会社も倒産整理中というような世の中になってきたとき、ＡＳＣＡＰはラジオこそ音楽作品の最大の消費者であったことを思い知らされたのであった。そこでＮＢＣ、ＣＢＳ、ＡＢＣなどのネットワーク親局に対して「スポンサーからの総収益のうち、一九三二年は二％、三三年は三％、三四年は四％をＡＳＣＡＰに著作権使用料として納付する」という契約書を示し、サインをとりつけることができた。一九三五年には五％となり、これはむこう五か年続くことになった。

ＢＭＩとＡＳＣＡＰの開戦

一九四〇年の更改期にＡＳＣＡＰはさらに増率を申し出た。だがこうまで足元を見られては放送会社もそう簡単には応じられない。ライバルをつくるうごきになった。

放送会社側はＣＢＳの顧問弁護士シドニー・Ｍ・ケイを設立発起人とし、各放送会社から四十万ドルの出資を集めて、ラジオ会社だけの著作権代行機関ＢＭＩ（Broadcast Music, Inc. ……放送音楽出版社）を設立し、一切の放送からＡＳＣＡＰの作品をしめだしたのである。そこまでは勇ましかった。ところがＡＳＣＡＰは、ガーシュウィン、バーリン、ポーター、ロジャース、カーンをはじめほとんどすべての歌曲を持っている。一方ＢＭＩはスタートしたばかりで持ち曲がない。一九四〇年を通じて、ラジオに出るすべてのバンドはＡＳＣＡＰ以外の民謡、古謡をスイング・アレンジで演奏したのである。《金髪のジェニー》、《マイ・ボニー》、《ロック・ロモンド》……など何千回演奏されたかわからない。そのうえ、各バンドのテーマ曲はほとんどがＡＳＣＡＰの持ち曲で占められていたから、バンド・テーマが放送できなくなった（これは四二年に解除された）。もっと決定的なことにはアドリブが禁止されたことだ。すべてのソロも五線紙に編曲され、放送まえに放送会社に提出しなければならなくなった。つまりナマ放送の場合（当時録音放送はなかった）うっかりＡＳＣＡＰのメロディが引用されることを防止するためにとられた措置である。

BMIとASCAPの対立は、ジャズおよびダンス音楽の発展をすくなくとも一九四〇年以降二年にわたって阻害することになった。今日ASCAPとBMIはアメリカの著作権代行機関を二分する大勢力を保持しあっているが、依然として仲がわるい。だが一九四〇年当時のように、その対立がポピュラー音楽界の発展を阻害するよりは、かえって育成する結果を生んでいるように見えるのは皮肉でもありおもしろいことでもある。

ジェームズ・C・ペトリロ登場

俗に「ユニオン」と略称されるAFM（American Federation of Musicians……アメリカ音楽家連合会）は、一九四〇年六月の総会で委員長にジェームズ・シーザー・ペトリロを選出した。AFMはペトリロおやじの辣腕《らつわん》によって着々地位を向上させてゆく。まずスタジオ・ミュージシャンの待遇を改善するための新契約を放送会社にもちこんだが拒否されたため、六月中旬をもってすべてのバンドにNBC、CBSへのストを決行させ、七月中旬、要求通りの新契約に調印させることに成功した。

一九四一年には、全クラシック・ミュージシャンに対し、威嚇的に「わがAFMに加入せよ、しからずんば……」とやって政府からその脅迫的態度を告発された。一九四一年十二月八日、真珠湾《しんじゅわん》攻撃によって日米戦争がはじまった。日米開戦後まもなくWPB（War Production Board……軍需物資調達庁）は、次の施策を強行した。

一、新品楽器の販売禁止
二、ガソリンの配給制実施(バスで楽旅するビッグ・バンドに打撃)
三、列車の着席券廃止(やはり打撃)
いずれもバンド界にとっては望ましくない施策であった。そのうえ、SP盤の材料であるシェラックが不足したため、各レコード会社はやむなく1/3の操業短縮を実施することになった。

AFMの吹込ストライキ

一九一六年ニューオリンズのトランペット奏者フレディ・ケパードは、ニューヨークでビクターから「レコードに吹込んでほしい」といわれたとき、「俺さまたちが永年辛苦の末、やっと身につけた音楽をレコードにとられてマネされてたまるかい」と断然拒絶した話は有名だ。トランペットを吹くときはラッパの上にハンケチをかぶせて他人にテクニックを盗まれぬよう気を使ったという。

それから二十四年……一九四〇年代に入るとレコードは別のトラブルに直面した。

レコードに吹込むことはたしかに有名になる第一歩だし、宣伝媒体として絶好のものではあるが、同時に放送会社がレコードをかけている時間は、ミュージシャンのナマ演奏をしめだす時間になってはいないだろうか？

もしそうだとすれば、ミュージシャンはレコードに吹込むことによってうける損失の補償を要求する権利がある。ペトリロはこの点に着目した。かけだしの新人歌手はあらゆる放送機関にペコペコ頭をさげて、自分のレコードをできるだけ多く放送してもらうように頼み歩くが、大物の考え方はこの点でちがう。たとえば、ポール・ホワイトマンとフレッド・ワーリングというポピュラー音楽界の二大巨頭は早くからこの点を強調し、「レコードが放送に使われることは自殺行為である。それは明らかにナマ出演の機会をへらすからである」といい続けてきた。ペトリロは、尊敬すべきバンド・リーダーでありレコード業界にもくわしいベン・セルヴィンに「レコードがミュージシャンに与える悪い作用」についての調査研究を命じた。セルヴィンはあらゆる角度から調査にとりくみ、徹底したリポートを提出した。ユニオンの年次大会で発表されるや、全出席者はスタンディング・オーヴェイション（総立ちの拍手）で、セルヴィン・リポートに賛同したという。それはこういうふうに結論されていた。

「レコード企業は一九四一年末までにミュージシャンに三百万ドル以上の補償金を支払うべきである。しかしながら、ミュージシャンにとって大きな財源であるこれら企業を、ボイコットすることは賢明な策ではない。音楽の機械的な反復再生は、それによって起る仕事の減少に対する補償を必要とするが、徹底的痛撃は行わるべきでなく、また対応策ともなり得ない」

だがペトリロは全ミュージシャンの権益擁護のためには、独裁者としてリーダーシップをとることが必要だと考えた。「放送およびジューク・ボックスによって生ずるレコードからの損害に対し、ミュージシャンに対する補償を考慮しないならば、ＡＦＭの全ミュージシャンはレコード業界に対し吹込ストライキを断行する」

レコード会社にとっては泣き面に蜂だった。原料不足による操業短縮で大幅な売り上げの減少を見込まれる上に、補償要求を突きつけられたのだからこればかりは呑《の》むわけにはゆかない。

一九四二年八月一日（金）午後四時十五分——ペトリロはアメリカ中のミュージシャンがレコーディング・ストライキに突入したことを宣言したのである。このストは驚くほどの足並みで完全に実行された。スト突入から一年すこしたった四三年秋、ビクターとコロムビアは「ペトリロの要求は不法である」という提訴を戦時労働委員会にもちこんだ。二社が提訴したとたんにデッカはペトリロの要求を呑み、契約書に調印してストを解除してもらった。中小レコード会社がデッカに続いた。ビクターとコロムビアは四四年十一月ついにペトリロの要求にしたがうまで実に二十七か月間、デッカ以下の会社は四三年秋までの一年あまり、事実上吹込をしなかったのである。レコードでジャズの歴史をたどる場合に、この空白期間は重大な意味をもつ。この期間にジャズは最も大きな変革期を迎えたからである。

ＡＦＭのレコーディング・ストライキは一九四八年にもあった。このときは四二年の場合ほど厳格に実施されず、スト破りが随所にあって失敗したようである。このときの原因や経過についての詳しい資料は手元にないが、大まかなことは352頁に触れている。この年にマイルス・デヴィスは伝説的な九重奏団を組織したのだが、キャピトルへの吹込が数年後に行われたのはスト実施中だったためである。

ビクターとコロムビアが最後に軍門に降服したときペトリロは絶叫した。「偉大な勝利だ。労働史上最大の勝利だ」たしかにそうだったろう。だが敗北者もいた。ビッグ・バンドだ。ストに突入したとき、バンド・リーダーのほとんどはペトリロの暴走に賛意を表していなかった。ビッグ・バンドは絶頂期にあった。だがストが終ったとき、ビッグ・バンドの時代は終っていた。かの偉大なデューク・エリントン楽団でさえも、ストが終ってからのレコードはそれ以前のものにいろんな点で劣っている。『デューク・エリントンの黄金時代　第三集』（ビクター）はその間の事情を伝える貴重な一枚だ。ビッグ・バンドは衰え、スト以前はバンドの専属にすぎなかった歌手の黄金時代が到来していた。一九四二年九月十日、トミー・ドーシー楽団の専属歌手フランク・シナトラは、リーダー以上の人気を得て独立した。スト突入後まもなくの話である。とするとビッグ・バンドから歌手へという王座の移動は、ストライキがあってもなくても必然の運命だったといえるかもしれない。だがバンド・リーダーがペトリロをうらんだのは、ストライキ中も歌手の録音が続行されていたからである。ユニオンに入っていない伴奏者か合唱隊がバックを受けもてばよかったのだ。だから多くのリーダー連は歌手全盛時代を招いたのはAFMのストのおかげだと信じているのである。

BMIとASCAP対立の余波が、放送音楽からアドリブ・ソロまでしめだしたということは、筆者もジョージ・サイモンの近著「ビッグ・バンド」を読むまで知らなかった。そこまで抑圧されてくるとエネルギーはどこかに発散されるようになる。一九四〇年からジャム・セッションが黄金時代を迎えたというようなことも、そうした抑圧された気分の爆発につながっているのかもしれない。

音楽著作権のところでいい落したが、古い歌曲、古いクラシック曲、民謡そして著作権会議に加盟していないソ連などの曲は使用料を払わなくていいのである。こういう曲のことをこの世界の用語でPDという。パブリック・ドメイン（公共所有物）の略だ。PD曲ばかり演奏しているレコードがあったら、プロデューサーの計算が相当チャッカリしていると認めていい。ただしこのごろは古い民謡を演奏者が編曲したことにして、頂くものは頂いている例も多い。オデッタのレコードなどレーベルをみると皆オデッタの作曲のように読める。

一九四〇－四四年あたりまでジャズすなわちダンス音楽であった。このあとジャズはジャズの道を歩み、ダンス音楽はポピュラー音楽への道を歩みはじめることになる。「ビッグ・バンドはジャズというよりもポピュラー音楽である」という偏見が多少ともファンの意識の底にこびりついたのは不幸なことであった。BMIとASCAPの争いの中からクラシックのジャズ化が生まれた——と思う人もいようがそれは誤まりだ。トミー・ドーシー楽団がリストやメンデルスゾーンのクラシック・メロディをスイング化したのは一九三七年のことである。

ラナ・ターナーやエヴァ・ガードナーなど当時最高の美人女優と片っ端から結婚し、スタインベックを熱読しみずから小説の筆もとるといった何でもしてやろう精神のリーダー、アーティ・ショウが突然メキシコから《フレネシ》をもちかえったのは、ちょうど音楽戦争がはじまった一九四〇年のことであった。当時ヒトラーが暴れていたヨーロッパへの渡航は禁止されていたので、旅行ずきのアメリカ人は好んでラテン諸国を観光し、これがラテン・リバイバルのきっかけとなったものである。

バップの時代に入るとスタンダード曲のコード進行を使って全くちがったリフ・メロディをのせ、アドリブの素材にすることが流行した。パーカーの《コ・コ》は《チェロキー》だし、ガレスピーの《グルーヴィン・ハイ》は《ホイスパリング》といった具合である。こうした場合にはもちろん原作曲家に著作権使用料を払う必要はなく、あべこべに他人が演奏すれば使用料を徴収できる。だがこうした現象をお金の面からかんぐるのは下下であって、最大の衝動は音楽的意欲から発したものに相違ない。だが本文を読まれた読者は、そうした創作衝動の見えない部分にASCAP対BMIの対立が底流をなしたかもしれないという仮説を立てることができる。あるいはまたそうした対立に投げつけたジャズ・プレイアー側の音楽的な弥次《やじ》だったかもしれないという仮説も立てられよう。仮説にはあたっていることもあれば、まるっきりはずれていることもある。だが歴史を認識するためには、資料を並べた上でなし得る限りの仮説を立ててみることが重要である。はずれていることがわかれば消去するだけでよい。歴史を叙述するむずかしさはその理由によるが、歴史を理解するむずかしさもまたそのゆえにあると思うのである。

大いなる過渡期

一九六五年、黒人同胞に暗殺された急進的指導者マルカムXの名はご記憶であろう。彼の解放運動にはそれほど興味はないが、彼の過去には興味がある。一九四〇年、十五才でローズランド・ボールルームの靴みがきをやり、次には麻薬密売人の一人となって、ニューヨーク中のミュージシャンに顔を売ったという経歴の持ち主だからである。彼の自伝に登場するジャズメンの名はエリントン、ベイシー、ホッジス、グッドマン、ジミー・ラッシング、チャーリー・バーネット、ペギー・リー……以下数人に及び、いちいち彼なりの評価がなされていておもしろい。邦訳『マルカムX自伝』（浜本武雄訳、河出書房）がそれである。

一九四〇年代の前半、ハーレムの青年たちの間で流行したのは、ズート服（zoot suit）とコンク（conk）であった。ズート服とは、パッドの入った肩、ハイ・ウエストでタップリ余裕のある上着はほとんど膝上《ひざうえ》二十センチぐらいまでのたけがあり、ズボンの方は膝附近で四十三センチもあるダブダブのが折返しあたりでスーッと細くなる、いとも珍妙な洋服であった。コンクというのは、黒人の縮れっ毛をのばす薬品処理のことである。マルカムXの自伝にはその処方がくわしく書いてあるが、これを塗って伸ばす間の熱さ苦しさは言語に絶するらしい。その言語に絶する苦痛に堪えながら、都会の黒人は「白人に一歩でも近づこうとして」コンクをやったのである。あの頃のジャズメンの写真をみると、アームストロング、エルドリッジなどの巨匠をはじめ、大部分がコンク頭をしていることがわかる。この現象はジャズの歴史で、「黒人の白人への近接欲望」を分析するために重要な事柄である。マルカムXもズート服にコンク頭でハーレム中をいっぱしの不良ぶって闊歩《かっぽ》したのであった。「よく物がわかっているはずの、いわゆる中産階級や上流階級黒人の頭のコンクと、もっと貧しい、もっとみじめな無知な黒人たちの頭のコンクがある。どちらの方がより恥ずべきものだろうか？（中略）こういうことをいうのも、実ははずかしいことながら、私は自分のことを第一に話しているのだ。おそらく私ほど熱心にコンクをした人間はまずいないだろうから」一九四六年、白人女と組んで窃盗をやったためマルカムは逮捕される。普通は二年の刑だが白人女と通じていたため罪が重くなり、六年間を牢獄《ろうごく》で暮す。その間黒い回教徒のイライジャ・ムハマッドの教えを読み、出獄と共にムハマッドのもとに参じ、重く用いられる。「ひじょうに多くのニグロの頭に、この無知と自己憎悪のシンボルがあるのをみるのは私にとって残念である。（中略）白人らしくみせようとアルカリ液で整髪した髪の毛は、〝私はニグロであるのが恥かしい〟とあからさまに叫んでいるようなものだ」「私がことさらにライオネル・ハンプトンやシドニー・ポアチエに敬服した理由の一つは、彼らが自分たちの天然の頭髪をそのままに保ち、そのためにたたかったことである。私はコンクしたことのない黒人、あるいはコンクをやめようとの分別を抱いた黒人に敬服するものだ」（注11）

一九五〇年代のなかばちかくにおこったマルカムXのコンクに対する考え方の変化は、ジャズにおける黒人の姿勢の変化と全く対応している点に注意してほしい。

ビッグ・バンドの動き

三〇年代から四〇年代へかけて、ビッグ・バンド時代の末期にみられた顕著な徴候のひとつに、白人スイング・バンドが黒人編曲家を雇ったり委嘱したことがあげられる。グッドマン楽団がフレッチャー・ヘンダーソンの編曲で成功したのがそのキッカケであろうが、おもだったのを列記しておこう（カッコ内は編曲家）。

トミー・ドーシー楽団(サイ・オリヴァー)、チャーリー・バーネット楽団(ホレス・ヘンダーソン)、ハリー・ジェームズ楽団(アンディ・ギブソン)、ジーン・クルーパ楽団(フレッド・ノーマン)、ウディ・ハーマン楽団(ジルマー・ランドルフ)、ポール・ホワイトマン楽団(ジミー・マンディ)、ジョージ・オールド楽団(バド・ジョンソン)。

一九四〇年に早くもバンドを解散した黒人バンドに、ドン・レッドマン楽団、テディ・ウィルソン楽団、ホレス・ヘンダーソン楽団があり、新しく編成されたものにライオネル・ハンプトン楽団(一九四〇年)、クーティ・ウィリアムズ楽団(一九四一年)がある。

一九三九年秋、デューク・エリントンはビリー・ストレイホーン、ベン・ウェブスター、ジミー・ブラントンを含めた最良の編成替えをおこない、ライバルのカウント・ベイシーもバック・クレイトン、ハリー・エディソン、レスター・ヤングなどのオリジナル・メンバーを擁して、鉄壁の布陣を誇っていた。シカゴのグランド・テラスには、これも最良のメンバーを揃えたアール・ハインズ楽団がいたし、サイ・オリヴァーを失ったとはいえジミー・ランスフォード楽団もウィリー・スミス、トラミー・ヤング、テディ・バックナー、ジョー・トーマスを擁して、史上最高のアンサンブルとうたわれていた。そればかりではない。前年動乱のヨーロッパをあとに帰国したコールマン・ホーキンズはビッグ・バンドを編成し、ビクターに吹込んだ《ボディ・アンド・ソウル》によって、新しいジャズ・ファンを狂喜させ、ベニー・カーター楽団、アンディ・カーク楽団、アースキン・ホーキンズ楽団、ハーラン・レナード楽団、ジェイ・マクシャン楽団の他、レオン・チュー・ベリー、コジー・コールを擁したキャブ・キャロウェイ楽団と、ラッキー・ミリンダー楽団、さては大スターこそいなかったが伝説の名バンド、アル・クーパーのサヴォイ・サルタンに至るまで、まさに百花りょうらんの有様だったのである。その特徴は、トム・ペンダーガストの逮捕によって急速に衰退したカンサス・シティの黒人バンドが大量にニューヨークに進出したことにある。カンサス・イディオムは広くジャズ界に滲透《しんとう》していった。

すくなくとも日米開戦の日まで、ビッグ・バンドに衰微の徴候はなかった。

ビッグ・バンドからコンボへ

さてここで最も解明のむずかしい時代……ジャズ史が遭遇した大いなる過渡期について語りたいと思う。「過渡期」とは一九四一年の日米開戦からバップが形をととのえた一九四五年あたりまでを指す。ビッグ・バンド全盛時代からコンボ全盛時代へと、舞台は大きく転換した。さらに新しいジャズ——ビ・バップがはじまった。そしてダンス音楽であったジャズは、ダンスと絶縁することになった。

ダンスとジャズが絶縁するようになった動機としては色々なことが考えられる。その原因は決して一つや二つにとどまるまい。だが政治的な大原因がひとつあったことを書きとめておこう。ダンスが課税の対象となったのである。これは戦時特別税のひとつで、ダンスが出来るホール、キャバレーはむろん、ロード・ハウス（今のドライヴ・イン、モテルのようなところ）でもジューク・ボックスをかけて客がダンスしているのをみつかると、飲食物に対して三割の課税を喰らうことになった。のちこの重税は二割五分に引き下げられたが、このことはスイング・バンドが重要な職場を失うことに作用した。しかも放送界ではASCAP対BMIの対立、レコード界ではペトリロの吹込ストライキ……残された職場は映画館巡業と兵営慰問というわけだ。その間にもバンドのメンバーには毎日のように召集令が来て軍に引き抜かれてゆくのだから、リーダーの心労は並み大抵ではなかったのである。人気の絶頂にバンドを解散して自ら空軍を志願したグレン・ミラーはたしかに愛国心のあった男にはちがいないが、同時にたいへん目先の利いた男ともいえるわけで、このあたりの評価はかなりむずかしいものを残していると思う。

この大過渡期にもうひとつ著しい現象がおこった。歌手全盛時代の到来である。それまでスイング・バンドの専属にしかすぎなかった歌手たちは、フランク・シナトラの独立（一九四二年九月）を皮切りに、スイング・バンド以上のギャラと人気を得て次々に独立していった。

ここでジャズ歌手とは何か？　について改めて考えておきたい。今日ですら多くの人気投票はテナー・サックスやトロンボーンと同じように「男性歌手」「女性歌手」「ヴォーカル・グループ」の三部門を設けて投票を求めている。だが結論をさきにいえば、歌手はテナー・サックスと同じ基準において論ずるべきものではない。これはぼくの個人的な意見である。

ジャズの器楽はもともと人声を楽器に移しかえることにはじまった。ルイ・アームストロングのヴォーカルは彼のトランペットのスタイルと全くおなじである。ジョニー・ホッジスからオーネット・コールマン、エリック・ドルフィーのアルト・サックスはしばしば人間の声として聴かれ、人間性の発露として賞揚されている。にもかかわらず、シナトラが独立した前後からヴォーカルは音楽と同位には論ぜられなくなってきている。その格差は年と共に増し、もはやオーネット・コールマンやジョン・コルトレーンと同位で論ぜられる歌手は一人もいない始末となった。ベーレントはこれを「ジャズ・ヴォーカルのジレンマ」とよび、そのジレンマは「ビリー・ホリデイほどの才能をもたない歌手によってひきおこされていること」を証拠づけ、「芸術というものは常にこうしたジレンマを経験し、それを克服するものである」と、将来に克服の期待を残した見方をとっているが、現実にはビリー・ホリデイの時代を以《も》って、ヴォーカルは楽器と同等の地位に置かれるメリットを失っているのではないか？　これは才能のある歌手が出ないという問題ではない。ビリー・ホリデイ以後もすばらしい歌手はたくさん生まれたし、今も生まれつつある。それらをビリー・ホリデイがジャズに残したような影響力を持っているかいないかという観点、あるいはオーネットやコルトレーンの楽器表現力を基準にして採点すれば、彼らはことごとく才能のない歌手とされてしまうことになる。ジャズはヴォーカルからはじまったという起源論、すぐれた楽器奏者は人声を感じさせるという感覚論から、「ゆえにすぐれた歌手はジャズ楽器と同等のパワーをもてるはずだ」と演繹《えんえき》することはどう考えても正しくない。「ジャズ・ヴォーカルのジレンマ」は歌手の側にあるのでなく、聴衆の側にあるといえるようだ。

ジャム・セッション

四〇年代にはいるとビッグ・バンドは皆国内巡業に日を送った。のちバップのスターとなったガレスピー、パーカーをはじめ、有望なプレイアーもビッグ・バンドのメンバーとして旅に出ることが多かったが、ニューヨークに戻っている間は、つとめてジャム・セッションに参加して、自分たちのプレイを認めてもらうよう心掛けた。スイング・バンドはすぐれた若手を擁していても、セクション・ワークが多く、アレンジはヒットしたままのものを使ったから、ソロをとるのは常に先輩であり、新参者にソロがまわってくる機会はすくなかった。

ハーレムにあったふたつのクラブ「ミントンズ・プレイハウス」とクラーク・モンローの経営する「アップタウン・ハウス」は、深夜、正規の仕事が終ってから楽しみのために、ミュージシャンが集まったジャム・セッションの会場として特に有名であった。一九四一年五月、ジェリー・ニューマンの携帯録音機で捉《とら》えられた『ミントン・ハウスのチャーリー・クリスチャン』（エヴェレスト）は、ジャズ史上最も重要な一枚である。このレコードは天才チャーリー・クリスチャン（g）が残した最高のレコードとして有名であるが、ジョー・ガイ（tp）はロイ・エルドリッジとほとんど変わらず、セロニアス・モンク（p）はまるでテディ・ウィルソンのようなスイング・イディオムで弾いている。ところがクリスチャンとケニー・クラーク（ds）はちがうのだ。この二人はあきらかにモダン・イディオムでやっている。ジャム・セッションの雰囲気といい、当時のスタイルといい、このレコードが含んでいる内容は実に大きいのである。クラークについては166頁および178頁にも触れている。

バップがおこるまでの四〇年代前半

一九四〇年代のジャズというとすぐに「ビ・バップ」が頭にうかぶが、バップがそれらしい形をととのえたのは、四五年以後のことであり、本当に認められたのは四、五年のちのことである。

「そんな馬鹿な――」と思う方もいよう。別の例でお話しすると、一九五九年十月に吹込まれたオーネット・コールマンの『ジャズ、来るべきもの』（アトランティック）がはじめて日本盤でビクターから出たのは一九六〇年八月新譜（七月発売）だった。二か月あとの九月三十日現在の「ジャズ・ベスト・セラーズ順位」でも第二十位にとどまっている。世はあげてファンキー・ブームにしびれており、翌六一年一月ジャズ・メッセンジャーズの初来日によってモダン・ブームは最高潮に達したが、オーネットの名を口にするファンはほとんどいなかったのである。さらに一九六五年四月SJ誌の最初の臨時増刊「モダン・ジャズ読本」でえらばれた「モダン・ジャズ十傑選」にもコルトレーンは入ったがオーネットは落ちている。オーネットの場合は数か年沈黙の時期があり、ジャズ断念説まで出て、それが正当な評価を遅らせたのだが、『タウン・ホール・コンサート』、『ゴールデン・サークル』、『チャパクァ組曲』とダメ押しが出てはじめて今日のように評価されるに至ったのであって、イノヴェーションが正しくうけいれられるにはそれくらいの時間を必要とするものなのである。

さて一九四〇年代前半に目立った現象を、今まで触れなかったものについて述べておこう。

(1) 南部黒人の流入

一九四〇―五〇年の間に南部から北部都会に百万人の黒人が流入した。農業機械化のほか開戦による軍需産業の活発化がその原因である。

(2) 黒人向けレコード・マーケットの開拓

黒人の収入も向上したのでレコード会社は再びこれを購売層とみることになった。一九二〇年代の黒人向けレコードはズバリ「レース・レコード」（この場合raceは「民族」でなく「黒人」を意味する）とよばれた。しかし、今回はもっとえんきょくな名が考案され、デッカは「セピア・シリーズ」とよんだ。やがて「リズム・アンド・ブルース」という名称がこれにとってかわった。当時「リズム・アンド・ブルース」カテゴリーとは、昔の「レース・レコード」と同じことを意味したのである。

(3)　テナーが花形楽器となった

この時代の花形楽器はテナー・サックスである。ホーキンズ、レスター、ウェブスター、ドン・バイアスなどの巨匠はむろん人気の中心だったが、アーネット・コブ、イリノイ・ジャケーなどがブローする、いわゆるホンク・テナー（R&B的テナー）は、特にティーン・エイジャーにまでうけ、テナー・スターの黄金時代をつくりだしたのであった。

テナー・サックスを長とするブローイング・コンボの他に目立ってきたのはピアニストへの人気であった。万人が最高と目したのはアート・テイタム・トリオだったが、新人エディ・ヘイウッドのアレンジのきいたグループが擡頭し、ついでキング・コール・トリオがオスカー・ムーアのすばらしいギターをフィーチュアして絶大な人気を得た。

以上がビ・バップ発生直前の過渡期におけるジャズ界の姿であった。

バップへの前奏曲

ジャズの基本ビート

いやあもう全くうんざりしてしまう。リアル・ジャズから日本製歌謡曲に至るまで8ビートのはんらんだ。察するところこれは「踊れる」というところに魅力があるらしい。モンキー、サーフィン、ゴーゴーetc.……ミニ・スカートの流行と結びついてみんな巧みに8ビートに合わせ気持よさそうに踊っている。ところで八拍リズムという奴は、もともと白人のダンス感覚には無かった。ダンスのことは門外漢だが、これは明らかに黒人のダンスにはじまり、最初けいべつの眼を向けていた白人たちも、だんだん会得していったものであると思う。十九世紀ヨーロッパの悠長なダンス・ステップが、もともと白人固有のリズム感覚である。

ところがラグタイム・ピアノの流行した頃（ジャズよりすこし早く、十九世紀後半から二十世紀初頭）、それに合わせて「ケークウォーク」（Cakewalk）なるダンスが黒人間ではじまった。やがて一九一〇年代になると、「ニグロ・ルネッサンス」といって白人間に黒人の芸能文化を賞美するブームがおこって、白人たち……とくに上流社会、いわゆる五番街の住人たちは、ホテルやレストランで黒人のケークウォークを鑑賞するだけでは満足せず、自邸でパーティを開いては黒人ダンサーを招き、「ケークウォーク講習会」に打ち興じたという記録も残っている。「ニグロ・ルネッサンス」は、一九二九年の大暴落で終ったが、この現象を要約すると「白人側は黒人にアフリカ的な異国情緒を求めた」のだし、「黒人側にとっては、自分自身の美に目覚めた最初の時機にあたった」ことになる（注12）。

ところで黒人特有のリズム感覚は白人の倍はある。バネがひとつ体の中に多いのだ。カウント・ベイシー楽団の4ビートは、一―二―三―四という体操式の4ビートではなく、「一と二と三と四と」に近いクッションのようなものが、音としてではなく存在し、そこからあのふんわかとしたスイングが生じてくることは、彼のファンならすぐ気がつくことだ。古来から黒人のジャズにみられる一種のねばりは、この一枚多いバネから発生してきたと考えられる。2ビート、4ビートと進んできたジャズ・ビートを、はっきりしたかたちの8ビートで打ち出したのはブギ・ウギ・ピアノだ。ブギ・ウギ・ピアノはシカゴの黒人街で発生したが、この8ビートそのものの起源はかなり古く、山奥の黒人たちもバンジョーでこのリズムを打ちながらブルースを歌っていたという。つまり黒人は本能的に8ビートの感覚をもっていたのである。ジャズはニューオリンズで2ビートないし、4ビートの演奏からはじまったが、これはブラス・バンドを起源とし、マーチを主体としたためである。ディキシーランド・ジャズは別名を「2ビート音楽」といわれたが、ジョージ・ルイスが証明したように黒人ニューオリンズ・ジャズには意外なほど4ビートが多い。チャールストンなどの流行に合わせて2ビートが主流になったのではないかと思う位だ。ともかく白人ダンスの伴奏音楽として発展したジャズは、4ビートのままスイング時代を迎えた。4ビートまでは白人がステップを踏めたからだろう。だがその間においても、黒人ジャズを忠実に模写したシカゴアンズのシャッフル・リズムあるいは、コールマン・ホーキンズのテーナー・サックスによるダブル・タイムは、一小節八分割の可能性を示唆した。

バップの時代に入ると、ビートの基調は八分音符におかれた。パーカーもガレスピーも八分音符を基調とするフレージングをとった。リズム・セクションが四つ打ちを続けられるはずがない。ケニー・クラークを始祖とするモダン・ドラミングは、ベース・ドラムの四つ打ちをシンバル・レガートに移すことによって、これに対応した。ケニー・クラーク自身はホーンのフレージング変化によって新しい技法を開発したのではなく、自分は昔からこの打法をとっており、そのためにいくつかのバンドをクビになったことを強調している。これは認めてよい。バップは一人の創意によってはじめられたものではなく、幾人かのミュージシャンがジャム・セッションにアイディアを持ち寄って何度となく演奏を重ねていくうちに創造されたものだからである。ベイシーのリズムの特徴でふれた「一と二と三と四と」がより明確なかたちで出てくるのだが、フレージングのアクセントは「と」の部分にある。つまり「オフ・ビート」(off-beat)だ。それまでのフレージングに比してどことなく饒舌《じょうぜつ》多弁にきこえるのはそのためである。乗りがちがうのだ。バップの創始者とよばれる人の中に一人も白人を数えあげることができないのは、それが全く黒人的なものだったためであろう。

さてこうしてみてくると、ブギ・ウギ、バップ、8ビート・ロックには明らかな公分母がある。分割法もちがえばアクセントの置きかたもまるでちがうから同性質のビートと考えることには抵抗もあろう。ゆえに公分母というのだが、それは黒人のごく自然な日常挙措と、ダンスに潜在していたリズム感であるということができる。黒人がはじめたジャズに全世界のミュージシャンが勉強してついてきたように、黒人のバネのきいたダンス音楽にも全世界の若人はついてきた。こうして8ビートはダンス音楽にとってあたりまえのリズムになってしまった。黒人文化の他文化への見事な浸透である。そうすると黒人ジャズメンが8ビートでジャズ・ロックを演奏すること自体はすこしも非難すべき現象ではないことになる。にもかかわらず、ジャズ・ファンがこれに釈然としないのは、二十年も昔にダンスと絶縁し、そんな仕事はコマーシャル楽団にノシをつけてゆずり渡したはずのジャズメンが、新しい創造意欲を失って、再びダンス音楽へ色目を使っているようにしかみえないためであろう。

ニューオリンズ・リバイバル

五十二丁目内外に林立した小さなジャズ・クラブで、スイング・コンボが段々バップ・

コンボに変質化をとげつつあった頃、既成ジャズ・ジャーナリズムはこれにまったく好意をもっていなかった。現在は芸能評論家として一家をなしているジョージ・フレイザーは当時「ダウン・ビート」の有力な寄稿家であったがこういっている。「バップのごときものを、オトナになった男どもがつくりあげたとは信じられない。これは幼稚なおあそびである」。ドイツ出身の有能なジャズ学者、アーネスト・ボーネマンはかつてこう書いた。「バップ・プレイアーは妙に都会ずれのした変形ニグロである。彼らは毒入りスープを買いこむために、生まれながらの既得権を売り払ったのである」。この批評は痛烈だし、まちがっているが、バップに放たれた悪口のうちでは最も鋭く世相をえぐり出していると思う。さすがにボーネマンだ。コンクとズート服はハーレム中にはんらんしていた。黒人が白人世界へのあこがれから縮れた毛をのばすのに熱さ痛さをこらえている図は、まさに「生まれながらの既得権放棄」である。こうして都会派ニグロと農園派ニグロとの差を開こうとしたのだから、「都会ずれのした変形ニグロ」という形容もあたっている。バップ・ミュージシャンがメロディ、リズムと共に、ハーモニーの開発へ進んだことは、巨視的観点からみれば正しいことではなかったといえる。ずっとあとになってマイルス・デヴィス、ジョン・コルトレーンらは複雑なコード進行の呪縛《じゅばく》からの脱出へ、心を砕かねばならなくなった。ハーモニーという感覚はもともと黒人音楽になかったものだ。四〇年代のたちが六〇年代のそれのような民族意識を持っていたら、この時代においてハーモニーへの開発はとまり、ジャズは全く別の道を歩んだかもしれない。ボーネマンの放言が単にヒステリカルな暴言の域にとどまらず、まがりなりにも事物の本質をとらえている点に彼の目のたしかさを感ずるのである。

他の評者ははるかに皮相的な見方をしていた。たとえば「バップとはきまり文句の反覆である」（ジョン・ハモンド）。「チャーリー・パーカーのコンボときたら、硬直と反覆以外の何物でもない」（ノーマン・グランツ）といったもろもろの評がならぶ。どれもこれも「ジャズはまちがった方向に大脱線をはじめた」と考えた。

そこへ降って湧いたような大ニュースがもたらされた。バンク・ジョンソン発見の報である。これは近世ジャズ史上未曾有《みぞう》のセンセーショナルな出来事であった。アメリカ人が書いた最初のジャズ史といえる「ジャズメン」（一九三九年）の取材にあたって、ルイジアナ州ニュー・アイベリアの香辛ソース「タバスコ」の原料農場で働いていたバンク・ジョンソンと、研究家ウィリアム・ラッセルの間に交わされた手紙は、古いバンドやプレイアーに関する豊富なデータを提供したばかりでなく、彼自身がそのなかの最重要人物であったことを明らかにした。「入れ歯とラッパさえあれば今も吹ける」という彼の言葉を頼りに、研究家は金を出しあって入れ歯をつくる資金を送った。

一八七九年（明治十九年）に生まれたウィリー・バンク・ジョンソンは、バディ・ボールデン・バンドのセカンド・コルネットに入り、一九一〇年代はニューオリンズのストーリーヴィル周辺――とくに「ピート・ララ」のカフェで、また一九二〇年代にはテキサス州ヒューストンでマ・レイニーの伴奏を、一九三一年にはカンサス・シティのカフェでラッパを吹き、一九三二年エヴァン・トーマス楽団で働くうち、リーダーのトーマスが演奏中刺殺される事件が起り、その時ラッパをメチャクチャにひんまげられたのを最後に演奏から足を洗ったという男である。もし彼が再デビューすれば、ジェリー・ロール・モートン（一八八五年生まれ）、シドニー・ベシェ（一八八七年生まれ）よりも古い、おそらくはジャズ史上の最古老の音楽が聴けることになる。ジャズ研究家がハッスルしたのも無理はない。

よく考えてみればバンクが引退していたのはたかだか十年ほどで、そう大したことではない。だがバンクは一枚のレコードも残していなかった。その上ジャズ発生当時のスタイルなどだれも知らないのだから、ニュース・ヴァリューが絶大である。またニューオリンズ＝ディキシー・スタイルは、スイングを通じてジャズ・ファンとなった人々に大いに敬愛されていた。全世界的にリバイバル・バンドが現われ、人気を博していた。しかも一方においてはバップというえたいの知れぬ若手黒人の脱線がはじまっている。この機会に「本当のジャズとはこういうものだ」という規範をつくっておく必要がある。

一九四五年九月、研究家ジーン・ウィリアムズが私財を投じての奔走で、生きている伝説バンク・ジョンソン・ジャズ・バンドは、ニューヨークの「スタイヴサント・キャシーノ」(Stuyvesant Casino)にデビューした。無名のため最初はひどい入りだったが、「タイム」、「ヴォーグ」、「ニューヨーカー」、「コリアーズ」をはじめあらゆる雑誌がインタビュー記事や写真、批評を掲載したので客足は尻上《しりあが》りにのび、ある土曜の夜は千百人という記録をつくった。バンク・ジョンソンのよく歌うラッパと共に、ジョージ・ルイス(cl)、ローレンス・マリロ(bj)、ジム・ロビンソン(tb)など、このあいだまで沖仲仕、洗濯職人、造船工などをしていたアルバイト・ミュージシャンの力倆《りきりょう》も高く評価された。

再発見された古老たちの吹込レコードによって、初期のニューオリンズ・ジャズが、ブルースや、マーチ、各国民謡をとりあげていたことは当然ながら、意外なほど宗教的なレパートリーが多かったことが明らかにされた。すると初期キング・オリヴァーなども当然ニューオリンズにいた頃は《クローザー・ウォーク・ウィズ・ジー》などを吹いていたにちがいない。宗教的なレパートリーが都会のジャズ演奏から全く姿を消していたのは、そうしたものを演奏する「場」がなかったためであろう。

バンク・ジョンソンの登場をクライマックスとするニューオリンズ・リバイバルは、バップへの反感とジャズの起源への反省というかたちで、熱心な支持者を生み、多くのアマチュア・プレイアーの賛同を得たが、そのすべてが白人ないし外国人であって、一九四〇年代の黒人ミュージシャンの中から一人として、バンク・ジョンソンやジョージ・ルイスの後継者は生まれてこなかった。この冷厳なる事実を無視して、ニューオリンズ・リバイバルを評価することは許されない。このことこそニューオリンズ・リバイバルの史的価値を決める重要なポイントなのである。彼らの演奏は幼稚ではあったが、断じてつまらぬものではなかった。文化史的価値は大きかったし、歴史を知る意味で重要だったが、もはや一九四〇年代のすべての黒人にとっては共感の埒外《らちがい》にあったのだ。ジャズ・ジャーナリズムがいかにカネやタイコを打ち鳴らそうとも、一般黒人大衆はハーレムに定着しはじめたリズム・アンド・ブルースにより多くの共感をおぼえ、ジャズを志す黒人プレイアーはことごとくバップに向きをかえ、ニューオリンズの古老たちの博物館的演奏にはキッパリと背を向けたのであった。

ビ・バップ

ジャズの歴史に、大きな改革が三つある。

(1) ルイ・アームストロングのジャズ界制圧
(2) ビ・バップの発生
(3) オーネット・コールマンの出現

このうち、ビ・バップの発生だけは特定の人名をあげるわけにはゆかない。衆智の所産だからである。別々の場所で、別々のミュージシャンが同じようなことを考えていた。それらが不思議に時を同じうして、ニューヨークに集まり、創意を持ち寄って、見事にジャズの改革を達成したのである。このようなことは歴史を通じて、あとにもさきにもただ一度しかない。オクラホマ・シティからチャーリー・クリスチャンが、セントルイスからジミー・ブラントンが、カンサス・シティからレスター・ヤングが、サウス・カロライナからフィラデルフィアを経てディジー・ガレスピーが、ピッツバーグからセントルイスを迂《う》回《かい》したケニー・クラークが、セロニアス・モンクやバド・パウエルのいるニューヨークのハーレムへ、ほとんど時を同じうして到達する有様は、構想雄大な映画の、劇的な同時進行を思わせるものがある。ではその一人一人にスポットをあててみよう。

レスター・ヤング、チャーリー・クリスチャンとジミー・ブラントン

一九六七年九月二十五日、久しく沈黙していたアルトのリー・コニッツは、マイルストーンに『リー・コニッツ・デュエット』を吹込んだ。そのうちの一曲に、リッチー・カムカとテナーでデュエットを演ずる《ティックル・トゥ》がある。まるで複合録音のように二本のテナーは交錯してインタープレイを演ずるが、ラストに至って突如ユニゾンとなり、レスター・ヤングのアドリブ・ソロをそっくりそのままに演ずるのである。《ティックル・トゥ》は、レスターの数すくないオリジナル曲だ。驚くのはレスターが吹いたアドリブ・パートが、二十七年も経たのにすこしも古びていないことである。テディ・ウィルソ

ン＝ビリー・ホリデイの名演は日本でも数多く出たが、リズム・セクションのうごきに古さを感じても、ホリデイの歌とレスター・ヤングのソロは、まったく古びていないのである。「レスター・ヤングはスイング時代のミュージシャンでモダニストではない」という説がある。たしかに彼はバッパーではなかった。だがあらゆる点で、レスターが現われなければ、今のモダン・ジャズはあり得なかったにちがいない。

テキサスで生まれ、オクラホマ・シティで育ったチャーリー・クリスチャンは、一九三七年十八才のとき電気ギターを手にした。翌年ノース・ダコタ州ビスマークのアル・トレント楽団で弾き、地方的に名声を得た。同市の楽器店がウインドに「チャーリー・クリスチャンが使用している電気ギター」という展示広告をしたほどである。それを買った十七才の少女メリー・オズボーンは、のち、クリスチャン派の女性代表となった。一九三九年七月、ジョン・ハモンドの口利きでニューヨークのベニー・グッドマン・コンボに入ったチャーリー・クリスチャンは、ペンシルヴェニア・ホテルでの仕事が終ると、アンプとギターをハーレムの「ミントンズ・プレイハウス」にもちこみ、深夜のジャム・セッションに興じた。「ミントンズ・プレイハウス」のハウス・リズム・セクションは、セロニアス・モンク（p）、ニック・フェントン（b）、ケニー・クラーク（ds）という、無名だが才能のあるミュージシャンだった。クリスチャンの電気ギターは、単なるリズム楽器ではなかった。それはレスター・ヤングのテナーと同じスタイルで歌うホーン楽器であった。

一九四二年三月、クリスチャンは肺結核のため二十二才の若さでこの世を去ったが、バーニー・ケッセルからウェス・モンゴメリーに至るすべてのギター奏者が、クリスチャンをアイドルとしたことは有名な話である。チャーリー・クリスチャンのレコードに、録音が悪いものはあっても、演奏の悪いものは一曲とて無い。全レコードを揃えて悔いのない少数の巨人の一人である。

モダン・ギターの歴史がチャーリー・クリスチャンからはじまったように、モダン・ベースの歴史は、ジミー・ブラントンからはじまった。セントルイスのジッター＝ピラーズ楽団やフェート・マラブル楽団にいたブラントンはデューク・エリントンに見出《みいだ》され、一九三九年暮から四一年秋までエリントン楽団のベース奏者をつとめた。

チャーリー・クリスチャンの場合は、グッドマン楽団、同コンボ、レスター・ヤングとの共演、エドモンド・ホール（cl）との共演まで多彩なレコードが残っているが、ブラントンは、あとにもさきにもエリントン楽団とエリントンのメンバーが長になったレコーディング・コンボ以外には、全くレコードを残していない。正確には一九三九年十一月二十二日から一九四一年九月二十六日までのエリントン楽団およびそのスター・プレイアーを長とするコンボのレコードに聴けるベースが、すべてブラントンによるものである。幸いにしてこの時期はエリントンの黄金時代とされている。ブラントンほどの天才を雇っても、エリントンは彼を特別に大きくフィーチュアしていないが、どの演奏からも偉大なベースが鳴りひびいている。エリントン＝ブラントンのデュエット六曲（RCA4曲8テイク、CBS2曲）は、世界のファンから垂涎《すいぜん》盤視されているものである。ジミー・ブラントンも肺結核のため、一九四二年七月、二十二才でこの世を去った。エリントン楽団は楽旅に忙しかったので、ブラントンは、ミントンのジャム・セッションに顔をみせずに終った唯《ただ》一人のパイオニアとなっている。

以上あげた三人は、バップの発生直前に、バップの形成にもっとも大きく寄与した人たちである。そのうち二人は不幸にしてその成果をみることなくしてこの世を去り、レスター・ヤングは自分が無意識に示唆した、新しいリラックスした音楽が、激しい改革を志す若いミュージシャンたちによって、神経質で音符過剰のバップへ進んでゆくのをみた時、これに背を向けた。

ガレスピー、モンク、クラーク

一九三七年五月に吹込まれたテディ・ヒル楽団のレコード（RCA）はディジー・ガレスピーの処女録音であり、彼はまだ十九才の少年であった。ライオネル・ハンプトン・コンボ（RCA）における彼のソロとともに、当時随一の名声を得ていたロイ・エルドリッジに、全面的に傾倒している姿がみられる。後者には、彼とチャーリー・クリスチャンの共演する四曲があり、しかもスイング時代の三大テナー、ホーキンズ、ウェブスター、チュー・ベリーが顔をそろえた無類のコレクターズ・アイテムである。

ディジーは底抜けの明朗型だが、彼を雇ったリーダーは、しばしばひどい目にあっている。一九四一年九月、キャブ・キャロウェイは彼にクビを申し渡した瞬間、トビ出しナイフで切りつけられ、背中に大ケガをした。クビになった理由が飛んだヌレギヌだったためである（235頁参照）。

一九四二年レス・ハイト楽団はディジーを追い出すためにバンドを解散し、ディジーを除く全員を即日再雇傭《こよう》するというこみいった芸当を演じた。ディジーはその足でサヴォイ舞踏場に出ていたラッキー・ミリンダー楽団のソロイストとして雇われ、毎週土曜日ABCネットワークを通じて、実況放送に出演したが、その時この楽団のピアノを弾いていたのが、セロニアス・モンクであった。音符過剰のディジーに対する、音符過少のモンクというとりあわせは、珍妙であったが、二人はたちまち意気投合した。

レスター・ヤングが、バップ・ミュージシャンではないという同じ理由で、セロニアス・モンクもバッパーではなかった。もっともいい例と思われるので、この機会にのべておこう。「スイング」にしろ「バップ」にしろ「フリー」にしろ、こうした形容詞による分類は、コミュニケーションを簡便にするためにつくられたもので、ジャズの本質にはかかわりのないものである。どんなに心に銘じておいてもファンはしばしばそれを忘れ去る。今日の時点でいえば多少とも「フリー」がからねば新しいミュージシャンでない——という考えに傾く。その結果は、「フリーらしいことをやるニセモノ」を片っ端からかつぎあげ、妙な音を出しさえすれば「革新のにない手」のように誤認する。これは何十年にもわたってジャズ・ファンが陥ってきた大きなワナなのだ。最初はけいべつされていたバップがようやくジャズの主流であることが認識された時、バップの分類に入らなかったモンクは締めだされてしまった。モンクにかわって、より流麗なテクニシャンであるバド・パウエルが脚光をあびることになるのだが、これについては422頁以下の八木正生《やぎまさお》の発言を参照ねがいたい。

バップのもっとも大きな性格のひとつは、ドラムの役割がかわったことであった。この点に関して、もっとも大きくスポットを浴びてよいのはケニー・クラークである。「大いなる過渡期」の項で触れた「ミントン」での実況録音盤で、チャーリー・クリスチャンと共に傾聴しなければならないものにクラークのドラミングがある。「私は最初からああいうスタイルのドラムを叩《たた》いていた」というクラーク自身の言葉は信頼できる。一九四一年五月という時点で、ああいう借り物でない叩き方を聴けば誰でも納得できるだろう。彼が出現する直前、もっとも新しい型のドラマーといわれたのは、ベイシー楽団のジョー・ジョーンズであった。クラークのスタイルは、ジョーンズのスタイルから一歩も二歩も前進したものである。彼こそ疑いもなくモダン・ジャズ・ドラムの開祖といえる人であろう。ガレスピー、モンク、クラークの三人は、ともにチャーリー・クリスチャンのあたらしいコンセプションを正しく理解していた。モンクのテーマ曲《エピストロフィー》は実はケニー・クラークの作曲である。ところがクラークは、チャーリー・クリスチャンがウクレレで弾いたコードに暗示されて、この曲をつくったことを語っている（注13）。

勝利の美酒にしのびよる危機

一九三〇年代、スイング王ベニー・グッドマン楽団の大成功が、実は黒人編曲者フレッチャー・ヘンダーソンのペンになるものであることが知れわたり、ついでグッドマンがテディ・ウィルソン、ライオネル・ハンプトンという二人の黒人をコンボに雇い入れて以来、黒人プレイアーに対する関心は高まった。アーティ・ショウはビリー・ホリデイを、ジーン・クルーパはロイ・エルドリッジをレギュラー・メンバーに雇った。有名楽団が黒人編曲者を雇った例は、「大いなる過渡期」（155頁）に一表とした。

黒白混合編成は、三〇年代の終りから、四〇年代にかけてのジャム・セッションと、五十二丁目付近に櫛庇《しっぴ》したジャズ・クラブでの日常茶飯事と化していた。白人は黒人を、黒人は白人を相互に敬愛しだしたのである。音楽的に人種の壁はとりはらわれ、お互いによく知りあうようになったのが、スイング末期の著しい現象だ。ベニー・グッドマンに雇われたばかりのハリー・ジェームズは、黒人が屑《くず》のように思われているテキサスの出身で、最初は黒人に対して相当の敵意を持っていた。ある夜グッドマンは彼をハーレムのジャム・セッションに同伴した。バック・クレイトン（tp）のソロを数秒聴いただけで、彼は深く打たれ、黒人に対する敵意が敬意にかわったことが、ビリー・ホリデイの自叙伝に記されている。

白人も黒人も、やっと陽のあたる場所に出た成功の美酒に酔いしれていた。危機はそういうところにしのびよる。記憶に新しい例でお話しすると、ファンキー・ブームの絶頂期たる一九五九年ごろ、イーストの黒人たちはモダン・ジャズの主導権をウエストの白人からとりもどした成功の美酒に酔いしれていた。ほんのひとにぎりのすぐれたミュージシャンたちが、コード進行にもとづくアドリブの危機を感じていた。マイルス、コルトレーン、ロリンズあたりである。彼らだけはオーネット・コールマンの音楽を聴いて決して笑わなかった。逆に身のひきしまるのをおぼえたはずである。

一九四〇年代のはじめもそうだった。在来のメロディ、リズム、ハーモニーを使って世界中のジャズ・ミュージシャンが毎晩数百万の音符をまき散らしている。このままではジャズの泉も早晩枯渇してしまう——という危機感を予知したのが、ガレスピー、モンク、クラークに代表される、すぐれた黒人の若手たちであった。そういう彼らに突破のヒントを与えたのは、チャーリー・クリスチャンの新鮮なギター・アドリブであった。彼らはそろって若かったが、いずれも月並みのスイング・バンドで働いた豊富な経験をもっていた。それればかりでなく、それぞれ挫折感をもっていた。この心理的背景はかなり重要である。

他人に認めてもらえないという挫折感は、在来のものに対する反抗とかわり、次に新しい創造への意欲となったのである。

レスター・ヤング

ジャズの歴史を理解する上でレスター・ヤングの存在はもっとも重要である。彼が生きた時代は古いジャズから新しいジャズへの大いなる過渡期であった。そうした時代にあって彼の音楽は、ルイ・アームストロングのように華やかではなかったにしろ、その後二十年以上にわたってジャズ界に大きな影響力を発揮した。ジャズ史を通観したうえで、いささか蛮勇をふるって断言すれば、レスターの影響力が続いた期間はアメリカにおける人種融合を期待できた時代といえる。人種融合が画餅《がべい》にすぎぬことを知った黒人が急進派に投じた時、レスターの影響はこれら急進派のプレイにみられなくなったのである。これはどういうことか？　フレッチャー・ヘンダーソンその他の項でふれたアメリカ黒人の白人的洗練化現象（118頁と154頁）をふえんしながら、ジャズ史におけるレスター・ヤングを分析してみよう。

レスター・ウィリス・ヤングは、一九〇九年八月二十七日、ミシシッピー州ウッドヴィルに生まれたが、生まれてまもなく一家はニューオリンズに移住し、レスターが十才になるまでニューオリンズをうごかなかった。その後南部からの人口大移動がはじまり、レスターの一家はミネソタ州ミネアポリスに移った。父は鍛冶屋《かじや》であったが、楽譜も読め、カーニバル・ミュージシャンでもあった。やがて親子でバンドをつくり、巡業に出るようになった。ある年、父は「南部に巡業しよう」といった。レスターは頑強に反対したが、容《い》れられないことがわかると家出してしまった。南部生まれのレスターは、赤ん坊の頃から人種差別をイヤというほど経験していた。その後差別のゆるやかな北部の空気になじんだ。だから再び黒人として劣等意識をまざまざとみせつけられる南部へ出掛けることに我慢できなかったのである。

家出したレスターは、カンサス出身のアート・ブロンソンのバンドをふりだしに、ミネアポリス、オクラホマ・シティあたりの名もないバンドを転々として暮らした。一九三〇年代のはじめである。「ブルー・デヴィルズ」という楽団をひきいて巡業していたウォルター・ペイジ（b）と知り合った晩、レスターは今までのバンドをやめてブルー・デヴィルズの一員となった。ここには十か月ほど在団したが、ひどく不景気なバンドで、たった三人の客の前で演奏したり、宿料が払えなくて楽器をとり上げられ、町からおっぽりだされたことなどがあった。そのあとレスターは、ドサ廻《まわ》りに専念していた末期のキング・オリヴァー楽団に入った。一九三三年頃と推定される。オリヴァーもすっかり体力を失っていて、ワン・ステージに一、二曲しか吹かなかったという。一年ほどこのバンドにいて巡業を続け、カウント・ベイシー楽団に入った。ベイシー楽団に入るすこし前、レスターははじめてコールマン・ホーキンズをきいている。これはあとでレスターがホーキンズのあとがまにヘンダーソン楽団入りをする因縁ばなしの発端となる。

「はじめてホーキンズをきいた。彼の噂は毎日のようにきいていたから、仕事の合い間を利用して飛んで行った。金がなかったので表に立ってきいた。ハーシャル・エヴァンスも表に立っていた。ある晩テナーが休んだことがあって、ヘンダーソンが〝誰かテナー吹きはいないか?〟とよんだ。ぼくが入って行って楽譜に目を通し、ホーキンズからクラリネットを借りて吹き、それがすむとすぐ自分の職場にかけ戻った」

一九三四年春ベイシー楽団と共にリトルロックに巡業していた時、フレッチャー・ヘンダーソンから手紙で、「いい給料を出すから来てくれないか?」といって来た。コールマン・ホーキンズがヨーロッパに行くためやめた、というのである。レスターはニューヨークのコットン・クラブにゆき、ヘンダーソンのオーディションをうけた。

その場に居合わせたジョン・ハモンドの回想——

「今までに聴いたこともないすばらしいテナー奏者だった。だれにも似ていない。だが反響はひどいものだった。バンドのメンバーは口を揃えて、ホークの後任なら最も似ているチュー・ベリーを入れるべきだ——といったのだ。レスターの音はまるでアルトだ……とジョン・カービー（b）、ラッセル・プロコープ（as）、バスター・ベイリー（cl）たちはガッカリしていた」

一九六六年エリントン楽団の一員として来日したラッセル・プロコープをつかまえて、「なぜあの時レスターに総スカンをくわせたのだろう。あの新しいフレージングがあなた方にわからなかったためだろうか？」ときいてみた。プロコープは見るのも気の毒なほどテレて、「わからなかったわけじゃない。あれはあれで当時も立派なスタイルだと思っていた。だがわれわれはホーキンズに似ている人を必要としたんだ。それだけだったんだ」と答えた。

ハモンドの言葉に出てくる三人のミュージシャンはスイング時代の末期、不朽の都会派コンボ「ジョン・カービー・セクステット」をつくったメンバーである。「わからなかったわけじゃない」というプロコープの言葉その通りだと思う。わかっていながら反発に出た彼らが、それから数年後にはレスターの音楽のように洗練度を感じさせるコンボをつくった人たちであるところに、この時代における黒人心理状態の急速な変化を感じるのである。

レスターはそれでもヘンダーソン楽団に三－四か月はいた。

レスターの回想――「バンド全体が私を白い眼でにらんだ。ホーキンズのあとがまにやとわれながら、ホークの音色を持ちあわせていなかったから――。当時、私はヘンダーソンの家に下宿していた。ヘンダーソン夫人は朝早く私を起し、ホーキンズのレコードをきかせてくれたものだ。そうすることによって私がホーキンズのように吹けることを期待していたにちがいない。私は自分流に吹きたかったのだが、黙って聴き入っていた。彼女の気持を傷つけたくなかったので――。とうとう私はヘンダーソンに辞任を申し出た。ただし、決してクビになったのではないという書面はもらい、カンサス・シティに戻った。私は私なりに音楽へのビジョンをもっていたし、いつもそれに従って吹いてきた。今考えると、私流に吹くな――と他人から強制されたことは、あとにもさきにもこの時だけだったんだ」

その後カンサス・シティおよびミネアポリスの二、三のバンドを経て、三六年にカウント・ベイシーの許《もと》に帰った。カウント・ベイシー楽団におけるレスター・ヤングは、彼の絶頂期にあり、どれを聴いてもすばらしい。しかしここで重点としたいのは、どのレコードの、どのソロがすばらしいといったことではなく、彼のプレイの特徴がどのようなものであり、それが後世にどのように影響していったかということである。

レスター・ヤングが現われるまでテナー・サックスにはコールマン・ホーキンズ流の吹

き方しかなかった。男性的なフル・ヴォイス、顕著なヴィブラート、説得力にみちた表現と強烈なスイング……テナーという楽器にこれ以上の吹奏法はないと思われていた。黒人はむろんのこと、すべての白人プレイアーも彼に追随した。三四－三九年までホーキンズはアメリカを留守にしていたが、チュー・ベリー、ベン・ウェブスターといった彼の後輩はホークに発するスタイルを守り、尊敬を集めていた。

レスター・ヤングがデビューしたのは、ちょうどその頃であった。小さなヴォリューム、おどおどしてかぼそくしなやかな音色は、ホーク派が男性的なのに対して、ひどく女性的であった。ヴィブラートはほとんどなく、のっぺりとした発声……こうした特徴はすべてホーキンズのそれと正反対の性格である。しかし、もっとちがうのはフレージングであった。ホーキンズ派のように、切れるべきところで切れるスタイルではない。時々停滞したり途切れたり、かと思うと当然切れるべきはずのところが切れずに続く……ホーク派の雄弁に対しておそろしくトツベン・スタイルだ。テンション（緊張）という言葉がホーキンズにあてはまるとすれば、レスターのスタイルをいいあらわすのにリラックセイション（緩和）という言葉以上のものはない。これだけ対照的なレスターのスタイルが他のミュージシャンに真似られるのにたっぷり十年を要した――というのはどういうわけだろう？レスターのフレージングに興味をもった黒人は多かったが、あの女性的なサウンドに問題があった――とぼくは考える。

一九三九年ジョン・ハモンドがオクラホマから発見してきたチャーリー・クリスチャン(g)がグッドマン・コンボでデビューすると、たちまち注目の的になった。アーヴィング・アッシュビー、ジョニー・コリンズ、メリー・オズボーン、オスカー・ムーア、ジム・シャーリー、バーニー・ケッセルといったギター奏者が堰《せき》を切ったように輩出してクリスチャンのそれはたちまちギターの標準スタイルとなった。ところがチャーリー・クリスチャンのフレージングはレスター・ヤングにうりふたつなのである。どっちがどっちを真似たのか。つぎの何気ない数行は読みおとせない。

「オクラホマ・シティですごしていた頃、レスター・ヤングはチャーリー・クリスチャンと会っている。〝われわれはよく出掛けていってジャズに興じたものだ〟とレスターはいった」(注14)。これはレスターがブルー・デヴィルズに加わる直前のこと。レスターが二十三–四才、クリスチャンが十三–四才の頃である。チャーリー・クリスチャンがレスター・フレーズを用いながら一躍注目をあびたのは力強いサウンドを出す電気ギターを媒体にしたからである——と考えると、レスターが長い間理解されなかった原因が音色にあった、という結論が出てくる。

ビリー・ホリデイの自叙伝でもその点が明らかにされている。

「レスターが、当時最高のテナー吹きと自他ともに許していたチュー・ベリーとテナー合戦をまじえた夜を忘れることができない。合戦はレスターの楽勝に終ったにもかかわらず、チュー側のファンは頑強に自分たちの勝利を主張した。彼らの論拠は、チューの音が大きかった、というだけである。しかし音が小さいという批評は、その後数か月もレスターをがっかりさせていた。彼は金のはいるたびにたくさんのリードを買いこみ、新しいテナー・サックスに買いかえた。これで、いよいよ彼も太くたくましい音の持ち主になるかにみえた。ところが、彼の音は絶対に大きくならなかった」

レスター・ヤングの音色は、ビックス・バイダーベックとの名コンビを誇った白人フランキー・トランバウアーのCメロディ・サックスをテナーで出そうとした結果生まれたものである（106頁参照）。彼がアイドルとしたトランバウアー、ジミー・ドーシーおよびバド・フリーマンがいずれも白人であることは注目に値しよう。

一九四四年彼は兵隊にとられ南部アラバマ州の兵営で、黒人嫌いの上官にいじめ抜かれ、その個性と感受性をめちゃめちゃにされてしまった。私物検査の時うっかりして妻の写真をみられてしまったのだ。レスターの当時の妻は白人だった。黒人のくせに白人を妻にしている――人種差別の激しい南部ではいいわけのきかぬできごとだったのである。軍隊生活をさかい目に、レスターの絶頂期はもろくも崩れ去ったのだった。

絶頂期にあったベイシー楽団時代にすら、彼の革新的なスタイルは、決して万人に注目されたものではなかった。レスターのスタイルが影響のかたちで最初に現われだしたのは一九四〇年代も後半になってからだった。スタン・ゲッツ、アレン・イーガー、ブルー・ムーアそしてアルトのリー・コニッツ……一連の白人プレイアーはその影響をきかれて一様に「レスター・ヤング！」と答えている。ウディ・ハーマン楽団の傑作《フォア・ブラザーズ》はレスターの影響が個々のプレイアーばかりでなく、ジャズのサウンドそのものを決定づけたところに大きな意味がある。

白人プレイアーは、レスターの音色とフレージングの両方に影響をうけたのだった。ところが黒人プレイアーとなるとそうはいかない。ウォーデル・グレイ、デクスター・ゴードン、ソニー・スティット、ジーン・アモンズからソニー・ロリンズに至るバップないしハード・バップ・プレイアーは、「音色はホーキンズから、フレージングはレスターから」というゆきかたをとった。白人向きのあのクール・サウンドだけはどうしても黒人の共感をよばなかったものとみえる。だが音色とフレージングを共にとり入れた黒人がすくなくとも一人はいる。楽器はちがうが初期のマイルス・デヴィスその人だ。

レスター・ヤングの写真をみるとわかるが頭の毛は長く伸びてピッタリとわけられ、ほとんど縮れていない。これがコンク（154頁参照）によるものかどうかはさだかでないが、その容貌《ようぼう》から推しても黒人の血はかなり薄い方であろう。そして魂に至ってはもっと白かった。まえにのべたフレッチャー・ヘンダーソンは一九二〇－三〇年代、急速に白人的洗練度を加えつつあった黒人のなかで、一足早く洗練化をとげていた点で悲劇の存在だったが、レスター・ヤングについても同じことがいえるであろう。だからヘンダーソンはレスター・ヤングにひとしお親近感をおぼえ、手紙を書いて雇い入れたのだと思う。

「白人を妻にしやがって！」と上官にどなられたことが、レスターの心にどれだけ大きな傷痕《きずあと》となって残ったかは想像に難くない。サウンドの点では白人的なレスターだが、その音楽は決して白人的とはいえなかった。だから終局的には白人黒人を問わず広範囲に決定的な影響を与えたのだ。それにしてもレスター・ヤング以前にこのようなスタイルがまったく存在していなかったことを思えば、レスター・ヤングこそジャズ史上稀《まれ》にみる創造者の一人だったのである。復員してからのレスターは極度の人間不信に陥った。麻薬と深酒におかされ、奇跡的に名演をみせることはあったが、大部分は絶頂期にくらべて涙が出るほどひどいものである。

一九五九年三月十五日朝、レスター・ヤングの病死体はパリから帰ったままの姿でニューヨークのホテル・アルヴィンの客室から発見された。享年四十九であった。

デューク・エリントン

ジャズの歴史を語るばあい、ルイ・アームストロングは一九三〇年を中心としたあたりで語る必要があり、チャーリー・パーカーは一九四〇年代において語らねばならず、オーネット・コールマンなら一九六〇年前後で語られねばならない。ところが、デューク・エリントンは、どの時期で語ってもいい。否、正確には、どの時期を語るばあいにも、エリントンの音楽がジャズ史の底流にあることを意識しなければならぬ。

ルイ・アームストロングがトランペットで、チャーリー・パーカーがアルト・サックスで語った彼らの音楽を、デューク・エリントンは、彼のオーケストラで語る。伝達媒体の相違からエリントンはしばしば、ジャズの別格的存在のようにタナ上げされ、「偉大な存在らしいがジャズは個人の音楽だから、エリントンはカンケイない」ふうな扱いをするファンもいる。一方においては、「ジャズが個人の音楽だって？ 馬鹿馬鹿しい。ジャズの傑作の多くは、ソロから生まれたのでなく、集団音楽として生まれた。エリントンは集団音楽の最高峰であり、エリントン以外の音楽なんてツマらなくて聴けたものではない」という熱狂的なエリントン・ファンもある。

エリントン音楽の実体は、この両説を嚙《か》みあわせたところにある。それは集団の作品であるが、同時にデューク・エリントン個人の作品でもある。

若き日のエリントン

一九六九年四月二十九日、ニクソン大統領は七十才の誕生日を迎えたデューク・エリントンの祝賀パーティを、ホワイト・ハウスで催した。ニクソンが属する共和党は、リンカーン様の政党として一九三〇年代までは黒人間に圧倒的な支持を得ていたのであるが、大不況以降、ルーズベルトのニュー・ディール政策が黒人にもひとしく救済策をほどこしたことにより、黒人の支持はルーズベルトの民主党に移動してしまった（注15）。だから共和党のPR政策の一環と考えるのも、さして誤まりではなかろうが、エリントンがホワイト・ハウスで前代未聞の祝賀パーティを催させるに値する黒人であることも、レッキとした事実である。百八十人のゲストを前にして、ニクソン大統領は立ち上がり「エドワード・ケネディ！」といって間を置き、「デューク・エリントンの誕生日にあたり……」と挨拶《あいさつ》を続けた。ユーモアも満点で、ニクソンさん上々の出来である。

エドワード・ケネディ・エリントンは、一八九九年四月二十九日首都ワシントンに生まれた。父はホワイト・ハウスの執事であった。七十年まえ、父が勤めていたアメリカ最高の邸宅に、主賓として招かれたエリントンの胸中はいかばかりであったろう。エリントンは子供の時からピアノのレッスンをうけたが、もちろんジャズ・ピアノではない。身なりのよさ、気品の高さから友だちに「デューク」とアダナされるようになり、この名は生涯のものとなった。音楽以外、絵画の才能があったことは書きおとせない。高校時代、NAACP（注16）が主催したポスター・コンクールで一位をとり、美術学校への奨学資金をうけることになったが、辞退した。当時、主要都市の黒人社会で催されていた「家賃パーティ」に親しみ、ハーレムの名ピアニスト、ジェームズ・P・ジョンソンの《カロライナ・シャウト》のピアノ・ロール（自動ピアノ用型紙）を手に入れた彼は、スピードをおとしてそれをかけ、指使いを独習した（注17）。昼間は看板を書き、夜はカフェでピアノを弾くという生活で、収入も安定してきたので、一九一八年六月、最初の妻エドナ・トンプソンと結婚し、翌年現在トランペット・セクションの一員となっている息子マーサーをもうけた。

一九二二年十二月、ニューヨークのバンド・リーダー、ウィルバー・スウェットマンから、ドラマーのソニー・グリアーにあてて、バンドぐるみ入団しないかと誘われた。その時のメンバーは、エルマー・スノーデン（bj）、アーサー・ウェッセル（tp）、オットー（トビー）・ハードウィック（as）に、エリントン（p）というもので、スウェットマンの仕事は翌年三月までやったが、不評のため解散。四人はひとつのホット・ドッグを四つに切って飢えをしのぐというピンチに直面。ほうほうのていでワシントンに戻った。だがニューヨーク滞在中に、デュークは、はじめてジェームズ・P・ジョンソンと、その弟子ファッツ・ウォーラーをきき、同時にジェームズ・Pと一才しかちがわないウィリー・ザ・ライオン・スミスと知りあった。ウィリー・ザ・ライオン・スミスとデュークの関係は、ジェームズ・Pとウォーラーの関係に匹敵する。すなわち師弟関係だ。まえにVディスクで、デュークが戦時中につくった《香水組曲》のピアノ・パート《ダンサーズ・イン・ラヴ》をきいた時、そのうちの四小節のパッセージを、どこかできいたと思ったが思い出せなかった。ザ・ライオン・スミスのコモドア盤《コンセントレイティング》にそれがあった。そこで私は、デュークがライオン・スミスから「盗んだ」のだと思っていた。「ウィリー・ザ・ライオン・スミスの思い出」(RCA)でスミスが語るのをきいて驚いた。デュークが、ライオン・スミスに「この四小節を《コンセントレイティング》のイントロに使ったらどうでしょう」とすすめたというのだ。録音日からいえば、スミスの方が七年も早いから誰でもデュークが盗んだと思ってしまう。こういうことは、真相が語られるまでわからない。

ついでに思い出したが、ルイ・アームストロング生涯の傑作《ウェスト・エンド・ブルース》の作曲者はキング・オリヴァーとなっている。ウォルター・C・アレンとブライアン・ラストの名著「キング・ジョー・オリヴァー」によると、オリヴァーが作曲(登録?)したのは、一九二八年六月十三日頃となっており、オリヴァー自身は、この年六月十一日にニューヨークで吹込んでいる。ところがサッチモがシカゴで不滅の録音をしたのが、同年の六月二十八日で、わずか二週間そこそこしか経っていない。二週間あれば、楽譜は充分届くだろうが、これは作曲年月日の推定が怪しく、実はもっと以前に作曲されていたものと考えるのが至当ではなかろうか。ともかく、ジャズの歴史には、まだまだ解明されてないことが多すぎる。

ニューヨークでオケラになった一行は、ワシントンに帰ったが、彼らのことを惜しんだファッツ・ウォーラーによって、再びニューヨークに出て、「ケンタッキー・クラブ」のハウス・バンドとなった。リーダーだったエルマー・スノーデンがやめ、フレッド・ガイがバンドに入ったのを機会に、エリントンがリーダーとなった。

こうして彼の四年半にわたるケンタッキー・クラブ時代がはじまる。禁酒法治下とて、クラブにも酒をのみたい客がくる。監視する役人も、私服で出入りする。酒を出してよい客、酒を注文されても断わらなければならない客を見分ける係は誰がつとめたと思う？ドラマーのソニー・グリアーである。ボーイたちは、注文をうけると一段高いドラム・スタンドに、仏壇のようにきらびやかな大ドラム・セットをひろげて叩いているグリアーの顔をチラリとみる。もし彼が首を振りながら叩いてたら、絶対にヤバイ客なのであった。その才能は抜群だったという。ケンタッキー・クラブ時代に、二人の重要なミュージシャンが加わった。チャーリー・アーヴィス（tb）と、ババー・マイレイ（tp）である。それまでエリントンのホーン・プレイアーは、ウェッセルにしろハードウィックにしろ「スイート」系のプレイアーであった。アーヴィスは個性的なホット・プレイアーであったし、マイレイはワーワー・ミュートの名人として、エリントン・サウンドの形成に大きく寄与することとなった。

ババー・マイレイの参加は、このバンドの体質を根本的に改善した。エリントン自身の言葉でいえば、「ババー・マイレイの入団と共にバンドの性格は一変した。我々は今までのスイートなゆきかたを全部捨てることにした」もしマイレイの入団がなかったなら、デュークの才能は、もっと遅れて咲くことになったかもしれぬ。初期のテーマ曲《イースト・セントルイス・トゥードル・ウー》をはじめ《黒と褐色の幻想》、《クリオール・ラヴ・コール》など、その名声を決定づけた作品には、共作者としてマイレイの名がクレジットされているのである。

一九二六年、チャーリー・アーヴィスにかわって、マイレイのトロンボーン版ともいうべきトリッキー・サム・ナントンが入ってくる。現在最古参の大黒柱ハリー・カーネイ(bs)が、十六才で入ってきたのもこの年だ。それ以後、二度とカーネイはエリントン楽団を離れてないから、何と五十年近くエリントン楽団と行動を共にしたことになる。この記録は破る人がいないであろう。

ケンタッキー・クラブ出演中に起った主な動きに、アーヴィング・ミルズとのていけいがある。アーヴィング・ミルズは白人で、ミュージシャンではなかった。しかし非常に多くのエリントンの作曲に、共作者として名前をつらねている。有能なプロモーターを得て、デュークは商売上のかけひき一切をミルズに任かせ、一意専心作曲とオーケストラの向上に励むことができた。精力的なミルズは、楽譜出版社をもち、バンド・マネージャーをつとめ、宣伝係を兼ね、のちにはレコード会社の重役になった。一九三九年に至ってエリントン＝ミルズの協力関係は、はなはだ気まずく幕を閉じ、エリントンはウイリアム・モリス・エージェンシーと契約することになる。だがエリントンの名を国際的なものにした、ハーレムの「コットン・クラブ」と契約ができたのは、ミルズの最初の功績であった。

コットン・クラブとエリントン

コットン・クラブは、ニューヨークのハーレム――レキシントン街百四十二丁目に一九二三年に開店した「白人向け」の観光クラブであった。ショウの出演者はオール・ニグロだが、黒人が客として入るのはオフ・リミットになっていた。

一九二〇年代の好況期に、黒人街として出現した「ハーレム」は、白人がのぞき見ることもできぬ世界として、エキゾチックな興味を起させずにはおかなかった。しばらくして「ニグロ・ルネッサンス」がおこり、黒人に対する興味が増すにつれて、コットン・クラブは、「ハーレムに行って、黒人生活を見てきたぞ」といいたい白人資産家階級が押しよせる高級クラブとなった。一九二七年、ここのハウス・バンド・リーダーが死んだため経営者は後任として、キング・オリヴァーとデューク・エリントンを候補にした。アーヴィング・ミルズの手腕でオリヴァー楽団は敗れ、エリントン楽団の契約が決定した。この時こそまさに人生一度の勝負時だったのだ。キング・オリヴァーがその後、仕事らしい仕事に恵まれず、悲惨な晩年を送ったのに反し、エリントンにとっては出世への第一歩となったのである。

二七年十二月四日がコットン・クラブのオープニングであったがミルズの方にミスがあって、十二月十一日からフィラデルフィア劇場に出演契約をとってしまっていた。すぐ劇場に詫《わ》びを入れ、契約取り消しを申し出たが、劇場側は、「契約は契約だ、どんなことがあっても履行してもらおう」と、居直った。万策尽きたミルズは、フィラデルフィアのギャング、ボス親分に金を渡してとりなしを依頼した。禁酒法華やかなりし頃でしたからな。親分は、「こんなこと位で親分が動けるか、ヤンキー、お前ちょいと行って劇場支配人を可愛がってやんな」と、ヤンキー・シュワルツなる三下を出した。ヤンキーは、支配人の腹にピストルをつきつけ、"Be big, or you'll be dead"（気を大きくしないと、生きちゃいねえぜ）といった。両手を上げた支配人は、いいつけ通り気を大きくして、契約書を返してくれたので、エリントンはコットン・クラブへ出演することができたのである。

コットン・クラブのショウは、黒人の男女ダンサーが、グリースを塗り全裸に近い姿で、ジャングルを踊りまくるものだった。この時代にエリントンはワーワー・ミュートを駆使した「ジャングル・スタイル」によるショウ音楽、演奏のためのオリジナル、その頃の流行歌をエリントン・スタイルでアレンジしたものを沢山書き、名声を決定的なものにしたのである。

数年まえ、草月会館《そうげつ》ホールの「前衛映画祭」で、ダッドリー・マーフィ作品「ブラック・アンド・タン・ファンタジー」（一九二九年製作）という二十分の短篇が上映された。アップライト・ピアノを前に、エリントンが下宿で新曲《黒と褐色の幻想》の構想をまとめている。アーサー・ウェッセルが、そばで例のテーマを吹いている（本当はマイレイの役だが、ウェッセルが美男なので代用したらしい）。執達吏が来て「家賃を払わないなら、道具を運び出す」という。そこへコットン・クラブの踊り子で（フレディ・ワシントン扮《ふん》）、デュークにひそかに思いをよせている美女が現われ、デュークの家賃を払ってやる。その夜のコットン・クラブでは、（……多分当時のクラブでロケしたのではないかと思われる）床に鏡を張った池がつくってあり、ジャングルのうしろでエリントン・バンドが《ブラック・ビューティ》をはじめ有名オリジナル曲を演じ、彼女を含めた男女が踊る。やがて彼女は舞台で突然心臓麻痺《まひ》を起し、病院へかつぎこまれる。死の床をかこんだエリントン楽団の全メンバーに、女は苦しい息の下から、「あの曲できましたかしら……」。「できたとも。ありがとう。今からきかせてやろうね」とデューク。完成された《ファンタジー》をききながら、女は息をひきとってゆく（うまくショパンの《葬送行進曲》あたりで絶命するところがミソ）。映画としては、ゆめ傑作などという代物ではないが、若き日のデューク、二十二才のホッジス、十九才のカーネイの姿は印象的だった。

テレビで放映されたことのある「絢爛《けんらん》たる殺人」（一九三四年製作）は、禁酒法解除を織りこんだ主題歌《カクテル・フォー・トゥ》と共に、デューク・エリントン楽団が出演していることで有名である。演奏したのは、リストの「ハンガリー狂詩曲二番」をジャズにアダプトした《エボニー・ラプソディ》。フレディ・ジェンキンス（tp）の派手な吹奏ぶりがひときわ印象的だった。

「ブラック・アンド・タン・ファンタジー」は、一回上映しただけで送り返したというから当分見込みないが、「絢爛たる殺人」はテレビで放映のチャンスがまだあろう。「ジーグフェルド・フォーリーズ」と並び称された美男美女のレヴュー団「アール・キャロルズ・ヴァニティーズ」を舞台に、殺人事件をあしらった推理映画で、おもしろいできになっている。

英王室をサカナにするアメリカ映画

四年ほどまえＴＶが放映した時は、「悲運の乙女」とかいう題になっていた。原題が"Damsel in Distress"日本で封切られた時の邦題は「踊る騎士」、封切直前にこの映画の音楽を担当したジョージ・ガーシュウィンの死をきいたのだから、彼の遺作となった一篇である。フレッド・アステアが、ジョーン・フォンテインと組んだ一九三七年のダンス映画だが、舞台はロンドン。《霧の日》（Foggy Day）も、この映画からスタンダード化した一曲である。ロンドンの古城に、ドラム狂の若い貴族が住んでいる。一九三〇年代のジャズキチで、バンド・リーダーのレイ・ノーブルがこれに扮した。オツムはあまり上等でなく、朝から晩までジャズ・ドラムのことを考えてるこの貴族の姿をみた途端に、「イギリス王室をサカナにしたな」とすぐわかった。イギリス王室は、よく映画のサカナになる。誰も文句をつけぬところも大らかでよろしい。

一九七〇年に封切られた「冬のライオン」などはその最たるもので、ピーター・オトゥールやキャサリン・ヘプバーンなどという名優が出るし、三つもアカデミー賞をとっているから、サゾや正統的歴史劇と思うとさにあらず。これが徹頭徹尾おかしいんだ。静かな試写会で、私ゃ抱腹絶倒して、息の根もとまりそうだったよ。映画が終ったあと、キョトンとした顔の友人に会ったので、「近来まれにみる大喜劇映画じゃね」といったら、ますますケゲンな顔をして、「ちっともおもしろくなかった」という。こういう人は啓蒙に値するので、一杯のみながら、「きみはマジメに考えすぎたんだ。あれは世紀の名優たちが、深刻な演技で、世にも傑作なファースを演じているのだ」と、具体的に例をあげて話してやると、段々わかりだし、「なるほどそういえば、これは大した人間喜劇だ」と評価がかわってきた。獅子王《ししおう》リチャードから、失地王ジョンまでが実名でぞろぞろ現われ、政略結婚から生まれた変な王子たちに、その母親がからむ王位継承争いだが、中には釜《かま》ッ気のある王子まで出てくる始末で、おかしいのなんの。

記憶に新しいところでは、「私はタウンゼント大佐との結婚をあきらめました」というマーガレット王女をモデルにした、オードリー・ヘプバーン主演「ローマの休日」というのもあったねえ。だが映画の話ばかりしてはいられない。エドワード八世が在位一年たらずで、国王の冠を捨ててシンプソン夫人との恋に生きたのが、一九三六年暮のこと。このかたがさきごろ亡くなったウィンザー公である。それが翌年には古城に住む貴族のドラムスコ……いやドラム息子として、きわめてやんわりとモデル化された裏には、決定的事実がひとつあったのだ。彼が皇太子であった頃……おそらくは世界一のジャズ・ファンであったという事実である。ベニー・モーテン楽団の一曲にも《プリンス・オブ・ウェールズ》というのがある。プリンス・オブ・ウェールズとは「英国皇太子」の意味だ。

最初のイギリス公演（一九三三年）

四年間の契約を終ったデューク・エリントン楽団は、コットン・クラブを去った。既に大不況が到来していた。コットン・クラブ時代の末期、熱心なファンが沢山できたが、デュークの心は満たされなくなっていた。そういうファンは、一九二六年頃からの彼のレコードをたくさん集めていたが、それだけに妙な忠告をしてくれるのであった。たとえば——「ねえデューク。今の曲の十三小節目で、ビガードがEフラット・ナチュラルを吹くようなのはレコードには無かったよ。何か新しいことをやろうとすると、折角出来た立派なイメージがくずれてしまうよ」といった具合である。

アーヴィング・ミルズが、イギリス公演を決定した時、デュークはキモをつぶさんばかりに驚いた。彼は海に恐怖を抱いていたのである。十六才の時に、タイタニック号の遭難実話を読んだ彼は、氷山に衝突したら、いかなる豪華船もたちまち沈没してしまうことを知り、徹底的に海の旅行をおそれるようになっていた。ついでながら、彼は飛行機も大嫌いなのである。こういう性格を知るとき、アポロ11号の月面着陸が、いかに彼の関心事であったかがわかる。多くの黒人がアポロ計画そのものを、白人の浪費として反対した中に、敢然、TVの祝賀プログラムに出演し、出来上ったばかりの《Moon Maiden》を演奏したばかりでなく、彼自身がヴォーカリストとして、歌ったのであった。

汽船オリンピック号の船上で、デュークは「この船は昼間はエライ人が舵《かじ》をとるが、夜間は自動パイロットによって運航されるのだ」ときかされて、蒼白《そうはく》になった。彼は、昼間眠り、夜間は甲板に立って、氷山にぶちあたらないよう監視を続けた。今となっては笑い話だがデュークは真剣であった。「船の上で、たった一人起きているのは、たいへん心細かった」と、デュークは回想している。デューク・エリントンの心配をよそに船はつつがなくサザンプトンに入港した。

デューク・エリントンの作品は、イギリスの若い音楽家たちにとって、早くから注目の的になっていた。この年の春（一九三三年）、渡米したスパイク・ヒューズは、エリントンの近作《ソフィスティケーテッド・レディ》をきいて、sophisticatedという言葉に、イギリス国民の理解をこえた意味が附加され、アメリカでの流行語になっている実状を嘆いたのであった（注18）。しかし、ヒューズやレナード・ヒッブスそして若い作曲家コンスタント・ランバートは、常々今世紀音楽界に現われた最大の作曲家としてエリントンの重要性を強調した文章を、各所に寄稿していた。だがイギリスの一般大衆には、エリントンとは何者かが全く知られていなかったのである。

メロディ・メーカー紙が主催した第一回コンサートの出来は散々であった。エリントンは、プロの第一部にオリジナル・コンポジションをあて、《エコーズ・オブ・ザ・ジャングル》、《クリオール・ラプソディ》、《ブラック・アンド・タン・ファンタジー》を演じたのであるが、トリッキー・サム・ナントン（tb）とクーティ・ウィリアムズ（tp）のワーワー・ミュートを使ったソロでは、ドッと笑声が湧く始末で、あわてたエリントンは、休憩後の第二部の構成を全くかかえ、ローレンス・ブラウン（tb）をフィーチュアした《トリーズ》、フレディ・ジェンキンス（tp）の《サム・オブ・ジーズ・デイズ》それに当時の流行曲《ミニー・ザ・ムーチャ》、《タイガー・ラグ》を演じたのであった。三週間後に行われた第二回ロンドン・コンサートでは、開幕前スパイク・ヒューズがステージに出て「トリッキー・サムのトロンボーンを笑ってはならぬ。曲の中途で拍手はまかりならぬ」と演説したが、この独裁者的演説は、のちのちまで悪評のタネになった。少数の理解者はいる。だが多くの聴衆にとって、ワーワー効果がギャグとしか受けとられていない——ということを知ったエリントンの、心の動揺は覆うすべがなかった。

そこへ、降って湧いたような吉報がもたらされた。プリンス・オブ・ウェールズが、バッキンガム宮殿でエリントン歓迎パーティを主催されるというのである。皇太子は、エリントンのレコードを一枚のこらず蒐集《しゅうしゅう》しておられた。当時それだけのファンはアメリカにもいなかった。この話をきいてエリントンは、ワナワナと身体がふるえるのを禁ずることができなかった。パーティは、皇太子の主催であったが、表向きは、ビーヴァーブルック卿が主催し、王室が臨席されるという形式をとった。

エリントンとその楽団が、御前演奏を行っているさなかに、若い青年紳士がそばに来て、「あなたのピアノ・ソロで《スワンピー・リヴァー》が聴きたいのですが――」とリクエストした。エリントンはそれにこたえて、「今夜はソロをやる気にならないので、失礼します」とことわった。この青年こそ、第二王子ヨーク公――のちジョージ六世陛下となられた、現エリザベス女王の父君である。エリントンは、あとで知って大いに恐縮した。その夜、パーティが終ってから、楽団はデッカのスタジオで、録音することになっていた。ヨーク公は、どうしてもスタジオに行って、録音の模様を見学したい――と侍従に申されたが、警視総監が進み出て、「今夜は警備が手うすなので、その儀は平におゆるしのほどを」といって、おとどめした。兄君の皇太子は、ジャズ・ドラムを勉強しておられ、ドラマーのソニー・グリアーに、ドラム・ソロをリクエストされた。グリアーがファンファーレのドラムを叩きはじめると、「そうじゃない。ジャズ・ドラムだよ」といわれた。グリアーは、チャールストンのドラム・ソロを演じて、おほめの言葉をいただいた。

こういうエピソードを、ことこまかく述べているのは、わが講釈師精神のなせるわざではない。決定的な事実をのべたいためである。こういう王室をいただいたイギリス国民は、「王子さまたちがお好きなジャズとは、一体どんな音楽なのだろう?」と興味を抱いた。こうしてイギリスの青年たちは、大不況時代に、アメリカ人以上に熱烈なジャズ・ファンとなったのである。大不況下のアメリカでは、各レコード会社が倒産同様の内整理状態に入っていたが、イギリス向けのジャズ・レコードだけは、特別注文でつくられていたほどだ。一九三四年、コールマン・ホーキンズが、イギリスのダンス・バンド、ジャック・ヒルトン楽団のゲスト・ソロイストとして渡英した裏にも、こういう下地があったわけである。

一九三六年春、父王ジョージ五世の崩御によって、プリンス・オブ・ウェールズは、エドワード八世として即位されたが、アメリカ人で、離婚の前歴あるシンプソン夫人を王妃に迎えられたい意向を示されたため、政府および教会、議会の猛烈な反対にあって、王座を弟君のヨーク公――ジョージ六世陛下にゆずり、みずからウィンザー公となって、恋愛に生きられたことは、二十世紀の歴史を飾る大ロマンスとなった。ジャズ狂の皇太子を大いに茶化した感じの「悲運の乙女」が製作されたのは、その翌年のことである。

その後のイギリス音楽界を、つぶさに検討してみよう。ザ・ビートルズに勲章が授けられた時はイギリス国内でも物議をかもしたというが、これはエリザベス女王御みずからの裁断であったにちがいない。女王はジョージ六世陛下の長女である。妹のマーガレット王女は、ビートルズの後援会長になられるのではないかという、下馬評まで立ったほどだ。イギリスのポピュラー音楽界が、アメリカの影響をうけながらも、つねに主導権をにぎって、世界のポピュラー界を抜いていることは、万人が認めるところであろう。

一九四〇年代のディキシー・リバイバルの口火を切ったバンドのトップに、われわれはオーストラリアのグレーム・ベルを見出すし、五〇年代に入っては、ケン・コリアー、クリス・バーバーの二巨頭、さらにその後アッカー・ビルク、ケニー・ボールなどの健闘をみるのである。一九六〇年代に入って、ザ・ビートルズと並び称されたザ・ローリング・ストーンズは、近年めざましい白人ブルースのパイオニアに数えられるべきであろう。いま騒がれているニュー・ロックもアメリカから自発的に生まれたものではなく、逆にイギリスのロック・グループからはじまったもので、彼らがアメリカを巡演することによって、本場アメリカのミュージシャンに、やる気をおこさせたものであった。このようなめざましいイギリスのポップス界のうごきのすべてに、われわれは、一九三〇年代はじめ、全国民から敬愛されたプリンス・オブ・ウェールズ……故ウィンザー公の偉大な影響をみるのである。オツムの弱い古城のドラム息子として茶化し切れるような存在ではない。

アーヴィング・ミルズと縁を切る

一九三九年アーヴィング・ミルズとの仲がこじれて、手を切るにいたったイキサツは、あまり知られていないので、すこし触れておこう。

ある晩、バンドのギター奏者フレッド・ガイは、自宅のラジオで「デューク・エリントンのコットン・クラブ・オーケストラは、新しいジーグフェルド・ショウにルビー・キーラー（歌手アル・ジョルソンの妻君で美人ダンサー）と共にフィーチュアされることになった」というアナウンスをきいた。翌日出勤して、バンドの連中に、そのことを話すと、誰もきいていなかった。エリントン自身すら、「そんな話はきいたことがない」といった。当時ジーグフェルド・ショウに出演するということが、芸能人にとっていかに名誉なことであったかは、映画「ファニー・ガール」にも描かれている。

翌日エリントンが、マネージャーのミルズにきいてみると、彼がいうには、「フレッド・ガイというのはアタマがおかしいんじゃないか、ジーグフェルドが黒人バンドを使うはずがないし、そんな話は一度としてなかった」ということである。その答えを伝えきいたフレッド・ガイは激怒した。彼はデュークにいった。「私のアタマがおかしいかどうかラジオのニュースが嘘か本当かをたしかめる簡単な方法が、ひとつあると思う。知らぬ仲じゃないんだから、スタンリー・シャープ（ジーグフェルドの代理エージェント）のところに顔を出して、〃やあ今日は、シャープさん〃と挨拶してみたらどうですか？」デュークもその気になって、翌日シャープの事務所に出かけた。「おや、デューク、どうしてたい。実は君のことを考えてたところだった」とシャープはいった。そうして抽出《ひきだ》しをあけて、ジーグフェルドの契約書にペンを添えて出した。

これで一切がわかった。アーヴィング・ミルズが、一人で握りつぶしていたのだ。それは劇場の看板に「ジーグフェルド・プレゼンツ・デューク・エリントン」とは出ても「アーヴィング・ミルズ・プレゼンツ」とは出ないという理由によるものだった。デュークが契約書にサインして帰ったことを知ったミルズは激昂《げきこう》し、デュークをクビにして、ピアニストをよそから雇おうとさえ画策したという。このような扱いをうけて黙っているエリントンではなかった。アーヴィング・ミルズには、過去にいくつかの功績もあり、ほとんどの曲の作詞者として著作権登録までしていたのであるが、この事件を契機に、キッパリと縁を切ることになったものである（注19）。

一九三九年初頭の出来事であった。エリントンはウィリアム・モリス・エージェンシーと新契約を結び、二度目の妻ミルドレッドと離婚し、三度目の妻ビー・エリスと結婚すると再びオーケストラをひきいて大西洋を渡った。第二次大戦勃発《ぼっぱつ》の直前であった。今回はユニオンからの拒絶にあってイギリス公演をあきらめ、フランス、ベルギー、オランダ、デンマーク、スウェーデンの各国に三十四日にわたるツアーをおこなったのである。

エリントンに暗黒時代はあったのだろうか

デューク・エリントンの黄金時代は？　ときかれると、だれもが一九三九年の体質改善以後の数年間を挙げる。これが常識化している。これに対してデュークは不満の意を示す。「黄金時代なんて無いさ。昔も今もずっとおなじさ」さてどちらが正しいのだろう。ぼく自身も、五、六年前までは、四〇―四一年がデュークの黄金時代と考えていた。「よくない時代」があったことを肯定して、はじめて「黄金時代」という考え方が生まれる。通説にしたがえば、三〇年代後半と、四〇年代後半から五〇年代前半にかけてが、裾野《すその》（よくない時代）を構成し、三九―四一、二年頃が絶頂期を画することになる。CBSが出した二組の「Ellington Era」には一九二七―四〇年に及ぶCBS系原盤から、九十五曲収録されていてそのうちの五十曲が、「暗黒時代」であるべき一九三五年以降五年間に吹込まれたものだが、すなおに聴いてみて、それ以前およびそれ以後とくらべて、なんら劣るべきものではなかった。では四二年以降のものはどうか？

まえにのべたように、この期間は第二次大戦中であり、レコード界ではジェームズ・ペトリロの指導によるユニオンの「吹込ストライキ」が敢行された時期である。RCA専属であったエリントンは、四二年七月から四四年十一月末日まで、RCAには一枚も吹込みを残していない。ただし、軍用Vディスクのための録音のほか、軍用トランスクリプションに収められたコンサート録音のいくつかが、今日では海賊盤として手に入る。それらをきいても素材のいくつかに戦時色を反映したものはあっても、エリントンの音楽自体に質的低下を認めることはできなかった。さてそうすると、裾野があるから頂上があるという論理ではない。三九－四二年に至る期間は、充実したメンバーをそろえて、短期間に傑作を続々と生んだという「過渡」の問題ではないかと思われる。

だが、この期の密度がきわめて濃かったというほか、この前後に「暗黒時代」を示唆するようないくつかの要因とみられるものもないではなかった。

問題作《レミニッシン・イン・テンポ》

スイング全盛時代（一九三〇年代後半）が白人バンドの天下で、黒人バンドがブームに乗りおくれたことは、「スイング時代」に触れた通りである。特にエリントン楽団は乗り遅れた。彼のメンバーの幾人かは、テディ・ウィルソンやライオネル・ハンプトンのレコーディング・コンボに参加して、ソロイストとしての卓越した才能はひろく知られていたのに、バンドの人気は湧かなかった。

エリントンの過去の芸術を賛美する批評家は既にたくさんいた。ところが、スイング時代直前に発表した大作《レミニッシン・イン・テンポ》（一九三五年。Ellingtion Era Vol.2）が、こうした批評家に、「もうエリントンはダメだ」といわせてしまったのである。吹込んだあと、彼は二年まえに空前の歓迎陣で迎えてくれたイギリスの反響を早く知りたがった。彼はそれを待ち望んでいった。「この曲は、イギリスのファンのためにつくったのである」だが反響はつめたかった。

スパイク・ヒューズは次のように記している。「うぬぼれとナンセンスに彩られた、退屈な超大作」国内では、当時指導的立場にあった評論家ジョン・ハモンドが「デューク・エリントンの悲劇」という標題のもとに、次のように書いている。「エリントンは、彼の属する人種（黒人）および一般人類の苦悩を忘れてしまったようだ。……彼の近作は、ドビュッシーとデリュースの作風に、表面上は似ているが、いつもの作品にみなぎるバイタリティを完全に失ってしまっている」スパイク・ヒューズは、エリントンの英国公演に際し、ワーワー・ミュートが吹かれるたびに爆笑した聴衆に怒りを感じてステージに上り、「ワーワー・ミュートで笑うな」と、説教をした、最も有力な支持者であったし、ハモンドもまた全世界から最高オーソリティと思われていた。デュークがこれを吹込んだ時、まだ大不況は完全に収まってはいなかった。ましてスイング時代の到来は、予測もされていなかった。彼は、イギリスのファンが再び大拍手を送ってくれることを唯一の頼りにしていたのだ。

彼は孤独であった。この年の五月二十七日、最愛の母堂を失っていた。

一九七〇年一月、三度目の来日をした時、楽屋裏でＦＭ東海のインタビューを立ちぎきしていると、「あなたにとってアメリカとは何ですか？」という問いにデュークが答えた一節に、"……where my mother did not let my feet touch the ground till I was eight years old."という言葉があった。「八才になるまで母が私の両足を地面につけさせてくれなかった国」というのが直訳だが、日本語にすれば「寵愛《ちょうあい》してくれた」ぐらいの意味にあたろうか。七十才になったデュークが「アメリカ」という言葉から即座に、母親を思い出したことに感動をおぼえたが、その母を失った直後の悲しみの中に書かれたのがこの曲であった。この曲については、LPに添えられた野口久光氏の解説がすばらしいので、引用させていただく。

デュークは、ジャズがダンスやショウのための音楽と考えられていた一九二〇年代から、鑑賞にたえる音楽を目指して、作曲し演奏してきた。彼の夢は、クラシック音楽同様に、演奏会場のステージで、聴衆を前にして演奏することであった。その夢の一端を、彼は一九三三年イギリスに渡って果たしたが、それより早く、ダンス音楽として発売されていたエリントンのレコードは、ヨーロッパの詩人や、心ある音楽愛好家によって、新しい音楽、新しい芸術として、鑑賞され、論議されていたのである。その反響に勇気を得て、エリントンは、機会あるごとに鑑賞者を念頭においたアレンジを書き、SP盤片面三分前後という演奏時間の制約を破って、二面にわたる長い演奏のレコードを吹込んできた。この《レミニッシン・イン・テンポ》は、その考えを更に拡大して、SP盤四面を費した十二分半に及ぶ最初の大作である。

この作品が発表された時、ものすごい賞賛と非難が同時におこった。賞賛者はかねてデュークの音楽を、きくべき音楽と考えていた人たちであり、このトーン・ポエム的な大作に喝采《かっさい》をおくったが、非難者はこれをデュークがジャズの軌道から逸脱した作品とみたのである。否定的な人たちは、書かれた譜面をそのまま演奏したものとみて、ソロイストたちが演奏の自由を束縛されていると指摘し、エリントンの気どりが鼻につくともいった。だが、このようなことは、一人の芸術家が過去の系列にない作品を発表した場合に、とまどいからしばしばおこる現象にすぎない。一九三五年という時点では、ジャズはできるだけホットで、きいている人間が踊らずにいられないようなスイングがあることの方が大切であったし、ジャズをコンサート・ステージにのせることは邪道だと、多くのジャズ愛好家は考えていた。しかしデュークのこの作品が、その後のコンサート作品に比較して、未完成なものであったとしても、彼の考えが正しかったことは今日のジャズの姿を考えてみれば明らかである。

一九三五年といえば、デュークがオーケストラをつくってちょうど十年目にあたり、当初からコンサート・ステージで演奏するのにふさわしい音楽を夢みていた彼が、その念願を実現する時機にさしかかっていたものとみられる。この年、五月デュークは最愛の母を失って、その悲しみと痛手が脳裡《のうり》からなかなかはなれなかった。そうした哀しみを抱いてデュークはアメリカの国内演奏旅行を続けていた。テキサスからアラバマを経てジョージア州へ……デュークの一行は、寝台車と貨車を借りきって、彼らの同胞の多い南部を幾日も走り続けた。車窓に見る風景、母の想い出から、少年時代へと思いを馳《は》せた……そうした感情が彼の描こうとしていたジャズに結びついて、この曲のイメージが形づくられた——といった意味のことを、デューク自身、思い出話として洩《も》らしている。

《レミニッシン・イン・テンポ》(リズムにのった追憶)は、自由な形式で書かれた、デュークの印象主義的ジャズ管弦楽曲であり、トーン・ポエム(音詩)でもある。彼の言葉(音)で綴《つづ》った少年時代への追想、母を失った哀しみ、黒人の故郷サウスのけだるい暑さや、たのしい想い出の交錯でもあろう。物悲しい、抒情《じょじょう》的ないくつかの主旋律を反復させながら、その哀しみに押しこめられるかとみえて、後半では明るい曙光《しょこう》を見出している。音楽家デュークは、母を失った哀しみを契機として、音楽的な前進をみせているのである。ある人たちが指摘しているように、この曲でエリントニアンたちの能力や自由を奪ったり、押さえたりはしていない。それはこの曲を、よくきいてみればわかることである——。

《レミニッシン・イン・テンポ》は、エリントンの代表作とはいえないが、愚作でも駄作でもない。ただSP盤だと、四回ひっくりかえさなくてはならず、ひっくりかえしてもひっくりかえしても、同じようにレイジーな曲調なので思わず退屈感を抱いてしまったのだと思う。当時、権威のあった英誌「グラモフォン」の月評担当者エドガー・ジャクソンは、いとも明快に「私にはわからない」と書いたが、おなじく英誌「スイング・ミュージック」の月評担当者レナード・ヒブスは、一聴して退屈きわまるレコードとは思ったが、同時に「待てよ、エリントンともあろうものが、こんな妙な作品をつくるわけがない」と考え、何度もくりかえしてきいた後、「やはりエリントンの作品として、有意義で価値ある一作」という結論に達したことを表明した。これが唯一の好意ある批評文であった。

一九三〇年代の後半

一九三六年に入ると、エリントンの動きはますます重要となる。まずクーティ・ウィリアムズのためのコンチェルト《エコーズ・オブ・ハーレム》、バーニー・ビガード（cl）のためのコンチェルト《クラリネット・ラメント》をつくったが、これはソロイスト・フィーチュアの最初の作品となった。

次に、キャブ・キャロウェイ楽団からベン・ウェブスターを借り出し《イン・ア・ジャム》（CBS）にソロをとらせている。ウェブスターはその前年にも《トラッキン》（CBS）で臨時加入している。スイング時代の到来と共に、トミー・ドーシー楽団にバド・フリーマン、ベニー・グッドマン楽団にヴィド・ムッソー、アーティ・ショウ楽団にトニー・パスター……といったふうに、テナー奏者はバンドの花形となったのに、エリントンは頑固なほど彼のオーケストラにテナー奏者を入れようとはしなかった。そのかわりにベース奏者を二人雇っていた。村岡貞さんに教えられて、エリントンに興味をもっていたぼくもやきもきしたが、それ以上にやきもきしたのはエリントンのマネージャー、アーヴィング・ミルズで、「エリントンこそ、一九三二年《スイングなければ意味ないね》という曲をつくったスイングのパイオニアでござる」と、大キャンペーンを開始したが、白人バンドにみられないねちっこいリズムがわざわいして、スイング・ミュージックとは関係ないジャズと考えられ、あまり人気はわかなかった。

牧芳雄さんがかつて、「ぼくはルイ・ベルソン（ds）が加わるまで、エリントンはどうしても好きになれなかったなァ」とあのねちこさを指摘されたことがある。率直でよろしい。牧さんに人気があるのは、昔も今もかわらないこの率直さであろう。牧さんの気持がグッドマンを通じてジャズの楽しさを知った当時のファンを代表するものであった。ぼくの場合はちょっとちがっていて、《おやすみのキッス》（Kissing My Baby Goodnight CBS）のイントロにはじまるふしぎなリズムに心を奪われた。4ビートではないのである。のちシカゴ・ジャズにしびれてからこれが黒人独特のシャッフル・リズムという、8ビートであることを知った。初期ジョニー・ホッジス（as）やハリー・カーネイ（bs）のソロはきまってこのリズム感ではじまった。ミディアム・テンポ以上の曲におけるシャッフル・リズムの感覚はエリントンのお家芸のようなもので、ぼくは最初から好きだったのである。

る。

この時期の作品を集めた『コットン・クラブ・ストンプ』（CBSソニー）も一聴に値する。

一九三九年までの作品のどれを聴いても、エリントンが質的に低下しているとは考えられない。クーティ・ウィリアムズに加えて、レックス・スチュアートの存在は、トランペット・セクションを色彩ゆたかにした。《キャラバン》、《アイ・レット・ア・ソング・ゴー・アウト・オブ・マイ・ハート》、《プレリュード・トゥ・ア・キス》から、ホッジスの晩年のソロ・ナンバーとなった《ブラック・バタフライ》などの名曲も、この期間につくられたものである。

一九四〇年代

一九三九年の後半、エリントン楽団には三つの大きな移動があった。

(1)　作編曲代行ビリー・ストレイホーンの入団

(2)　レギュラー・テナー奏者ベン・ウェブスターの入団

(3)　十八才の驚異的ベース奏者ジミー・ブラントンの入団

がそれである。ビリー・ストレイホーンは、六七年五月癌のためこの世を去るまで、二十八年間エリントンの蔭《かげ》武者となり、作品の上では二人の仕事の分担区別がつかないほど、一心同体化した協力を続けた。テナー専門奏者を雇うことは時間の問題とみられていたが、やはりベン・ウェブスターが意中の人だった。その後アル・シアーズ→ポール・ゴンザルヴェス→ハロルド・アッシュビーと、デュークはつねに、ベン・ウェブスター的なテナー・マンを雇い入れている。

175頁にもふれたようにジミー・ブラントンは、ジャズ史に不滅の名を残すベース奏者である。それまでベースは、リズム・セクションの一員にすぎなかった。彼のベースはホーンのように歌った。彼の奏法は、レイ・ブラウン、オスカー・ペティフォード、チャーリー・ミンガスにうけつがれて今日に至っている。エリントン（p）とデュエットで残した六曲（10テイク）は、彼の実力を十分に示した傑作だ。

CBSからRCAに契約を切り換え、一九四〇年三月にはじまるエリントン楽団の活躍は、エリントン自身の絶頂期といえるかどうかは別としても、全ジャズ界に比肩する者がないビッグ・バンドであった。四〇年代の後半に入ると、俄然《がぜん》大作が多くなる。アメリカ黒人の発展史をとりあげた《ブラック・ブラウン・アンド・ベイジュ》（一九四三年）、《ニュー・ワールド・ア・カミン》（一九四五年）、《ディープ・サウス組曲》（一九四六年）などなど。この種の大作についていえることは、構成の点で難がある――いいかえると、一曲一曲が独立して美しく、それをつなぐ構成上の必然性があまり強固なものでないということである。だから今日では、そのうちの一曲ないし二曲が、独立して演ぜられることはあっても通し上演はまったく行われない。抜きさしならぬ構成がないということは、デュークのウィーク・ポイントではないかと思えるのである。こうした組曲で成功作と思えるものにあまり知られていない《香水組曲》（一九四五年、RCA）がある。一人の乙女が恋を感じて心を燃やし、心身ともに成熟した女性になってゆく姿が、それこそ抜きさしならぬ構成で語られる。こういうのをきくと、デュークが女性を知りつくした芸術家だな——ということがよくわかる。

そして大作《ハーレム》（一九五〇年）。これは彼の大作のすべてを通じて傑出したものである。組曲とは称しているが、少々長いだけで、ひとつの大曲とみるべきだろう。

さてここでデューク・エリントンの音楽に、執拗《しつよう》なまでの忠告を与えた、フランスの代表的批評家アンドレ・オデールの一文をご紹介しよう。この論文は、一九五八年雑誌Artsに発表されたもので、のち単行本に収録された。後述するように、エリントン自身この批評に対する発言をしており、そればかりでなく、以後の作品に微妙な変化を与えている点で、看過し得ない事件であったと思えるのである。

オデールのエリントン批判

デューク・エリントンは、最も厳格な意味において、ジャズ史上最初のコンポーザーであり、長い間唯一のコンポーザーであった。たとえばファッツ・ウォーラーは〝曲づくり師〟ではあってもコンポーザーでなく、アーニー・ウィルキンズは、他人のアイディアにもとづいて仕事をするアレンジャーであって、コンポーザーではない。厳格な意味でのコンポーザーとは、曲づくり師でもなければアレンジャーでもなく、それらを包含する全能力を使って、新たな次元のジャズをつくる人をいうのである。新たな次元 (an additional dimention) とは、フォーム (form) のことである。

ジャズの歴史は次のように概括できよう。アームストロングはジャズを創造した。エリントンはジャズのフォームを創造した。パーカーと (マイルス) デヴィスはジャズのフォームを再創造しようとしている。エリントンは、イマジネイティヴに音色を駆使し、そのアイディアをオーケストラ化する天与の才をもっている。それればかりではなく、過去十五年間彼は他に類をみない、全くユニークなオーケストラをつくりあげたのであった。彼の音楽と、これを演奏するオーケストラとは、不離一体のものなのである。他のリーダーの中にも、作曲家デューク・エリントンと同じ理想に向って精進した人々がいなかったわけではないのだが、自己表現の媒体となるべきオーケストラをつくりあげるだけの統率力、組織力に欠けるところがあったわけである。スコアを書くだけならだれにも出来る。ジャズにおける真にクリエイティヴなことは、そのスコアを自在に表現し得るオーケストラをつくりあげることなのだ。これは空想だが、もしあらゆる操作が可能なオーケストラを発明した人があったなら、ジャズ界の偉大な恩人と仰がれるにちがいない。

だが、自由に使いこなせるオーケストラを持っただけでは充分とはいえない。たとえば、ドン・レッドマン、フレッチャー・ヘンダーソン、サイ・オリヴァーなど幾人かのオーケストラ・リーダーは、フォームの分野において、新しいものをつくり出そうという努力を続けたのであった。そのこと自体は賞揚さるべきだが、彼らはエリントンほど深いインスピレーションをもちあわせていなかった。

おなじ失敗が今日まで続くのを避け得たのは、ひとえにエリントンという偉才の出現によるものである。

最初は単なる沙漠《さばく》であった。デューク・エリントンはひとりでこの荒涼たる沙漠に足を踏み入れ、最初の果実を育成したのであった。その果実は、いつかはすべてのジャズ・フォームにとってかわるかもしれない、多面性の音楽（multidimentional music）であった。その果実は、時として渋かったが、多くのばあい風味ゆたかなものとなった。この意味でエリントンは、輝かしい先駆者である。デューク・エリントンには、すばらしい傑作がたくさんあるが、失敗作もかなりある。だが失敗作ではあっても、オリジナルなタッチと、部分的な成功は至るところにみられた。このように偉大なデュークが、今やその長所を失い、疲れ切ったミュージシャンになってしまったのは、いかなる理由によるのであろう。

エリントンの過去を理解している私にとって堪えがたいのは、まだ中年といっていいこのエリントンが（この当時デュークは五十八才であった）、芸術家エリントンの傑作を、みずからの手で駄作化しつつある事実である。

この十年間（一九四八―五八年を指す）、彼の作品に秀作以上のものはまったく見られなかった。まるで紙屑に「デューク・エリントン作」と署名していたのではなかったかという疑念さえおこるほどだ。芸術家にとってこういう時期があることは、さほどおかしなことではない。ストラヴィンスキー、バルトーク、シェーンベルクのように偉大な作曲家ですら、絶頂期を越えたあとは、創作意欲を喪失してしまったのであった。だがエリントンの場合、特に重要に思えることは、創作意欲を失ったあとでも、ミュージシャンとしての彼は、以前と変りなく活動を続けているという一事である。デューク・エリントンは、ジャズ史上唯一のコンポーザーであった。われわれは今でも彼を最大のオーケストラ・リーダーと考えるのである。

この悲しむべき出来事がおこったのは、二年まえのことであった。あるレコード会社のディレクターが、エリントンに過去の作品を系列化して再演することの説得に成功した。アイディアは思いつきにすぎなかったが、まじめな評価をうけるかもしれないという期待はあった。《インナ・メロトーン》とか《コ・コ》のような、ゆたかなサウンド・テクスチュアをもった作品が、進歩したハイファイ録音によって、新しい生命を与えられるかもしれぬという可能性はたしかにあった。

私が読者の注意を喚起したいのは、《コ・コ》についてである。《コ・コ》のオリジナル・ヴァージョン（最初のレコード）は、一九四〇年に吹込まれ、エリントンの作風の絶頂期を示す例証……比類なき傑作として知られているものである（RCA）。すべてのジャズ・ファンは《コ・コ》の一音一音を頭に刻みこんでいるといっていい。ところが……ところが途方もないことがおこった。この傑作の価値をまったく踏みにじって悔いない人間が、たった一人あらわれたのである。誰あろう、デューク・エリントンその人であったのだ！　私の知る限り、レンブラントやセザンヌが初期の傑作を後年になってコピーしたという例はない。ともかくデュークは《コ・コ》をもういちど吹込んだ。その結果は、ふた目とみられぬ偽作が彼自身の手でつくりだされることとなった。

しかも、彼はこの再演盤に発売許可を与えたのである。ベツレヘム盤「ヒストリカリー・スピーキング」は、彼自身の偉大な名を傷つける以外の何物でもない。あまりに意外な出来事であるために、私にはある疑念すら生じるのである。「デュークは、わざとやったのではあるまいか？」もしそうだとしたら、こんな文章を書く私は天下の笑いものになる。だがそうだとしたら、芸術の絶頂をきわめたあの男は一体だれだったのだ！

これは故意で行われたことではない。考えられることがふたつある。

(1)　デュークが、彼の天才の重要な要素であった音楽的感性を喪失してしまった。

(2)　自分が創造した芸術の真価を、当のデュークが全く知らなかった。

このふたつの場合だが、エリントンに対する私の愛情と尊敬の念は、第二の仮説を強く否定する。エリントンは、アームストロングやパーカーのように、本能的な天才ではない。知的で、熟慮断行の人である。エリントンが、自分自身の価値を知らなかったなどという考え方は私には出来ない。だから第二の仮説は消去しよう。そうすると、彼は創造力と共に、音楽的な判断力をも失ったのであろうか。これは過失というより、むしろ犯罪行為であるとさえいいたいぐらいだ。だが、まだ問題の核心は衝《つ》いていない。

思えば十六年の昔、エリントンの《コ・コ》にはじめて接した私は、まだうら若いミュージシャンであった。その瞬間から私は、ジャズという音楽に新しい光を発見した。エリントンの音楽がその絶頂をきわめつくした時点であったのだが、私はこれを以って、よりすばらしい音楽の世界が開けるであろうことを期待したのであった。期待するだけの理由は充分にあったと思う。

だが何年たっても、エリントンはこの希望を満たしてはくれなかった。彼に向ってこの不満を叩きつけるのは公平ではなかろう。既にして彼の業績は不滅のものであった。一九四〇年のレコード《コ・コ》は、実に風がわりな力強い作品であった。イントロはまるで別世界のサウンドを思わせ、トリッキー・サム（tb）のソロは、エキゾチックなどという形容ではいいつくせないうめきを発し、デューク自身のピアノすら崇高なひびきを持っていた。この一作は、ジャズ・オーケストラのために、本当の意味で「作曲された」最初の音楽といえるものであった。デュークの手がつくりだしたきびしいアンサンブルのコーラスを経てこそ、ジミー・ブラントン（b）の完璧《かんぺき》なブレークが光彩を放ったのである。

一九四〇年に生まれたこの傑作を頭に刻みこんでいる者にとって、五六年の再演盤《コ・コ》をきくことは、耐えがたい試練というべきだろう。上にあげた美点がすべて失われた、極悪なカリカチュア以外の何物でもないのである。壮大さはグロテスクなものに、雄渾《ゆうこん》なスピリットは安手の物真似に、神秘は俗悪に変じたのである。スコアそのものには、ほとんど手を加えられていない。一曲のふたつのヴァージョンがこれほど異質なものになった例はなかった。信じ難いのは、このふたつの作品が、同一人物の手になったということである。許される弁護があるとすれば、オリジナル・ヴァージョンで活躍したトリッキー・サムもジミー・ブラントンも、故人になってしまった——ということであろう。それならば、《コ・コ》の再演は、当然断念すべきだったのだ。いずれにしても、責任はすべてデューク自身にある。

一九五六年——彼の「楽器」であるオーケストラは、決して悪い人材を揃えてはいなかった。トリッキー・サム生涯の代表的ソロをなぞる重荷を背負わされたクインティン・ジャクソンは、立派なトロンボーン奏者である。にもかかわらず、デュークが指をスナップさせてテンポを指示した瞬間、ジャクソンはのっぴきならぬ羽目に立たされることになった。デュークが指をスナップさせる個所は、レコードに入っていない。だが、この一瞬が作品の出来不出来をきめる決定的瞬間だったのである。これが適正でなければ、バンドのバランスは崩れ、修正の望みはほとんど無い。一九四〇年のデュークは、作曲に対して直観的判断をもっていた。指示するテンポは、髪ひとすじの狂いもなく、オーケストラは全能力を発揮したのであった。かくして一九四〇年の《コ・コ》は、スイング時代における最もスイングした作品となったのだが、一九五六年のそれは……ああ何ということだ。どうして、このような失敗作が出来上ったかという解明は、通りいっぺんの考察によっては不可能である。なぜテンポを早めたのだろう？　レコーディングの時間を切りつめられたためだろうか？　前作が無かったら、単に「エリントンの採用したテンポには疑問がある」ぐらいで片附けられたにちがいない。だがこの場合は、前作があるのだから、選択の問題である。デュークは、昔のオーケストラよりも、今のオーケストラに、よりテクニックがあることを立証したのではあるまいか？　私には信じかねることだが、もしそうだとすると、何というあさはかなデモンストレーションによって、傑作を破壊したものだろう。だがこの憶測はあたっていまい。どうしても、デューク自身の音楽的感性が衰えたとしか考えようがないのである。

そういう例は他にもある。ジミー・ランスフォード楽団の《マージー》（デッカ）における、トラミー・ヤングの有名なトロンボーン・ソロを記憶している人なら、後年彼がアームストロング・オールスターズのよびものになった《マージー》で、一音一音まったく忠実になぞって吹いているにもかかわらず、テンポの選択を誤まったために、オリジナル・ヴァージョンを全く形骸化《けいがいか》してしまった例を思い出すにちがいない。デューク・エリントンのような偉大なミュージシャンが音楽的感性を失ってしまった——と結論づけねばならないのは、私にとって苦痛といわねばならないのである。

デューク・エリントンの回答

一九五九年春季号の季刊誌「ジャズ」に、デューク・エリントンは、次のような意見をのべている。「私はモダンになろうとも、未来派的なことをやろうとも望んでいない。過去の自信作にいつまでも執着している気持もない。ある時期を象徴した私のスタイルで、別の時期に同じ曲を演奏しようなどとは思ってもみない。自分ひとりが高い山に登って、他の人間どもを見下してやろうなどという野心も毛頭ない。それと同時に、気狂《きちが》いのような音を出そうが、馬鹿のうす笑いのようなメロディを作ろうが、神を賛《たた》える歌を書こうが、それは私自身の権利であって、この権利を侵害されることもまた好まないのである。聴衆に対する表現と伝達の自由こそ、他のすべてのアメリカのアーティストと共に、私が享受し得る唯一の権利であると思っている」原書の脚註《きやくちゆう》で、アンドレ・オデールは、このエリントンの言葉が、私の文に対するものかどうか不明だが……とまえおきして、もしも私の文章に対する回答だとしたら、おそらくはまちがった翻訳によって彼は私の意味するところをとりちがえたものであろう。この英訳書にもとづいて、もういちど読んでほしいといっている。そうして、「もしもデューク・エリントンに、自分の傑作を偽造する権利があるのなら、私には偽造に抗議する権利があるはずだ。いったん公開された芸術作品を批評することは、すべての人が保有する権利であると思う」とむすんでいる。

いいたいことを、ずばずばいいながら、エリントンに対する敬意が一貫しているあたり、堂々たる一文であると思う。エリントンが、この一文を読み、示唆されるところが多かったことは疑いを容れない。《コ・コ》は二度と再演されなかった。コンサート録音を除いて、エリントンの吹込は一層慎重になった。そういうエリントンが、一九六六年第二回目の来日直前に、ロサンジェルスのRCAセンターで、当時のメンバーを使って、旧作の再演を行ったことは、稀なる出来事であった。ベツレヘム盤は二日で吹込まれたが、RCA盤にはたっぷり三日を費している。これが単なる旧作の再演でないことは、だれの目にも明らかだった。

昔のヴァージョンでは、滅びゆくマイノリティ（少数民族）の泣きで知られた《黒と褐色の幻想》は、力強く「黒人民族ここにあり！」とうたいあげるものにかわっている。コンサートでは、ハリー・カーネイ（bs）の「財産」として知られる《ソフィスティケーテッド・レディ》を、このレコードではジョニー・ホッジス（as）、ローレンス・ブラウン（tb）にわけ与えている。『ポピュラー・デューク・エリントン』（RCA）が世界中で、一九六六年のベスト・レコードにノミネートされたかげには、このようなエピソードがあったわけだ。

ディジー・ガレスピー

はじめて来日した六九年十月、記者会見の席上で、ガレスピーは、「ジャズ・プレイアーの出来不出来」ということについて、たいへんうまい説明をやった。自分の眼の高さあたりに、水平な一線を描いて、「プロ・ミュージシャンというものは、どんなにマズイ時でも、この線から下に落ちるような演奏は、やろうとしてもできるものではない。ただその日の調子や気分で、この線からどれだけ上に伸びる演奏ができ上るかということが問題なのだ」

東京での第一日（十月二日サンケイ・ホール）での演奏は、水平線スレスレのできであった。彼は日本におけるマイルス・デヴィスの人気の高さに驚くと共に、一種名状しがたいコンプレックスを抱いたらしい。その日コンサートに先き立って行われたフェスティバル参加全員の記者会見では、「私の名はマイルス・デヴィスと申します」とおどけてみせた。十月七日全グループが参加してのサンケイ・ホールでの最終コンサートでの彼はまったく凄《すご》かった。もしジャズの歴史に、ガレスピーのようなトランペット奏者が現われなければ、それ以降のトランペットの歴史は大きく変っていたにちがいない。ファッツ・ナヴアロ、クリフォード・ブラウン、マイルス・デヴィス……すべての後輩たちにとって、ガレスピーの存在は、最高の目標となった。一九四〇年代後半のことである。

レコードによって、我々はディジー・ガレスピーの最も初期のソロを、テディ・ヒル楽団のレコード、《キング・ポーター・ストンプ》、《ユアーズ・アンド・マイン》、《ブルー・リズム・ファンタジー》（RCA）で聴くことができる。一九三七年五月に吹込まれたディジーの処女録音だ。これらに聴く彼の未完成なスタイルは、ロイ・エルドリッジにそっくりだ。この頃ヒル楽団のファースト・アルト奏者ハワード・ジョンソンは、ディジーの求めに応じて、エルドリッジのソロを、片っぱしから楽譜にとってやっていたのであった。ちなみに、リーダーのテディ・ヒルは、一九四〇年以降、ハーレムの「ミントンズ・プレイハウス」のマネージャーとなり、バップの誕生に大きく貢献したテナー・サックス奏者である。

当時からディジーには、エキセントリックな性格があった。ともかく他のメンバーと同じことは一切やらないのである。外套《がいとう》と手袋をはめたままリハーサルを終えるのはまだよいとして、他のペットが立ち上ってソロをとると、自分も立ち上ってその真似をやる。曲が終ると、スックと立ち上って一、二小節余計に吹く。「こらっ、足を椅子に上げる奴があるかッ」とヒルが叱ると、今度は譜面台に乗せるという始末。キャブ・キャロウェイ楽団時代の写真が残っているが、ディジー一人が他の連中とまったくちがった方向をむいてラッパを吹いており、これらの逸話が嘘でなかったことを証拠立てている。

一九四〇年五月九日、ディジーは、ワシントンのハワード劇場で見染めた踊り子、ロレイン・ウィリスと結婚した。ジャズの歴史で、結婚についてまで触れなければならぬミュージシャンは数多くない。だが、この結婚については是非触れておかねばならぬ。ライオネル・ハンプトンのグラディス夫人と同様、ロレイン夫人は歴史に残る賢妻と思われるからだ。黒人革命家故マルカムXはその自伝の中で、「もしライオネル・ハンプトンが、グラディス夫人に金を任かせていなかったら、とうの昔に無一文になっていたにちがいない」と記している。ロレイン・ガレスピー夫人も同系統に属する。マネージャーとして一切の仕事をひきうけ、来日はしなかったが、すべての楽旅に同行し、金銭の授受を一手に切りまわしているのである。では、たいへんなジャズ・ファンかと思うとさに非《あら》ず、オヤジがステージでジャズをやっている間、楽屋でアンドレ・コステラネッツやフランク・シナトラに聴き入っているという、嬉《うれ》しいオバチャンなのである。

このロレインを手に入れるために、ガレスピーは何と料理のつくり方まで勉強した。できた上った料理は自分の手で楽屋に配達した。踊り子には飯の炊き方も知らないのが多いが、ロレインもその一人で、今でも台所仕事はやらないという。「あらおいしいわ、この人と一緒になったら台所の苦労をしなくてすむわね」彼女の心は徐々にガレスピーに傾いていていった。ある夜ディジーは最後の切り札を出した。「ロレイン、カナダに行ってみたくないかネ」、「まあカナダ……私の一生のねがいだったの」、「いやなあに、今度キャブのバンドがカナダに巡業することになったんだ。行きたけりゃ方法はひとつしかないな。つまりバンドマンの妻君として同行するんだ。それでも行きたいだろう？」、「ええ」というわけで二人は結婚することになったのであった。ガレスピーが、麻薬をやるジャズメンに特にきびしく、反麻薬運動の巨頭になったのも実は賢妻ロレインのおかげだというから大したものである。チャーリー・パーカーとつきあいだした夫に、ロレインは厳重に申し渡した。「もし、あなたが麻薬に近づいたらただちに別れますよ。私と麻薬とどっちに魅力があるか、よくテンビンにかけてみてね」見方によっては途方もない女上位である。だがガレスピーは、恋女房を失うまいと堅く心に誓ったというから、このあたりは他からうかがい知ることができない賢夫人の腕というべきであろう。またロレイン夫人は、四十五度上向きラッパの、間接的な発明者でもある。

一九五四年一月、西四十四丁目の「スターキー」で、ロレイン夫人の誕生パーティが開かれた。たくさんの友人や芸人が集まった。ディジーがトランペットをステージに置いて、席を外しているときに「スタンプとスタンピー」というコメディ・ダンス・チームが、踊っている拍子にトランペットの上に倒れ、へしまげてしまったのだ。イリノイ・ジャケー（ts）などは、その光景をみただけで、真蒼《まつさお》になってトンズラしてしまったというから気が弱い。案の定、席に戻ったディジーは烈火の如くおこったが、先端が上に曲ったラッパを吹いてみて驚いた。意外や意外、すばらしい音が耳に入ってくる。彼はハタと膝を打った。「ロレイン……俺はアイディア料だけで一生喰っていけそうだ。早速マーチン（楽器会社）に量産させよう。特許申請もしよう」、「ダーリン、特許料は私の誕生日の贈り物として下さるわね」、「ああ、いいとも」ソロバン達者なロレインは、世界中のペット奏者の数を数え、特許使用料を掛けて答えを出す。マーチン社も製作をOKしてくれたし、特許の手続きも終えた。

ディジーは、自分のバンドのペット全員にこの楽器をもたせて、大いにこの楽器の効能を宣伝した。だが意外なことに特許は下りなかった。一八六一年にフランス人のデュポンという男が同じ形のトランペットを考案して特許をとっていたのである。

話を戻して、レコードで聴ける初期のガレスピーをたどろう。ハンプトン・コンボの《ホット・マレット》（RCA）のトップにきかれるミュート・ソロについて、レナード・フェザーは、「エルドリッジ・スタイルから離脱し、彼を特徴づけるようになった八分音符のガレスピー的連発へのかすかな前触れがみられる」といっている。

一九四一年秋のダウン・ビート誌は、例によってセンセーショナルな見出しで、〈キャブ・キャロウェイ・メンバーのトランペット奏者に斬《き》らる〉という事件を報道した。加害者はディジー・ガレスピー。兇器《きょうき》は飛び出しナイフである。事件は、ステージの上のディジーが例によっておどけているのを、楽屋でキャロウェイがたしなめたことから起った。キャロウェイの背中に紙ツブテを投げつけたのはディジーだろう——というわけだ。ところがそれをやったのは、ジョナ・ジョーンズで、ディジーのあずかり知らぬことだった。だがキャブのどやしがきつかったため、ディジーは腹をたて、「何をこのクソ・リーダーめが」と、斬りつけてしまったのである。キャブは、背中に十針も縫う傷をうけた。ガレスピーとキャロウェイとの縁はこれで切れる。キャロウェイ楽団にいた二年間に、ディジーは六十三曲吹込んでいるが、うちソロが聴けるのは二十三曲である（注20）。

キャロウェイ楽団に在籍中、彼は旧リーダー、テディ・ヒルがマネージャーをやっていた「ミントンズ・プレイハウス」にしばしば顔を出し、ジャム・セッションを楽しんだが、その頃の三曲を収めたエヴェレスト盤は貴重である。このあと、レス・ハイト楽団《ジャーシー・バウンス》、ラッキー・ミリンダー楽団《リトル・ジョン・スペッシャル》、《メイソン・フライヤー》に彼のソロが聴ける（注21）。そのあと、アール・ハインズ楽団に加わり、チャーリー・パーカーと、カンサス以来の再会をとげ、互いに影響しあうのだが、吹込ストのさなかだったため、レコードに残されていないのは残念である。ディジーのディスコグラフィーに、デューク・エリントン楽団に加わった二曲をみつけて、よろこぶファンがあるかもしれない。だが、ともに彼のソロはまったく出てこない。デュークはキャピトル劇場に三週間出演したが、ハロルド・ベイカー（tp）以下三人がユニオン・カードを持っていなかったので、ディジー他二名をトラ（エキストラのミュージシャン用語）に雇ったのだった。

一九四四年二月、コールマン・ホーキンズは六曲をアポロ・レコードに吹込んだ。そのうち三曲はホーキンズのテナー・ソロを大きくフィーチュアしたものだが、《ウディン・ユー》、《ブ・ディ・ダー》、《ディスオーダー・アット・ザ・ボーダー》には、スタイルを完成させたガレスピーをきくことができる（Jazz Concert／Grand Award 33-316）。このうち《ウディン・ユー》（Woody'n You＝Woody and You）は、その名の通り人気絶頂のウディ・ハーマン楽団にガレスピーが捧《ささ》げた曲だが、ハーマンは吹込んでいない。のちガレスピーはこの曲を《アルゴ・ブエノ》と改題した。今では両方の題名が用いられている。この年、彼はビリー・エクスタイン楽団に加わった。九曲のレコーディングがある。そのうち《グッド・ジェリー・ブルース》のイントロには、のちパーカーと吹込んだ時用いられた《オール・ザ・シングス・ユー・アー》のイントロがそのまま使われており、これがガレスピーのアイディアであったことを明らかにしているが、彼のソロはない。彼のソロがあるのは、そのうちの三曲である。

もうこの頃になると、ガレスピー・スタイルは、完全にでき上っていた。これからあとの歩みは、チャーリー・パーカーの項で述べるレコードとダブってくるので大幅に省略しよう。ただし、日本でもいちど出た『ディジー・ガレスピー・ストーリー』(Ember) は、四五-四六年の重要セッションを収めたレコードのひとつとして挙げておかねばならない。《エマノン》(一九四六年十一月十二日録音) には、その後二十数年間、ディジーと最も気の合うパートナーとなるジェームズ・ムーディ (ts) のソロがフィーチュアされている。Emanon とは逆によめば、No Name いかにもガレスピーらしいオリジナル・ブルースだ。

ぼくはかねてから、バップの双生児のようにいわれているガレスピーとパーカーが、本当はあまり気が合わない友だちではなかったか……という仮説を抱いている。イギリスの評論家アラン・モーガンとレイモンド・ホリックスの名著「モダン・ジャズ」に「チャーリー・パーカーは内向的なクリエーターで、ガレスピーは外向的な宣伝マン」という一項があった。二人は音楽的にはまったく同じ考えをもっていたから、相携えてバップの形成に協力したが、むしろパーカーは、ガレスピーの政治家的な宣伝外交手腕を嫌っていたのではないかと思われる。ガレスピーの方でもそうだ。二人が実際にコンビを組んでいたのは、一九四五年十二月から二か月にわたった、ハリウッドの「ビリー・バーグ」出演の時だけである。この時も、パーカーは酒と麻薬に溺《おぼ》れ、無断欠勤が続いたので、やむなくミルト・ジャクソン (vb) を雇わなければならなくなった。あげくの果てに、パーカーを置き去りにした。「旅費は渡してあったんだ。勝手に使いこんで出発に間に合わなかったんだ」という言葉はその通りだろうが、真に友情があったらそれでは納まるまい。来日時ガレスピーに、「パーカーがあれほど有名な麻薬患者だったのに、あなたはよくすすめられませんでしたね？」と鎌をかけると、「パーカーは誰にも麻薬をすすめるようなことはしなかった。自分自身も隠れてやっていたんだ。それにぼくに物凄く敬意を払っていたからね。最後までぼくにはやっていないようにみせかけていた」と答えた。

ぼくはうがった推理をしてみる。社交家のガレスピーを、パーカーから遠ざけて、パーカー・ペースに巻きこまれないように気を配ったのは、ガレスピー自身でなく、実は賢妻ロレインではなかったか？　何で読んだか咄嗟《とっさ》に思い出せないが、ある深夜にパーカーが、ガレスピーの家の戸をドンドン叩いてわめいた時、扉越しに話を交わして、絶対入れようとしなかったのはロレイン夫人だ。ガレスピーの性格でそんなことができる訳はない。げんにパーカーの死をきいた時、ガレスピーは、オーンオーンと涙を流して泣きっぱなしだったのだ。彼の脳裡には、数日前に「ベイズン・ストリート・イースト」で出会ったパーカーが、「もういちど一緒にやろうよ。遅すぎた……と後悔しないうちにね」とよびかけた言葉が去来していたのであった。このように性格も異り、哲学もちがった二人が、相携えてモダン・ジャズの母胎であるバップをつくりあげたところに、ジャズという音楽の汲《く》めども尽きぬおもしろさがあると思うのである。

一九五〇年代後半以降のガレスピーの動きは、さほど重要でない。ジャズには、もっと重要な動きが表面に現われてくる。だがガレスピーの動きが重要でなくなったのは、彼の才能が燃えつきたわけでも、腕が落ちたわけでもない。ひとついえることは、ガレスピーのイージー・ゴーイングな性格が彼の粗雑なレコードづくりにそのまま現われていることである。四〇年代の動きは重要だったから、少々下手なつくりかたでも、コレクターズ・アイテムとなり得たものが五〇年代に入ると、それでは通用しなくなる。一方ではマイルス・デヴィスのように一作一作に慎重にとりくみ、その作品のひとつひとつをファンの頭に克明に焼きつける名手がいるのに、ガレスピーのレコードをそらんじている人はまずいない。こういう点が、わが国での人気をマイルスにくらべて大いに下廻らせる原因となったのであって、いってみれば自業自得といえるのかも知れぬ。それにしても一九六九年十月七日にみせた、あの驚くべき実演を聴くと、やはり日本での評価に、かなり過小な点があったことは、覆うべくもないようだ。

チャーリー・パーカー

一九五五年三月十二日この世を去ったジャズ史上の天才チャーリー・パーカーは、アダナをバード（Bird 鳥）といった。生きている時から伝説的存在であったが、死の瞬間からさらに伝説の数がふえた。

バードが息を引きとった瞬間、ニカ・ロスチャイルド夫人は、天も裂けんばかりの大雷鳴をきいたという。一九五五年四月二日カーネギー・ホールで開かれたバード追悼コンサートで、全員がバードの作曲《ナウズ・ザ・タイム》を演奏していると、天井から一枚の白い羽根がヒラヒラと舞いおりたという。一九六九年の三月十五日ヤマハ・ホールで行われた「渡辺貞夫《わたなべさだお》チャーリー・パーカーに捧ぐ」というコンサート第一部のラスト《ザ・ソング・イズ・ユー》で、サダオがアドリブをやっているさなか、渡辺文男《ふみお》(ds)のトップ・シンバルが突然留め金と一緒にステージに落ちた。稀なる事故である。カンサス・シティにあるバードの墓石の命日は、一九五五年三月十二日とあるべきなのに三月二十三日と記されている。墓石のミスプリントというのも、稀なことではあるまいか？　二十三日というのは、ニューヨークのアビシニアン・バプチスト教会で行われた告別式の翌々日にあたる。最近にも不思議なことがおこった。CBSソニーで全七巻に及ぶ「パーカー・オン・サヴォイ」を編集中のことだ。この表紙は、写真家内藤忠行《ないとうただゆき》が、風景に鳥を配した力作ぞろいであるが、第五巻の色が悪かったので、プロデューサーが再校の提出を求めた。ところが再校が出来上った時、風景から鳥の姿だけが消え失《う》せていたのである。冷静に調べれば、いずれも単なる偶発事かもしれない。だがこういう偶発事をすべて神通力に帰してしまうほどの超人的な魔力がバードにはあったのだ。

いくつかのエピソード

長い間バードのマネージャーをつとめたテディ・ブルームは白人であった。パーカーのからさまに語った次のエピソードは、別の面からバードの超人ぶりを示している。

《ブルームディド》（ヴァーヴ）はブルームに対する謝意の表現である。そのブルームがあ

「彼（バード）は日に三、四度、別々の女性とセックスした。彼ほど白人女に手をつけた黒人はいない。彼は肉体を酷使した。彼のどこに女性をひきつける魅力があったのかわからない。彼は彼女らを屑のように扱ったが女たちは彼につきまとい、州から州へと巡業を追いかけた。〝バード、ナオンが二人サインを貰《もら》いにきてるよ〟と私がいうと、彼はいった。〝いい方を一人えらんで連れてきな〟。女たちはパーカーとデートの約束をとるために私に電話をよこした。理由はきまって学校新聞のためのインタビューというのである。私は最初のうちその意味がわからなかった。女たちとの会見場所にはいつも私の部屋が使われた。黒人の部屋に白人女性が入るのを見つけられるのは危険なためだ。女たちがやってくると、しばらくしてバードが現われるという段取りである。ある女は妊娠したといいに来た。バードは金をとられた。私は彼に注意した〝十八才以下の女に手を出すなよ〟しばしば若い女に手を出して問題をおこしたからだ。彼が白人女性を犯したのは、白人を憎悪していたからなのだ。彼は黒人であることを意識していた。白人女性を犯したあと、彼は女にツバを吐きつけた。能力のゆるす限り白人に手をつけた。彼にとって妻のチャン（白

人）は白人ではなかったのだ。彼が気にかけた唯一の女性がチャンであり、彼女を尊敬していたが、ほかの女に手を出すことはやめなかった。〝何のためにこんなことを続けるのだ〟と私がたずねると彼は答えた。〝白人とか黒人とかいう区別がないことを俺らしい方法で実証するためにだよ〟。彼は彼女たちに敗北感を与えた。女たちはむらがったが、彼は慈愛ぶかい本能をもっていたので、ある限界線は心得ていた」

「バードはどんな挑戦にも応じた。もし命を賭《か》けたルシアン・ルーレット（実弾をこめた拳銃《けんじゅう》を額にあてて引き金をひく遊び）をやろうといわれても応じたにちがいない」――とロバート・ライズナーはいう。タウン・ホールの楽屋で水飲み競争をやろうということになった。ライズナーはひどくノドがかわいていたので勝算充分だったが、十五杯目でダウンしてしまった。バードはそれより数杯のんでステージに出ていったが、放っておいたらいつまで飲み続けていたかわからない。「彼は馬のように喰い、魚のように飲み、兎のようにセックスした」とライズナーは語っている。

ビル・グレアムは語る。「彼はアルトを持ってこないで、いつも借りた。だれのアルトでも構わなかった。彼が吹くと彼のサウンドになった。リードの厚さも問題ではない。トロンボーンを借りてもアルトの音が出たのではなかろうか」ある夜アルトのキーのひとつが折れてはずれてしまった。バードはありあわせのスプーンを折って、チューインガムとテープで補修し、その夜のラストまで、平然と立派なソロを演じた。またある夜カンサス・シティのクラブに七人編成で出た時、例によってアルトは質屋に入ったままだった。しかし楽屋口には監視人がいて楽器をもたずに入ることは出来ない。まずもう一人のアルト奏者が楽器をもって入り、便所の窓からパーカーがうけとって入って行った。その晩薄暗いバンド・スタンドで一本のアルトは、二人の間でラグビーのボールのように受け渡された。

こんなわけだからバードの死後、彼が持っていたアルトを欲しがる人が沢山現われて悲喜劇を演じた。一本は十ドル借りたカタに置いた八百屋でみつかった。チャンが一本持っていた。二度目の妻ジェラルディンはアルトの有無をきかれたとき、こう答えた。「あのひとと結婚した時、彼の持ち物といったらアルトと麻薬癖しかなかったの。私は麻薬癖をもらったので、アルトはもらわなくてもまるで持っているような気分なのよ」

チャーリー・パーカーの章をはじめるにあたって、一応彼のバイオグラフィーを記し、あとから逐一それに肉付けを与えてゆくことにしたい。バイオグラフィーは、最も流布しているレナード・フェザーの「エンサイクロペディア・オブ・ジャズ」から拾うことにした。フェザーは彼の本名を、チャールズ・クリストファー・パーカー・ジュニアと書き、呼び名をチャーリーまたはバードまたはヤードバードと記している。これに対してバードの母アディ夫人は、「バードというアダナの由来は知りません。それからクリストファーというのは何でしょうか。父はチャールズ・パーカーで、ミドルネームはなく、父がシニア、息子がジュニアなのです」と語っている。

バードは一九二〇年八月二十九日に生まれた。この生年月日には異説もあるが、カンサス市役所の戸籍抄本によれば、これが正しい。カンサス州カンサス・シティで生まれ、ミズーリ州カンサス・シティで育った。このふたつの町は川をはさんで行政区が異なっているだけである。一九三一年母は彼にアルト・サックスを買いあたえたがスクール・バンドではバリトン・ホーンを吹いていた。十五才で卒業するとすぐジャズ界に入り、彼の生涯を通じて不幸の原因をつくった麻薬のとりこになった。プロになった当座は、ミュージシャンから軽蔑《けいべつ》されたが、ジョージ・E・リーのバンドに入って、避暑地でシーズンをすごし、KCにもどった頃には驚くほど腕をあげ、後年のスタイルの萌芽《ほうが》をみせるようになっていた。バードは放浪癖をもっていた。ジェイ・マクシャン、ローレンス・キース、ハーラン・レナードの各楽団を転々として、一九三七－九年をすごしたあと、一九三九年はじめてニューヨークに出て、クラーク・モンローの「アップタウン・ハウス」でジョージ・トレッドウェル（サラ・ヴォーンの夫君）バンドにとび入りしながら、一年ちかくをすごした。つぎにニューヨークに出たのは、一九四一年四月のことで（訳注・実際は四二年初夏。四一年はテキサス州やイリノイ州を巡演中）、彼が所属していたジェイ・マクシャン楽団はサヴォイ・ボールルームに出演した。よくとび入りで共演したディジー・ガレスピー（tp）と知り合ったのはこの頃のことである（訳注・ガレスピー自身は三九年カンサスで初めて知り合ったと語っている）。デッカにパーカーがマクシャン楽団と初吹込みをしたのはこの頃のことだ。パーカーとガレスピーのスタイルは、この時（一九四一年四月とみなすフェザーの見解による）既に急速に成熟化しつつあったので、お互いに強い影響を与えあったかどうかは疑問である。二人は期せずして、同じ目標に向って精進していたわけで、一九四五年ともなれば、よきパートナーとして、またバップの共同創始者として知られることになった。

マクシャンのレコードで、すでにわかるように、バードのスタイルは、マクシャン楽団を抜けて、単身ニューヨークに戻った頃にはすっかり固まっていた。単身ニューヨークに戻った彼は、しばしばミントンズ・プレイハウスのジャム・セッションに加わり、またノーブル・シスル楽団（一九四二年の数か月彼はクラリネットとアルトを担当した）、アール・ハインズ楽団（四三年十か月間テナーを吹いた。この楽団ではガレスピーも一緒だった）で働いた。そのあとクーティ・ウィリアムズ楽団とアンディ・カーク楽団ですこし働き、ビリー・エクスタイン楽団に入って（一九四四年、アルトを吹く）旅に出た。この楽団は、新しいジャズ・スタイル（ビ・バップ）を、ソロと編曲の両面にはっきりとり入れた最初のビッグ・バンドだった。

一九四四年九月、パーカーはサヴォイ盤にタイニー・グライムズ（g）の名で吹込まれたコンボ・レコーディングに参加した。これが彼にとって最初のコンボ・レコーディングである。四五年の二月と五月には、ディジー・ガレスピーのコンボ（パーカー、ガレスピーとリズム・セクション）で七曲（本当は八曲）吹きこんだ。これらがビ・バップの到来を告げる決定的レコードとなったものである。以上のレコードが発売されてまもなく、パーカーとガレスピーは、当時五十二丁目に林立していたジャズ・クラブに、ペアであるいは単独でフィーチュアされ、話題の焦点となった。

バードは若い世代のミュージシャンの間で尊敬の的になったが批評家たちの猛攻撃と戦わねばならなかった。批評家たちは、ジャズの新しい発展がはじまると、必ずといってよいほど、それに対して敵意を抱いたのである。ジャズ界の内部では話題の中心であったが、まだ一般大衆にはまったく知られない存在だったのである。

一九四五年の終りに、バードはガレスピーと共にコンボでカリフォルニアに行き、「ピリー・バーグ」に出演したが、この地では皆そっぽを向いて理解してくれなかったため、ますます麻薬に深入りすることとなった。

一九四六年七月二十九日、昏迷《こんめい》のうちに二曲（本当は四曲）の吹込みを終えたのち発狂、カマリロ州立病院に強制収容され、療養生活を送ることとなった。六か月後ロスに戻り、ダイアルにふたつのすぐれたセッションを吹込んだのち（うちひとつはエロール・ガーナーをフィーチュアしている)、ニューヨークに帰った。その後数年クインテットでニューヨークを中心に東部を楽旅。一九四六年発足したノーマン・グランツのJATPに時折加わった。彼のクインテットには、マイルス・デヴィス、レッド・ロドニー、ケニー・ドーハム(tp)、デューク・ジョーダン、アル・ヘイグ(p)、トミー・ポッター(b)、マックス・ローチ、ロイ・ヘインズ(ds)といった人々がいた。一九四九年五月、パリ・ジャズ・フェスティバルに参加するため、はじめて海外におもむき、五〇年十一月にはスカンジナヴィアを訪問した。晩年五か年は、病魔と療養のため、不定期的にしか働けなかった。死のほんのすこし前、タウン・ホール・コンサートに出演。全生涯を通じて最高の演奏をおこなった。胃潰瘍《いかいよう》、肝臓病そのほかいくつかの病気の併発は、肉体的精神的にパーカーを苦しめつづけた。

一九五五年三月四日、彼のアダナにちなんで名づけられたジャズ・クラブ「バードランド」で、最後の演奏を終え、一週間後ニューヨークのある友人のアパートで心臓発作をおこし絶命した。一九五五年三月十二日、三十四才であった。

以上がレナード・フェザーの著書にあるパーカーのバイオグラフィーである。すでに数か所指摘したように、信頼されているこの書物にすらいくつかの明確な誤りがある。わずか二十年ぐらい前の出来事であり、皆が「パーカー、パーカー」と騒ぐわりには、伝記もレコードも解明しつくされているとはいえない。否、今回手がけてみて、今までの文献やレコードの杜撰《ずさん》さには改めてあきれた次第である。

油井正一様　きのうは帰りにお茶もいっしょに飲めませんで失礼しました。あのとき話すのを忘れていましたが、ライズナーの「バードの伝説」を、油井さんが訳して出すといいと思うのです。油井さんもそう思うでしょう。とりあえず　植草甚一《うえくさじんいち》

鼻が高くて目が下の方についている男の横顔が、そんなことをしゃべっている、植草さんらしい漫画入りのハガキだ。三十七年十一月二十六日の消印がある。この章のはじめからちょくちょく引用しはじめたライズナーのこの本は、チャーリー・パーカーの知己八十一人からきいた思い出ばなしをテープにとっておき、この年（一九六二年、昭和三十七年）に出版されたもので、おもしろいばかりでなく、読み終えたあとに何ともいえぬ感動が残る異色的な伝記本なのである。今度このジャズの歴史の執筆にあたって再読してみると、おもしろさは抜群だが、正確さという点では物足りない。おのおのの語り手は自信をもって、「何年何月どこそこで……」といっているのだが、これをノートにとってつきあわせてゆくと、同じ日の同じ時刻にチャーリー・パーカーが、ニューヨークとシカゴとカンサス・シティに現われたことになったりするのである。日記もつけずひたすら音楽に打ちこんでいるミュージシャンから、正確な年月日や場所はきき出せないのが本当のところだろ

う。なおこの訳書は、本稿校正中に晶文社から片岡義男《かたおかよしお》氏の名訳で『チャーリー・パーカーの伝説』として出版された。

少年時代のバード

チャーリー・パーカーの母アディ夫人は、ライズナーの本が出版された一九六二年には、ミズーリ州カンサス・シティのオリーヴ通り千五百三十五番地の二階建に住んでいた。おそらく今でもそうだろう。これは彼女が電報局の掃除婦をつとめ、チャーリー・パーカーとその腹ちがいの兄ジョンを育てながら、せっせと貯めて買ったもので、芝生と裏庭つきという日本なら中流以上の邸宅にあたる。アディ夫人は若い頃、メンフィスからやってきたボードビリアン、チャーリー・パーカー・シニアと結ばれた。シニアには前の結婚でできたジョンという赤ん坊がいたが、アディがあまりにもわけ隔てなく育てたために、大人になるまで彼女を実の母親と思っていたそうだ。またジョンは弟チャーリーを心から愛していたという。ジョンは現在カンサス州側のカンサス・シティで郵便局に勤務している。パーカー・ジュニアが九才になった時、夫婦は別居した。父はピアノも歌もうまく、食堂車のコックもやった才人だが酒癖がわるいのが大欠点で、別居して八年目に、これも大酒飲みの女に刺し殺されてしまった。

別居してからアディは、志を立てて掃除婦をつとめるかたわら看護婦養成所に入り、一九四九年に出てカンサス・シティ病院に勤務した。もうその頃は大スターになっていたパーカーが、「お母さんおめでとう。制服と帽子でも買いなよ」といってくれた三百ドルのことが忘れられないと彼女は語る。彼女が二階建を建築したのは、一九四二年のこと。チャーリーは十二才で高校生だったが、将来若夫婦を二階に住まわせるつもりだったのである。その頃チャーリーは学校がつまらなくなって三年でやめ、ユニオンに入るために年齢を四つ水増しした。そう偽ってもわからぬほど大柄だったという。高校ではチューバを与えられて吹いていたが、母親が気の毒がってアルト・サックスを買ってやったのが十二才の頃だったと推定される。

十四才ごろ（彼は一九二〇年八月二十九日の生まれだから、十四才といえば一九三四年というふうに割りだせる）、ローレンス・キースのバンドに入った――というとカッコいいが、同年代の若者が集まったスクール・バンドで、チャーリーは最も下手なメンバーに属した。どこのジャム・セッションに行っても、彼だけは入れてもらえなかったという。

一九三八年ジョージ・E・リーのコンボに入り、オザーク（ミズーリ州）という避暑地で三か月を過した時からカンサスで最も注目をあびる若手の一人となった。若い頃からの親友であったジーン・ラメイ（b）は語る。

「チャーリーはその時、レスター・ヤングのソロが入っているベイシー楽団のレコードを皆持って出掛け、仕事のあいまを利用して、レスターのスタイルを一音一音勉強したのである。たった二、三か月山に行って戻っただけで、信じがたい変貌をとげ、カンサス切っての人気ミュージシャンになってしまったのであった」

パーカーは生前レスター・ヤングからの影響を否定していたが、彼がレコードに残したテナー・ソロは、レスターの影響なしに考えられないものと思う。

初期のパーカーに、最も大きな影響を与えたと思われるアルト奏者はバスター・スミスである。バスター・スミスのことについて最もくわしい文献は、いくらかの取材ミスはあるが、「ジャズ・マンスリー」(英誌)一九六二年一月号に掲載されている。今それを引用する暇はないが、パーカーが十三才前後の頃、カンサスのベニー・モーテン楽団にいたこのアルト=クラリネット奏者を「先生」といって尊敬していた話、あるいは一九三九年皿洗いになってニューヨークを放浪したパーカーが、バスター・スミスのアパートをねぐらにしていた事実は、今となって疑う余地のないところである。一九五九年、アトランティック・レコードはテキサス州フォートワースで、コンボをもって働いていたバスター・スミスをみつけだし、『伝説の人バスター・スミス』というアルバムをつくった。バスター・スミスはディキシー出身(彼自身の言葉として研究家を驚かせたのは、ベイシー楽団、モーテン楽団の前身にあたるブルー・デヴィルズが、必死になって模倣したのは、キング・オリヴァー楽団だったという事実である)だけに、後年のパーカーの足許にも及ばぬコンセプションではあるが、音色、リズム、アタックがパーカーに非常に似ていたことが、このアトランティック盤のききどころであった。

バスター・スミスとレスター・ヤングは、カサロマ、アイシャム・ジョーンズなどの白人バンドのレコードをよく聴いたというが、二人が最もシビレたのは、フランキー・トランバウァーのCメロディ・サックスであったという。レスター・ヤングがフランキー・トランバウァーの音色を必死に模倣しようと試みたことは、彼を語った項目で述べた。レスターがトランバウァーを知ったキッカケがバスター・スミスと共に聴いたレコードであるということがわかると、チャーリー・パーカーがトランバウァーを熱愛した動機も、バスター・スミスに教えられたものではないか——という推定がなりたつ。

事実チャーリー・パーカーは、ジミー・ドーシーとフランキー・トランバウァーのアルトを最も好んだという。ジミー・ドーシーのアルトは、黒人の名手——たとえばチャーリー・ホームズやドン・レッドマンのスタイルを、音楽的に完成させたものとして系譜は容易につくりだせるが、トランバウァーのスタイルは、ビックス・バイダーベックとの相互影響によって全く新しくつくりだされた当時のニュー・スタイルだったのである。

正直にいってチャーリー・パーカーのレコードから、トランバウァーやドーシーの影響を探りあてることは不可能だ。だが黒人が強くなりだしたここ数年来、新しくジャズ・ファンになった人が、ジャズは昔から黒人が黒人だけで発展させてきた音楽だと考えたら、とてつもない誤りをおかすことになる。これだけは繰りかえして強調しておかねばならない。

一九三五年、カンサス・シティ最高のバンドであったベニー・モーテン楽団のリーダー、モーテンが扁桃腺《へんとうせん》の手術を誤って死亡すると、このバンドは分裂したが、主流はカウント・ベイシーが引きつぎ、リノ・クラブに出ているところを、ジョン・ハモンドが発見した。ベイシー楽団がハモンドのすすめで、シカゴを経てニューヨークへと去り、続いてアンディ・カーク楽団が去ったあと、この町のベスト・バンドといわれたのは、「ハーラン・レナードのロケッツ」であった。

一九四〇年に、レナード楽団もニューヨークに行ってしまい、彼が出ていた「センチュリー・ルーム」のあとがまバンドに入ったのが、ジェイ・マクシャン楽団である。ジェイ・マクシャンはオクラホマ生まれのピアニストで、中西部の名もないコンボで働いたのち、カンサス・シティに来た。小さなコンボをひきいているのを聴いたジャズ好きの実業家がスポンサーを買って出てクインテットとし、新開店のクラブへの仕事を世話してくれた。一九三七年から八年にかけてのことである。そこへマクシャンに目をつけられたチャーリー・パーカーが加わった。しばらく働いているうちに、毎夜のように遅刻するようになり、クビにせざるを得なくなった。

パーカーが貨物列車にふらりと乗って、バスター・スミス先生を頼りにニューヨークに行ったのは、その時のことだ。ところがシカゴで下車し、キング・コラックス（tp）のバンドに飛び入りして吹いた。当時このバンドで歌っていたビリー・エクスタインの話によると、「おっそろしく汚ねえ野郎が〝吹かせてくれ〟とやってきたんだ。それがね。皆をダウンさせる位に吹きまくったんだ。バンドのアルト吹きがこの汚ねえ野郎を家につれてゆき、服をやって仕事の世話をしてやった」

それからパーカーは、ニューヨークに行き、バスター・スミスのアパートに寝泊りすることになった。スミス先生は喜んだが、スミス夫人がいやな顔をする。夫婦専用のダブル・ベッドがひとつしかない。パーカーがいうには、「大丈夫ですよ。ぼくは夜中出歩いて、ベッドが空いてから帰って寝ます。留守番にもなりますし――」パーカーはクラーク・モンローの「アップタウン・ハウス」をはじめ、夜中のジャム・セッションに片っ端からとび入りした。朝になるまで帰れないんだから気が楽だ。

スミス夫人は昼間勤めに出るので顔を合わさなくてすんだが、夫婦が寝る時に驚いたことに、シーツの上が砂だらけなのである。パーカーは着のみ着のまま、靴まではいてベッドにもぐりこむのだ。

とうとう理由をつけて追い出され、再びカンサス・シティに戻ったパーカーは、ジェイ・マクシャンの許に現われ「二度と遅刻するようなことはしません」と詫びを入れた。「お前は高校時代からヤクをやっているというじゃないか」とマクシャンがいうと、「もうキッパリやめました」という。復帰を許されたパーカーは、麻薬がわりに変なことをメンバーに教えた。スパイスの「ナッツメグ」か「チリパウダー」をミルクやコカコーラにタップリ入れて飲むと、麻薬がわりになるというのだ。クラブの向いの食料品のオヤジだけが喜んだという。

この時、マクシャン・バンドに、バディ（バーナード）・アンダーソンというトランペット奏者がいた。チャーリー・パーカーとディジー・ガレスピーの最初の出会いは、バディ・アンダーソンを介してはじまる。ガレスピーは語る。「さあてねえ、最初にバードに会った時……となると生まれた時から知ってたような気もするが、もちろんそりゃ嘘だよ。サウス・カロライナにいた頃、カンサス・シティにジャズ・バンドがあるなんて噂にもきいたことがなかった。やってくるのはイースト・コーストのバンドばっかり。だがバディ・アンダーソンというペット吹きのことは少しばかり知っていた。ずっとあとになって結核にやられプレイをやめたが、いいペットでしたよ。キャブ・キャロウェイのバンドに入ってカンサス・シティに巡業したのは、一九三九年のこと。そこでバディ・アンダーソンと会ったんだが、これがトランペット吹きのくせに、アイディアはピアノを弾いて考える癖のある男。ぼくもピアノを弾く。そこでトランペットにさわりもせず二人でピアノを弾いて過すなんて日もあったが、そのバディが口癖のようにいうのが、チャーリー・パーカーという名前。ある日バディがぼくの泊っているブッカー・T・ワシントン・ホテルに、そのチャーリー・パーカーを連れてきたんだ。ぼくたちはすぐ理解しあったがね。彼がアルトをもってきたので、その日は三人で一日中演奏しあったんだ。他の楽器でやることを、ピアノで弾けるミュージシャンはそう多くないが、チャーリー・パーカーには出来たんだよ。二人とも若かったがね」(注22)。

ガレスピーとパーカーの交友については、あとで触れることにして、デッカ盤『ジェイ・マクシャン』が、パーカーの処女録音であり、しかもソロをとった五曲を含む大変な珍盤であることはまえに述べた。ところが、それ以前にもうワン・セッションある。マクシャン楽団がカンサス州ウイチタの放送会社の社長に乞《こ》われて残した八曲のアセテート盤である。この八曲のアセテート盤はフランク・ドリッグスが発見し、テープにダビングしたものが欧米に出廻っている。これが現存するチャーリー・パーカーの処女録音だ。そこには、レスター・ヤングの影響から、彼自身のスタイルへ変貌しつつある最も興味ある姿が記録されている。

話はちがうが、イギリスのロック・バンド、ローリング・ストーンズが《コンフェッシン・ザ・ブルース》というレコードを吹込んだことがある。これが実はマクシャン楽団の運命を左右することになったオリジナル・ブルースなのだ。ウォルター・ブラウン(マクシャン楽団の専属歌手)が歌ったこの一枚は、何と五十万枚を突破するビッグ・ヒットとなり、一九四二年マクシャン楽団の「サヴォイ・ボールルーム」への進出を可能にした。

中西部ブルースはやがてハーレムに定着し、新しい黒人の大衆音楽リズム・アンド・ブルースの開花を促すことになった。その意味でマクシャン楽団のこのレコードはR&Bの歴史の第一頁を飾るものである。それはそれでよい。ところがデッカ・レコードは、そのヒットに気をよくして、「以後ウォルター・ブラウンの歌が入らぬレコードを、マクシャン楽団はつくらぬこと」というお達しを出してしまったのである。ウォルター・ブラウンは、実力からいっても一流のブルース歌手だった。その意味では異論がない。だが、もしカウント・ベイシー楽団があの当時、ジミー・ラッシングの歌ばかりでレコードを作ったら、ジャズ・レコード史はどうなっていただろう？　ジェイ・マクシャン楽団の真価が、ついに記録として残らなかったことは、かえすがえすも残念なことであったといわねばならない。

バードというアダナの起源について、パーカー自身は、学校時代にCharlieがYarlieに、つづいてYarl→Yard→Yardbird→Birdと変化したといっている。別の説では、少年時代に、リノ・クラブの裏庭（backyard）にしのびこみ、洩れてくる音楽に合わせて吹いた姿をたとえられたというし、もうひとつの説では楽旅中、街道で轢《ひ》きころした鶏を拾って夕食にうまく料理して振舞った時、彼の鶏料理好きに呆《あき》れたメンバーが命名したという。いずれにしてもマクシャン時代に「バード」が通り名になったことは疑いない。

一九四一年冬、マクシャン楽団がニューヨークのサヴォイ・ボールルームへ出た時、ガレスピー、チャビー・ジャクソン、シドニー・カトレットがよく現われて sit in（共演）した。またパーカーは、まえに単身来たときよく行った「モンローのアップタウン・ハウス」に、マクシャン楽団の仕事が終ってから出かけて行った。モンローで、ガレスピー、ホット・リップス・ペイジ、チャーリー・シェーヴァース、ドン・バイアスなどと共演したことが、結局ニューヨークを去るマクシャン楽団から退団する原因となった。バードは、ニューヨークの進歩派以外と共演する興味を失ってしまったのである。

この頃、パンのためにノーブル・シスル楽団でしばらく働いたこともある。ペトリロの「吹込ストライキ」（一九四二年八月）がはじまった。バードは、カンサス時代の先輩バド・ジョンソンのあとがまとして、アール・ハインズ楽団のテナーに職を得る。ハインズ楽団でテナーを吹いている間、暇をみつけては、アルトの練習を怠らなかったことは、ハインズも指摘しているが、その勉強熱心は遂にステージの上で居眠りをするまでに昂《こう》じていった。バレないように黒メガネを愛用した。ビリー・エクスタインは語る。「アールはいつもパーカーが起きていると思っていたが、パーカーはまるで演奏しているかのようにアゴを突きだしたまま眠ることができる天才であった」

一九四三年、ハインズ楽団の専属歌手ビリー・エクスタインは独立。最初はソロ歌手を志したが、一九四四年六月バド・ジョンソンの協力を得て、旧ハインズ楽団の主力をひき抜いたビッグ・バンドを編成した。ガレスピー、パーカー、サラ・ヴォーン、アート・ブレイキーなどがこのバンドに入った。しかしパーカーの在団はほんの短期間だったので、レコードは残していない。

サヴォイ盤のパーカー

パーカーの目的地は、ニューヨークの五十二丁目周辺のクラブであった。バップはここに定着しつつあった。パーカーは、ここでジョー・オーバニー（p)、スタン・リーヴィー（ds）とトリオを組んだ。一九四四年九月十五日、タイニー・グライムズ（g）のよびかけで、彼のレコーディングに加わった。リフ・ブルースの《タイニーズ・テンポ》、《アイ・ガット・リズム》のコード進行をとりいれ、それに《モップ・モップ》のリフをかぶせた《レッド・クロス》（サヴォイ）は、聴く価値のある作品だ。いずれもバップが中間派のジャム・セッションから生まれたものであるという痕跡《こんせき》を充分に残している。

この時期の名演を集めたLPは、パーカー研究家、ファンが見のがし得ない宝典である。サヴォイ盤は、一九四四－四八年をカバーし、MGM盤は四五年六月、レッド・ノーヴォ・セクステットによる四曲（11テイク）を収録している。この時期のダイアル盤については改めて記すことにする。

サヴォイ盤は曲の配列がひどく、ファンを悩ませていたが、CBSソニーが隅々まで整理した『パーカー・オン・サヴォイ』（全七枚）はすばらしい。このなかから思いつくままにいくつかのハイライトを挙げてみよう。

四五年十一月二十六日の《スライヴィング・フロム・ア・リフ》は、のち《アンソロポロジー》として知られるようになったテーマで、このミュート・トランペット奏者は、裏解説もほとんどのディスコグラフィーも、ディジー・ガレスピーとしているが、実はマイルス・デヴィスである。テクニック欠乏で知られたマイルスとしては例外的な名演で、ちょっと聴くとガレスピーにしか思われない。特にテイク2がいい。だがテイク1、3をよく聴くとマイルスであることがわかる。この日に吹込まれた五曲はメンバーが錯雑しているので、ちょっとノートしておこう。この曲のみピアノはサディク・ハキム（当時の名はアーゴン・ソーントン）で、あとの四曲《ナウズ・ザ・タイム》、《ビリーズ・バウンス》、《ウォーミング・アップ・ア・リフ》、《コ・コ》のピアノはディジー・ガレスピー。トランペットはマイルス・デヴィスだが、《コ・コ》に限ってトランペットもガレスピーが吹いている。詳細は注28を参照ねがいたい。十二、三年まえホット・クラブの例会で久保田二郎君が、「麻薬でラリった演奏の典型をおきかせしよう」といってかけてくれたのが、スリム・ゲイラード楽団の《スリムズ・ジャム》であった。麻薬追放連盟会長ガレスピーがラリっているとは思えないが、なんとも不思議なムードに包まれた演奏である。《チェイシング・ザ・バード》、《アー・リュー・チャ》は、テーマの提示がバップ・ユニゾンでなく、二管のからみで演奏される点に注目すべきだ。バードのアドリブにはいくつかの引用フレーズが織りこまれる。《ハイ・ソサエティ》はそのゆうたるもので《ウォーミング・アップ・ア・リフ》、《スライヴィング・フロム・ア・リフ》（テイク1）は同じ日の吹きこみだが、ともに、《ハイ・ソサエティ》がでる。同じ日に《ハイ・ソサエティ》が思わずでたもうひとつの例に、一九四九年九月十八日のJATPニューヨーク・コンサートにおける《レスター・リープス・イン》と《ザ・クローザー》がある。

パーカーのレコードは、特に別テイクが多いことで知られる。この機会に、レコード番号について、基礎的な知識を記しておこう。読者がレコード屋に注文する時に使うレコード番号は、「カタログ・ナンバー」という。カタログ番号はレコード鑑定には、大して役立たない。クロート級ファンにとって必要なのは、「マトリックス・ナンバー」である。ぼくは「母盤番号」と訳している。SP時代には、レーベルのカタログ番号の下にカッコをして、マトリックス・ナンバーが記載されていたが、LP時代になって全くその習慣はなくなってしまった。録音の時のおぼえと、母盤保存のために会社が必要とするだけのものだが、ファンはこの番号を知ることによって、録音日の推定をはじめ、曲の録音順序なども知ることができる。母盤番号は、録音順に追い番号でつけていくから、数が多いほどあとの吹込みとなる。最近はディスコグラフィーやコレクター向きの再発売ジャケットにたいてい記載されるようになった。例をあげてみよう。ディスコグラフィーの一部である。

5853-1　Ko Ko　　Savoy MG 12079
5853-2　Ko Ko　　Savoy MG 12014, 12079
5853-?　Co-Coa　　Savoy MG 9034

カタログ番号は右端、マトリックス番号は左端である。つまり5853が母盤番号。同じ曲である限りは原則として番号をかえない。ハイフン（-）の次に書かれているのがテイク・ナンバー。Ko Koはパーカーの代表的傑作だが、Co-Coa（ココア）というのも同じ曲で「コ・コ」とは「ココア」の意味であることがわかる。テイク番号に（?）とあるのは何番目のテイクか不明ということ。録音のとき、本番一回でうまくゆけば、「ワン・テイクで終った」ということになる。だがたいていは二度、三度と本番をとり直す。満足できるまでやって終るのだから、市販されるテイクは多くの場合、最終テイク（テイク番号の大きいもの）である。にもかかわらず、演奏としては不完全な「別テイク」も望まれるのは、それによってアドリブの相違など、研究に値することがわかるためである。

ここにディスコグラフィーの一部として掲げた「コ・コ」の例は架空のデッチあげではなく、フランソワ・ポスティーフとギイ・コペロウィッツが、八年ほどまえに、フランスの「ジャズ・オット」誌に連載したものである。しかし三番目のCo-Coaのテイク番号が（?）となっているのはなぜであろうか。聴きくらべる暇がなかったためであろう。くらべてみると何のことはない5853-2のテイクとおなじものであった。ゆえに最新のディス

5853-2　Ko-Ko（Co-Coa）Savoy MG 9034, 12014, 12079

と記されている。ディスコグラファーは、こういう新発見にも別段の註釈《ちゅうしゃく》をつけずに、淡々と記録してゆく。

短気でそそっかしく、口数の多いぼくのような人間には、まったくもって不向きの学問である。いや俗世間からは、まだ学問とも思われていまい。新旧ディスコグラフィーを、つきあわせて見くらべると、無言のうちにも火花の散るような研究成果の対立がみられることがあり、興味はつきない。

さて、テイクのちがいをどう識別するか？　最も簡単な方法は、テープ・レコーダーを用いるものである。まず、あるテイクをテープに写し、巻き戻して、アタマの一音が出た瞬間にレコーダーを止める。次に比較したいテイクをターン・テーブルにのせ、針をおろし、アタマの一音が出た瞬間に、テープの方をまわす。反射神経の動きは個人によって一定しているから、テープの音とレコードの音はほぼ同時に進行し、同じテイクかちがうテイクかがすぐわかる。レコードを無断でテープに写してはならないことになっているが、こういう研究目的なら差支えない。昔は何度もかけて頭の中におぼえこんで識別する方法をとったが、時間を喰って非能率的だ。これは意外におもしろく、タメになる研究だ。しかもたいへんな発見ができることが多い。ディスコグラフィーのミスからレコード会社のミスに至るまで一目瞭然《いちもくりょうぜん》となるのだから——。

ぼくたちは、LPレコードというものは一分間に三十三1/3回転でカッティングされているものと信じている。したがってストロボスコープ（回転計）が正しく三十三1/3回転を示しているターン・テーブルで鑑賞する。ところが、実際には三十三1/3回転でカットされていないLPがある。それが実に多いのだ。

四八年十二月十二日「ロイヤル・ルースト」からの放送録音《ホット・ハウス》の同一テイクを収めた二枚のLPがある。SAGA-EROS盤とエヴェレスト盤だ。この二つのおなじ曲を、同時にターン・テーブルでスタートさせると、まもなく一方は早く進み一方はどんどん遅れ、結局前者は四分四秒、後者は四分十五秒かかる。同じテイクで十一秒のズレは大きい。音楽的ピッチも正確でなく、前者は高すぎ、後者は低すぎる。結局本当の演奏時間は四分十秒ぐらいのところではあるまいか。これは一例だが、いろんなレコードのテイク調べをやっているうちに、同じテイクにもかかわらず演奏時間がピッタリ一致しているレコードは非常にすくないことがわかってきた。中には演奏の中途でズレて、最初と最後はピッタリ合うなどというのもある。おそらくは廻転《かいてん》ムラであろう。今やオーディオ熱はすさまじく、皆が最良の音を出そうと装置に金をかけているが、プログラム・ソースに欠陥があったのでは何にもならない。オーディオ評論も、高音や低音のノビばかりでなく、この辺を衝くべきではあるまいか。欠陥レコードには、その他にも逆位相ステレオなどというのがある。アビー・リンカーンがロリンズらをバックに歌った「アビー・リンカーン」（米リバーサイド）は逆位相のうえ、ニセ・ステレオというダブル・パンチの一例である。

ダイアル盤のパーカー

スイング時代にジャズのおもしろさに目覚めた多くの青年たちのなかに、ロス・ラッセルがいた。ラッセルはジェリー・ロール・モートン、ルイ・アームストロングのコレクションに精を出しているうちに、集めているだけでは収まらなくなり、ハリウッドに「テンポ・ミュージック・ショップ」というレコード屋を開業した。終戦直後のことである。するとたちまち店は「モールディ・フィグ」（コチコチのディキシー・ファン）とバップ・ファンの論戦場となり、数か月後にはバップ・ファンの牙城《がじょう》になってしまった。エリントンやグッドマンのレコードよりも、ガレスピーやパーカーの売り上げが増したことがはっきりした。そこでラッセルは、コモドア・ミュージック・ショップの親父をやりながら、コモドア・レコードを創立したミルト・ゲイブラーの故事にならい「ダイアル・レコード」を創立した。

一九四五年十二月、ニューヨークからガレスピー＝パーカー・クインテットがハリウッドの「ビリー・バーグ」に出演した機をとらえ録音したのが、創立第一回の吹込みとなった。しかしハリウッドは、ロス・ラッセルの観察とは異なって、ガレスピーやパーカーにとって親しめる町ではなかった。彼らの音楽は、一般大衆にほとんど理解されず、パーカーは酒と麻薬に一層深く溺れ、仕事にも現われぬ日が多くなった。

当時のクインテットのメンバーは、ガレスピー、パーカーの他、アル・ヘイグ（p）、レイ・ブラウン（b）、スタン・リーヴィ（ds）というものであったが、パーカーの無断欠勤が続くにつれて、ガレスピーはやむなく若いヴァイブ奏者ミルト・ジャクソンを雇わねばならなかった（238頁参照）。契約が五人編成だったためである。のち、ビリー・バーグの指示によって、ラッキー・トンプソン（ts）も加えることになった。

八週間の契約が終ると、パーカーだけを残してコンボはニューヨークに帰ってしまった。旅費を渡したのに、使いこんで帰れなくなったのである。そこでパーカーはダイアルと、一年間の契約を交わした。もちろん契約金だけが目当てだったのだろう。レコーディングのパーソネルは、すべてパーカーがえらぶことになり、折柄ベニー・カーター楽団と共にロスに巡業してきたマイルス・デヴィス（tp）を加え、パーカーの名によるダイアルへの第一回吹込みを行った。

このころの録音が、テープによるものかどうかは明らかでないが、ぼくはテープのように思う。録音技術はつねにウエスト・コーストの方がニューヨークより一歩先んじていた。そう推測するのは、よくない出来のテイクがそれほど残されていないからである。ないことはないが、サヴォイのようなショート・テイクは残っていない。「テープは消せる」という特長を最大限に利用したものであろう。だがロス・ラッセルは目が高い。他のメンバーはいざ知らず、パーカーに関しては、つねにファースト・テイクのソロがベストであることを知っていたので、たいていの場合ファースト・テイクは残している。その最もいい例が、この日に吹込まれた《チュニジアの夜》だった。この曲は、本番に入るまでに二、三時間かかった。皆がやりにくそうだった。ファースト・テイクをとってみたら、パーカーのブレイク以外は全然使いものにならない。バードはいった。「もう二度とこのブレイクはやらないよ」日本で出ているのはテイク5だけだが、ラッセルはテイク1のブレイク部分だけを《フェイマス・アルト・ブレイク》として、コレクター向きに世に出した。

一九四六年七月二十九日、《ラヴァー・マン》を吹込んだ時は意識不明となっていた。その夜ついに発狂して、ロス・ラッセルの手配で、カマリロ州立病院で半年ちかくの療養生活を送ることとなった。この歴史的な——パーカー自身はこの世から一枚残らず消えることを祈り、発売したロス・ラッセルを死ぬまで恨みつづけた《ラヴァー・マン》は、天才が無意識裡《り》に吹いて、なおかつ人の心を動かし得た稀有《けう》のレコードだ。

約半年後、ロス・ラッセルを後見人としてパーカーは退院許可を得た。ここでラッセルは一芝居打ち、「一年間の契約は、半年も入院されたのでワヤになってしまった。吹込んだうちまず佳作と思われるのは四曲しかない。どうしてももう一年延長してもらわなくちゃならぬ。延長のサインをするなら、ぼくも退院願にサインしよう」といった。パーカーはすぐサインした。パーカーは退院するとすぐニューヨークに帰りたがったが、そのまえにワン・セッションとることを承諾し、吹込まれたのが《リラクシン・アット・ザ・カマリロ》などの四曲である。この日もパーカーは全員が集まっているのに一時間たっても現われなかった。ハワード・マギー（tp）がホテルに行ってみると、からの浴槽の中で全裸のまま眠りこけていたという。二、三日してパーカーは、ニューヨークへ発《た》った。それから一か月のち、ロス・ラッセルも店をたたんで、ダイアル・レコードの本社をニューヨークに移転した。一足さきにニューヨークに着いたパーカーは、早くもロス・ラッセルを裏切り、サヴォイに吹込んでいる。だがダイアルをキャンセルしたわけではなく、四七年十月から契約の切れる十二月までの間に、すばらしい吹込みの多くを、ダイアル・レコードに残したのであった。

一九四七年十一月四日、パーカーは吹込んだ一曲に《Klactoveedsteen》という名をつけた。彼はわざわざ紙に書いて、「これだよ、ね」といってロス・ラッセルに手渡したのである。さあ何のことだかわからない。ラッセルはいろんな人に、こんな言葉を知っているかときき歩いた。精神病医はわからないと答えた。言語学者も今までにきいたことのない言葉だといった。最後にジャズメンをつかまえてその紙片をみせた。彼らはすぐこたえた。「ああこれは単なるサウンドですよ」この曲はルーレット盤に1112-Aのテイクが収められている。

この頃のミュージシャンはサウンドから言葉をよく作った。ビ・バップというのも“Be-Bop, Re-Bop”というサウンドがスタイルの名称になったものである。ガレスピーの“Salt Peanuts”（塩南京豆）もそうだ。「ソルト」といってからオクターヴあげて「ピーナッツ！」と歌うとバップになる。文法からゆくとSalted Peanutsが正確だろうが、これではジャズにならないのである。

ノーマン・グランツとJATP

ノーマン・グランツは、一九一八年八月六日の生まれで、筆者とは同年同月の生まれなのである。ジャズに興味をもち出したのもほぼ同時期で、この人がやったことはすべてわかるような気がするわけである。

一九四一年AFM会長ペトリロは、今まで週七日のミュージシャンの仕事を、六日間とするお布令《ふれ》を出した。アチラは週給だから、事実上のベース・アップで、ミュージシャンはホクホクしたが、クラブ経営者は一日の穴埋めに困惑した。ノーマン・グランツはロスの証券会社につとめながらジャズをせっせと聴いていたが、この報道を耳にすると、ビリー・バーグに会いに行った。ビリー・バーグはハリウッドのナイト・クラブの経営者で、その時はレスター・ヤング（ts）とビリー・ホリデイ（vo）が雇われて出ていた。

「余った一日を、ぼくに使わせないか？」とグランツはいった。話に乗ったとみた彼は、つぎの条件を提示した。

(1)　ダンス・スペースはなくして、すべて椅子席とする。
(2)　入場料をとり、ミュージシャンには一日分を払う。
(3)　あらかじめ、発表したミュージシャン以外のとび入りは認めない。
(4)　聴衆の人種差別はしない。（これはその時までに前例がなかったことである）

このジャム・セッションは大当りとなり、日ならずしてエリントン、ベイシー、ランスフォードなどの有名楽団のスター・プレイアーにも参加してもらえることとなった。

戦争がはじまるとグランツは兵隊にとられたが、四四年に復員すると、まず百八十人位収容できるミュージック・タウンというホールで日曜の午後やってみたあと、フィルハーモニック・オーディトリアムを借り切っての大コンサートに拡張した。最初は"A JAZZ CONCERT AT THE PHILHARMONIC AUDITORIUM"と名付けるつもりだったが、正面のパネルにこの字数は入り切らない。そこで"JAZZ AT THE PHILHARMONIC"と短縮した。これを略してＪＡＴＰ、ジャズ史を飾るナマ・コンサートがここに口火を切ったわけである。

この成功に続いて九月に第二回を開くことになったが、宣伝が足りない。そこでハリウッドのＤＪを口説いて、無料の宣伝を依頼したところ、「お前のいうことはきくから俺のいうこともきけ。歌手を一人ぜひ出してほしいんだ」「とび入りは許せない」といったやりとりが続いたあと、一曲だけ歌わせることにした。コンサートが終った時、グランツはその歌手に百ドル渡し、「歌は諦《あきら》めて故郷へ帰り給え」と忠告した。その歌手の名はフランキー・レインといったから、グランツも常に目が高いとはいいかねる。

グランツは、コンサートの録音を計画し、原盤を最初は小会社に売っていたが、のちマーキュリーと提携することになった時、できるだけの原盤を回収し、のち独立して自分でノーグラン→クレフ→ヴァーヴのレーベルをもつに及んで再び回収し、何度か装いを改めたものである。年代的には、グッドマンの『カーネギー・ホール・コンサート』(CBS一九三八年)、ジョン・ハモンドの『スピリチュアルからスイングへ』(ヴァンガード一九三八－三九年)より後のことになるが、発売されたのはJATPシリーズの方がはるかに早く、コンサート録音盤のハシリとなった。この一事を以ってしてもジャズ史から逸せぬレコードである。しかもグランツ自身の言葉にもあるように、発足以前に死んだチュー・ベリーとチャーリー・クリスチャンを除けば、一九四〇年代の主要ジャズメンをほとんど網羅している点でも壮観といわねばならない。

JATPのバード

ディジー・ガレスピーと共に、ビリー・バーグのクラブへ出演のため、ハリウッド入りしたパーカーは、初期のJATPコンサートに三度出演している。《スイート・ジョージア・ブラウン》、《ブルース・フォー・ノーマン》、《いい出しかねて》、《レディ・ビ・グッド》、《君去りしのち》、《JATPブルース》、《アイ・ガット・リズム》の七曲だ。このうちよいものは、《いい出しかねて》と《スイート・ジョージア・ブラウン》で、おなじ日の吹込みながら《JATPブルース》はわるくないできなのに、《アイ・ガット・リズム》はよくない。これらがカマリロに入院以前のコンサート・ステージにおけるパーカーのナマ演奏を記録したものである。彼のナマ演奏としては、一九四三年シカゴのリッツ・ホテルで（ガレスピー、ペティフォードが共演）録音したものがあるとのことだが、まだレコード化された話をきかないので、これらが彼の最初のライヴ・レコーディングにあたるものだろう。

JATPのバードは、このほか一九四九年、グランツとレコード契約をしたあとのものが、さらに四曲ある。《ジ・オープナー》、《レスター・リープス・イン》、《エンブレイサブル・ユー》、《ザ・クローザー》がそれで、このなかでは、《エンブレイサブル・ユー》のバードが、いちばんいいように思う。

バードは一九四八年夏以降、一九五五年三月にこの世を去るまで、ヴァーヴ（その前身クレフを含む）の専属であった。ヴァーヴ時代は、バードの全生涯を通じて最も長期に及び、作品も多い。

ヴァーヴ初期に出た『チャーリー・パーカー・ウィズ・ストリングス』は、空前の不評を浴びたレコードだ。多くのジャズ・ファンは、「ノーマン・グランツの企画にちがいない。パーカーが、こんなコマーシャルなことをやるわけがない」と非難した。「グランツのやりそうなことだ」といわれるあたり、グランツの人望のなさもうかがえるが、何とすべてがチャーリー・パーカー自身の企画であった。パーカーはクラシックを尊敬していたし、荘重なる絃楽《げんがく》のひびきをバックに、彼自身のアルトが歌いあげるという、壮大な夢の実現に期待を託していたのである。ところが如何《いかん》せん、アレンジャーがいなかったのだ。パーカーは絃楽のひびきに狂喜したが、便利大工がつくった大建築にも似て、内容は「軽音楽」にひとしいものと化した。パーカーのアルトも、オリジナル・メロディに固執して飛躍がなく、意に反した不評を蒙《こうむ》ることとなった。ドン・セベスキーやビル・フィッシャーがアレンジを担当したら、決してこんな結果にはならなかったであろう。だがコーニーなアレンジの中にも、パーカーらしい立派な吹奏が聴けるものがいくつかはある。《イースト・オブ・ザ・サン》、《サマータイム》、《四月のパリ》、《アイ・ディドント・ノウ・ホワット・タイム・イット・ウォズ》あたりは、中々のできと思う。ラテン音楽のマチート楽団との共演は、グランツの企画だろうが、これも慣れぬアレンジに押されて、パーカーらしい構成のソロとはならなかった。そのなかでは《オキドケ》がいちばんできがよい。

ヴァーヴに残したパーカーの最もひどい演奏は、ラスト・レコーディングにあたる『パーカー・プレイズ・コール・ポーター』である。死を目前に控えて、とても正常な演奏とはいえない。音色につやがなく、オリジナル・メロディをヨタヨタと追いつづけ途中でわからなくなって吹きやめるなど、惨たんたるできである。

一九四九年五月、パーカーはパリ・ジャズ・フェスティバルに出演のためはじめて渡欧した。その数日まえ、五曲をヴァーヴに残したが、そのうち二曲には、トミー・タークといういやなトロンボーンが共演している。グランツがどこから拾ってきたのかわからない、たいへんなイモで、上記四九年九月十八日のJATPセッションでも唯一の汚点となっている人物だ。そんなわけでタークが抜けた《セグメント》が最高のできである。アル・ヘイグ（p）、トミー・ポッター（b）、マックス・ローチ（ds）からなるリズム・サポートもすばらしい。共演はケニー・ドーハム（tp）である。次にいいのが、やはりタークの抜けた《パスポート》だ。

グランツは、トミー・ターク以外にも、もう一人感心できぬサイドマンを、パーカー・セッションに推薦している。バディ・リッチ（ds）だ。バディ・リッチはテクニック抜群だが、よく考えてほしい。ジーン・クルーパには名演レコードとして挙げられるものがいくつもある。ところがバディ・リッチの名演レコードときかれて、すぐ頭に浮かぶのはほとんど無いはずである。テクニックでは、ジャズ・ドラム史上最高の人物だろうが、テクニックだけで名演は生まれない。『バード・アンド・ディズ』のウィーク・ポイントが、バディ・リッチのドラムにありというのは、的をついた意見ではあるまいか？　たった一人で、こうも全体のバランスを崩しているのだから残念である。

そうみてくると、一九五一年一月十七日のセッションはメンバーのよさでまず注目をひく。マイルス・デヴィス（tp）、パーカー（as）、ウォルター・ビショップ（p）、テディ・コティック（b）、マックス・ローチ（ds）の五重奏団。しかり、このセッションの四曲は、明らかな傑作だ。《オー・プリヴァーヴ》のソロは、彼のベストに位し、《シー・ロート》がこれにつぐ。《K・C・ブルース》は生まれ故郷KC（カンサス・シティ）の伝統に深く根ざしており、《スター・アイズ》は、渡辺貞夫が「パーカーに捧ぐ」コンサートで、同じ夜に二回も演奏したものである。

この年は八月にもういちど注目すべき吹込みがある。パーソネルはガラリとかわって、レッド・ロドニー（tp）、チャーリー・パーカー（as）、ジョン・ルイス（p）、レイ・ブラウン（b）、ケニー・クラーク（ds）というもの。《スウェディッシュ・シュナップス》は、なかでもベストだが、《シ・シ》もこれに劣らぬでき。ダイアル盤以来の念願であった《ラヴァー・マン》の再吹込みも、この日に行われた。今度は見ちがえるようによくなったであろうか？　残念ながらノーである。この一曲にまつわる色々な思い出が、その瞬間に彼の脳裡を去来したのだろう。おそろしく硬直した感じで、ついに彼は、この曲に限り名演を残さずに死んだ。神通力はあったかもしれないが、こういうところに人間的な弱味を感じられるのが、いいしれぬジャズの魅力というものだろう。さいわいにして《ラヴァー・マン》は、このセッションの最後に吹込まれたので、他の演奏への影響はなく二月のセッションに続いて《アリスへのブルース》、《バック・ホーム・ブルース》という好調のブルース演奏をきくことができる。輝くばかりのセッションが、あと二回ある。これはまとめて『ジニアス・オブ・チャーリー・パーカー　第三集／ナウズ・ザ・タイム』に収められている。このあとが『プレイズ・コール・ポーター』という悲惨なラスト・レコーディングとなるので、パーカーの天才が記録された最後のレコーディングということになる。《ソング・イズ・ユー》では、急速テンポに乗る偉大なアドリブが聴け、《コスミック・レイズ》は、最後のブルース吹奏である。《キム》の明るさ、《チ・チ》にきくゆたかな表情には、不幸のかげりすらない。《ナウズ・ザ・タイム》は、サヴォイのオリジナル・レコーディングにくらべて、テンポが早くなっているのが難点だが、パーカーに関するかぎり、決してわるくない。《コンファーメーション》、《アイ・リメンバー・ユー》についても同じことがいえる。

これらのレコードは、晩年の天才ぶりを示している点で万人にすすめ得るものである。

以上でヴァーヴにおけるバードの傑作を、かけあしで語ったことになる。一九五二年三月二十五日の録音で、ジョー・リップマンの編曲指揮になるビッグ・バンドをバックに吹いた一曲は、一聴してアレンジのわるさに失望するが、《ホワット・イズ・ジス・シング・コールド・ラヴ》をはじめ、パーカーに関する限りは見逃せぬ作品である。

さて、サヴォイ、ダイアルそしてヴァーヴと、パーカーの主要なレコードを語ってきた。そのほかにもデビュー盤『マッセイ・ホール』をはじめ、特にこの数年間続々発表されつつあるロイヤル・ルーストやバードランドからの放送録音など、注目すべきいくつかのレコードがある。だが一応これでパーカーの項は終るとしよう。パーカーがジャズ界に及ぼした影響は、極めて大きいが、ここでは箇条書きにするの愚を避けよう。

すこし高いところから眺めると、パーカーの影響は今もって、ジャズ界に脈々と続いているのである。モダン・ジャズの歴史は、パーカーの影響によって綴られてきたとさえいえるかもしれない。読者は、歴史のずっとあとの展開にすら、パーカーの残した大きな遺産を発見することとなろう。

ウディ・ハーマン

今日のファンが、ウディ・ハーマンという人をどのように評価しているかは知らないし、三枚組の『ウディ・ハーマンの黄金時代』（CBS）がどの位ファンの関心をよんだかもしらない。しかし一九四五年から四九年にかけてのウディ・ハーマン楽団は、ベニー・グッドマンはいうに及ばず、カウント・ベイシーをもデューク・エリントンさえをも顔面蒼白たらしめるような活躍を示したのであった。

その五年間は全ビッグ・バンド界が不況の嵐のまっただなかにあった時代である。突如スイ星のごとく出現し、既成ビッグ・バンド界の覇王となった当のウディ・ハーマンでさえ、四六年の暮には一旦《いったん》バンドを解散し、翌四七年秋再びメンバーとスタイルをかえて登場し、またもやバンド界の覇者となる芸当をやっている。ハード（仲間）というのは彼のバンド名であり、前者を「ファースト・ハード」、後者を指して「セカンド・ハード」という。一九五〇年以降のハーマン・ハードも一流のポジションを守り続けてはいるが、この五年間は彼のハードが文字通り最高の質をそなえていた点で重要なのである。

ウディ・ハーマンは一九一三年ミルウォーキーの生まれ。父がヴォーカル・カルテットの一員であった関係上、六才の頃から劇場で歌ったり踊ったりしていたという。一九三四年当時最も質のよいダンス・バンドだったアイシャム・ジョーンズ楽団に歌手兼サックス奏者として入った。二年ののちアイシャム・ジョーンズは、バンド・ビジネスにいや気がさして引退を声明。残ったバンドメンは株式組織でバンドを続けることを決議、比較的新参者のハーマンがどうしたわけかリーダーに推された。

ハーマンはメンバーの音楽性を考える一方、グッドマンによって巻きおこされたスイング・ブームに、同じようなスタイルで乗ることは不利と考え、ディキシー・バンドにしようかとも思ったが、ボブ・クロスビー楽団ほどの人材もいない。ついに「ブルース・バンド」というものに着目した。ニグロにしか演奏できないと思われていたブルースだが、スイング・スタイルでやればそのうちきっとうけるようになる——というのが彼の着眼。

最近ポップス界では「白人ブルース・バンド」が大人気を得はじめたが、ハーマンはすくなくとも三十数年まえにそういう発想をしたわけだ。南部を巡業すると「薄ぎたないブルースとお前さんの乞食《こじき》みたいな歌はやめてくんなよ」とホテルの支配人に忠告される。まいた種は一向に芽が出ない。にもかかわらずこの時代に団員の持ち株をほとんど買いとり、名実ともにバンドの社長となったのには、よほど期するところがあったのだろう。

三年後に吹込んだ《ウッドチョッパーズ・ボール》はハーマンのブルースとして大ヒットとなり、つづく諸作も人気に投じ、ハーマン楽団は一夜にして有名バンドの列に位することとなった。ブルースといっても、中西部の泥くささもなければ、強烈なリズムもない。白人的なスイング・スタイルのブルース演奏であるが、人の行く道の裏を歩んで一山あてた格好。べつにブルースと心中しようというような殊勝な心がけがあったわけではない。質的には二流だが、他に競合する相手がいなかったので「世界最高のブルース・バンド」と称することができた。

一九四三年、ベース奏者チャビー・ジャクソンが入団してきた。ベースの腕はまずまずだが大きな音を出すので、そそっかしい人が投票し、二、三度は人気投票の首位を飾ったことがある。このジャクソンという男にめぐりあえたのがハーマンの幸運であった。「若手で腕のいいプレイアーを探して来てくれ。サラリーが安くてすむのをな」と頼むとジャクソンは東奔西走して、どこで拾ってくるのかおそろしく腕のいいのを連れ帰る。それからあと、バンドの体質改善に尽くしたジャクソンの功績は大きいが、なかでも拾ってきた二人の青年、ニール・ヘフティ（tp）、ラルフ・バーンズ（p）は、大物中の大物である。二人とも二十才をちょっと出たところだが、チャーリー・パーカーやディジー・ガレスピーがはじめたバップ・イディオムを知りつくした名アレンジャーであった。

一九四五年ペトリロのレコード・ストが解けると同時にデッカからコロムビアに移ったハーマン・ハードは、ここでブルース・バンドの看板を塗りかえ、史上最初のバップ・ビッグ・バンドとして、《アップル・ハニー》、《カルドニア》、《グーシー・ガンダー》、《ノースウェスト・パッセージ》、《ザ・グッド・アース》、《嵐を捲きあげ》、《親父の髭《ひげ》》……などそれまでのビッグ・バンドにかってみられなかったアンサンブルを展開したのであった。これらにみられるブラス・セクションの咆哮《ほうこう》は、まさにガレスピーのトランペットをそのままセクション・ワークに移しかえたものである。ニール・ヘフティがトランペット奏者であったことを考えあわせると、ファースト・ハードが何よりもブラス・セクションに特徴づけられた理由がわかる。これはサックス・セクションに特徴づけられるセカンド・ハードと鋭いコントラストをつくるのであるが、それについては後述しよう。

ファースト・ハードの成功を仔細《しさい》に検討すると、ウディ・ハーマンが無類の営業政策を用いていることがわかる。すなわちエキサイティングなバップ・サウンドはもっぱら急速テンポのナンバーに限られ、スローものでは自分自身およびニール・ヘフティ夫人フランセス・ウエインのヴォーカルをフィーチュアし、アイシャム・ジョーンズ楽団をモダン化したようなホテル・スタイルのダンス音楽を演出した。フランセス・ウエインの歌は全くジャズ的でないが、オールド・ファンの郷愁をさそい、その上バック・ハーモニーの新しさは若いファンにも共感を与える。急速調の緊張に対して、プログラム構成上の緩和点となる。

バップ的な急速調も実のところ、バック・アンサンブルほどにはソロがバビッシュでない。ソロイストの中には、ヘフティ、コンテ・キャンドリ、ソニー・バーマン（tp）などのバップ派もいたが、中間派的なフリップ・フィリップス（ts）、ビル・ハリス（tb）を比較的多くフィーチュアして、誰の反感をも買うことなく、スイングとバップの両ファンを満足させたのであった。急速調はヘフティに書かせ、スローものはラルフ・バーンズに書かせるという分業もよかった。バーンズはより近代音楽的な手法の持ち主で、ヘフティはのちカウント・ベイシー楽団の主要レパートリーをこしらえ上げたほどジャズ感覚に徹したアレンジャーであった。

リーダー、ハーマンはヴォーカルの他、アルト・サックス、クラリネットを吹き、一流サイドメンに伍《ご》して堂々ソロをとるので、「これも一流か？」と首をひねる人が多い。ぼくは彼のソロを決して一流とも二流とも考えないが結構邪魔になっていない点は買っている。野口久光さんは彼のヴォーカルの手本はジェリー・ロール・モートンであるという。コモドア盤のモートンの歌をきくと、なるほどよく似ている。そのデンで彼の音楽スタイルのネタを割ってみよう。アルト・サックスが、ジョニー・ホッジスのバッド・イミテーションであることは周知の事実である。懸命に真似ているのだが、彼のソロをきくと、ジョニー・ホッジスが如何《いか》に偉大なプレイアーであるかがよくわかる。一見エキサイティングなクラリネット・ソロは、誰の模倣でもないようにきこえる。ネタはバーニー・ビガードなのだが、ビガードのフレキシブルなテクニックもなくソウルもない。つまり大名人ビガードからその偉大な特徴のすべてを抜きとった形骸にすぎず、形骸なるがゆえに誰にも似ていないようにきこえるというお粗末ぶりなのである。今だからこうもハッキリいえるので、ファースト・ハードの全盛時代には、「独創的なスタイルのクラリネットを吹く」といって尊敬していた人も多少あった。まあ彼のクラリネットも音響効果としては憎めないし、リーダー兼経営者としての抜群の手腕に免じて許しておこう。

一九四五年ダウン・ビート誌人気投票でスイング・バンドの部第一位、エスクァイア誌で四六－四七年にわたり銀賞という業界最高の地位にあったハーマン・ハードが一九四六年十二月、突然解散を宣言したことは、全ジャズ界を驚かせた。ビッグ・バンド界の不振は長く続いていたのだ。解散したバンドはハーマン・ハードだけではない。ベニー・グッドマン、トミー・ドーシー、ハリー・ジェームズ、レス・ブラウン、ジャック・ティーガーデン、ベニー・カーター、アイナ・レイ・ハットンのバンドが、その同じ月に解散しているのである。

解散理由はわからないが、ハーマンはその二か月ほど前、ハリウッドのハンフリー・ボガートの邸宅を買い、妻子を住まわせていた。自分は家にも帰れぬ旅がらす——そんな嘆きもあったろうし、チャビー・ジャクソンが安く拾って来たメンバーからも、「ジャズ界第一の人気バンドとなったからにはサラリーを上げてくれ」という要求も出たであろう。まあ理由のほどはわからぬ。ともかくセンセーショナルな解散式をあげて、ハリウッドの新邸に閉じこもった。

暇な時はゴルフ、一人でいるときは金勘定と結構満足しながら引退生活を送っているうちに、ロサンジェルスのボールルームに出ていた、若いサックス・カルテットに目をつけた。その四人は、スタン・ゲッツ、ズート・シムズ、ジミー・ジュフリー、ハービー・スチュアードといった。ここでアイディアマン、ウディの気持が激しく揺れうごく。「これだ！」と思った。「ファースト・ハードはブラスで売った。今度はサックスで売ろう」ジミー・ジュフリーが都合で抜け、サージ・チャロフ（bs）が代りに入って最高のサックス・セクションが出来上った。抜けたジュフリーはアレンジも出来るということなので、オリジナルを依頼した。ジュフリーによって《フォア・ブラザーズ》というセカンド・ハードのトレード・マークともいうべき一作が誕生した。

《フォア・ブラザーズ》は三人のテナーと一人のバリトンによるサックス・アンサンブルと、各人のソロをフィーチュアしている。三人のテナー奏者はよく似ているが、それもそのはず、彼らに共通したアイドルこそレスター・ヤングであったのだ。

ビッグ・バンド・ジャズのサックス・セクションは、フレッチャー・ヘンダーソンからベニー・グッドマンに至るまで、アルト・サックスによってリードされた。スイング時代の後期に現われたグレン・ミラーは、クラリネット・リードを創案し、《ムーンライト・セレナーデ》にきくサックス・セクションのニュー・サウンドを生んだ。そして今やセカンド・ハードは、テナー・サックス・リードによって、「クール・ジャズ時代」の幕を切りおとした。レスター・ヤングのサウンドはこのようにしてモダン・ジャズに投影し、以後に大きな波紋をえがきだしてゆくことになる。

《フォア・ブラザーズ》が画期的なのは、一九四七年に誕生したという一事であろう。「クールの誕生」といわれるマイルス・デヴィス九重奏団が出来たのは、それから一年あとのことである。マイルスの九重奏団もまた「オーケストラ化したレスター・ヤング」とよばれた。

セカンド・ハードの編曲者陣にニール・ヘフティは参加しなかったが、それに代る最適の人物ショーティ・ロジャースがいた。のちウエスト・コースト派のリーダーシップをとる運命をになったロジャースは、ヘフティ同様バップ・イディオムをいかにしてスイングさせるかを心得ていた。ジミー・ジュフリーの一作がセカンド・ハードのサウンドを設定したあと、ロジャースおよびアル・コーンは、エキサイティングな編曲の随所にフォア・ブラザーズ・サウンドを引用して、セカンド・ハードの特徴を明確にした。

ファースト・ハードで、近代音楽の手法を押しつけがましくなくスロー・ナンバーに織りこんだラルフ・バーンズは、セカンド・ハードにも参加してペンをふるった。ファースト・ハードの《ビジュー》、《レディ・マクゴワンズ・ドリーム》から、《サマー・シークエンス》（その第三部まではファースト・ハード、第四部はセカンド・ハードでコロムビアに吹込まれ、その第四部が独立曲《アーリー・オータム》となってキャピトルに吹込まれた）とたどる作品系列は、新時代の教養を身につけた白人編曲者の姿勢を代表するものであった。

セカンド・ハードのもうひとつの性格は、ファースト・ハードにみられた中間派的スター・ミュージシャンが排除され、すべて新進気鋭のモダン派で占められたことである。ネタを割れば「スターになった奴は高くつく」というハーマンの経営哲学から出たものであるが、仕入れをおとして質を向上させた慧眼《けいがん》はたたえられるべきだ。

ハーマン・ハードが王座についた足掛け五年間は、ビッグ・バンド史上空前の衰退期であった。エリントン、ベイシー両楽団のうごきも面白いのだが、ここではハーマン台風をモロにかぶったスイング王ベニー・グッドマンにスポットをあててみよう。

「バップは嫌いだ。ガチャガチャしていてスイングしない」といっていたベニー・グッドマンは一九四七年はじめロサンジェルスに邸宅を買い、一家で移住した。半分若隠居のつもりだったが何しろスイング王なので周囲が放っておかない。キャピトルが専属契約をし、ジーン・ノーマンが「ジャスト・ジャズ・コンサート」に彼の出演を契約した。キャピトル時代のグッドマンは彼の全生涯を通じて、最もバップに左傾した時代として好事家の興味をそそらずにはおかない。

その第一作（一九四七年一月二十八日録音）がメリー・ルウ・ウィリアムズ作編曲になる《ロンリー・モーメンツ》であった。ベニーはメリー・ルウから譜面をうけとると、「おおビ・バップ」といって顔をしかめた。そこでメリー・ルウが「でもセンセ、あなたのソロの部分はブルースですのよ」というと「じゃあママアやってみよう」ということになった。あとでメリー・ルウは最も力を入れたフラテッド・フィフスを使ったパッセージが全部演奏からカットされたことを知って慨嘆した。

一九四八年ヴァージニア・メイヨー主演「ヒット・パレード」（A Song is Born）に（音

楽）教授の大役で出演することになったグッドマンは、映画の中でも《スティーリング・グレイ・アップルズ》を演奏したが、キャピトル盤はメンバーがちがい、ウォーデル・グレイ（ts）とファッツ・ナヴァロ（tp）を加えた本格的バップである。これは故ナヴァロが加わった珍重すべき唯一のレコーディングとして知られている。このレコードについてダウン・ビート誌の毒舌批評家として知られたマイク・レヴィンは次のように批評した。「ナヴァロはグレイトである。グレイのコーラスも光る。自信がないのはグッドマン一人だ」

同じロサンジェルスに住み、同じキャピトルの専属という立場におかれた新ビッグ・バンド王ハーマンと旧スイング王グッドマンの対決はこうした具合にハッキリした明暗を描き出しているのである。しかも二人の楽器は同じクラリネットであった。そのテクニックにおいてすべてのクラリネット奏者を畏怖《いふ》させたベニー・グッドマンが、イモ・クラリネット奏者ハーマンにかくもやすやすと水をあけられたのだから世の中は面白い。バンド・リーダーに最も必要なのは楽器テクニックでなく、着想と運営であることをこの事件は教えている。クラリネットの名人であったことがベニー・グッドマンにとっては逆にブレーキになったのであった。レナード・フェザーの「ブラインド・ホールド」で、ベニー・グッドマンの《スイング・エンジェルス》（四六年一月録音　コロムビア盤）をきいたコールマン・ホーキンズは、グッドマン音楽の真髄に触れる名評を下した。

「ベニーというのは不思議な男だ。どんなにメンバーをとりかえても、どんなにちがったアレンジを使っても、いつもおんなじ音を出す」

バド・パウエル／ファッツ・ナヴァロ／クリフォード・ブラウン

モダン・ピアノの開祖バド・パウエル

アール・バド・パウエルは一九二四年九月二十七日、ニューヨーク市に生まれた。父もバンド・リーダーだった。六才の時からピアノを習ったが、ジャズに興味をもったのは十五才の時からだという。一九四一－四三年、ミントンズ・プレイハウスや、五十二丁目のクラブに出入りして、新しいジャズを習得した。ミントンでは、セロニアス・モンクを徹底的に聴き、時としてはモンクにかわってピアノを弾いた。一九四三－四五年、クーティ・ウィリアムズ楽団で働いたがこの楽団がモンクの名曲《ラウンド・アバウト・ミドナイト》を吹込んだのは、モンク自身より三年も早かったのである。もちろんバド・パウエルの建言によるものだった。

彼のピアノ・スタイルは、まずアール・ハインズ系のビリー・カイルを模倣するところからはじまり、ついでアート・テイタムの影響をうけて完成した。クーティの楽団をやめた彼は、ソロ・ピアニストを志したが、麻薬におぼれるようになったのもこの頃だとのことだ。同時に精神異状の徴候も呈しはじめた。二か月半ピルグリム精神病院に入って、一時回復。ソロ・ピアニストとして働く一方、ファッツ・ナヴァロ、J・J・ジョンソン、デクスター・ゴードンらのレコーディングにつきあった。この当時のレコードで、彼のスタイルがよくわかるものに、ビクターのケニー・クラーク盤がある。翌一九四七年一月十日、最初のトリオ・レコーディングをルースト盤に行った。全八曲、粟村政昭氏が「パウエルの最高傑作」、「モダン・ジャズ・ピアノのバイブルとされてよい至高の名演」と激賞しているものである。ピアノ、ベース、ドラムスという、今日のピアノ・トリオの原型をなすものだ。

アート・テイタムといい、ナット・キング・コールといい、不思議とギター、ベースという編成が多かったのだ。このレコードや、ヴァーヴ、ブルーノートのドラマーを加えた編成の場合、パウエルはきまってブラッシュを要求した。スティックを許したのは《ウン・ポコ・ロコ》と《リーツ・アンド・アイ》ぐらいなものか。ルースト盤で最も速い演奏は、《インディアナ》だが、マックス・ローチのブラッシュ・ワークにも注目してよい。パウエルが欲したのは決して複雑なリズムではなかったが、一分間八十小節のブラッシュ・ワークは、凡俗ドラマーには至難のわざである。

一九四七年十一月に襲った精神錯乱のため、クリードモア病院で約一年をすごす。翌年末、退院するとトリオをひきい、ニューヨークで働くかたわら、ノーマン・グランツのクレフ（現ヴァーヴ）へ吹込んだ。これもまたすばらしい傑作である。その年（四九年）から五一年にかけて、パウエルが残したレコードはいずれも傑作のほまれ高いもので、前記ヴァーヴ盤のほか、ファッツ・ナヴァロの項で記す『アメイジング・バド・パウエル　第一、二集』、この時の別テイクを収めた『ファビュラス・ファッツ・ナヴァロ　第一、二集』の二枚のブルーノート盤、さらにプレスティッジの『スティット、パウエル＆J・J』に、その全貌《ぜんぼう》がとらえられている。この期のパウエルは、真の意味の絶頂期ではなかったかと思われる。

意外にいいのが上記プレスティッジ盤で、ソニー・スティット（ts）、カーリー・ラッセル（b）、マックス・ローチ（ds）という顔ぶれも最高だ。パウエルがプレスティッジに吹込んだのは、あとにもさきにも、この日の八曲以外にない。これにはエピソードがある。ひょっとして、オツムの病気でも再発したら大ごとだ――と思ったソニー・スティットは、終始パウエルを立て、「偉大なるパウエルさん」という、尊敬とも皮肉ともつかぬ呼びかけをしていたが、これがパウエルの気分をうんとよくし、「ワシは世界最高なのじゃ」と乗ってきて、大名演をきかせたというのだ。そこまでは上出来だった。ところがついつい「世界でいちばん偉い男」の気分になったパウエルは、副調室にいた白人に向って、「おい太っちょ、表に行ってサンドイッチを買ってきな」とやったのだ。それが社長のボブ・ワインストックだったから堪《たま》らない。座がいっぺんに白けてしまい、ワインストック社長は、二度とこの無礼なパウエルを録音しない決心をしたのであった。

一九五一年八月、麻薬常習の疑いで逮捕されたパウエルは牢獄で精神病が再発した。「俺は皆に殺される！」と、かん高い声で叫びつづけ、「何だこの黒い野郎」と牢番《ろうばん》から、アンモニア水をぶっかけられたりした。みかねた友人たちのはからいで、ピルグリム病院へ移された。かなりの重症と診断されたが、電撃療法が効果を発揮して、一九五三年二月、全快とはいえないが、まずよかろう——ということで退院した。

それ以後、パウエルの健康は実に不思議な曲線を描いて、上下する。これはぼくのような素人よりも、精神科の名医牧芳雄氏の領分であろう。まずバードランドにソロ・ピアニストとして出演したが、客の目にはまったく正常で、まじめなミュージシャンとして映った。五三年五月、カナダ・トロントの「マッセイ・ホール」におけるガレスピー、パーカー、パウエル、ミンガス、ローチというオールスター・クインテットの実況録音をきいても上出来だ。完全に復調している。これに続いで、吹込まれた前記ブルーノート盤とルースト（ルーレット）盤ののこり収録分も、よほど注意してきかないと、その間にアンモニア水をぶっかけられたような事件があったとは思えない。

一九五四年から五五年にかけて、ノーマン・グランツは一連のセッションを、ヴァーヴ・レコードで試みた。それらは『Moods』(8154),『Powell '57』(8185),『The Lonely One』(8301),『Piano Interpretations』(8167) に収録され、健康の浮沈を明白に示している。『Moods』に収録された《バターカップ》(彼の妻のアダナ)には、珍らしくもレニー・

トリスターノ的なパッセージがきけるし、《ファンタジー・イン・ブルー》は、急速調で結構きかせるが、五〇年ごろの調和感がなくなっている。『Powell' 57』に至っては、チャーリー・パーカーの《ラヴァー・マン》を思わせ、全体に不調だが、中でも《ザット・オールド・ブラック・マジック》は、鬼気せまる拙演だ。記録によるとこの演奏はテイク4を使ったとある。ともかくこのころ（一九五四年十二月から翌年一月にかけて）は、正気でなかった。驚くべき指の動きは失われ、かわってモンク的なものをみせはじめたのが、『The Lonely One』にきかれる。動かなくなった指がそうさせたのだろう。五五年四月に吹きこまれた『Piano Interpretations』で、再び上昇に転じる。ファスト・テンポによく乗っている……という具合に、いかにも出来不出来が激しい。めくるめくテクニックはなくなったが、歌ごころで充分にカバーするようになった。

バド・パウエルの全作品を年代順にならべて、ジャズのわかる精神科の医師が、カルテをつくったら、随分おもしろい論文が出来るのではなかろうか？　ぼくのようなしろうとが見ても、いい時期のすぐあとにひどい時期が来て、またよくなって……というところがたいへんおもしろい——といっちゃ悪いが、この病気特有の症状ではないかと思われるのである。『Bud!』（ブルーノート1571　一九五七年八月録音）がよくて、次作の『Time Waits』（1598　五八年五月録音）はひどい。次の『The Scene Changes』（4009　五九年一月）ではまたよくなっているという具合である。一九五〇年前後の数年間におけるバド・パウエルは、ジャズの歴史上屈指の天才であった。すべてのピアニストが彼のスタイルを研究し、その影響下から自分自身のスタイルを育てていった。

一九五九年にフランスに移住し、クラブ「ブルーノート」と契約して、健康と伝えられた。六二年には結核をわずらい、六四年夏いったんアメリカに戻ったが、そのまま病床に臥《ふ》し、六六年七月三十一日ニューヨークの病院で、四十一才の苦難にみちた生涯を閉じた。

ファッツ・ナヴァロ

バップ初期のトランペット奏者に、最も大きな影響を与えたスイング時代のトランペッターは、ロイ・エルドリッジであった。そのエルドリッジに、最大の影響を与えたトランペットの先輩は、ルイ・アームストロングであった。このルートは、しっかり頭に入れておく必要がある。ディジー・ガレスピーだけが影響をうけたのではない。一九四〇年に現われた重要なトランペット奏者ハワード・マギーとファッツ・ナヴァロもそうだった。二人は一九四三年、ともにアンディ・カーク楽団にいた。ナヴァロの方が五才年下であった。ナヴァロはあるインタビューで謙虚にいった。「ぼくに最も大きな影響を与えたのは、ハワード・マギーです」マギーはいった。「ナヴァロとぼくは、カーク楽団時代に、ロイに首ったけでした」

ファッツ・ナヴァロは、一九二三年フロリダ州キー・ウエストに生まれた。従兄《いとこ》にチャーリー・シェーヴァースがいる。晩年はドーシー・オーケストラの別格スターに納まってしまった故シェーヴァースだが、一九三〇年代に現われた黒人三羽烏といえば、エルドリッジ、シェーヴァース、フランキー・ニュートンであったとぼくは思う。

一九四五年、ビリー・エクスタイン楽団をガレスピーがやめる時、後任者としてナヴァロを推薦した。雇ってみると、まったくディジーと同じ事ができる。エクスタインは喜び、ナヴァロはこの楽団で一か月半をすごした。この間吹込みは多いが、ファッツが聴けるのは、《ロング・ロング・ジャーニー》、《テル・ミー・プリティ・ベイビー》の二曲しかない。ともにエクスタインのヴォーカルがフィーチュアされているものだ（エマーシー）。だが同じ一九四六年なら日本盤でもっといいのがある。ケニー・クラークの名で吹込まれた四曲だ（RCA）。

生前ナヴァロは、サヴォイとブルーノートにかなりの録音を残した。いずれも今では、LPにまとめられているが、バド・パウエルと共演したブルーノート盤の方がいい。バド・パウエルとファッツ・ナヴァロは、大喧嘩《おおげんか》をしたこともある。パウエルの態度を腹にすえかねたファッツは、ピアノを弾いているパウエルの手の上に、ラッパを逆手にかまえて全身でのしかかったというのだ。うまくはずれたからよかったようなものの、危やうくパウエルは、ピアノが弾けなくなるところだった。こういう仲であったから、ブルーノート・セッションでの顔合わせは、殺気がみなぎっていたらしい。お互いに相手以上の演奏をきかせようとした形跡がありありとわかる。特に《五十二丁目のテーマ》や《ウェイル》は、はりつめた名演である。

こんな話をきくと、ナヴァロはどんなに怖い男かと思われようが、その場に人がいたらサンドイッチを半分わけ与えずにはいられないような、やさしく、利己的でない青年だったそうだ。麻薬常用の他に結核となり、アダナのように太っていた身体がみるみる半分ぐらいになって、一九五〇年七月わずか二十六才でこの世を去った。ブルーノート盤には、おなじ曲のいくつかのテイクが入っているが、くらべてみるとフレーズの骨格にはほとんど変化がない。パーカーなどとはまったくちがったタイプである。伸びざかりでこの世を去った惜しい名プレイアーであった。

クリフォード・ブラウン

バップからハード・バップへ進む以前に、この世を去ったファッツ・ナヴァロにくらべると、悲劇的な死をとげたとはいえ、クリフォード・ブラウンは、たくさんのよく歌う長いソロを残した点で、幸福なミュージシャンであった。

一九三〇年デラウェア州ウイルミントンに生まれたブラウンは、高校時代レム・ウインチェスター(vb)と同級だった。その高校の音楽教師が、一九二四年トミー・ラドニア(tp)やジーン・セドリック(ts)を雇って、ヨーロッパから遠くソ連にまで楽旅したバンド・リーダー、サム・ウディング（p）だったのである。「クリフォードに、楽器ならトランペットにしたまえとすすめたのは私だった」と先年来日したウディングは誇らしげに語った。

クリフォードが最も尊敬した先輩は、メリーランド州立カレッジ在学中に逢《あ》った七才年上のファッツ・ナヴァロであった。一九五〇年六月、ブラウンは交通事故で重傷を負った。数か月間危篤状態が続いているうちに、ナヴァロはこの世を去った。入院は一年にわたった。退院したあと、フィラデルフィアのクリス・パウエルのリズム&ブルース・バンドで働いたが、早くも彼の名は、ミュージシャンの間に知られるようになっていた。

「フィリーに行ったらクリフォード・ブラウンというのを聴いてきな」と、アート・ファーマーに教えたのはマイルス・デヴィスだった。ファーマーは出かけて行ってひどい嫉妬《しっと》に駆られたそうだ。ファーマーの話をきいて、クインシー・ジョーンズやジミー・クリーヴランドもききに出かけ、ブラウンはヨーロッパに巡業するライオネル・ハンプトンに雇われることとなった。もうこの時までにブラウンは、タド・ダメロン、ルウ・ドナルドソン、J・J・ジョンソンなどとレコードを吹込んでいた。それらは『クリフォード・ブラウン・メモリアル』（ブルーノートおよびプレスティッジ）にまとめられている。ヨーロッパ巡業中は、ハンプトンの目を盗んで、実に多くのレコードを残した（ヴォーグ）。

それからあとのことは、読者もくわしくご存知であろう。帰国して退団すると、フリーとなり、アート・ブレイキー・クインテットの「バードランド」での二枚の実況録音盤（ブルーノート）、カリフォルニアに赴いて、マックス・ローチと不滅の「ブラウン＝ローチ・クインテット」を結成。マーキュリーに多くの吹込みを残した。

一九五六年六月二十六日、ペンシルヴァニア・ターンパイクでリッチー・パウエル（p）夫妻と共にパウエル夫人の運転する車で事故にあい、即死したのであった。

クリフォード・ブラウンは、ファッツ・ナヴァロの遺志をつぎ、ナヴァロがなし得なかったハード・バップへの道をつきすすんだ。ベニー・ゴルソン（ts）は語る。「ぼくが十九、ブラウニーは十六だったが、もう立派なトランペッターだった。ある晩ファッツ・ナヴァロを迎えてコンサートがひらかれた。ブラウニーは立ち上り、堂々と吹いたのだ。ファッツは自分のトランペットを腋《わき》の下にはさんでブラウニーのそばに行き拍手したんだ。これが二人の最初の出会いだった」（注23）。

マックス・ローチの記憶によれば、ブラウンはインタビューで「最も好きなトランペッターは？」ときかれると、きまって「ファッツ・ナヴァロ」と答えたそうである。ナヴァロとブラウンは、実によく似たところがあった。二人とも楽器はいくつもできた。二人とも十三才の時父に買ってもらったトランペットで吹きはじめた。二人とも音楽のアイディアを豊富にもちあわせていた。二人とも星まわりはおなじライブラ（天秤座《てんびんざ》）で、ともに二十五、六才でこの世を去った。

第三章　後　期

クールの誕生

クール・ジャズというのはむずかしい。どこがむずかしいかというと、「果してクールなどというスタイルが実在したかどうか?」という点に疑問があるからだ。にもかかわらず「クール」ほど一時期に流行した言葉はないのである。

クール(cool)は、疑いもなくホット(hot)の反対語である。一九三〇年代のはじめに盛んに用いられた「ホット」という言葉は、「スイート」の反対語として生まれたといわれる。ハーバード音楽辞典によれば「ホット・ジャズとは、主としてルイ・アームストロングの影響のもとに、いままで〈スイート〉とよばれてきた月並みなタイプの音楽と区別するためにつくりだされた音楽の一タイプ」ということになる。たしかに一九三〇年代初頭の不景気時代は、スイート・ミュージックの全盛時代であった。

ジャズ評論の先達ユーグ・パナシエは「スイート」という言葉を使わず「ホット」の反対語として「ストレート」という言葉を置く。

「ストレート」とは、楽譜に書かれた通りに演奏することで「ホット」とは曲のコード進行の上にヴァリエーションをつくりだす演奏をいう、つまり「ホット・プレイ」とは、創造力を発揮して曲をつくり直すことだ――といったあとで、待て待てこの説明では充分でない。ホット・プレイという言葉はホット・イントネーションから派生したもので、ホット・イントネーションを構成する主要素はヴィブラートなのである。という具合に説明している。これはパナシエの処女出版『ホット・ジャズ』の要約だ。

ヴィブラートとホットを結びつける考え方はかなり面白い。のちノン・ヴィブラート時代がクールと結びつくことになるからである。今ではジャズの暗黒時代にパナシエが汗水たらして書き上げた本など見向きもされないが、ホットの反対語としてストレートという言葉をあてがったのも一見識だ。もしスイートを反対語と考えると三〇年代をふうびした俗説「ホット・ジャズとは、急速テンポの演奏」になってしまうからである。スロー・ブルースのクラリネットにも当然ホットという表現が用いらるべきだ。

しかし「ホット」という流行語はやがて「スイング」という言葉に置きかえられて、すたれてしまった。第二の著書『リアル・ジャズ』の中で、パナシエは次のように反省する。「当初私はホット・ジャズという言葉をたいへんいいものと思い、用いていたのだが、まもなく誤解を生じやすいことに気がついた。つまり正統派ジャズの中に、ホット・ジャズ以外にも何とかジャズ、何とかジャズがあるのではないか――と誤解されやすい。そこで今回はリアル・ジャズという言葉を使う。実際はリアル・ジャズがただひとつ存在するだけで、そうでないものはニセモノ・ジャズになるわけだ」

クール・ジャズの先駆者レスター・ヤング

一九四八年七月三日号の「ニューヨーカー」誌にこんな記事がある。「ビ・バップ族は独特の言葉を持っている。……（中略）……『賛成』というのに『クール！』といったりする」クールという言葉は、ちょうど四八、九年ごろからジャズ界に驚くような早さで流れだした。一九四九年に出版されたレナード・フェザーの「インサイド・ビ・バップ」には、次のような一文がある。

「レスター・ヤングは、ホット・ジャズから『クール』ジャズへの発展の担い手であった。インプロヴィゼーションの真価を、外見的な力強さとかホットさで評価しようとする人にとって、レスター・ヤングの存在は、はなはだ厄介だ。ホーキンズのゆたかで大きなサウンドに対して、レスターのそれは、だらけて平板である。フレージングはスローでだるい。レスターのオリジナリティを理解し尊敬するようになった人には、彼が新しいくつろぎと抑制を求めて、古いジャズの力強さやそうぞうしさを放逐したことがよくわかる。一九三七年から数年間レスターはテディ・ウィルソン、ビリー・ホリディのレコーディングによくつきあった。リズム・セクションは古臭くなっているのにこれらのレコードにおけるレスターのソロが、現代の若いジャズメンをも傾聴させてしまうのは驚くべきことだ」

ヨアヒム・E・ベーレントの名著から、レスター・ヤングとクール・ジャズの関係に触れた部分を抜き出してみよう。自分で訳したものだからすぐ出てくるが、かなりあちこちに飛び火する。

「クール・ジャズのはじまりは、実はビ・バップよりも、はるかに早い。それは『プレジデント』ことレスター・ヤングと共に始まった。レスターがカウント・ベイシー・バンドで《島の歌》や《クラップ・ハンズ、ヒア・カムズ・チャーリー》を吹込んだ一九三九年としてもよいし、さらにその前、彼がフレッチャー・ヘンダーソン・バンドに雇われた時としてもよいかもしれない」「レスターはジャズのセザンヌである。このたとえには、彼の芸術ばかりでなく、その歴史的な地位も含んでいる。近代絵画がセザンヌにはじまったと同様、モダン・ジャズはレスター・ヤングからはじまった」「モダン・ジャズがはじまった時、優位に立ったのはチャーリー・パーカーであった。彼の天才は、四〇年代のジャズを支配した。にもかかわらず、もうレスター・ヤングの影響ははじまっていた。正確には、十八才のマイルス・デヴィスが、チャーリー・パーカー・クインテットに入った時である。マイルスの当時のスタイルは、全くディジー・ガレスピー的であった。ということはパーカー的であった。しかし間もなく彼は『親近感を抱ける人物』を発見した。この時こそ今にして思えば、レスターとパーカーがモダン・ジャズの世界で融合した最初の瞬間だったのである。スタイル的にも音楽的にも、マイルスの当時の演奏は、パーカー的であった。チャーリー・パーカーとバップがつくりだしたすべてのものが、マイルスのプレイにとりいれられていた。だがたったひとつ、無いものがあった。それは過剰なほど激しい革命感である。マイルスはそのかわりに、レスターのリリシズムと抑制をもっていた。音楽的素材をパーカーからクール・コンセプションはレスターからという、この世代から起って、その後ジャズを支配した考え方は、ここに始まった」「テナー・サックスのクール奏法はバラード歌唱とよく比較されるが、その源をビリー・ホリデイとすることができよう。ビリー・ホリデイの歌には、レスター・ヤングのテナーにみられるしなやかさがある。これはレスターと出会うまえから彼女が持っていたものなのだ。するとビリーは、モダン・テナーのスタイルとサウンドを指向した最初のジャズ歌手……というより、最初のジャズ・ミュージシャンだったのである。とすれば、四〇年代に、レスター・ヤングからはじまったとされるサキソフォン時代は、実はビリー・ホリデイを始祖とする——というのは、単に逆説としてすまされようか？　だが楽器よりまえに、ビリー・ホリデイの歌によってモダン・ジャズがはじまったことを指摘した人はまだいない」

（『ジャズ　その歴史と鑑賞』誠文堂新光社、一九六五年）

以上の引用で、クールの始祖がレスター・ヤング（あるいはビリー・ホリデイ）であることはほぼわかったしそれで正しいと思うが、いったいベーレントは「クール」という形容詞をどのような意味で使っているのだろう。「ラグタイム・ピアニストのなかには、数人の白人もいたが、専門家でさえ、演奏スタイルで黒人と白人を識別できなかった、ということは特記に値する。ラグタイムはホットというより、クールな音楽といえるかもしれない」この文章のニュアンスから、ベーレントはクールを白人の（もしくは白人的）コンセプションと考えていることがわかる。その裏づけと読めるものに、「レスターのソノリティ（音のひびかせ方。サウンドと同義）は、シカゴ・スタイルのフランキー・トランバウアーと、バド・フリーマンから出ている」という文章もあり、いかにレスターが、この二人の白人サックス奏者に惚《ほ》れこんだかが、レスター自身の言葉で語られている。

マイルス・デヴィスと「クールの誕生」

マイルス・デヴィスの歴史的名盤とされるものに、『クールの誕生――マイルス・デヴィス傑作集』（キャピトル CR8035）がある。「クールの誕生」というのは、キャピトルが勝手につけた標題で、マイルス自身「俺がクールの創始者だ」と名乗り出ているわけではない。事実このレコードの収録曲よりは、ジョージ・シアリング・クインテットやレニー・トリスターノとリー・コニッツが演奏したものの方が、よほどクールにきこえる。だいたい「クール」という言葉を直訳的に「つめたい」とか「涼しい」と訳してよいかどうか。「ホット」の場合と同様かなり疑問なのである。

だが一九五〇年前後「クール」は一種の生活感覚として立派に存在していた。長髪全盛の今日では考えられないほど、男性は短髪を望んだ。蛍光灯が現われはじめ、コーヒーがウンコ色にみえる昼光色なる青白い光が好まれた。女性の髪もそれまでのパンパンに代表された長髪から「ローマの休日」のオードリーに模したヘップバーン・スタイルにかわった。スカートはフレアーを大きくとった長いものだったが、感覚的にいえば、まさにホットからクールへの転換期だったのだ。そこでぼくは「クール」という言葉を「涼しい」という本来の意味を含めて、「モダン」の同義語に訳した方がよりぴったりするように思うのである。「モダン・ジャズ」とよばれるまえ、この種のジャズは「クール・ジャズ」と呼ばれていた。「モダン・ジャズ」という言葉が定着したのは、このあとのことだ。

何はともあれ、二十二才のマイルス・デヴィスは「ロイヤル・ルースト」の共同経営者モンティ・ケイから、「きみの好きなメンバーを集めて、好きなように音楽をやってみないか」と持ちかけられた。パーカー・コンボのサイドマンにすぎなかったマイルスは大乗り気で、ダンス・バンド、クロード・ソーンヒル楽団の主任編曲者ギル・エヴァンス、おなじくソーンヒル楽団のバリトン奏者で、編曲の道を志していたジェリー・マリガンと共に構想を練った。マイルスが示したポイントは次のようなものである。

一、編曲に重点をおき、今までになかったアンサンブルを創造する。
二、フル・オーケストラのサウンドをねらうが、編成はあまり大きくしない。
三、ユニゾンではソフトだが、鋭い対位法の演奏が可能な楽器編成――トランペット、アルト、バリトン、フレンチ・ホーン、チューバとする。これで三½オクターヴの音域がカバーされる。

四、一人の編曲者の独裁的サウンドとなるのを避けるため、マイルス、マリガン、エヴァンス、ジョン・ルイスが編曲を分担する。

だいたいこのような基本案に沿ってメンバーを集め「ロイヤル・ルースト」に出たのだが、ミュージシャン仲間からは注目されてもお客はあまり来ず、二週間かそこらで出演をやめ、マイルスは再びパーカー・コンボに復帰した。当時キャピトルのプロデューサーをやっていたピート・ルゴロ（スタン・ケントン楽団の編曲者）は、このアブクのように消えたコンボを惜しみ、翌四九年および五〇年、三回にわたってレコーディングし、SPレコードで発売したのであった。本来ならば四八年にレコード化すべきであったが、同年はミュージシャン・ユニオンが第二次吹込ストを決行中だったのである。

キャピトル盤とは別に、出演中のロイヤル・ルーストから放送された時の録音盤が誰かの手に残っていることは前々からきいていたが、六九年の春、ホット・クラブの例会で瀬《せ》川昌久《がわまさひさ》氏から、その録音盤をきかせていただく機会を得た。これは予想通りすばらしいものので、特にアドリブ部分がかなり長く、「編曲に重点を置くが、ソロ・インプロヴィゼーションにくつろぎを充分与えるように配慮されている」ことがよくわかった。キャピトル盤の三回のセッションは、その都度ミュージシャンの都合で、メンバーに若干の変動があるが、おそらくこの実況録音盤のがオリジナル・メンバーと思われるので記しておこう。マイルス・デヴィス(tp)、ジェリー・マリガン(bs)、リー・コニッツ(as)、マイク・ヅワリン(tb)、ジュニア・コリンズ(フレンチ・ホーン)、ジョン・ルイス(p)、ビル・バーバー(チューバ)、アル・マッキボンまたはカーリー・ラッセル(b)、マックス・ローチ(ds)、ケニー・ハグッド(vo)。録音は一九四八年九月四日および十八日とある。キャピトル盤に入ってない曲目では、ジョン・ルイス作《シル・ヴ・プレ》(S'il Vous Plait)、ジェローム・カーン作《ホワイ・ドゥ・アイ・ラヴ・ユー》、マイルスとコニッツにリズム・セクションのみの《チェイシン・ザ・バード》がある。マイルスの九人編成コンボは、それまでジャム・セッション延長線上にあって、構成力に欠けたバップに、グループ意識を与えた点で、全く新しい方向づけを試みたものであった。(関連記事353－361頁参照)

皮膚の色は人一倍黒いが、心は白いマイルスとジョン・ルイス、これに白人ギル・エヴァンスとジェリー・マリガンがもちよったアイディアは、実のところ白人的なものである。黒人たちも話題にし、ききに行ったにもかかわらず、これを模倣するような動きは黒人ジャズメンから、ほとんどおこらなかった。その影響は、まもなく朝鮮戦争の基地として、好景気に湧くウエスト・コーストの白人ジャズに飛び火した。『ショーティ・ロジャース／モーポ』(RCA)は、バリトン・サックスをテナーに変えた以外は、楽器編成も人数も全くマイルス九重奏団を模していることで、ファンの目を丸くさせた。レスター・ヤングのクールなテナー奏法が同時代の黒人に顧みられず、白人テナー奏者に甚大な影響を及ぼしたように、マイルスの試みもまったく同様の結果となった。そしてマイルス自身、二度とこのような試みをすることなく、ハード・バップ・コンボの中心人物となる道をたどったのである。

クール・ジャズが、スタイルとして実在したか、実在したとすればどういう範囲内のものを指すのか、また私には疑わしいが、すくなくとも、マイルスがまいた種から育ったウエスト・コーストの白人ジャズをクール・ジャズの標本とする場合は多い。「涼しげなサウンド」という意味よりも、当時の人心に最もモダンなサウンドとしてアッピールしたのは疑いない事実だからである。

レニー・トリスターノ

よくきく言葉に「ジャズは本質的に楽しい音楽だ。だから楽しくないのは、いいジャズではない」というのがある。「楽しさ」という言葉の解釈がむずかしいところだが、これをごくあたりまえに、酒をのんでくつろいだり、手拍子をとって演奏に唱和するような楽しさと考え、良いジャズと悪いジャズを判定する物差しに使ったりすると、とんでもないまちがいをおかすことになる。

立派なジャズの中には、そういう楽しさをもつものもいっぱいある。これはたしかだ。だが、ジャズの歴史をゆるがすようなエポック・メーキングなレコードは、ほとんど例外なく、そのような楽しさを持ちあわせていない。ジャズとはその意味で、非常にシリアスな音楽なのである。

マイルスの『クールの誕生』（キャピトル）だってそうだ。「楽しさ」という点では、このレコードをお手本に、ウエスト・コースト・ジャズの絶頂期に吹込まれた多くの白人ジャズメンによるレコードの方が、よほどくつろいでいて、楽しめるのだ。だから「楽しめる」とか「楽しめぬ」を判定の基準に使う限り、重要レコードをとりおとしてしまうことは必定なのである。

ここにもう一枚、その意味からいって楽しくないが、意味深いレコードがある。『サブコンシャス・リー』（プレスティッジ）だ。一九四九－五〇年に、SP企画で吹込まれた十二曲は、バップからクールへの転換期に現われた、もう一枚の重要レコードである。

クールは誰がはじめたか

「クールの誕生」とは、キャピトルが勝手につけた標題で、マイルス・デヴィスが「俺がクールの創始者だ」といっているわけでないことは、まえにのべた通りである。神経質で喧燥《けんそう》で、ジャム・セッションの延長のようなバップから、クールへの転換は、音楽的には、来るべきものが来るべき時にやってきたということになるが、聴き手の方にも、戦後の混乱期から一転して沈静期へ……という生活感覚の大きな転換があり、男性の短髪、女性のヘップバーン・カット、蛍光灯の普及、ドレッシーな服装の流行と同時発生的に、抑制されたクール・サウンドが嗜好《しこう》にかなったというわけで、こればかりは誰それがはじめて、皆で追随したとはいい切れない。ほとんど同時発生的に、ジャズ界の各処でおこったうごきである。だが、レコードでたどる限りは、ウディ・ハーマンのセカンド・ハードによる《フォア・ブラザーズ》と《サマー・シークエンス第四部》（四七年十二月二十四日録音、CBS）が、そのハシリということになっている。特に後者におけるスタン・ゲッツのテナー・ソロは、のち《初秋》と改題され、クール時代の到来を告げる一作として有名である。

だがゲッツがクール・スタイルを創始したただ一人の男ではない。四七年にカリフォルニアで休養していたウディ・ハーマンが、ロスのボールルームに出ていたサックス・カルテットをきいて「これだ！」と膝《ひざ》を叩《たた》いて、セカンド・ハードの発足を思い立ったとするなら、ハーマンの感覚にもクールは宿っていたのだし、そのサックス・サウンドをつくったのがジミー・ジュフリーだとすると、ジュフリーも創始者の一人である。《サマー・シークエンス》を書いたラルフ・バーンズだってその一人だ……ということになると、いかに多くの人が、当時のフィーリングとしてクールを指向していたかがわかる。

「モダン・ジャズの歴史」(スイング・ジャーナル社)で、粟村政昭氏は「フォア・ブラザーズ・サウンドなるものは、実はケントン楽団のアレンジャーでもあったジーン・ローランドが、四六年のはじめに率いていた自身のバンドのために考え出したサックス・ヴォイシングであったのだが、この年の夏、トミー・デカーロ楽団にピアニストとして参加したローランドが、ゲッツ～スチュアード～シムズ～ジュフリーのサックス・セクションにその譜面を演奏させ、その結果ジュフリーが、《Four Brothers》を書くヒントを得た――というのが、この間の知られざる真相であったからである。つまりジュフリーは、他人のアイディアを借用することによって得た、思わぬ名声とその余波に当惑し、《Four Brothers》を孤立したビッグ・バンド・ジャズの傑作としたまま、五〇年代に入るまで模索を重ねた――というのが、筆者個人の〈聞いて来たような〉推測なのだが、前記のトミー・デカーロ楽団なるものの実体が、実は「週末のみ出演」の臨時編成バンドであり、四人のサックス奏者達は、いずれも「ウィーク・デーのみ出演」のヴィド・ムッツ楽団からの借りものであったという事実を知るならば、なおのこと、この〈瓢簞《ひょうたん》から駒〉式の、ジャズの歴史の誕生に呆《あき》れざるを得まい」と書いておられる。これは多分真実であろう。

四八年に五十二丁目の「スリー・デューセズ」に出ていたイギリスのピアニスト、ジョージ・シアリングは、ふつうのトリオ編成が演奏していたが、四九年二月ディスカヴァリー盤の吹込みにあたって、監修者レナード・フェザーが準備したクインテットで演奏した。その時のメンバーは、マギー・ハイアムズ（vb）、チャック・ウエイン（g）、ジョン・レヴィ（b）、デンジル・ベスト（ds）というもので、特にピアノとヴァイブによるユニゾン・サウンドはユニークなものとして耳にひびき、独特のクール・サウンドを創造することになった。シアリングが、フェザーとの共同考案でつくりだしたクール・サウンドもまた、時のニュー・サウンドとして特記しなければならないのだが、不幸なことに後年あまりにも通俗化したのと、シアリング自身の音楽がそのままコマーシャル化してしまったために、「グレン・ミラー・サウンド」と同様、今日のジャズ史では、重要視されないものとなってしまった。盲目のシアリングは、盲目のレニー・トリスターノを評していった。「ぼくはすぐにコマーシャルなものに妥協できるのだが、レニーはそれが出来ない男だ」

白人モダン・ジャズの確立

レニー・トリスターノは、一九一九年シカゴに生まれた白人である。生まれた時から弱視だったが、九才ごろには全盲になってしまった。彼がアメリカン・コンサーヴァトリー・オブ・ミュージックに入学を志願した時、学校側では法科か政治科へ転学をすすめたが、彼は志望をまげるどころか、二年間かかる和声法を一か月半で修業してしまった。

子供の時から、クラリネット、アルト、テナー・サックス、ギター、トランペット、ドラムをマスターしていた。仕事の方もディキシー・バンド、ルンバ・バンドを経験している。ピアノ一本に絞るようになったのは、二十才を越してからだ。彼に影響を与えたミュージシャンとしては、ロイ・エルドリッジ、レスター・ヤング、チャーリー・クリスチャン……ピアニストとしては、アール・ハインズ、テディ・ウィルソン、ビリー・カイルが挙げられる。

リー・コニッツは語る。「ぼくは彼がレスターそっくりのテナーを吹いたのをきいたことがあり、ジェス・ステイシーそっくりのピアノを弾くのをみたことがある。彼の音楽をきくと、彼がいかに多くの古い人たちを聴いているかがよくわかる」

トリスターノは、四六年最初の妻ジュディと共に、ニューヨークに出た。ごく初期の吹込《ブルー・ボーイ》と《クーリング・オフ・ウィズ・ウラノフ》はエマーシー盤で求められる。

四九年一月、リー・コニッツはボブ・ワインストックから「トニー・フルセラ（tp）のセッションにつきあわないか」との誘いをうけた。ところがフルセラの方で断わったので、コニッツのセッションになった。コニッツは「恩師のトリスターノを加え、自分はサイドメンの一人になるから、トリスターノの名で録音してほしい」といった。これがワインストックのプレスティッジ（当時ニュー・ジャズといった）創業第一作となった。

バップがはじまった時、早くも幾人かの白人がこれに参加していた。ジョージ・ウォーリントン、アル・ヘイグは、ともにバド・パウエルがはじめたことをまっさきに理解したピアニストである。アレン・イーガーも最も早くウォーデル・グレイやチャーリー・パーカーのイディオムを吸収したテナー・マンであり、ドラマーのスタン・リーヴィは、四二年に早くもガレスピーと共演しており、四五年十二月にはアル・ヘイグと共に、ガレスピー＝パーカー・コンボのロスゆきに同行していた白人モダン・ドラマーの草分け的存在であった。

だがこれらの事実を以《も》って、直ちに白人がモダン・ジャズの形成に寄与したと断ずることはできない。スタイルには同化したが、あくまで黒人の創造に追従したにすぎないのである。こう考える時、ウディ・ハーマンのファースト・ハードはバップの影響をいちはやく反映させた最初の白人オーケストラとして光彩を放ってくる。

コンボでは、チャリー・ヴェンチュラ七重奏団がある。ヴェンチュラ自身は、スイング・スタイルのブロー・テナーを身上としたが、四九年に至って編成替えした七重奏団は、ニューヨーク近辺のジャズ・クラブで、アングラ的に演じられていたバップを、妥協や水増しなしにコンサート・ステージに引きあげ、しかも興行的に成功を収めた点で、特筆すべき在在といわねばならない。Bop for the People（大衆のためのバップ）を旗印に、パサディナ公会堂で開いたコンサートの録音（一九四九年デッカ）が、メッタヤタラに楽しい点は、とかく難解とされやすいバップの普及版として、四〇年代の名盤といえる。ただしクリエイティヴな要素があまりないのはやむを得ない。新しいイディオムが地についたあと、大衆普及版が現われる点では、のちのウエスト・コースト・ジャズと軌を一にする。とはいえこのコンボで紹介されたジャッキー&ロイのヴォーカルは、ニュー・サウンドに肉声をフィットさせた点でひとつのクリエーションと評価することが出来るのである。

　こう見てくると、四九年一月のレニー・トリスターノ・セッション（後年リーダーの名前はリー・コニッツにすりかえられたが）の意義は大きい。黒人からはじめられたバップに、はじめて白人的な創造を附与したからである。

トリスターノとリー・コニッツ

リー・コニッツは、トリスターノとおなじシカゴの生まれ。八才年下である。トリスターノがシカゴのルンバ・バンドで働いていた頃コニッツは知りあった。トリスターノとコニッツの音楽的交流を、当時に遡《さかのぼ》って調べるのはむずかしい。あまり知られていないことだが、あれほど一心同体に見えた二人の仲が、六〇年代なかばで急速に冷え切ってしまったからである。

　四七年コニッツはクロード・ソーンヒル楽団に入り、四八年春ニューヨークに出た。四八年九月、「ロイヤル・ルースト」に於《お》けるマイルス九重奏団の実況録音における彼のプレイは、上出来とはいいかねる。

それだけにプレスティッジ盤は興味深い。この日は五曲が吹込まれた。すなわちコニッツ作の《サブコンシャス・リー》とトリスターノ作の《ジュディ》、《プログレッション》、《追想》、《トートロジー》（類語反復の意）である。こう並べるとすべてオリジナルのようにみえる。たしかにメロディはオリジナルだが、コード進行は、ポピュラー曲のを借用したもの。上記の順で用いたコードを記すと、《恋とはどんなものでしょう》、《ドント・ブレイム・ミー》、《アイダホー》、《ジーズ・フリッシュ・シングス》そしてもう一度、《アイダホー》である。

バップ時代のいちじるしい特徴は、既成曲のコード進行を借用して、新しいメロディないし、リフをその上に乗せ、アドリブの素材にすることだった。トリスターノもコニッツも、黒人バッパーとおなじ手法を用いて、しかも黒人バップとまったく一線を画する作品をつくりあげたので、われわれに一層比較しやすいものを提供してくれているのである。トリスターノの作品が、自分の創作したコードを用いないことは、一部から不審に思われているが、その理由はぼくにもわからない。だがその結果、メロディック・ラインの特徴がさらに明瞭《めいりょう》にうかびあがることになった。

特におもしろいのはコニッツのラインである。チャーリー・パーカーが全アルト界を制圧していた時だったのに、パーカー・ラインの片鱗《へんりん》もない。そんなことがどうして可能だったか？　彼のアルト・ラインが、トリスターノのピアノをアルトにそっくりそのまま移したものだったからだ——とぼくは思う。

これはひとりコニッツに限らない。ビリー・バウァーのギターも同様である。いわゆるトリスターノ派といわれた人たちが皆そうなのだ。ウォーン・マーシュ（ts）などはその申し子のようなものである。つまり、トリスターノのワンマン・バンドなのだ。何度もテープを巻き戻して、一人数役の複合録音をやっているようにさえきこえるところがおもしろい。ここにレニー・トリスターノの、催眠術師的支配力をみることができる。トリスターノのオリジナル曲が《潜在意識的コニッツ》（Subconcious-Lee）とあるのも謎めいている。コニッツへの催眠術は、一九五三年一月、ジェリー・マリガン四重奏団へのゲスト出演（パシフィック）で、早くもとけはじめているのがわかる。トリスターノがコニッツを催眠術にかけていた——などというのはジャズ史の定説どころか、ぼくの勝手な仮説であって、海外でもそんなことをいった人はないから、きき流してもらった方が安全だが、そういうフシがいくつか思いあたるのである。

シカゴでコニッツがジャズをやりだしたころ、この町の若いバッパーたち……ジミー・レイニー（g）やルウ・レヴィ（p）と知り合ったが、彼はトリスターノに熱中していたため（because of his involvement with Tristano あなたならどう訳す?）、彼らとあまり演奏を共にすることがなかった。トリスターノと、パーカーやガレスピーについて語りあったことはあったが、そのレコードをきいたようには記憶していない。

彼は語る。「パーカーには近づかないように気を使った。あまりにもイミテーターが多すぎたので——。それにレニーは、ぼくの吹奏の中に、変ったものがまじるとすぐ見破った。たぶん……はっきりといい切ることは出来ないが……レニーは、パーカーをきいたり、近づかないようにぼくを指導していたようだった。本当にそうだったかはわからないが、ぼく自身近づこうとしなかったことは事実だ。だが、明らかに必要な影響を避けているのは、たいへんなことだった」それはそれとして、今日のあなたのプレイは、以前にくらべてパーカーに近づいたとは思いませんか？　という質問に対して、「そう思いたい。そう思う」（"I hope so. I think so."）と彼は答えた。

四〇年代の終りに、アブストラクトで閃光《せんこう》的だった彼のアルトが、のちよりやわらかく、具体的で、歌えるものに変化したことについて、ベーレントは「昔は実力以上に吹いたんです。今は自分のやっていることが、自分でわかるようになりました」という彼自身の言葉を引用し、「この謙虚な言葉は次のように解釈すべきだと思う。よそ目に天才とみられたものが、彼自身にとって超自然で異様なものだったのだ。芸術的良心において、彼は彼自身の天才と絶縁したのだ」という。

催眠術説を立てるぼくからいえば、コニッツはやがてトリスターノのかけた催眠術から目覚め、「こんなことでは一生がダメになる」とあわてふためき、トリスターノの呪縛《じゅばく》を断ち切るために、スタン・ケントン・オーケストラにかけこんだ……という筋書きになる。

ケントン楽団の《イン・ア・ライター・ヴェイン》（キャピトル）にフィーチュアされたコニッツをきいて、彼に去られたトリスターノはこういった。「ウォーン・マーシュと比べてコニッツがちがうのは、何でもやりたがる点だ。ケントン・バンドに入ったのも、その例である。ひどいバンドだ。リズムもひどい。だがリーは立派だ。偉大である。あの男はサイドメンになると光る奴だ。あいつがリーダーとなったLPにロクなものはない」この言葉を引用したギトラーは、コニッツがリーダーとなったレコードは皆すばらしいので、トリスターノの言葉は、まるで息子に家出された父親の怒りを思わせる――とつけたしている。

一九五五年のアトランティック盤『レニー・トリスターノ』の片面で、コニッツとトリスターノのひさしぶりの共演がきかれる。ただ一曲《君はわがすべて》を除いて、この共演はおもしろくない。いやおもしろくないところがおもしろい。神通力をなくしたトリスターノ。術からさめ果ててわが道をゆくコニッツ。旧師のおだやかならぬ心中が、ピアノのコンピングにそっくりそのまま現われている。

このLPの片面は、孤独となり果てたトリスターノがついに試みた複合録音だ。ベースとドラムのリズムだけを前もってとっておいて、ブルース《レクイエム》は二重録音、《ターキッシュ・マンボ》は三重録音。この二曲はおもしろい。ところが《ラインアップ》と《イースト32》は、ゆっくり弾いたピアノのテープを、早廻《まわ》ししてリズムにスーパー・

インポーズするという、人知も及ばぬシカケをほどこしたものであった。

一九六五年コニッツとトリスターノは、ベルリン・ジャズ・フェスティバルで再会したが二人は共演しなかった。仲たがいの原因をきかれたコニッツは、答えることを拒絶していった。「それを説明すると、どうしても胸に一物あるような話し方になってしまうだろう。それがたまらない。彼がジャズに残した功績は不滅だ。バードに続く論理的な発展だった。ただ正当な評価をうけることなく、演奏されなくなってしまったことは残念である」

だがこうした裏ばなしは、白人モダン・ジャズの開祖レニー・トリスターノの史的位置をすこしも傷つけるものではない。一九四九年五月十六日、トリスターノ一派（コニッツ、マーシュを含む）はキャピトルのスタジオで、四曲を吹込んだ。そのうち、《イントゥイション》と《ディグレッション》は、最も白人的なコンセプションにもとづく、まったくのフリー・ジャズであった。トリスターノは、ドラムに均等の四つ打ちのみを要求した。それはメトロノームのようにステッディでなければならなかった。アフター・ビートさえゆるさなかった。こんなところにコニッツの、師に対する不信が芽生えたような気もする。

ウォーン・マーシュはトリスターノが最高の弟子であることを認めた、秀《すぐ》れたインプロヴァイザーであった。ドン・フェラーラ（tp）、ウィリー・デニス（tb）、サル・モスカ、ロニー・ボール（p）、ピーター・インド（b）、ビリー・バウアー（g）は皆、トリスターノ派といわれた。

ディキシー畑から、トリスターノの教えを乞《こ》うた人々もいる。シカゴ派の老雄バド・フリーマン（ts）とボブ・ウィルバー（ss）だ。フリーマンは吹奏に自信をなくして、三か月間トリスターノの許《もと》でスケールを勉強し、大いに自信を得て戻ってきたが、さすがに年齢を喰《く》っていると、催眠術はきかなかったらしい。

「まったく尊敬に値する人だと思うが、影響はまったく受けなかった。私は自分のプレイと私自身に忠実でありたい」とフリーマンは感想を語った。

スタン・ケントンとボイド・レーバン

スタン・ケントンとボイド・レーバン、およびこのカテゴリーに属する幾人かの白人リーダーとその業績を、歴史的に位置づけるためには、クラシック界を包括した「アメリカ音楽の展望」を行う必要がある。

第二次大戦前までは、クラシック・ファンの間でも、アメリカ音楽は二流三流と考えられ、まじめに聴く人はすくなかった。第二次大戦が終ってみると、戦前一流の地位を保持していた敗戦国は、音楽的にも敗残の地位に転落していた。ドイツしかり、イタリーしかりである。一方、二大戦勝国アメリカとソ連は、作曲および演奏の二分野にわたって、俄《が》然《ぜん》頭角を現わし、世界音楽界を指導する地位に立っていたのである。

中でもアメリカは、ヨーロッパの重要な音楽家が迫害を避けてこの国に亡命したため、実に「世界音楽の中心」を形成することとなった。すべての作曲家をあげるスペースはないが、主要な人名を挙げてみよう。

●ベラ・バルトーク（一八八一－一九四五）　ハンガリーが生んだ今世紀最高の作曲家の一人。一九四〇年、祖国がファシズムにじゅうりんされることを見越してアメリカに亡命。アメリカでは無理解の中で苦しい生活を送り、シゲッティ（ヴァイオリン）とベニー・グッドマンのために《ヴァイオリンとクラリネットのためのラプソディ》などまで書いた。貧困と白血病と闘いながら、四五年九月二十六日、ニューヨークのウェスト・サイド病院で六十四才の生涯を閉じた。

●イゴール・ストラヴィンスキー（一八八二－一九七一）　旧ロシアの帝都ペテルブルク郊外に生まれたが、一九一〇年《火の鳥》の初演のためパリを訪れ、のちフランス国籍を取得。《春の祭典》もまたパリで初演された。パリに住んだことがこの巨匠を意外に早くジャズにめぐりあわせることとなった。一九四〇年はじめニューヨーク・フィルその他各地交響楽団の客演指揮者として渡米。ハリウッドのビヴァリー・ヒルに居を構え、《交響曲ハ長調》を皮切りに、《三楽章の交響曲》をはじめ、ウディ・ハーマン楽団に《エボニー・コンチェルト》を書き与えるなど、大活躍をみせた。

●アーノルド・シェーンベルク（一八七四－一九五一）ウィーンに生まれたが、一九三三年ヒトラーが政権をとるに及び、ユダヤ人迫害をのがれて渡米。最初ボストンのモールキン音楽院、ついで健康上ロスに居を定め、南カリフォルニア大学、のちカリフォルニア大学ロス分校の教授となりアメリカ市民権を得、この地で没した。

●ダリウス・ミヨー（一八九二－一九七四）ユダヤ系フランス人であった彼は、一九四〇年ナチス占領下のフランスから身を以って脱出し、カリフォルニア州オークランドのミルズ・カレッジで作曲を講じつつ、次々と新作を発表した。戦後も隔年フランスとアメリカの生活をわけていた。

●パウル・ヒンデミット（一八九五－一九六三）その芸術がまさに円熟の境にあった一九三七年、ヒトラーの側近ゲッペルスににらまれ、フルトヴェングラーらの地位をかけての擁護もむなしく、トルコ、スイスを経てアメリカに移住。ボストンの音楽学校を経て、エール大学の音楽部長となった。終戦後ヨーロッパに戻ったが、隔年エール大学へ講義に赴いた。

●ボフスラフ・マルティヌー（一八九〇－一九五九）チェコが生んだ最大の作曲家マルティヌーはパリで活躍中一九四〇年ナチスの手をのがれてパリを去り、翌年アメリカに渡る。アメリカ市民権を得、ニューヨークで作曲活動、五七年スイスに移った。

●エルンスト・クシェネック（一九〇〇－一九九一）ナチスの迫害により、一九三八年ウィーンからアメリカに渡り、四五年アメリカに帰化、ヴァッサー・カレッジ、ミネソタ州ハムリン大学で教鞭《きょうべん》をとったのち、四七年以降は南カリフォルニアに住み各大学の客員教授をつとめた。

●エルンスト・トッホ（一八八七－一九六四）　ウィーンに生まれたトッホも、ナチスに追われて一九三四年渡米。四六年アメリカに帰化し、南カリフォルニア大学で作曲を講じた。

●エルネスト・ブロッホ（一八八〇－一九五九）　スイスに生まれたユダヤ人作曲家ブロッホもまた、十五年間アメリカで活躍後、三〇年からヨーロッパに戻ったが、ファシズムの反ユダヤ政策が激しくなったのを機に、四一年再渡米、カリフォルニア大教授を十二年間つとめた。

さあどうだろう？　これで音楽的後進国だったアメリカの体質がかわらなかったらどうかしている。皮肉な目で眺めれば、「ヒトラー暴れて、アメリカ音楽黄金時代を迎える」ということになる。だがアメリカ音楽にくわしい評論家三浦淳史《みうらあつし》氏は、次のように述べて、そういう皮相な見方に警告を発しているのである。

「確かにヨーロッパ音楽家が、多数アメリカに移ったことは、アメリカ音楽界振興のひとつのファクターと認められるにしても、最も重大なことは、アメリカ自体が、音楽的にも

〈成年に達した〉事実であることを見逃がしてはならない。アメリカは戦争の結果一流音楽国になったのでもなく、外国からの客人のおかげで盛観を呈しているのでもない。むしろ成熟してきたアメリカ楽界の恵まれた環境の中でこそ、外国音楽家もその技能を充分に発揮できたというべきであろう。ヨーロッパの文化が壊滅に瀕《ひん》し、人材がすべてアメリカに集まったため、アメリカ文化が盛大になったとみるのは皮相な観察である」(注24)。

戦争中および戦後のジャズの発展に、「成年に達したアメリカ音楽」は、きわめて敏感に反映せずにはおかなかった。これはひとり、スタン・ケントンとボイド・レーバンの例に限らない。だが、二人を語るついでにこのことに触れておくことは、適切だと思った次第である。

スタン・ケントンとその音楽

アメリカ合衆国の地図に対角線を引き、その交点を求めると、カンサス州ウィチタの町がみつかる。スタン・ケントンは一九一二年、この町に生まれた。彼のシンメトリカルな音楽が、地図上の交点に生まれたせいかどうかはわからない。まもなく一家は南カリフォルニアに移り、スタンはロスのハイ・スクールを出た。ピアニストとしてかせいだあと、一九四一年ロス郊外バルボア・ビーチの「ランデヴー・ボールルーム」に、十四人編成のダンス・バンドをひきいてデビュー。質のいいバンドとして話題になり、翌年ニューヨークの「ローズランド・ボールルーム」に八週間の契約を得て進出したがこれは無残な失敗に終った。「このスタイルは時代おくれだった。新しいものは何もなく、ビートにアクセントをつけているだけだった。今やフレージングの時代である。機械的な音では駄目なんだ」

一九四四年にアニタ・オデイ、四五年にジューン・クリスティという名歌手を得て、ケントン楽団は、はじめて大きく注目されるところとなった。クリスティに続いてクリス・コナーと並べてみると、ケントンのヴォーカル路線がいかに卓抜なものであったかがよくわかる。

だが、ヴォーカルだけを売り物にしたわけではない。それまでのダンス・バンド・カラーを一擲《いってき》したニュー・サウンドによるシリーズをつくりだした。これを「アーティストリー・イン・リズム」（リズムの芸術）シリーズとよぶ。

アレンジはケントン自身と、復員したばかりのピート・ルゴロによって書かれた。ピート・ルゴロは、ミルズ・カレッジで、ダリウス・ミヨーに作曲を学んだ俊英である。《アーティストリー・ジャンプ》、《アーティストリー・イン・ブギ》、《アーティストリー・イン・パーカッション》、《アーティストリー・イン・ボレロ》……と「アーティストリー」を銘打つ作品は数多いが、それを冠しない作曲にも一貫したケントン・サウンドが明確に打ち出されてきた。

スタン・ケントンとデューク・エリントンとは、イメージの上で結びつけにくいように思うが、エディ・サフランスキーのベースやシェリー・マンのドラムを、アーティストリー・シリーズで大きくフィーチュアしたのはエリントンの例にならったものである。このやりかたはのち、ジューン・クリスティ、メイナード・ファーガソン、アート・ペッパーなどにも適用され、いかにすぐれたサイドメンを揃えているかをPRするのにも役立った。

東のウディ・ハーマンとならび称されるようになった西のケントンではあるが、バンドの組みかえの点でも、両者は互角の実績をもっている。ケントンはしばしば強度の神経衰弱に襲われた。デイヴ・デクスターの記述によると、「ある日、自分のギタリスト、ボブ・エーハンの電話番号を教えてくれという。書いて渡すと、電話器を握り、狂気のようにA—H—E—R—Nとまわし、どうしてつながらないのかなァと、首をひねるのであった。こんなことから、療養のためブラジルにとび、心機一転、完治して戻り、ふたたびバンドを編成した」

ブラジルからきたローリンド・アルメイダ（g）をフィーチュアしたケントン楽団は、アーティストリー・シリーズに続くラテン・リズム時代を迎える。モダン・ジャズとラテン・リズムの結合というと、人はすぐチャノ・ポゾ（コンガ）を加えたディジー・ガレスピーのビッグ・バンドを思い出すが、スタン・ケントンの方がはるかに早かったのである。チコ・アルヴァレス（tp、編曲）は創立以来の団員であったし、しばしばラテン・ナンバーでソロをとっている。

この時期から、ケントンは「プログレッシヴ・ジャズ」という旗印をかかげるようになった。《マチート》、《キューバン・カーニバル》、《南京豆売り》、《ブラジルへの旅》などがこの時期の作曲である。このバンドは、一九四八年十二月、ケントンの神経衰弱によって、人気の絶頂期に解散する。

翌四九年後半から、ケントンは途方もないビッグ・バンドを編成して、リハーサルに入った。5tp、5tb、5サックス、4リズムの他、ホーンとチューバが三人、10ヴァイオリン、3ヴィオラ、3チェロ、5ラテン打楽器とジューン・クリスティの歌という、四十五人編成である。今度の旗印は、「イノヴェーション・イン・モダン・ミュージック」。ピート・ルゴロの他に、夭折《ようせつ》したボブ・グレチンガーの作曲をフィーチュアした。グレチンガーは《絃楽《げんがく》の家》(House of Strings)で、シェーンベルクやアルバン・ベルクを思わせる無調手法を用い、続いて出た《ガラスの都市》(City of Glass)でジャズ・ファンを呆れさせ、クラシック・ファンを喜ばせた。これらの音楽に対する評価はまちまちだが、ジャズとよべない音楽であることはたしかである。この大オーケストラをひきつれ、五〇年春、五一年秋アメリカおよびカナダ各地にコンサート・ツアーを行ったケントンには、たいへんな賛辞があびせられたが、おとなになったばかりの、アメリカ音楽界の若さの断面を垣《かい》間見《まみ》る思いがする。

「イノヴェーション」時代は、一九五一年一杯で終り、今度は再びジャズに戻って「ニュー・コンセプツ・オブ・アーティストリー・イン・リズム」の時代に入る。旗印はニュー・コンセプツだが、要するに昔に帰ったわけで、ジャズ史をゆるがしたケントン時代は、このあたりで終って差支えない。ダウン・ビート誌の読者投票では一九五四年に「名声の殿堂」入りをはたした。五〇年代のウエスト・コースト・ジャズ・シーンの中核となったミュージシャンの大部分が、旧ケントン楽団員だったことは特記してよい。彼らの多くは、イーストからの転住者であったが、おりからサウンド・トラック音楽の強化に乗りだしたハリウッドのスタジオに雇われる一方、楽しみのためにジャズを演奏し、ウエスト・コーストのジャズ・シーンに一時期を画したのであった。

ボイド・レーバンとその音楽

一九四〇年代中期、足かけ三年間ではあったが、ハーマン、ケントンと覇を競った白人バンド・リーダー、ボイド・レーバンの晩年については誰も知らない。音楽界とは全く縁を切ってしまったからだ。そして六六年、ルイジアナ州から死亡の報がもたらされたのであった。

わずかに残っているレコードから想像できるように、ボイド・レーバン楽団は、いわゆるジャズ・オーケストラではない。むしろ、クロード・ソーンヒル、アイシャム・ジョーンズ、エリオット・ローレンス、ソウター＝フィネガンなどとジャンルを一にする「ダンス・バンド」であった。

一九三〇年から、ダンス・バンドをひきいていたが、ジャズ的にピークを迎えたのは一九四四－四六年におよぶ期間である。一九四四年ニュー・ジャージー州パリセーズ・パークの舞踏場に出演中、火災にあい、楽譜や楽器を全焼させてしまったが、これがキッカケで、バンドのレパートリーは一新した。

一九四五年一月ギルド・レコード（のち一部はCBSソニー＝サヴォイからLPとして出た）に吹込まれたメンバー中おもなスターを拾いだしてみると、ディジー・ガレスピー、リトル・ベニー・ハリス（tp）、アール・スウォープ（tb）、ジョニー・ボスウェル、ハル・マクシック、ボイド・レーバン、アル・コーン、サージ・チャロフ（サックス）、アイク・カーペンター（p）、スティーヴ・ジョーダン（g）、オスカー・ペティフォード（b）、シェリー・マン（ds）という夢のようなオールスター編成である。この頃レーバン楽団はニューヨークのホテル・コモドアに出演しており、たくさんのすぐれたミュージシャンが聴きにきて、とび入りするのを常にした。そうした時期の産物なのであった。

このころから編曲者にジョージ・ハンディを雇った。ケントン＝ルゴロと同様にレーバン＝ハンディのコンビは伝説的である。ハンディは当時二十五才、ジュリアード音楽院に学ぶかたわら、アーロン・コープランドの個人指導で作曲を学んだ。バリー・ウラノフは、絶頂期のレーバン楽団について次のように記している。

「ボイド・レーバン・バンドの本領は、一九四五年カリフォルニアに落ち着いて飢えと懸命にたたかってはじめて発揮された。一九四六年八月、サンフランシスコのパレス・ホテルでの彼のバンドは、非常に優れたものだった。リハーサルは万全で、アンサンブルは美しく、バンド独自のものをもっていた。フレッシュなアルト奏者、ハル・マクシック、新しいアイディアを刺激的に吹くテナー・マン、フランキー・ソコロフがいた。ジョニー・マンデルはビル・ハリスのアイディアを、トロンボーン・ヴァリエーションに生かし、新鮮な編曲を書いた（のち《いそしぎ》を書いたマンデルである）。ジョージ・ハンディはピアノを弾き、作曲もしたが、一年前ニューヨークにいた時の仕事からみると、格段の成長を示していた。彼のイデオロギーは普遍的なものであった。バルトークやストラヴィンスキーの影響がみられる《ゼアズ・ノー・ユー》や《アウト・オブ・ジス・ワールド》の編曲もあれば、マクシックと共作の《ヤーザ》や《トンシレクトミー》もあり、《ボイド・ミーツ・ストラヴィンスキー》では堂々とその影響が出ていた。彼がノーマン・グランツの実験的アルバム『ジャズ・シーン』のために作曲した《ダルヴァトア・サリー》（シュール派画家サルヴァドール・ダリをモジったもの）や《ブルース》などのオリジナルには、ジャズ思索家としてのいちじるしいオリジナリティがきかれた。《ブルース》は十二小節のコーラスのきまり文句と、絃《げん》や木管楽器をジャズ楽器に加えた編成とを面白く追究した作曲であった。（中略）一九四六年以後はジョージ・ハンディがジャズ界から消え、レーバン・バンドも消えた。ただ（後期編曲者の一人）ジョニー・リチャーズだけが、ドビュッシーやラヴェルふうの立派な演奏をレコーディングしたり、時々ステージやクラブに出演したりしていた」

ジョージ・T・サイモンは、次の様に要約している。

「ミュージシャンの立場からみて、四〇年代中期の真に偉大なバンドのひとつは、ボイド・レーバン楽団である。だがファンの立場からみたこの楽団は、ダンスしにくいダンス・オーケストラで、一部の人にしかわからない奇妙な音を出すモダン・バンドにすぎなかった」

専属歌手ジニー・パウエルと結婚したボイド・レーバンは、引退して家具店を開いた。最初はニューヨークの五番街、のちにはバハマ諸島のナッソーで——。五六年になってレーバンは、当時の編曲を加えた二十二曲をバック・クレイトンやコールマン・ホーキンズを含むオールスター臨時編成でCBSに吹込んだ。五九年、愛妻を失い再婚したが、六六年心臓麻痺《まひ》のためこの世を去った。享年五十二であった。

ウエスト・コースト・ジャズ

一九七〇年夏、万国博のジャズ・フェスティバルに来演したヨーロッパのオールスターズは、やはり傾聴に値するものだった。

七か国から集められた№1ばかり八人のミュージシャンは、年に一度ぐらいしか顔を合わせる機会のない人々なのに、あれだけまとまったコンセプションを打ち出しているのをきくと、「ヨーロッパのジャズも、いよいよ本物になってきたなあ」という感を深くする。アルバート・マンゲルスドルフのトロンボーンは、ますます名人芸の域に達し、テクニックの点では、もはやJ・J・ジョンソンをすら凌《しの》いでいるときいた。だがいちばん驚いたのは、「足柄山《あしがらやま》の金太郎《きんたろう》ちゃん」こと、ジョン・サーマンだった。ハリー・カーネイからジェリー・マリガンに至るバリトン・サックスという楽器の既成概念は、日本滞在中に二十六才を迎えたこのイギリスの青年によって、まったく新しい次元を開かれたのである。予想できなかった大物の出現であった。

ヨーロッパにおけるジャズの成熟は、一九六〇年代に入ってから、アメリカで認められることのなかったすぐれたミュージシャンの渡欧によってはじまった。それより以前、一九三〇年代前半の不況時代にデューク・エリントン、ルイ・アームストロング、コールマン・ホーキンズ、ベニー・カーターの相次ぐ渡欧は、ヨーロッパ中を興奮させ、幾人かのすぐれたミュージシャンを生んだが、それらは全くのコピー・キャッツ（模倣楽士）であって、クリエイティヴなミュージシャンとはいえなかった。確固たる自分自身のスタイルをもったミュージシャンとして思い出せるのが一九五〇年までにジャンゴ・ラインハルト（g）とスタン・ハッセルガード（cl）ぐらいしかなかったことを思えば、まさに隔世の感といってよい。ヨーロッパのジャズについては、「フリー・ジャズとポスト・フリー・ジャズ」の項（385頁）で触れる機会をもちたいので、早速本題に入ることにしよう。

アメリカのミュージシャンが楽旅ないし、移住する傾向が、本場が不況になっているときに目立つのは、ジャズの歴史の大きな特徴となっている。さきにのべたエリントン、アームストロング、ホーキンズらの渡欧は、資本主義社会が経験した最大の不況時代であった。

一九六〇年代のヨーロッパへの移動は、アメリカ・ジャズ界内部の不況時代であった。

そしてまた一九五〇年を契機に、アメリカ東部のミュージシャンが大量に西海岸に移動し、ウエスト・コーストに一時期を画したのも、東部と西部のいちじるしい景気偏差にもとづくものだったのである。

一九五〇年六月、朝鮮戦争が勃発《ぼっぱつ》した。太平洋戦争が日本の降伏によって終結をみてから、わずか五年後のことである。第二次大戦に於いて、アメリカはヨーロッパ戦線でも活躍したが、作戦の重点は太平洋戦争におかれていた。その兵站《へいたん》基地となったのがカリフォルニア州ロサンジェルス（以下ロスと略称する）だったのである。特に航空機生産工場の数は、周囲の諸衛星都市を含めて全米随一を誇るようになっていた。ちょうどこの頃、テレビが一般化した。映画会社は画面の大型化にともない、サウンド・トラック・ミュージックを重視するようになった（注25）。

サントラ・レコードは戦前SPの時代からなかったわけではない。はっきり「サウンド・トラックより」とうたっているものに、ディズニーの『白雪姫』や、タイロン・パワー主演の『血と砂』があり、ともに数枚組のセット・アルバムで発売された。また一九五〇年の二作品『アニーよ銃をとれ！』、『情熱の狂想曲』はともにSPの組みもので出たあと、LP化されたようにおぼえている。

一九五〇年に至って、サウンド・トラック音楽がかつてなく重要視されるようになったのは、LPの発明と密接な関連がある。ご承知のようにフィルムの光電管式録音は、LPないしテープに比して、いちじるしく収録周波数帯がせまい。つまり音がよくないのである。そこで音楽はまずテープに収めたのち、編集してフィルムに再録音される。サントラなら当然セリフがかぶっているはずの部分にセリフがないのは、音楽をテープでさきにとっているからで、そのテープから直接レコードを製作しようというわけなのだ。

サントラLPが、レコード界の新しい商品として、莫大《ばくだい》な副収入をもたらすことに最初に気づいたのはMGMであった。MGMはアーノルド・マキシンを社長に据え、いちはやくレコード専門の別会社を創立した。ハリウッドの業界誌「フェイム」(Fame)に載ったマキシン社長の言葉はこうである。

「この種のレコード(サントラの主題歌シングル)は、国内七千の放送局から一日一万回ないし一万五千回放送される。そのたびごとに映画の題名がアナウンスされるのだ。封切り前にだよ」(注26)。

数千ドルの製作費で、百万ドルの宣伝が出来る――映画会社はサントラ音楽に熱中しだした。まず作曲家――マックス・スタイナー、ミクロス・ローザ、デミトリー・ティオムキン、アレックス・ノースから、ジャズをよく知っているエルマー・バーンスタイン、ジョニー・マンデル、ヘンリー・マンシーニなどが次々と音楽を委嘱され、続いて譜面に強くて、ジャズも出来るミュージシャンが呼び集められた。

数度解散したウディ・ハーマンとスタン・ケントン楽団員以上に、この仕事に向くミュージシャンがいるだろうか？　彼らはサイドメン時代とはケタのちがう金をもらって、スタジオ・ミュージシャンとなった。ジャズ界でも有能な新人とさわがれていた彼らは、スタジオの仕事だけでなく、余暇を利用して、折柄軍需景気に湧きかえるロス近郊のクラブでジャズを演奏しはじめた。なかには、スタジオ・ミュージシャンとして時々働く他はジャズに専念するプレイアーもいた。ショーティ・ロジャースやジミー・ジュフリーがそれである。

ショーティ・ロジャース

ショーティ・ロジャースは、一九四〇年代の中頃、義兄レッド・ノーヴォのオールスター・グループで働き、ハーマン、ケントン両楽団で働いたが、ケントンが例の「イノヴェーション」の第二回楽旅に出発する直前に退団して、ロスに定住した。ケントンが楽旅から戻った時、さらに多くの同僚がロジャースと同じように、ケントン楽団をはなれてロスに定住した。彼らのうち誰も、南カリフォルニアがその後数年のうちに、ジャズ・ブームの中心地になろうとは予測していなかった。

もしもウエスト・コースト・ジャズの発生時期を規定するとすれば、一九五一年夏ショーティ・ロジャースがケントン楽団を辞し、ハーモサ・ビーチにあったライトハウスの、ハワード・ラムゼイのコンボに加入した時とするのが、いちばん正しいかもしれない。DJでコンサート・プロモーターでもあったジーン・ノーマンが、編曲者、トランペット奏者としてのショーティの才を認め、彼をリーダーとするアルバムを製作するように、キャピトルとの間をとりもった。

このアルバムは話題となり、特にロジャース、ジュフリー、シェリー・マンのプレイは注目されたが、三人ともハワード・ラムゼイのライトハウス・オールスターズのメンバーであった。この時からライトハウスは、ジャズのメッカの観を呈するようになった。もともとこのクラブは、ベースの腕前はまあまあだが、人好きのするハワード・ラムゼイが経営者のジョン・レヴィンに建言して、ハウス・コンボの他にオールスター・グループを組み、時折り演奏していたものだった。客足の伸びが目立ってきたとき、レヴィンとラムゼイは、店内での実況録音ＬＰの製作を企画した。これが事実上「コンテンポラリー」レコードの創立第一作となったものである。

コンテンポラリー・レコードを通して、ロスが新しいジャズの中心地になったことを知ると、ミュージシャンたちはニューヨークから転居しはじめた。

四〇年代後半から、ニューヨークのジャズは不況を迎えていた。三〇年代後半からジャズのメッカとして知られた五十二丁目のクラブの灯はほとんど消え、ジャズは横丁のバーに移っていた。この時期にシェリー・マンもジェリー・マリガンも、ニューヨークからロスへと転宅したのである。

ジェリー・マリガン

ジェリー・マリガンがウエストに来たのは五二年九月のことである。

ウィルシア・ブルーバートとケンモア通りの交差点からすこしはなれたところに「ヘイグ」という店があった。この年の夏まえに、この店のプログラム選定係兼宣伝係として雇われたリチャード・ボックという二十五才の青年は、マリガンがニューヨークでマイルス・デヴィス九重奏団のためにした仕事のことなどをよく知っていたので、マリガンに木曜の夜のセッションに出演を交渉した。

折柄復員したチェット・ベイカーというトランペット奏者と共演したマリガンは、かねて抱懐する所信をベイカーに打ち明けた。ピアノという楽器はあまりにも有能なため、ホーン・ソロの効果を減殺することがある。君さえその気になるなら、ピアノを加えないカルテットをつくろうじゃないか。ベイカーに異論はなかった。

編成からピアノを除いた時、まっさきに起る問題は、ベースに負担がかかるということである。こうして最初ボブ・ウィットロック、のちカーソン・スミスがベースを担当した。二人はこのカルテットに新しいベース・プレイの基準をつくったのみならず、ウエスト・コースト全体のベースの役割にも大きな影響を与えた。ドラマーは最初チコ・ハミルトン、のちラリー・バンカーが引きつぎ、これまたその成果を賞賛された。

やがて木曜夜の「ヘイグ」に現われる客数は、大スターを雇ったときと同じ位になった。リチャード・ボックは、このカルテットの重要性に気附き、貯金をはたいて「パシフィック・ジャズ」なるマイナー・レーベルをつくり、自分の車で売り歩いた。各放送局のDJがすっかり気に入ってこのレコードを流したので、注文が各地から殺到し、パシフィック・ジャズは創業の基盤を固めることができた。

デイヴ・ブルーベック

デイヴ・ブルーベックはカリフォルニア州サクラメントから程遠くないアイオウンに育った。牧畜のさかんな地方なので、最初獣医を志しカレッジに入ったが、まもなく音楽へ転科した。一九四六年に復員すると作曲家になろうとオークランドのミルズ・カレッジに入りダリウス・ミヨーに師事した。

クラブでピアノを弾いているところを、DJとして有名なジミー・ライオンズに認められ、ファンタジー・レコードに紹介された。最初トリオで、のちポール・デスモンドを加えた最初のカルテット・アルバム（ファンタジー）で、彼はたちまちジャズ・ファンのアイドルになった。

「ブルーベックのピアノはスイングしない」と批評家から叩かれながらも、彼は主としてカレッジ巡演に力を入れ、ジャズを知らない若人たちに、ジャズの面白さを普及していった。

いったいウエスト・コースト・ジャズとは何であろうか。一定のフォームもなければ、共通したコンセプションもない。もしみつけ出せるとしたら、当時われわれの生活感覚が要求したクールな味があったということだろう。

そのクールな感覚は、レスターー・ヤングのテナーに発し、マイルスの『クールの誕生』を経て、ウエスト・コーストに移入されたものであり、ショーティ・ロジャースの編曲作品に代表されるように、まさにカウント・ベイシーとレスター・ヤングをそのままモダン・ジャズに移植したものであった。ただこれらの白人ジャズには、カリフォルニアの陽光にも似た健康な明朗さがあった。バイタリティには欠けていたが、テクニックは皆すぐれていた。

もしウエスト・コースト・ジャズに共通分母を見出《みいだ》せるとしたら、録音もアルバム・デザインも、ニューヨークとくらべて格段とモダンだったことだ。「何をそんなこと!」と笑い給うな。それはウエストのレコード会社が、コンテンポラリー、パシフィック・ジャズ、ファンタジーとどれをとっても、テープとLP時代に入ってから創立されたものだったからである。ニューヨークのレコード会社は、LP時代に入っても旧態依然たるものがものがあった。プレスティッジやサヴォイの二十五センチLPは「これでも商品か!」と呆れる位に色気がなかった。音質に至ってはSP時代とほとんど変らなかった。一方、コンテンポラリーの第一弾、ライトハウス・オールスターズはテープを用いての現地録音であり、パシフィック・ジャズの第一弾、マリガン・カルテットも、「ヘイグ」で店を閉めてから、テープをまわして録音されたものだ。

録音技術面でイーストをはるかに抜いていたばかりでなく、装幀《そうてい》に至っては段ちがいである。何もかもがモダンで食指をそそられる。この地に出来た最も古い会社はキャピトルだが、それとても戦時中のことであった。マイナー・カンパニーは、近代的なキャピトルから学び、さらに一段とクールな装幀を心掛けた。外観と同様に中味の音楽も、実に新鮮であった。

スタジオ・ミュージシャンを中心としているだけに、テクニックはよく揃っており、一つの楽器にこだわらぬ多芸多才の持ち主ばかりであった。

その多くは音楽学校の出身者で、在学中は亡命していたヨーロッパ近代音楽の巨匠たちから、手をとって教えられた人が多い。いや実はその教養が、ウエスト・コースト・ジャズに意外に早く引導を渡すこととなったのだ……と私は思う。「スタン・ケントンとボイド・レーバン」の冒頭でのべたように、アメリカの音楽は、この時期にやっと成年期を迎えつつあった。マーティ・ペイチのように有能な編曲者すらこう書いている。

「近代ジャズ作曲の方向は、交響楽的なものに進むであろう。重要な解決が将来に残されている。ジャズでバルトークのサウンドと、ストラヴィンスキーのリズム、さらにシェーンベルクの十二音を全部とり入れて、ジャズの最も重要な要素であるスイングを、どのように保持してゆくかという問題である」(注27)。

一九六〇年代のジャズにさらされてきたわれわれが、今よむと、なぜバルトークやストラヴィンスキーやシェーンベルクをとり入れるという方向に考えが進むのか理解に苦しむが、これが白人ウエスト・コースターの意見を代表するものであった。

こういう方向に進んだのでは解決の方法がないことを、すでにオーネット・コールマン以降のジャズにその解答を見てしまった諸君は、納得されるであろう。

五〇年代の後半になって、ウエスト・コースト・ジャズが急速に衰微の道をたどったのは、こういう方向にしかジャズを考えることができなかった白人青年たちの宿命と共に、スタジオから高給をとりジャズを余技としてやってきた心のゆとりが、イーストの黒人の気魄《きはく》に対して、あまりにも脆弱《ぜいじゃく》だったためであろうと、ぼくは思っている。その証拠に、ウエスト・コースト・ジャズが滅びても、彼らの生活はすこしも損われるところがなかった。かえって福々しくなった人が多い。めでたい限りである。

マイルス・デヴィスを通してみる一九五〇－六〇年代のジャズ

今は無きサンケイ・ホールでミンガスのコンサートをきいたあと、東横線での帰りみちに、隣りに坐《すわ》っていた学生が、「あなたはマイルスの『ビッチェズ・ブリュー』を〈歴史をゆるがす傑作〉と評価されましたね。ぼくは何度となくききかえしてみたのですが、アドリブだって、特に今までのものとくらべて、傑出したものとは思えないのです。もちろん立派な作品だとは思いますが、歴史をゆるがす……といった評価は、どういう点を指したのでしょう?」と話しかけてきたのである。ぼくは一息吸ってこたえた。「あのリズムですよ」すると彼は全く虚をつかれたように、「ははあ、リズムですか」といった。きっと家に帰ってから、改めて聴き直していると思う。

『ビッチェズ・ブリュー』は、SJ誌の一九七一年度ディスク大賞を得たばかりでなく、世界各国でも、同年度のベスト・ワン・レコードに推されている。ところがスイング・ジャーナル誌の読者交歓室にも、「音楽的な充実感に乏しい空しい大作で、一体あの作品のどこに、歴史をゆるがす傑作といった価値があるのか、大方の評者の真意を計りかねている」といった意味の投書が出ていた。

ジャズという音楽については、「いい」「わるい」という価値判断以前に「好き」「嫌い」といった、個人の嗜好がまず示される。それでいいのであって、「嫌いだ。こんなものを賞《ほ》める奴の気が知れない」という発言が出るのは不思議でも何でもない。ファンは「好きな音楽」だけを楽しんでいればいいわけで、無理して嫌いな音楽を、他人がいいといったからといって、我慢してきく必要はすこしもないのである。

のちにくわしく、マイルス・デヴィスの歩みをのべることになるが、マイルスという人は、一貫してジャズの動きのポイントを押さえ、自分自身の解決を与えてきた人である。

一九六〇年代のジャズのさまざまな動きは、しばしば方向を見失い、「フリー、フリー」の掛け声のもとに、暗中模索をくりかえしたようにとられがちであるけれども、ぼくはそのようには思わない。四〇年代、五〇年代のジャズとおなじく、たいへん論理的に発展を遂げてきたと思っている。ただ、いつもいうように、少数のホンモノのまわりには、多数のニセモノがいて、これがホンモノの動きにつられて、付和雷同的にまぜっかえしをやる。論理的な発展の周囲に、そういう雑音が大きく渦巻くため、傍観者には、ひどく混迷したものにうけとられるのである。四〇年代のバップ時代だってそうであった。今では、その時代の名盤が続々複刻され、意外にスッキリとした発展のかたちをとっていたように思われるが、再発売の対象からはずれている迷演が同じように再発売されたら、四〇年代にも五〇年代にも、六〇年代とかわるところなく、混迷と退屈の時代があったことがよくわかるにちがいない。

その四〇年代、五〇年代のジャズが包含していた問題に、すっきりした解決を与えたのがマイルス・デヴィスであった……といったいい方は、あたっているようで、実は甚だ勝手な論法なのだが、すくなくとも解決に貢献した何人かのミュージシャンのうちの重要な一人であった——ということには何人も異論がなかろう。

まったく同様に、六〇年代のジャズが包含してきた問題点に、『ビッチェズ・ブリュー』はアッと驚くような解決を与えているのである。この場合「解決」という言葉を、数字の計算のようにとられては困る。計算だと、答えが出たらそれでおしまいだが、マイルスがやったことは、常に真の問題点の指摘と、次なる発展へのサジェッションであった。音楽家の使命は、自身に忠実な、より立派な作品をつくることであって、他のミュージシャンに「これが次の世代への模範であるゾヨ」と示すことではない。とすれば、そういう点をすかさず指摘し、ごまんと出る新作アルバムから、必聴の作として推薦するのは、ジャーナリズムの任でなければならない。

そこに、「好き」「嫌い」というファン的尺度から脱却したジャーナリストの使命があると思うのである。

マイルスの生い立ち

マイルス・デヴィスは、一九二六年五月二十五日、イリノイ州アルトンの富裕な歯科医の息子として生まれた。祖先は奴隷であったが、祖父は彼の父に教育を授け、父は歯科医となり、収入もよく、やがて土地を買いこんで、食用豚を飼育したりしたので、マイルスは全く金の苦労をしないで育った。

父はイースト・セントルイスにほど近いイリノイ州ミルスタッドに、八十キロ平方の土地を持っていたので、マイルスが二才の時に、一家はイースト・セントルイスに移住し、母は間もなく、黒人社交界の花形になった。

十三才の誕生日に、マイルスは父からトランペットを買ってもらった。父が買ってくれた理由は、患者の一人に学校で音楽を教えているエルウッド・ブキャナンという人がいて、

「マイルスにはトランペットが向いている」とすすめてくれたからだ。高校時代を通じて彼はずっと、ブキャナン先生についてトランペットを習った。まだ十五才で、ハイ・スクールに在学している時、マイルスはミュージシャン・ユニオンに入ってカードをもらい、エディ・ランドールのブルー・デヴィルズで働くようになった。

彼が当時セントルイス第一のトランペット奏者といわれたクラーク・テリーに、いろいろと習ったのはこの時代である。テリーは六才年上であった。

巡業にきたタイニー・ブラッドショウ楽団のテナー奏者ソニー・スティットが、若いマイルスに目をつけ、週六十ドルで入らないかといったのは、一九四二年のことだ。マイルスは息をはずませてわが家に帰り、「入ってもいいですか?」と母にたずねた。「いけません」母はキッパリといった。「高校を卒業するまでは勉強するのです」ふくれたマイルスは、二週間母と口をきかなかった。

高校の最後の二年間に、マイルスに口をかけたのは、ソニー・スティットだけではなかった。テキサス州ヒューストンで、兄のラッセル・ジャケーのバンドを引きついだイリノイ・ジャケーもそうだったし、マッキンニーズ・コットン・ピッカーズのマネージャー、A・J・シュリマンも、マイルスを入れたがった一人である。

一九四四年六月、マイルスはめでたく高校を卒業し、ちょうどニューオリンズから巡業してきたアダム・ランバートのシックス・ブラウン・キャッツに職を得た。このバンドは、シカゴのクラブ「シルエット」に、歌手のジョー・ウィリアムズと共に出て、次なる巡業地イリノイ州スプリングフィールドに赴いたのであったが、もう一人のトランペット奏者トム・ジェファーソンがニューオリンズに帰ってしまったので、ホーン奏者はマイルス一人となり、ランバート（g）、デューク・ソーンダース（b）、スタンリー・ウィリアムズ（ds）という四重奏団で、マイルスは週給百ドルを得た。といってもたった二週間である。このころマイルスは、ロイ・エルドリッジ、ハリー・ジェームズのようなスタイルで吹いていたという。

イースト・セントルイスに帰ったマイルスは、ビリー・エクスタイン楽団が巡業してくることを知り、楽器をもって「リヴィエラ」クラブにゆき、折よく第三トランペット奏者バディ・アンダーソンが病気欠勤したため、バンドの音楽監督ディジー・ガレスピーのおかげでその補充に加えてもらうことができた。マイルスは語る。

「ぼくは楽譜がよめなかったので、ディジーとチャーリー・パーカーのやることを耳からおぼえた」

この補欠は二週間に及び、愈々《いよいよ》マイルスはミュージシャンになる決意を固くした。母はマイルスをフィスク大学に入れるつもりであったが、父はニューヨークのジュリアード音楽院に行きたいというマイルスに賛成してくれた。

マイルスがニューヨークに出た年を、多くの文献では一九四五年としているが、どうも四四年八月というのが正確らしい（アメリカの学校は九月からはじまる）。

ニューヨークに着くや否や、すでにエクスタイン楽団をやめていたチャーリー・パーカーを探した。「ニューヨークに来たら、訪ねてきな」というあたたかいパーカーの言葉がたよりだった。つねに麻薬のために無一文であったパーカーは、たちまちこの金持の息子の下宿にころがりこみ、一年間同居することになる。

パーカー・コンボのマイルス

パーカーと同室しているあいだ、マイルスは彼から非常に大きな影響をうけた。

「よく彼について五十二丁目に出かけた。〝心配することはないよ。やればいいんだ〟と彼はいつもいうのだった。毎晩マッチのカバーに、耳にしたコードを書きつけた。みんながぼくを助けてくれた。次の日、ジュリアードに登校すると、授業には出ず、練習室に一日中こもってコードを練習した。モンクもよく彼の曲のコードやメロディを書いてくれたし、タド・ダメロンもディジーも、手つだってくれた。ディジーはぼくにピアノをやるようにすすめてくれ、ぼくはいわれた通りにした。とうとうジュリアードは退学してしまった。最初からシンフォニー・オーケストラに入る気はなかったのだし、毎晩のようにバードやコールマン・ホーキンズと街で演奏できたのだから、ともかくこの道を進んでみようという気になったのである」

ニューヨークに着いてまもなくのマイルスをひきつけたもう一人のミュージシャンは、故フレディ・ウェブスターであった。

「ぼくは彼の音の扱いに惚れこんでいた音符は決して多くない。無駄な音を出さなかったのだ。ぼくは彼のサウンドを真似ようと思った。が、のように大きかったが、ヴィブラートはなかった。ぼくたちは親友だった。彼は学校に行けるほど裕福ではなかったので、ぼくがジュリアードで習ってきたことを教えてやったが、そのかわり、彼のやり方を教えてもらおうとした」

チャーリー・パーカーとマイルスは、多くのレコードをサヴォイとダイアルに残している。

その中で、聴く者をまどわすのは、二人にとって初めての共演といえるサヴォイ盤、一九四五年十一月二十六日のセッションだ。このセッションについては、チャーリー・パーカーの項（262頁）と重複するので、注記に重点をおくことにする。

《ビリーズ・バウンス》と《ナウズ・ザ・タイム》がマイルスのトランペット・ソロであることは、すぐわかるが、ミュート・ソロで吹かれる《スライヴィング・フロム・ア・リフ》は、長い間ガレスピーかマイルスかをめぐってファンを悩ませ続けてきた（注28）。

この録音のあと、パーカーはガレスピーと組んで、ロスの「ビリー・バーグ」に出演のため、ニューヨークを出発した。

マイルスはパーカーに別れて故郷のセントルイスに帰ったが、まもなくベニー・カーターのバンドに加わる。このバンドもまたロスへ巡業した。数週間後、マイルスはカーター・バンドを離れ、単身ロスに残ったパーカーと、屢々《しばしば》共演の機を得た。このころにロス・ラッセルが創立したダイアル・レコードのパーカー・セッションに、マイルスの名が見えるのはこのためである。

この年の夏（一九四六年七月二十九日）、《ラヴァー・マン》の録音のあと、パーカーが発狂してカマリロ病院入りをしてしまったので、マイルスはビリー・エクスタインのバンドに加わり、かつてガレスピー、ついでファッツ・ナヴァロが演じたソロ・パートを演ずることになった。

一九四七年はじめ、エクスタイン・バンドは解散したが、折しも半年の療養を終えてニューヨークに戻ったチャーリー・パーカーがコンボを再編成したので、マイルスもそこに戻った。

このコンボで一年半をすごしたのち、マイルスがつくったコンボが、史上有名な九重奏団である。

マイルス九重奏団

一九四八年、ＡＦＭ（ミュージシャン・ユニオン）の会長ジェームズ・ペトリロは、第二次レコード吹込ストライキに踏み切った。このことについては、第一次ストの経過を記した「音楽戦争」にも触れてある（142頁）。これは直接レコード会社を相手どったものでなく、映画会社、TVに対するユニオン・スケールの確立をねらったものだった。そのためスト破りがあって前回ほどは足並みが揃わなかったようである。ストは、一九四八年一月一日にはじまり、十二月十五日に終った。

スト破りは大会社になく、マイナー・レーベルにいくらかあった。大会社はこの時期に、「カタログを埋めるため」その頃の数年間に潰《つぶ》れたマイナー・レコード会社からマスターを買いこんで、急場をしのいでいたのであった。

一九四八年九月、「ロイヤル・ルースト」に出演したマイルス九重奏団のレコードが、四九年と五〇年にレコーディングのため再編成されてキャピトルに吹込まれたのは、こういう事情によるものである。この九重奏団の音楽的特性や、のちのウエスト・コースト・ジャズに与えた影響については、「クールの誕生」の項に述べた。ここでは重複を避け、いくつかのインタビューから、このコンボの成立事情を探ってみることにしよう。

まず「ジェット」、「エボニー」の編集者、寄稿家であったマーク・クロフォードによるものである（注29）。

マイルス　ギル・エヴァンスにはじめて会ったのは、まだパーカーのコンボにいたときだ。

彼は私の作曲《ドナ・リー》を編曲の素材に使わせてくれと頼みに来たのである。彼は政府がつくっているトランスクリプションのためにアレンジしたいのだといった。私はＯＫを与え、かわりに、彼がクロード・ソーンヒルに書いたスコアを研究のため提供してくれないかと頼んだ。

見せてもらった《ロビンズ・ネスト》のアレンジにはびっくりさせられた（ここでマイルスはテーブルを鍵盤《けんばん》に見立てて、両手で弾く手つきをする）。こんなふうに、このクラスター（this cluster of chords）に、別のクラスターをスーパー・インポーズさせているのだ。（ひろげた左指の上に右指を重ねる）そして、このコードが終ると（右手をどけ、左の親指、人差し指、くすり指をテーブルに残し）残ったクラスターの三音で進行してゆくのだ。するとだな、残った二つの倍音から一つの音がそこから（とピアノに見立てたテーブルの別の端を指し）生まれるのだ。まるでだまされたみたいなんだ。このスコアをぼくは数日間研究してみたんだ。どうして別の音が生まれるのかを見極めようと思って……。その音は実在していなかった。すくなくとも譜面の上ではね、これがギルのやることとなんだ。

初対面でわれわれはたちまち親友になった。ニューヨークで、われわれは互いに行き来するが、仕事の邪魔になるようなことはやらない。ギルの仕事は、十小節を埋めるのに三日間かかるというふうなんだ。自分の部屋に鍵《かぎ》をかけて、Don't Disturb（邪魔しないでくれ）という札をドアにかける。妻君のリリアンでさえ入室は許されない。彼女にとっては拷問だ。まるで家にいて外に食事しにゆくようなものだからね。ときには十二時間もピアノを弾きつづける。彼は単なる作曲家や編曲家じゃない。あらゆる楽器を知りつくしていて、どんな音がどうしたら作れるかを知っているんだ。デューク・エリントンとそっくりだ。他のアレンジャーが八本の管で出す音を、四本で作ってしまうのである。

続いてレナード・フェザーとのインタビューを読んでみよう（注30）。

フェザー　バップ時代のやり方とクール・ジャズのそれとには、本質的な相違はないように思うのだが、感じ方の問題かね？

マイルス　どうして皆がクールというレッテルを貼ったのか、ぼくにはわからない。

フェザー　今きみのコンボにいるキャノンボール（これは五八年のインタビュー）は、バードの伝統を継ぐバップ・ミュージシャンだ。きみのスタイルは全くちがうのだが、バップから発したものには間違いない。するとバップとクールはちっともちがったものではないことになるね？

マイルス　皆がぼくに勝手なレッテルを貼っただけだと思う。

フェザー　きみが今やっていることと、十年まえにやったこととの間に、もし違いがあるとしたら、どんなことだろう？

マイルス　ハーモニーの点でも、テクニックの点でも、今やっているようなことはできなかったし、知らなかったことも多い。

フェザー　皆がクール・ジャズという名でよぶのはソロ・スタイルのことだろうか、アンサンブルのことだろうか？

マイルス　彼らが意味しているのは、ソフト・サウンドと思う。あまり刺激しない……。

フェザー　ビハインド・ザ・ビートで演ずるとか。……つまり今までのようなオン・ビートでなく、あとにはずすことじゃないかね？

マイルス　そうは思わない。単にソフト・サウンドのことだ。ソフトに演ずるためにはリラックスしなければならぬ。ビートを遅らせてはいけない。だがフォア・ビートで四分音符の三連音を吹いてみると、サウンドはおくれるよ。それを正しくやれば、リズム・セクションの邪魔にはならない。だがアヘッド・オブ・ビートで吹いてはいけない。それで吹くのは、ビートにさからってあるフレーズをスーパー・インポーズさせるときだけだ。

フェザー　あのときの九重奏団に、ソーンヒル楽団員がたくさんいたのは、ギル・エヴァンスのためかね？

マイルス　最初サックスにソニー・スティットが欲しいと思ったが、仕事の都合で駄目だとわかった。するとジェリー（マリガン）がリー（コニッツ）なら軽い音でいいというのだ。ジェリーがバリトンを吹くとは思わなかった。ジェリーにはギルの家ではじめて会ったばかりだ。ベースにはジョン・シモンズが欲しかった、駄目ならアル・マッキボンをと思ったが、ギルがジョー・シュルマンなら望み通りの軽い音が出るという。ともかくすべてを軽くしよう（we wanted everything to be light）と思っていたのだ。

フェザー　レニー・トリスターノがあの頃きみの音楽に影響したかね？

マイルス　トリスターノは一人でやったものをきくのが好きだ。ビリー・バウアー（g）は追いつけなかった。

フェザー　つまり彼をハーモニック・オリジナリティをもつ少数の白人の一人と思っているわけだね？

マイルス　そう。だが一人でやらなきゃあ……他の奴はどうしたらいいかわかってないんだ。アート・テイタムの場合と同じだ。

フェザー　でもコニッツはよく理解してたと思わないか？

マイルス　そうだ。二人でやればよい。あとはいらない。

フェザーはマイルスとのインタビューと並行して、ジェリー・マリガンにも別の場所で同じような質問を行っている。その間の微妙な相違が面白いので、引用することにしよう。

フェザー　マイルスのコンボにソーンヒル楽団員が多いのは偶然だったの？

マリガン　いや、ソーンヒル楽団のコンボ版を企図したためだ。

フェザー　フレンチ・ホーン、チューバなどを使おうとしたのは誰の考えだった？
マリガン　最初はディスカッション期、続いてリハーサル期となった。リハーサル期の音頭はマイルスがとった。ディスカッションはぼくとギルがやったが、ギルの家に集まる連中……ジョン・ルイスやジョン・キャリシも参加した。
フェザー　月並みなバップから抜け出そうというような考えがあったわけ？
マリガン　いや、ただいいリハーサル・グループを作ろうと思っただけ。編曲を使って……。
フェザー　ではワークショップ的実験だったわけ？
マリガン　クール・ジャズなどという言葉はあとからできたものさ。『クールの誕生』というアルバム名はわるくはないと思うが、果してあれがクールのはじまりかどうかはぼくにわからない。
フェザー　クールというのは、アンサンブル・サウンドのことか、それともソロイストのスタイルのことか？
マリガン　メル・パウエルがうまいことをいった。三〇年代にグッドマン楽団が出たとき、皆はビートのアタマつまりahead of the beatでアンサンブルをやって、よくもああスイングできるもんだナと感心した。リズムをはずしていない点をだ。ところがマイルス・グループの場合、彼がいうには、まったく反対の現象で……つまりあんなにもビハインド・ザ・ビートで、リズムをだらけさせずに、よくスイングできるもんだナと、また感心したというのだ。だからクールというのは、音色と共にリズムの問題だと思う。このバンドを実際に指揮したのはマイルスだ。だからすべての演出は彼がやった。本当はセカンド・トランペットを加えるのがわれわれの理想だったが、マイルス以外にできないことがわかっていたのだ。このグループは四八年九月、二週間「ロイヤル・ルースト」に出た他は、翌年「クリーク・クラブ」(Clique Club) に出ただけだった。

フェザー　リー・コニッツはマイルスにも、レニー・トリスターノにも参加してるね。トリスターノとクールの関係をどう思う？

マリガン　我々はトリスターノに対するコニッツの態度にはわりと寛大だった。あまり話題にはしなかった。だがクールの誕生に関してトリスターノの貢献はマイルス・グループ以上だと思う。

マイルスはクール派か

ベーレントはいう。

モダン・ジャズがはじまった時、優位に立ったのはパーカーであった。彼の天才は、四〇年代のジャズを支配した。にもかかわらず、もうレスター・ヤングの影響ははじまっていた。正確には、十八才のマイルス・デヴィスが、チャーリー・パーカー・クインテットに入った時である。マイルスの当時のスタイルは、全くディジー・ガレスピー的であった――ということはパーカー的であった。しかし彼は間もなく「親近感を抱ける人物」(これはアンドレ・オデールのいいまわしである)を発見した。この時こそ今にして思えば、レスターとパーカーがモダン・ジャズの世界で融合した最初の瞬間だったのである。スタイル的にも音楽的にも、マイルスの当時の演奏は、パーカー的であった。チャーリー・パーカーとバップがつくりだしたすべてのものが、マイルスのプレイにとりいれられていた。だが、たったひとつ、無いものがあった。それは過剰なほど激しい革命感である。マイルスはそのかわりに、レスターのリリシズムと抑制をもっていた。

音楽的素材をパーカーから、クール・コンセプションはレスターからという、この世代から起って、その後のジャズを支配した考え方は、ここに始まった。

四〇年代の末期にマイルスのキャピトル・バンドが誕生し、レニー・トリスターノ派が勃興《ぼっこう》した。いずれもレスター・ヤングの影響だ。あるイギリスの評論家は、マイルスのキャピトル・バンド(クールの誕生の九重奏団)を「オーケストラ化したレスター・ヤング」と呼んだ。このバンドが、五〇年代前半のジャズ・サウンドを設定したことは前に述べた通りである。つまり五〇年代前半のジャズは「レスターのサウンド」だったのだ。また、「フォア・ブラザーズ・サウンド」(ウディ・ハーマンのセカンド・ハードのサウンド)も、レスターのサウンドだったのである。

マイルスとレスターの近似性を最初に指摘したのは、フランスのアンドレ・オデールであった。

一九五〇年前後のマイルスの音とフレージングは、レスター・ヤングのテナーをそのままトランペットに移植した感じすらある。

多くのファンはそれゆえに、彼をスタン・ゲッツ、リー・コニッツ、アル・コーン、ズート・シムズら、当時のクール派といわれた白人たちのカテゴリーに入れて考え、チャーリー・パーカー、バド・パウエルらのバップ派とは異る分類を試みたのであった。「クールの誕生」というキャピトルのアルバム・タイトルも、この誤解に拍車をかけた。マイルス自身は、「どうして皆がクールというレッテルを貼ったのかわからない。（中略）皆がぼくに勝手なレッテルを貼っただけだろう」といっているのである。

まえにも指摘したようにマイルス九重奏団は、ウエスト・コースト・ジャズの最初のインスピレーションとなった。つまり、クール傾向の最初の布石となった。その意味で、マイルスをクール・テンデンシーの生みの親とすることは誤りとはいえないが、マイルスの音楽の本質を衝《つ》いたものとはならないであろう。

もっとも重要なことは、同じマイルスが、バップからハード・バップに至る時期の、最重要ミュージシャンであったという事である。

マイルスは同時にハード・バップの開祖の一人である

しばしば引用されるレナード・フェザーの言葉に、「一九五一年を通じて、マイルスに六－七週間以上の仕事があったかどうかは疑わしい」というのがある。

一九五〇年、彼は麻薬常用容疑で逮捕されたがこの事件はその後不起訴になった。彼には逮捕歴があるだけで起訴や実刑に服した記録はないのだが、こうした事件が尾を引いて、日本へは一九六四年夏以降、一度として来られないままになっている（注31）。

一九五一年十月五日に録音されたプレスティッジの七曲は、ハード・バップの夜明けを伝える名作として、長く記憶されるに足る名盤である。

この日の録音はLP企画として、時間の制限をつけずに演奏されたマイルスの最初のセッションであった。

今ききかえすと、録音はあまりよろしくないが、アート・ブレイキーとは何という素晴らしいドラマーであろう。このセッションの成功は、たけり狂うが如きマイルスと、それをプッシュし、鼓舞するブレイキーの驚くべきドラム・ワークに尽きるとさえ思われる。ジャッキー・マクリーン、ソニー・ロリンズという、後年の大スターもいることはいるが、マイルス、ブレイキーに次いで立派なのは、ピアノのウォルター・ビショップである。《ディグ》、《ペイパー・ムーン》、《マイ・オールド・フレーム》、《ブルーイング》は特にすばらしい。

マイルスとブレイキーの呼吸のあったプレイで、私が特に好きなもうひとつは、一九五三年四月ブルーノートに吹込まれた『テンパス・フュジット』である。

ハード・バップの著るしい特徴のひとつは、バップではシンバル・レガートに移行したドラマーが、ホーン・プレイアーの相棒程度で、どちらかというとバックにかくれていたドラマーが、ホーン・プレイアーの相棒として、前面に押しだされてきた点にある。急速調では特にそうだ。そういう観点からすると、アート・ブレイキーは、バップ・ドラマーというより、最初のハード・バップ・ドラマーといえるのではないかと思われる。のちのジャズ・メッセンジャーズ、ホレス・シルヴァー・クインテットなど、皆こうしたハード・バップ・グループとしての特徴をもっているが、なかでもマックス・ローチ＝クリフォード・ブラウン・クインテットは特にそうだ。

マイルス・デヴィスを、ハード・バップの先覚者に数える人はあまりない。あまりにも「クールの誕生」の名声が大きかったためであろう。だが考えてみたまえ。たとえレギュラー・コンボではなかったとしても、後年のハード・バップ期にスターとなった人々は、皆マイルスのサイドメンをつとめていたのだ。この点で、マイルスをレスター・ヤングに傾倒した白人プレイアー、アル・コーンやズート・シムズと同じカテゴリーに数え入れることは誤りである。この二人と共演したレコードもあるが、マイルスの代表作とはいえないものだ。

クール派といわれたプレイアーで、マイルスと真に呼吸の合った人といえば、リー・コニッツ以外にはみあたらない。マイルスは、抒情派《じょじょう》に数えられ、実際そのバラード・プレイは、抒情派たる側面をみせているが、これを以って彼にクール派のレッテルを貼れば、彼が今日までにえらんできたサイドメンが、揃ってハード・バップ・シーンを背負って立つ猛者《もさ》であった事実が宙に浮く。

煎《せん》じつめていえば、マイルスは『クールの誕生』によって、ウエスト・コーストの白人ミュージシャンたちに大きな示唆を与えると同時に、そのあとに来るべきイーストのハード・バップの基礎を築いた、一九五〇年代を通じての巨星といえるのである。

一九五四年のクリスマス・セッション

一九五二年にマイルスは、ジャズDJのシンフォニー・シッドがひきいるJazz Inc. というグループに加わって巡業に出た。ミルト・ジャクソンとズート・シムズ（まもなくジミー・ヒースが交代）も一緒だった。

それからの三年半——彼の仕事はレコーディングと、時たまのクラブ出演に限られていた。この時期を通じて麻薬のために健康もすぐれず、一度か二度はイースト・セントルイスの自宅に戻って、父の農場で療養している。レコーディングは、生活費の不足を補うためのものであったが、良心的な、価値あるプレイを残した。

一九五四年までに彼は麻薬と絶縁することに成功した。この期間のレコーディングによく耳を傾けると、録音日によって、かなり微妙な出来不出来がある。

二枚のブルーノート盤は、当時の秀作だが、五二、三年の彼のプレイは驚くほどよいのに、五四年三月のセッション（シルヴァー、ヒース、ブレイキーとのカルテット）は、前の年ほどよくなく、それから二か月後に吹込まれた《ウォーキン》（プレスティッジ）のソロは傑出しているといった具合である。

ズート・シムズ、アル・コーンとのセッションでは、無理のない中音域のソロをとったが、高音フレージングが完成していなかったため、他のレコーディングでは、それを隠すため、力強い高音を吹いてから中音域におろすといった苦しいテクニックをとった。しかしいずれの場合にも、テクニックの不足をカバーするに足る、溢《あふ》れんばかりのエモーションがあって、ジャズのよしあしはテクニックにあまり関係がないことを証拠立てている。

ところが、そうしたテクニックの不足が補われつつ、同時に非常にくつろいだソロがきかれるようになったのがおなじ一九五四年のことなので、私は一九五四年を彼の一応の完成期と考えるのである。

この年のクリスマスに、世に名高いクリスマス・セッションが吹込まれた（プレスティッジ）。

プレスティッジのボブ・ワインストック社長はMJQのジョン・ルイスを毛ぎらいしていた。そこでこの時もジョン・ルイスを抜いたMJQの三人に、セロニアス・モンクをピアノに加え、マイルスをリーダーにして吹込むことにした。モンクをえらんだのは、マイルスのチョイスでなく、ワインストック社長自身である。

スタジオで顔を合わせたモンクに対し、マイルスは、モンクの自作《ベムシャ・スイング》を除いては、トランペット・ソロの背後で、絶対にピアノを弾いてくれてはこまる——と申し渡したのである。

モンクにはモンク自身の信念も自負もあった。マイルスにくらべ、ジャズ界の大先輩のつもりでもある。後輩が僭越《せんえつ》にも、「俺のソロのバックでは、ピアノを弾くな」と命令したのだから、グーッときた。「もしマイルスがなぐってきたら、殺してやるつもりだった」と、あとでモンクは語ったそうだ。

マイルスは、モンクを軽蔑《けいべつ》していたわけではない。マイルス自身次のようにナット・ヘントフに語ったことがある。

「もし私が一九四五年、ニューヨークに着いてまもなくモンクにめぐりあわなかったら、皆さんがおっしゃるように急速に進歩するようなことはなかったでしょう。モンクは私にヴォイシングとコード進行を示してくれました。またチャーリー・パーカーは、いつも私をモンクの出演場所に連れてゆき、共演させてくれたものです」(注32)。

また別の機会に、この時のことに触れてマイルスは、レナード・フェザーに語った。「モンクは絶対にリズム・セクションの一員になり切れる人じゃありません。私は彼の演奏が大好きですが、ソロのバックでは邪魔になります」(注33)。

セッションは、緊迫した空気の中で進められたが、これが演奏にはプラスに作用し、吹込まれた四曲は、全員が全力を出し切るという、稀有《けう》の成果を収めることになった。《バグス・グルーブ》(テイク1)におけるモンクのソロは、アンドレ・オデールによって、「私の知る限り、ジャズ史上はじめての、形式的に完璧《かんぺき》なソロ」と賞揚された。また《ザ・マン・アイ・ラヴ》(ふたつのテイク)におけるマイルスのソロも、一九五〇年代を飾る名ソロ・コーラスに数えられている。この《ザ・マン・アイ・ラヴ》(テイク2)で、ハプニングがおこった。

ミルト・ジャクソンに続いてソロをはじめたモンクは、バック・リズムに対して倍にひきのばしたストレートな展開で十六小節まで弾いた時、つまりブリッジにかかるところで突然手をひっこめて、中断させてしまうのである。だんだん胸くそがわるくなってきたらしいのだ。驚いたのはベース(パーシー・ヒース)とケニー・クラーク(ds)だが、そのままリズムを続ける。スタジオの壁にもたれて、この有様をみていたマイルスは、たまりかねてラッパをとりあげ、「続けろ、続けろ」という合図を吹く。モンクは電撃的に、イン・テンポでブリッジを弾きだすのだが、マイルスの長く尾を引いた音にかさなるモンクのピアノと、そのかげで、一瞬ざわめくスタジオの雰囲気も巧みにとらえられているコレクターズ・アイテムである。

マイルスとモンクは、その後二度と共演していない。それ以前にもない。五〇年代の両巨人マイルスとモンクが共演した唯一のレコードがこの一枚だ。CBSには『ニューポートのマイルスとモンク』という一枚があるが、両グループが別々に演奏したものをカップルしたにすぎず、共演盤ではない。

マイルスとフリー・ジャズ

一九六〇年代に入るとジャズ界は全く新しい様相を呈しはじめた。

マイルスのコンボを辞したジョン・コルトレーンと、一九五九年ニューヨークに進出したオーネット・コールマンによって、ジャズは新しい世界に突入した。

最初ゲテモノ扱いされたオーネット・コールマンは、デビュー以来十数年を経た今日、六〇年代のフリー・ジャズの口火を切ったミュージシャンとして、高く評価されている。

この時期におけるマイルスの歩みは、彼の生涯において、最もむずかしい解釈を必要とすることとなろう。

「マイルスほど洗練されたソフィスティケーションで、単純化を押し進めたミュージシャンは、ジャズ史にも類例がない。マイルスの音楽では、複雑さと単純さが矛盾なく共存している（中略）。この単純化のソフィスティケーションは、また彼が、インプロヴィゼーションの新しい可能性を、自身の手でどんなに多く開拓したとしても、一旦《いったん》〝伝統か前衛か〟の二者択一を迫られると、必ず伝統をえらぶことと関係があるようだ」とベーレントはいう。

ホンモノ、ニセモノ入り乱れての、滔々《とうとう》たるフリー・ジャズ旋風の中で、六〇年代前半のマイルスは、もっぱら旧作のライヴ・レコーディングに主力を傾注していたかにみえた。コルトレーン、コールマン、ドルフィーの動きにかくれて、マイルスは方向を見失ったかにみえた。ところが実のところ、マイルスは五〇年代の後半、すでに六〇年代のジャズに重要なる方向づけを与えていたのである。

五〇年代の後半、ウエスト・コースト・ジャズの衰微と、黒人ハード・バップによる主導権奪回が完成し、ファンキー・ブームが一世をふうびしていた頃、マイルスは早くも在来のコード分解によるアドリブ演奏に行き詰まりを感じていた。事実、五八－六〇年に吹込まれた黒人ジャズメンによるおびただしいレコードを、丹念にききかえすのは、かなりの苦痛を伴う。判で押したようなアドリブの羅列は、調性ジャズが示す、すべての可能性を利用しつくしたのではないかと思われ、息もつまらんばかりであった。

ソニー・ロリンズは、最も個人的で、異色ある解決法をとった。吹くのをやめて引退してしまったのである。

ジョン・ルイスは、ガンサー・シュラーと組み、「サード・ストリーム・ミュージック」に、その解決法を模索していた。

マイルスは、コード進行の呪縛を脱するためモード手法にその解決の糸口をつかんだ。ジュリアードに学び、肌の黒さとはうらはらに、洗練されたミュージシャンである彼にとって、最もふさわしい解決法であった。

皮肉にもファンキーは一世をふうびし、モダン・ジャズはかって無い多くの賛美者を得て、わが世の春を謳歌《おうか》していたのである。

その状況は、スイング時代の末期に酷似していた。スイングが史上最大の商品として、ジャズの行く手が洋々たるものにみえた時、早くもハーレムの一角でバップがかたちをとのえつつあったのだ。

マイルスはいった。「ジャズの動向は、月並みなコード進行から脱出しはじめているように思う。ハーモニック・ヴァリエーションから、メロディックなものの強調に戻りつつあるように思う」

この傾向をマイルスの作品にたどるとき、『ブルース・バイ・ファイヴ』(一九五六年)、『マイルストーンズ』、『グリーン・ドルフィン・ストリート』(一九五八年)と続いて、五〇年代末期の最主要作品『カインド・オブ・ブルー』(一九五九年)に至って完結する。そこからさらに『スケッチズ・オブ・スペイン』(一九六〇年)という重要作品を生むに至った。六〇年代における主要な動きのなかに、アメリカばかりでなく、世界各国の民族音楽に素材を求める顕著な傾向が出てきたが、『スケッチズ・オブ・スペイン』は、これに直接的な動機づけを与えたものとして記憶されていい。

　民族音楽をフリー・ジャズの世界にとりいれたのは、ジョン・コルトレーンであろう。『スケッチズ・オブ・スペイン』はコルトレーン退団後の作品だが、その前駆作ともいうべき『フラメンコ・スケッチズ』（一九五九年）に彼は加わっており、コルトレーンに与えたマイルスの感化を過小に見積るわけにはゆかない。事実マイルスにひろわれるまでのコルトレーンは、有名コンボに在籍していても、ソロさえほとんどとらしてもらえなかった新人だったのである。

　cliché（クリッシェ）というフランス語がある。英語化して屢々使われている。英英辞典で引くと、stereotyped expression, hackneyed phrase とある。要するにマンネリ・フレーズのことだ。マイルスが最も忌避してきたのは、アドリブも演奏もクリッシェに陥ることであった。この態度が、彼を二十年以上にわたって、最前線から決して後退させなかった要因である。

　オーネット・コールマンが、ジョン・ルイスの紹介で、ニューヨークの「ファイヴ・スポット」にデビューした時、多くのヴェテランは、こぞって彼のアルト・サックスを酷評した。そのなかにはレッド・ガーランド（マイルス・コンボの前ピアニスト）もいた。

「オーネット・コールマンはニセモノだ。こんな男がジョン・ルイスをだましおおせたことに、俺は驚いている」とガーランドがいった時、マイルスは即座に、「ガーランドはやきもちを焼いている」と断じた。そして彼はいった。"I like Ornette, because he doesn't play clichés." オーネット・コールマンがデビューした時、これをあざ笑った人の多くは、六〇年代に入って脱落している。一九五九年は、まだファンキー・ブーム全盛期であり、たとえマンネリ・フレーズを毎晩吹いても、喰ってゆける時代であった。「ジャズの前途は洋々たるものだ」と安逸に流れていたミュージシャンと、ジャズの前途に立ちはだかった危機感を認識していたミュージシャンのちがいであろう。

マイルスは、オーネット・コールマンの出現をまっさきに認めたのだが、それは彼の音楽にほとんど影響することがなかった。地方のブルジョア家庭に生まれ、高度の教育をうけたマイルスには、オーネットが身体で会得してきたような環境も、血統もなかったのである。ゲットーで育たなかった者が、ゲットー生活に妥協したり、彼らの語法をまねる必要はない。

六〇年代前半を通じて、マイルスはいっそうインプロヴァイザーとしての道を進んだ。彼のエモーションは既に時代を五、六年先取りしている感があったし、テクニックはしっかりと身についていた。プレスティッジの専属時代の末期、ＣＢＳに移りたさに五六年五月と十月、たった二日間で二十五曲——ＬＰ四枚分を録音した時、プレスティッジは直ちにそれを売り出すことなく、一年一枚の割で発売し、四枚目が出たのは何と一九六一年であった、という記述を参照していただきたい（543頁）。『スケッチズ・オブ・スペイン』、『カインド・オブ・ブルー』などという傑作に伍《ご》して出た五年まえの録音が、なおダウン・ビート誌で五つ星をとるほど、彼の作品は時代を先取っていたのである。『ブラック・ホークのマイルス』（一九六一年）、『フォア・アンド・モア』、『マイ・ファニー・ヴァレンタイン』（一九六四年）といった実況録音盤に収められた曲目は、きまって《ソー・ホワット》であり、《ウォーキン》であり、《オール・オブ・ユー》であって、本来ならば「マイルスのヒット・パレード」といわれてもやむを得ない選曲にもかかわらず、そういう非難は全くきかれなかった。しかもテナー奏者は、最盛期をすぎたハンク・モーブリー、または結局一流になり得なかったジョージ・コールマンである。これらのレコードが、絶頂期にあったジョン・コルトレーンの諸作に伍して最高の評価を得たのは、ひとえにマイルスのインプロヴァイザーとしての実力と、リズム・セクションの充実度にあった。

　私はこの時期のマイルスがいちばん苦しかったのではないかと思う。コルトレーンを臨時に加えた《サムデイ・マイ・プリンス・ウイル・カム》、《テオ》の二曲を除いて、それまでの彼が、最も留意したグループ表現はうすれ、独裁的インプロヴァイザーとして、グループの弱点をカバーしようとする点が、痛々しくさえあった。

次の引用は、一九六四年夏レナード・フェザーの質問に対して、私自身がしゃべったことである。

「この人（マイルス）は過去十五年にわたってジャズの第一線をリードしてきた人である。まるでジャム・セッションの延長のようなビ・バップから、一九四八－五〇年の九人編成によるグループ・フィーリングをみちびきだした人である。五〇年代の終りには、コード進行にもとづく疲れ切ったアドリブ・ソロを脱却するために、モード手法に着目した偉大なミュージシャンである。いずれの期を通じても、グループ・フィーリングを忘れたことはなかった。ところがこの近年、彼はコンボの独裁者のように振舞いだしている。これは今回（東京で行われた世界ジャズ・フェスティバル第一日目）の演奏についてだけ言っているのではない。ナマ演奏の場合は多少ともインフォーマルな要素が必要なのだから。近作『天国への七つの階段』（CBS）をきいてもそう思った。彼は前進意欲をなくしたのだろうか？　東京での公演は、たしかに彼が最大のトランペット奏者であることを証拠立てたが、彼の作品を長年にわたって賛美してきた私にとって、今のコンボは最悪のものときいた。グループ・フィーリングのひとかけらすらなかったから――」（注34）

このしんらつな批評のせいとは思わないが、マイルスは二か月後のベルリン公演からテナーをウェイン・ショーターに代え、六〇年代における最良のマイルス・コンボを作りあげた。

ウェイン・ショーターは、ほとんど無名のまま一九六一年一月、アート・ブレイキーのジャズ・メッセンジャーズに加わって来日し、一夜にして日本で名声を確立したテナー奏者である。その時の彼の作曲とアドリブこそ、実はモード手法に拠《よ》ったものだったのだが、我々はまだ「モード手法」というものを知らなかった。マイルスの『カインド・オブ・ブルー』が、日本コロムビアから『トランペット・ブルー』として出ていたことは出ていたが、二十七才のこの青年奏者のアドリブ・フレーズが、不思議な位フリーでクリッシェに堕していないことに心を奪われた。一か月おくれて、トシコ・マリアーノのコンボが初来日し、その口から「モード」という言葉が出され、その説明をうけることによって、改めてショーターが理解できたのである。コード進行をおそろしく単純化し、アドリブをよりフリーにしたショーターのアイディアが、コルトレーンから得たものであることは、彼自身の言葉によっても明瞭であったが、さかのぼると、マイルスに発していたわけである。

ジョージ・コールマンの椅子をウェイン・ショーターに与えたときから六〇年代のマイルスは新しい方向づけを得た。『ESP』、『マイルス・スマイルズ』にみる新生マイルス・コンボは、ショーターを副リーダーとして、再びグループ表現を取り戻した点で、快心の作といえる。

六七年五月に吹込まれた『ソーサラー』（魔術師）は、それまでのうちで、最もショーター色の出たもの。「新主流派」という言葉は、SJの若手評論家たちが、「フリー・ジャズ」に対して、マイルス＝ショーター＝ハンコックら、やみくものフリーに走らず、六〇年代のジャズを創造した一群のミュージシャンに与えた新造語である。

マイルス・コンボにおけるウェイン・ショーターの音楽性は、一作ごとに強い滲透《しんとう》力を発揮したが、その頂点を形成したのは、『ネフェルティティ』だ。『ソーサラー』に近接して吹込まれたこのアルバムになると、最初の二曲では、まるでウェイン・ショーターのコンボに、マイルスが客演しているかのような、倒錯感すら抱かせるに至った。そして『ソーサラー』、『ネフェルティティ』の二枚を通じて、マイルス自身のオリジナルが一曲もないことが、不安に拍車をかけた。「マイルスは社長の椅子をショーターにゆずり、取締役会長として楽隠居をきめこむ気なのだろうが？　次回作で回答が出そうに思う」と私は批評した。

六八年に吹込まれた二作『マイルス・イン・ザ・スカイ』、『キリマンジャロの娘』は、私をたいへん落胆させた。マイルスのオリジナルは前者に二曲、後者は全曲がマイルスの作品である。

後者について私自身は次のように批評した。

全五曲、すべてマイルスのオリジナルである点でも、彼として全力投球を試みた一作といえると思う。それにしては感銘が薄い。前作『マイルス・イン・ザ・スカイ』よりはよいが、往年の密度の高い名演には及びもつかぬ。おそらく迷いが出たためと思う。一騎当千のサイドメンも、実のところ向いている方向が皆ちがっていて、積極的な一体感がない。正確な判定は、もう一作を待つべきだと思うが、十年まえの全ジャズ界をリードした、自信にみちた姿勢は、一作ごとに薄れつつあるようだ。

マイルスは六六年に前妻フランセスと離婚し、その後結婚した妻とも数年間で別れるなど、かなりあわただしい私生活をすごしている。六四年までの苦しさは、インプロヴァイザーとしての自分を押し出すことによってカバーでき、気に入らぬサイドメンを入れかえることによって解決できる、いわば外的な悩みであったが、六八年の苦しみは自分の創造意欲にかかわる内的な悩みであったから深刻なものだったにちがいない。

そうして、六九年八月に傑作『ビッチェズ・ブリュー』が生まれた。六〇年代を通じて、オーネット・コールマンやジョン・コルトレーンをはじめ、あらゆるミュージシャンがフリーへの傾向を示したとき、そういう動向の原因となったものを知りつくしていただけに、賛美は惜しまなかったが、フリーに身を投ずることなく、自分自身の道を開拓しつつあったマイルスが、ついに到達したマイルストーンである。

電化サウンドは彼が数作まえから徐々に取入れていたものとて、特に新味はない。だがこのサウンドを運びだす土台としてのリズムは、六〇年代を通じてあらゆるミュージシャンが探究し続けたものの集大成ともいうべきものになった。この多彩なポリリズムは、一見ロックに似て非なるものであり、いろんなかたちのスイングを包含している。総括的にこれらのリズム・フィギュアは、大きなサイクルをえがいて廻転《かいてん》し、サウンドを前方に押してゆく、こうしたポリリズムは、マイルスの創案にもとづくようにみえてそうではなく、古くVoodoo（ヴードゥー教）の音楽に発しており、多くのフリー・ジャズメンと同様、マイルスもまた「先祖がえり」によって伝統に結びつけながら、最も新しいサウンドのヴィークル（車輪）としたものである。《マイルス、ヴードゥを追求》という一曲が、いみじくもそのルートを明らかにしている。

『ビッチェズ・ブリュー』をきいたあとで、最も賛否両論に湧いた『イン・ア・サイレント・ウェイ』を聴きかえすと、特にそのA面はこのリズム・パターンの原形であることがわかるが、薬味と香料はかなり足りない。さらに遡って『マイルス・イン・ザ・スカイ』までを聴きかえすと意外にも名ドラマーと謳《うた》われたトニー・ウィリアムズに対する当時の信頼度が、かえってブレーキとなって作用していたことがわかる。

急速にロックに傾斜して行ったウィリアムズは、結局マイルスの許を去り、ライフタイムという感心できぬジャズ・ロック・グループをひきいることになる。

『ビッチェズ・ブリュー』をまだロック・リズムと思いこんでいる人は論外として、リズム探究の過程でマイルスが多少ともロック・リズムに色気をみせたように思えたとしたら、これはウィリアムズが原因を作っていたように思う。「ファンの中には、ぼくのバンドをロック・バンドだと思っている人がいる。アンプを使うからだろう。だが、われわれはロック・バンドではない」とマイルス自身が語っている(注35)。マイルスは今どきになって、彼のサウンドの絶好のヴィークルを、ロック・リズムに見出すような野暮天ではない。

それなら、『ジャック・ジョンソン』はどうか？　これは映画音楽であって、マイルスの作品系列の外側にあるものだと思う。

フリー・ジャズとポスト・フリー・ジャズ

現代の読者に対して、ついこの数年間のことをクドクド述べることは、労力の空費のように思える。誰と誰がいつコンボを組んで、いつ解散した……といった事実の羅列よりも、そういう事実の累積を生んだ時代環境の描出の方が大切であり、さらに大切なのは歴史の見方、考え方といった、一般的に歴史に接する場合の心構えの方にあると思う。歴史的事実というのはひとつしかないが、これは見る人によっていかようにも解釈されうるものである。保守主義者は保守的に、無政府主義者は無政府主義的に解釈する。読者の大方がご推察の通り、私は思想的に保守の立場であり、歴史と伝統を重んじ、ジャズにおこったいかなることも、歴史の伝統から逸脱したものでなく、論理的な発展の一環として捉《とら》え、理解するという立場をとるものである。

オーネット・コールマンやアルバート・アイラーの音楽を最初に耳にした時も、わが頭脳はただちに回転し、これは植物学上でいう「先祖がえり」現象であると理解した。その理由については、後述する「ジャズとラテン音楽」に詳述する。人間は、自分の体内に流れる血にさからって行動できる動物ではないのである。さからって行動した場合は、かならずニセモノになるという結果を招く。

六七年十月、オーネット・コールマンが来日公演をした時「キバを抜かれた猛獣みたい」という批評もあったが、オーネットはもともとキバのある猛獣ではなかった。自分の血に忠実なフォーク・ミュージシャンにすぎなかった。おそらくオーネットの出現によって、ただちにというわけにはゆかなかったが、一九六〇年代のジャズが、フリー・ジャズに大きく傾いていったことに、いちばん驚いたのはオーネット自身であったろう。

彼の初期のレコードは、今ききかえしても全然気負ったところがない。『来るべきジャズの姿』とか『ジス・イズ・アワー・ミュージック』といったアルバム標題はセンセーショナルだ。ことに『来るべきジャズの姿』というフレーズには、気負いがあるが、どうもプロデューサー、ネシュイ・アーテガンがつくり出したフレーズのような感じが濃い。「乃公出《だいこうい》でずんば……」と気負い立ち、ジャズの革新を目指した野郎にジャズが改革されたためしは、七十年にわたるジャズの歴史に一度としてなかったし、今後もおそらくありえない。だがオーネットとて人間である。常に正しいとは限らない。その最大の失敗例は、RCAがわざわざクラシック並みの「赤盤」と謳って出した『The Music of Ornette Coleman』だ。ここでは彼が編曲した近代音楽をフィラデルフィア交響楽団のピック・アップ・メンバーで構成された木管五重奏団と室内四重奏団が演奏し、うち一曲でオーネット自身がトランペットを吹いている。オーネットのトランペットとヴァイオリンの技術についてはかねてからよくない方の定評があるところ。結果はまことに惨憺《さんたん》たるできとなった。

オーネットの音楽をトーナル（有調）かアトーナル（無調）かに無理にわけようとすれば、トーナルでないから、アトーナルということになる。無調のオーネットが、無調のスコアを書き演奏するというのは、字で読む限り正しいようにみえるが、オーネットの無調は、ヨーロッパ音楽でいうところの無調ではない。こんな簡単なことに気づかないのはよほどどうかした話だが、今夏のニューポート・イン・ニューヨークでも彼は性懲りもなく、同じやり方を試みて、ファンの失望を買っている。

オーネット・コールマンにははなはだ冷酷なことばになるが、ジャズの歴史にとって必要なのは、オーネット・コールマンが出現したという事実だけでいいのである。

オーネット・コールマンが出現したという事実は、かなり冷静に分析しても、おそらくジャズ史上最大の出来事といえるかもしれない。チャーリー・パーカーの出現は、リズム、メロディ、ハーモニーの三分野にわたってジャズを大きく改革した。チャーリー・パーカーは大天才であるし、彼の力がもっとも大きかったに相違ないが、彼以前にそれを示唆したレスター・ヤングもいればチャーリー・クリスチャンもいた。ジャム・セッションで切《せっ》磋《さ》琢《たく》磨《ま》した多くの同輩も気分的にはパーカーと同様、改革の方向へ自然と向っていた。いわばバップは衆智による決定であった。

オーネットの出現はそうではなかった。天から降ったか地から湧いたか、予測もつかぬ音楽が突如現われたのだ。誕生以来、ひたすらヨーロッパ音楽寄りに同化を試みてきたジャズが、その存立の根本を問われた一瞬である。その重大さが理解されるまでに数年かかったのは当然だし、そのこと自体それほど重要なことではない。重要なのは、アメリカの黒人たちが当面していた社会環境であった。

一九五〇年のなかごろから、白人世界における白人と黒人の摩擦度は高まる一方であった。

「ブラック・イズ・ビューティフル」ということばが堂々と口にされるようになったのは、六〇年代もなかばに入ってからであったが、黒人は白人に劣らぬ……いや白人以上にすばらしい人間であることへの実証を、早急に必要とする心理状態にあった。ファンキーはジャズの世界における、その最初の凱歌《がいか》である。白人ウエスト・コースト・ジャズの衰微と共に、イースト・コーストの黒人たちはジャズの主導権を奪回したが、ファンクはそのころから黒人ジャズの旗印になった。

ファンクないしファンキーとは、「黒人らしさを打ち出したジャズ」を指し、具体的にはゴスペル音楽をジャズにとりいれた感じのプレイを指す。なぜならば、ゴスペル音楽は白人世界にはなく黒人教会だけにある特殊な教会音楽であったからだ。だがファンキーは数年も続かなかった。ゴスペル調はたちまち白人たちのロックにも日本の流行歌にもとりいれられて、黒人の独占物ではなくなってしまった。耳に快いものなら遠慮なく失敬するどん欲なポップスにかかっては独占もへちまもない。ファンキーは咳《せき》どめドロップのフルーツ・フレイヴァのようなもので、中味はバップが成熟して形をなしたハード・バップであった。そしてハード・バップはかってない活況を呈していたのだが、コード分解によるアドリブはそろそろ限界にちかく、マンネリ・フレーズの頻発によって特徴づけられるようになっていた。

ジャズから養分を吸いとるポップスとの相剋《そうこく》も容易ならざる様相を呈してきた。ジャズの専売だったスイング・リズムは、ポップスのバンドによって、より強力で大衆的なスイングを発散しだした。ジャズは再びリズム、メロディ、ハーモニーの三分野にわたって改革を必要とする段階にきていたのである。そこにオーネットの出現があった。ホンモノかニセモノか、とまどった人々も彼の音楽がたしかに人の心を動かすのをみて、前代未聞の形式ながら、これもまた黒人独特の音楽であることを知った。

オーネットの出現はパーカーやガレスピーのように模倣されるよりも、周囲を触発した。これが重要である。模倣ということばが大手を振ってまかり通ったのは、ジャズの初期であった。やがて模倣という言葉は嫌悪されるようになり、かわって影響ということばがまかり通った。意味するところはおなじである。カッコよくきこえるだけだ。幾分ちがうとすれば、模倣とはコピーであり、複写とおなじであるが、影響といえば、ある程度のオリジナリティがあったうえに他人の模倣をつけたすということろか。まあ、かなり正確なことばにおきかわったとはいえるであろうが、オーネットほどオリジナルな音楽になってくると、模倣も影響もおもはゆい。「意味はわかったから俺流に解釈して、一見別のようにきこえる音楽をつくってやろう」これが触発である。私がかってに使っているので、英語ではどういうのか知らないが……。

ロリンズもコルトレーンも、オーネットに触発された部類に属する。この二人だけではない。六〇年代のフリー・ジャズにたずさわったミュージシャンは直接間接にオーネットに触発された人々だ。

だがそのわりにオーネットは、尊敬の対象になっていないように思われる。ニューポート・イン・ニューヨークから帰った人の話をきくと、ミュージシャン仲間で神様扱いをされているのは依然としてパーカーとコルトレーン。マイルスやオーネットはミュージシャン仲間の話題にもあまりのぼらぬそうだ。マイルスの場合は、ジャズにたずさわる者に不相応なほど金を貯めこんだのが嫉妬《しっと》を招いている原因だろうが、依然貧乏ぐらしのオーネットに人気のないのは、生前のベッシー・スミスと同じ轍《てつ》を踏むものであろうか？　百年も経てば銅像ぐらい立てなくては……と賛美の声がジャズ界に満ちるはずなのだが。

オーネットに触発されたフリー・ジャズは、六〇年代を通じて世界にひろがってゆくのだが、ここに注目を要するのは、ヨーロッパ・ジャズ界に与えた触発の度合いと性質が、黒人世界とまったく異っていることである。黒人ジャズメンには、精神内部に高まりつつあった民族意識に呼応して、黒人音楽のルートをみつめ直すように作用した。ジャズは白人音楽とちがったルートからおこったのだ。ヨーロッパ音楽の規律とはまったく無縁だったのだ。むしろ、各国の民族音楽と手を握るべきなのだ。特に母国アフリカと……。

ヨーロッパの若い世代には、別の作用をもたらした。ヨーロッパ音楽の伝統をもつ、当のヨーロッパの若人には、伝統に対する反逆のかたちをとって現われた。「今こそ祖先伝来の規律から脱却すべきときがきたのだ！」と。音楽の伝統が豊かに残る国ほど、その反逆が強く現われたことはおもしろい。その筆頭はドイツであった。七一年秋ベルリンを訪れた佐《さ》藤《とう》允彦《まさひこ》や日野《ひの》皓正《てるまさ》が一様に驚いたのは、ドイツの若いファンがフリー・ジャズに寄せる関心の高さであった。

いっちゃ悪いが、フリー・ジャズがおこるまでドイツのジャズ水準はヨーロッパ中でめだって低かった。スイング時代に、もっともスイングしないジャズを演奏しているのは、きまってドイツのグループであった。特にドラマーの質が悪かった。クラシック教育のもっともさかんなドイツが、反クラシックのジャズを演奏するのだから無理もないやと、私はむしろ同情的であったが、フリー・ジャズ時代に入ると状況が一変した。これは私も一昨年実地に見聞したところである。

ベルリン・ジャズ・フェスティバルが開催中だったせいもあるが、ヨーロッパ中のフリー・ジャズ・ミュージシャンがベルリンに集まってきているのではないかと思うほど多彩な顔ぶれが集まって、各所のジャズ・クラブに出演していた。醜悪な音、退屈な長いソロ、フリー・ジャズのあらゆる形態がそこできかれたが、身じろぎもせず耳を傾けている聴衆の姿が印象的だった。これらのフリー・ジャズを愛好するファンは、フリー・ジャズ以外の一切を拒否するかたくなな連中で、オリヴァー・ネルソンやアニタ・オデイ、サラ・ヴォーンなどを弥次《やじ》りとばすのである。

そういう国からきたベーレントが、ニューオリンズからフリー・ジャズまでをわけへだてなく楽しむ日本のファンの許容度のひろさに仰天して、「日本のファンは世界一じゃ」

と唸《うな》ったのはもっともな話だ。

ドイツのフリー・ジャズはひじょうに構築的で、私のようによりスポンテニアスな演奏を好む者には、肌に合わぬところもあるが、ゲルマン民族にとってはやはり血に忠実な音楽といえるだろう。美術の世界では、グリューネヴァルトのルネッサンスから現代に至るまで、ドイツは表現主義の国として知られている。内なるエモーションの噴出は外観形式の一切を破壊して意に介せず、真実を吐露するためには、醜悪をあえて辞さぬという、あの強烈な表現主義の精神が、そのままジャズに姿をかえたのが、ドイツのフリー・ジャズのように思われる。六〇年代のフリー・ジャズは、一応世界に拡散したかにみえるが、単にひとつのイディオムとして散ったのではなく、民族の血、伝統に応じてナショナリズムの発芽を促していることは、上の例で注目してほしいところである。

「スイング」の意味

ジャズで最も多く使われる言葉に「スイング」がある。ところが「スイングとは何ぞや?」を正確に説明できた人は一人もいないのである。

スイングは、長い間ジャズ・リズム、ジャズ・ビートに結びつけて解釈されてきた。アフロ・アメリカンのタイム感覚と、ヨーロッパ人のタイム感覚の出会いによってスイングが生じた――とベーレントはいう。実に多くの人々がスイングをリズム、ビート、タイミングの問題に限定して考えてきた。つまり「聴いているうちに、身体がひとりでに揺れてくるようなジャズ独特のリズム感」という説明である。それはジャズの「スイング感」についての説明であって、「スイング」そのものを意味していない。私自身も長い間、このふたつを混同して考えていた。

これではいけないと思ったのは、一九六〇年代もなかばを過ぎてからのことだ。だから、私は大いなる反省をこめて、この説明を『ジャズの歴史』の終章にもってきたわけである。ところが、世界中を見渡して私が次にのべるような解釈をとった人は、今のところ一人もいないようである。だから、私自身はやはり仮説のひとつとして謙虚に提出しておくにとどめよう。

「身体がひとりでに揺れてくるようなリズム感」という説明が、リズム・セクションにもメロディ・セクションにもあてはまったのはスイング時代までのことだ。四分音符基調が八分音符基調にかわったバップ以降は、「振り子のような横揺れのスイング感が、縦揺れにかわった」で説明がつくかもしれない。

では、ジョン・コルトレーン以降のジャズはどうなるのだ。横にも縦にも揺れはしない。いかにバネが一枚多い黒人といえども、フリー・ジャズを身体をうごかしてうけとめることはもはや不可能なのである。だが、もし「コルトレーン・ジャズはスイングしていない」といえば、全世界のコルトレーン・ファンは異口同音に「馬鹿いえ、ものすごくスイングしているじゃないか」と答えるにきまっている。

コルトレーンはスイングしていない。いやスイングしている……まったく相異る意見が同時に成立するのは、「スイング」の語義が一定していないためだ。いったい「スイング」とは何だろう？

第一の語義は、最初にのべた「スイング感」である。この語義がまちがっていないことは、今までに評論家やミュージシャンによって語られたスイングに関するすべての説明がこれを証明している。

第二の語義は、ベニー・グッドマン楽団の登場とともに脚光をあびたジャズの同義語としての「スイング・ミュージック」である。これが簡略化されて「スイング」になった。スイング・ファンという言葉は、一九三〇年代後半から四〇年代にかけて全世界的に通用した。同義語ならなぜ「ジャズ」といわなかったかというと、ジャズは一九二〇年代を通じて著るしく歪曲《わいきょく》され、本来の意味を失って、卑猥《ひわい》で喧騒《けんそう》を意味する形容詞と化していたからだ。一九二〇年代を指して、「ジャズ・エイジ」というのは誤用もいいところだが、マスコミにはじまり、今では歴史的にも定着している。

ジャズがスイング・ミュージックとよばれていた時代を称して「スイング時代」とよぶ。これが今まで「スイング」の語義として一般に通用していたふたつの解釈である。

ところが一九五〇年代の終りごろから、もうひとつの別の意味がこの言葉に附加されるようになった。そこらの英和小辞典や中辞典には載っていない新しい語義である。「スイング」が“to have a ball”の意味に使われはじめたのである。といっても、この英語自体がスラングなのでは説明を要しよう。ballは、ダンス・パーティの意味と同時にマリファナも意味する。このふたつを一本の語源として、“to have a ball”とは「なんらの遠慮も抑制もなく、徹底して楽しむこと」を意味する。

一九六三年、クインシー・ジョーンズがテレビ映画製作のためおしのびで来日したことがあった。漢字をおぼえ、「お疲れさま」をはじめ日常会話を全部おぼえこんだ知識欲旺《おう》盛《せい》な彼が、ただひとつわからないといった言葉が当時若い人の間でさかんに使われていた「イカス」というスラングであった。すると、シャープス・アンド・フラッツのマネージャーをやっていたアーサー土屋君が、即座に「それはSwingingだ」といったのである。

これをよく記憶しているのは、ぼく自身イカスの英訳がはたしてSwingingでいいのかどうか、まったく見当がつかなかったためである。ところが、その後ビートニック小説などに出てくるSwingingを、「イカス」と訳すとおそろしく適訳になることがわかった。ingをとった、swingの場合も、一九五九年のエスクァイア誌でSwing = to have a good time, or to enjoy oneselfとわざわざ注にいれているほどで、五九年当時まったく新しい俗語であったことがわかる。

スイングという言葉をリズムやビートに関連づけないで使ったジャズメンの例はないも

のか——と気をつけていると、あったあった、シカゴ派のクラリネット奏者メズ・メズロウが一九四六年に出版した自叙伝の中にあったのである。「われわれがミュージシャンを指して、あいつはスイングする、あいつはスイングしないといった場合、そのミュージシャンがバンド全体にどれほど大きな影響を与えたか、あるいは与えなかったかを意味したのである」（注36）

彼の語るところから推定すると、一九二〇年代の終りから三〇年代はじめにかけて、彼らの仲間がつくりだした「ホット」にかわる新造語ということになる。ミュージシャンの自叙伝はマユツバものが多いから、「スイング」をメズロウ一党の創作語と鵜呑《うの》みにはできないが、「スイング時代」の来るはるか以前に、すでにスイングがリズムに無関係に使われていた一例として注目すべきものだと思われる。“Coltrane swings me a lot”といった場合、「コルトレーンはとても楽しく聴ける」ぐらいの意味になる。足拍子がとれるとれないは問題でない。ファンが日本語で「コルトレーンはものすごくスイングしているじゃないか」という場合、まったく偶然にも、知るはずがないアメリカの最も新しい用語と同じ意味に使っていたのである。そんなことがありうるかどうか。私はありうる方に賭《か》ける。仮説だと断わったのはそのためだ。

アーサー土屋君がいったイカス＝Swingingの例もみつかった。アメリカ俗語研究会機関紙一九五八年十一月号には、「ウケルの最上級」と規定している（注37）。さすがに国際基督教大学で英語を学んだ人は強いなあ。
スイングの語義に関してはこのぐらいにして、あとは読者諸君の臨機応変の解釈にまかせよう。

以下にのべる挿話は、「スイング」の最も素朴な第一の語義「スイング感」にもとづくものであるが、示唆する点は深い。

一九七一年春、来日した西ドイツのジャズ・オールスターズの演奏をきいたあと、ある女性編集者が企画者のベーレントにかなり不満げに感想をのべた。「ドイツ人のジャズはあんまりスイングしませんね。アメリカの黒人のようには――」ベーレントは彼女がいい終らぬうちに切りかえした。「日本人のジャズも、スイングしませんよ。アメリカの黒人のようには――」

うまい！　スイング感という点では、一も二もなく黒人プロ・ミュージシャンにかなわない。なにしろ敵はバネが一枚多いのだ。

もちろん、スイング感において黒人は別格的存在であるが、永久不変のものではない。柔道のヘーシンク、相撲の高見山《たかみやま》のように、異民族からチャンピオンが出る例はジャズの世界にもたしかにある。しかし押しなべた話まだ黒人優位は崩れていない……とぼくは判定する。

彼女は言外に「日本人のジャズは黒人のようにスイングしてますよ。だのにドイツ人のジャズは、あんまりスイングしませんね」というニュアンスを匂わせたから、ベーレントが即座に切りかえしたのである。これで二の句がつげれば立派なものだと思ったが、彼女はシューンとしてしまった。異民族を批判する場合、かなり周到な論理立てをしておかないとギャフンとなって終ってしまう。日本人はムードで喋《しゃべ》るがドイツ人は論理でせまる。

この場合「アメリカの黒人」は比較の尺度にすべきでなかったのである。一九五〇年代なら立派に通用した。全世界のミュージシャンは皆「アメリカの黒人のようになろうとして」ジャズを勉強していたからである。

しかしジャム・セッションという催しが過去のものと化した頃から情勢は一変した。黒人は黒人、われわれはわれわれであることに、全世界のジャズ・ミュージシャンがほとんど同時に目覚めたのである。

フリー・ジャズ期の最も大きな成果は、黒人は黒人、ヨーロッパ人はヨーロッパ人、日本人は日本人……それぞれ民族の伝統と血に忠実な音楽を創造しはじめたことであろう。

ジャズの将来を予測することは至難のわざであるが、ここ当分ジャズは容易に共演を許さぬ音楽として発展をつづける可能性が濃い。『ウェザー・リポート』の例にみるように、数か国の人が一対一で集まって立派な仕事を残す可能性はありえようが、ジャム・セッションのように任意に顔を合わせて共演するようなことは、商業的成功をもくろむスーパー・セッションを除いて、ますます出来にくくなる方向に進むことであろう。

たとえば、日本の山下洋輔《やましたようすけ》トリオはトリオとしてある限り、世界唯一のすばらしいグループである。ドラマーの森山威男《もりやまたけお》は、このトリオにある限り、天下無敵の大ドラマーであって、今のコンセプションで進む限りほかに交代者はまったく思いあたらない。つまり交代がきかないメンバーである。その森山が、エルヴィン・ジョーンズのグループに入ってエルヴィンの代役がつとまるかといえば、これはあやしい。同様にエルヴィン・ジョーンズに、森山の代役がつとまるかといえばこれもあやしい。つまるところは、山下洋輔トリオが日本的なグループだからである。しかも日本人でさえ交代がきかぬほど音楽的な統合に達しているからである。

その日本的な山下洋輔が、おなじく日本的なドラマーの富樫雅彦《とがしまさひこ》と、どうしても音楽的に合わなかったのだから話はおもしろい。

富樫は十代でデビューした時から、天才的なリズム感とテクニックをもつ稀代《きだい》の名手であった。彼は成熟するにつれて、音をよりすくなく、空間を重視するドラマーに成長していった。山下はその反対に、やたらに空間を音で埋めるミュージシャンに成長した。これではあわないのがあたりまえだ。二人は何度か顔を合わせ、その都度喧嘩《けんか》別れしている。おもしろいのはこれだけコンセプションのちがう二人が、ともに私にはこのうえなく日本的にきこえることである。

まだ富樫が健康だった頃、ぼくはそしらぬ顔で、「このごろ山下どうしてる？」ときいてみた。「さあ、会っていないけど彼のことだから、やってるでしょう」と富樫は答えた。「彼のことだから」という言葉にはかなりの敬意がこめられていた。意見を異にしても、二人は尊敬しあっていたのだ。実に気持のいい答えであった。

同じく日本的なミュージシャンであっても、このような具合に合わなくなってきたのは、六〇年代後期からの著しい現象である。とくに日本のように古い伝統と近代化が相剋関係におかれ、何が日本的なのかがつかみにくくなっている国においては、今後いっそう核グループ化が進むことであろう。いずれにしても、アメリカの黒人ジャズという尺度を使って、各国のジャズの優劣を論ずることはますます無意味となるにちがいない。

ベーレントはジャズの歴史の発展を十年ごとに区分したが、私は二十年周期説をとる。一応歴史をととのえはじめた一九二〇年代にシカゴ、カンサス・シティ、ニューヨークで別々に演奏されていたジャズは、大不況の介在もあって一九三〇年代のなかばにいたり、スイング・ミュージックとしてニューヨークに集結し、史上最大の商業的成功を収めた。これが最初の二十年の要約である。一九四〇年前後、ハーレムのアフター・アワー・クラブのジャム・セッションから形をととのえたバップはパーカー＝ガレスピーの黄金時代を迎えたが、ジャム・セッションの残滓《ざんし》をのこし、またフォームらしいフォームをもたなかった。これにフォームを与えたのは、マイルスの九重奏団である。四〇年代末期のことだ。五〇年代に入ると、マイルスを手本に白人ウエスト・コースト・ジャズが繁栄を迎え、一方ニューヨークの黒人間では、バップが形をととのえ、より成熟したハード・バップの時代に入り、五〇年代末期にマンネリに入りかかった時、オーネット・コールマンが出現した。これが次の二十年間であった。

一九六〇年代、オーネットに触発され、フリー・ジャズがスタートを切った。ジョン・コルトレーンがたゆむことなく前進を続け、その死と前後して、フリー・ジャズは世界に拡散した。マイルスは『ビッチェズ・ブリュー』なる傑作をものし、ポスト・フリー（フリー以後）への指標を打ちたて、それに参画したジョー・ザヴィヌルの『ザヴィヌル』（アトランティック）、およびザヴィヌルを音楽監督とする『ウェザー・リポート』（CBS）、およびチック・コリアの『リターン・トゥ・フォーエヴァー』（ECM）などは、ともにポスト・フリー・ジャズの到来を告げるに足る作品となった。

一九七〇年代は本稿擱筆《かくひつ》時、まだ二年を経ていないのである。

後期の巨人たち

チャーリー・ミンガス

一九七〇年海外旅行したとき、チャーリー・ミンガスのグループには縁があってベルリンとロンドンで、三回もその演奏に接する機会を得た。

「日本にはジャズを本当に理解しているファンがたくさんいるときいておる。日本に行くことは三十年来の夢であったとファン諸氏にお伝え願いたい」とメッセージをくれたあと、突如、何やらガナリたてるような質問を発した。ききかえしてもわからないので弱っていると、そばにいたボビー・ジョーンズ（ts）が、「東京の空気は汚染しとるかね？　といっているのだ」と通訳してくれた。「ミンガスさん。東京は世界一の大都会である。空気汚染どころではない。魚、野菜、ミルク……ありとあらゆるものが汚染しとるのだ」というと、呆れかえったように口をつぐみ、考えこんでしまった。どうも今のミンガスの頭の中は、公害問題で一ぱいのようである。

ロニー・スコット・クラブで演奏中に、最もミンガスらしい事件に接した。ディキシーとバップをミックスしたような不思議な曲のラスト・アンサンブルに入ったとき、音の不揃いを怒ったミンガスは、「ストップ！」といって演奏を中止し、「そこからもう一度やり直し！」といって、ラスト・パートをくりかえした。これで終ったのだが彼は承知しない。「もう一度、アタマからやり直し！」といって、十数分かかるその曲をもういちど全部やり直したのである。その曲を、きくのはぼくにとって三度目であった。前二回のときはOKだったのに、三度目に至ってNGを出したのだ。「演奏の途中でストップをかけ、もういちどアタマからやり直すことを、彼（ミンガス）は何とも思っていない。だが、クラブ経営者のある者は、リハーサルを見学するのに金を出させられているような気になるのである」彼のコンボに長くいたマル・ウォルドロンの言葉だ。

ベルリン・ジャズ・フェスティバルでも、ロニー・スコット・クラブでも、このグループは、譜面台をおき、全員が首っ引きでそれに見入って演奏した。不思議なようでもあり、あたりまえのようにも思えた。同席したイギリスの女流評論家ヴァレリー・ウィルマーが、

「このミンガスをどう思う？」ときく。

「ぼくは《直立猿人》、《ハイチ人の戦闘の歌》をやっていた頃の、力強いミンガスの方が好きだ」

「でもこれもわるくないと思う。いや相当いいと思う」とウィルマーはいった。

チャーリー・ミンガスは、「俺をチャーリーとよぶな。チャールズとよべ」といったことがある。

五〇年代が生んだジャズの巨人であり、奇人としても有名である。五〇年代の巨人には、他にマイルス・デヴィス、ソニー・ロリンズ、セロニアス・モンクらがいるが、五〇年代における黒人意識の変化を、最も端的に示しているのがミンガスだ。

一九二二年四月二十二日アリゾナ州に生まれたミンガスは、赤ん坊の時ロサンジェルスのワッツに移住した。

六歳の時からトロンボーンを、十歳の時にチェロをやったが、教える人がわるかったとみえて結局モノにならず、高校に入って同級のバディ・コレットの忠告でベースに切りかえた。コレットは彼に先生として、名手レッド・カレンダーを紹介してくれた。

この頃、彼は生涯を左右する二つの音楽体験をした。ホリネス・チャーチのゴスペル音楽と、ナマで聴いたデューク・エリントン・オーケストラである。

ミンガスのベース・スタイルを決定づけたのは、エリントン楽団の天才故ジミー・ブラントンであった。ブラントンの影響をうけたベース奏者はオスカー・ペティフォード、レイ・ブラウンと数多いが、その誰よりもミンガスは大きな影響をうけたものと思われる。

バップ期に入ると、それまでタイム・キーパーの主力であったドラマーはより自由なアクセントを附すようになり、タイム・キーパーとしてのベースの役割はより重要なものとなった。そのため、折角ソロを与えられても、音の選択という点ではかなりの進歩がみられたが、タイム・キーピングの基調は崩れなかった。

ミンガスが先か、ペティフォードがさきかはしばらく措《お》くとしても、彼らの出現によってベースもまた大型ギター的なソロ楽器となり、後進に道を開くこととなった。その家元はいうまでもなく、ジミー・ブラントンということになる。

初期のミンガスのキャリアは多彩だ。

ルイ・アームストロング（四一－四三）、キッド・オリー、アルヴィノ・レイの諸楽団を経て、ライオネル・ハンプトン楽団（四六－四八）に入っている。ただし、ディキシー・バンド時代の録音はひとつも残っていない。

五〇－五一年、レッド・ノーヴォ・トリオ（ギターはタル・ファーロウ）で働いたが、この仕事を終えると、ニューヨークに移住し、なんと郵便局員になってしまった。

そこをチャーリー・パーカーに説得され、楽界に復帰し、一九五二年には自分のレコード、「デビュー」をマックス・ローチと共同で設立、当時の妻シリアが営業面の一切をとりしきった。このレコード会社は三年ほど続いたが、営業不振で閉鎖してしまった。ファンタジー・レコードがその原盤を所有している。

ミンガスが自分のレコード会社をつくった理由の一つは、彼が試みたジャズ・ワークショップのコンサートをシリーズとして録音しておきたかったためである。

のちこの催しは、コンポーザーズ・ワークショップと命名された。常連はミンガスのほか、テディ・チャールズ（vb）、ジョン・ラポータ（as、cl）、テオ・マセロ（ts）、そしてジャズ批評家ビル・コスであった。

コンサートで演奏される曲目は、完全に譜面化したものであったが、このやりかたは、のちミンガスが痛烈に自己批判するところとなった。

「このコンサートからふたつの教訓を得た。まず自分が心に描いた作品は、どんなに沢山の音符を使って正確に記譜されようとも、決して思った通りに演奏できるものではないということである。第二に、ジャズはその本質からいって、自由にブローするようなフィーリングで書かれた譜面をその通りには演奏でき得ないものであるということだ。クラシックのミュージシャンは、譜面をその通りに吹くがフィーリングや自分自身の解釈をもちあわせていないし、ジャズ・ミュージシャンはすべてを持ち合わせていても、作曲者の意図に忠実であるよりは、自分自身のエキスプレッションに終始しがちである。ともかく4ビートの四小節フレーズに、こんなにもたくさんの表現方法があったなんて、まったく驚いてしまったわけだ」

この時代のミンガスは、大きく近代音楽に傾斜していた。ここがおもしろい。テオ・マセロやテディ・チャールズとやっていた時代の彼は、肌の色の黒さをほとんど感じさせないのである。つまり、黒人意識が稀薄《きはく》だったのだ。

一九五六年一月三十日、アトランティックに吹込んだ『直立猿人』こそ『怒りのミンガス』への最初の転向作品となったものである。

最近のミンガス・グループが、全員譜面台に向って腰をかけて、譜面から目をはなさず吹いている姿をみていると、「ああ《直立猿人》の吹込みも、こういう具合にやったのだな」と思い出す。《猿人》は、たった五人で吹込まれたにもかかわらず、ビッグ・バンド・サウンドをもっている点で、われわれをまず驚かせた。

さっき「怒りのミンガス」といったが、実のところ《直立猿人》に直接的な怒りはぶつけられていない。強烈なサウンドだが、むしろ抒情的で劇的だ。あるアメリカのジャズ・ファンが、知ったかぶりの表情で、「ミンガスの直立猿人は何を意味していると思う？実は戦闘姿勢にある男根のことなのだ」といったときは、あまりの的はずれに思わず吹き出してしまったが、彼は信じて疑わないようだった。

ともあれ《直立猿人》は、彼の転機となったばかりでなく、ウエスト・コースト・ジャズの絶頂期に現われた、黒人ジャズの傑作である。おなじアルバムに、サンフランシスコのスモッグを描いた《フォギー・デイ》があり、五五年のサヴォイ盤には《スモッグ・ロサンジェルス》があるところをみると、「東京の空気は汚染しとるかね？」という質問は偶発的なものとは思えない。

《直立猿人》の系列に属し、より力強く戦闘的なのが、一九五七年に吹込まれた《ハイチ人の戦闘の歌》だ。

本書巻頭の「ジャズはニューオリンズではじまった」の項で黒人英雄ルーヴェルチュールにひきいられたハイチ人が、ナポレオンの遠征軍を勇敢に迎え撃ち、アメリカの中央部を占めるルイジアナ地方に、フランス植民地帝国を建設しようとしたナポレオンの出鼻をくじいて、ルイジアナ地方を空前の安値でアメリカに売却させた歴史をのべておいた。誰かが曲名のハイチ人はそのまま「アメリカの黒人」に置き換えられるといったが、筋が通る意見である。この時代に、アメリカの黒人は急に白人社会に対して戦闘的な姿勢をとるようになった。吹込んでから五年ののち、フランスで『直立猿人』がグランプリをとったとき、ミンガスはカラカラと打ち笑っていった。「ワシがあの頃何を考えていたかが、やっとわかったらしいナ」

《ハイチ人の戦闘の歌》は、『道化師』と題されたLPに入っている。標題曲の《道化師》は、サーカス哀話とでもいうべきチャールズ・ミンガス氏の文学的大野心作だが、無声映画の昔から、チャップリンの「ライムライト」に至るまで、使い古されたプロットで、ぼくには全くおもしろくなかった。このLPでは他に《ブルー・シー》というブルースが秀作。

メッタヤタラに怒りをぶちまけたのが《フォーバス知事への寓話《ぐうわ》》である。キャンディド盤『ミンガス・プレゼンツ・ミンガス』に入っている。「馬鹿な奴だよフォーバスは」と愚弄《ぐろう》としかいえぬヴォーカルが加わり徹底しているが、ここまでくるとぼくには買えぬ。怒りが底に深く沈潜している《直立猿人》が、芸術としてははるかに好ましい。フォーバスとは一九五六年アーカンソー州リトルロックの白黒共学事件で、州兵を動員してまで大統領に反逆し、白人側に味方して人種差別を守り通そうとした知事の名前である。このLPでは《ホワット・ラヴ》におけるエリック・ドルフィーとミンガスが圧巻だ。この演奏に関しては、「エリック・ドルフィー」の項（482頁）を参照いただきたい。

《直立猿人》が吹込まれた一九五六年は、ソニー・ロリンズの『サキソフォン・コロッサス』、マイルス・デヴィス・クインテットの活躍などと相まって、イーストで冷飯を喰っていた黒人が、ウエストの白人に奪われていたジャズの主導権を、奪回する契機となった重要な年である。

奪いかえした瞬間、黒人たちは口に出す出さぬにかかわらず、いちように「二度と白人に奪われてたまるか！」と思った。そのためには、白人にできないようなジャズを演奏しなければならぬ。黒人が黒人らしさを強調したジャズを意識的に演奏するようになったのはこの時期であり、肌の色を感じさせなかったミンガスが、黒人としての怒りに転じた時と符合するのである。

黒いブルースとともに、重要な素材として浮かびあがったものに、ファンキーな教会音楽ゴスペル・ソングがある。ホリネス・チャーチのゴスペル・ソングに若き血をたぎらせたチャーリー・ミンガスにとっては、お手のものの題材であった。一九五九年五月、旧友テオ・マセロのプロデュースで、CBSに吹込まれた『ミンガス・アー・ウン』の《ベター・ギット・イット・イン・ユア・ソウル》は、ゴスペル・ムードに酔う黒人教会の情景を、インストルメンタル・ジャズで描いた傑作である。同傾向のものに、アトランティック盤『ブルース・アンド・ルーツ』に収められている《水曜日の夜の祈りのつどい》などがある。後者についてミンガスはいう。

「ありゃCBSに吹込む前に吹込んだもので、アトランティックは二年も三年もオクラにしていやがったんだ。CBS盤がビッグ・ヒットになったので、あわてて倉から出してきたんだ」

キャノンボール・クインテットがボビー・ティモンズ作《ジス・ヒア》で、ゴスペル＝ソウル・ブームをつくったとき、ミンガスはアイラ・ギトラーに語った。

「キャノンボールは何も知っちゃいない。はっきりいおう。あいつはロックンロール・ミュージシャンのNo.1だ。あの兄弟は泥棒だ。あいつらの曲に《ワーク・ソング》というのがあるが、ワシは《ワーク・ソング》という曲を、一九五五年カフェ・ボヘミアの実況録音でやっておる！」

曲がちがっても、曲名が同じなのは盗んだ証拠というのはふるっているが、ミンガスの思考方法を示している点がおもしろい。

こうした教会歌をジャズ化したパイオニア的存在として誰もがあげる名前に、ホレス・シルヴァーがいる。だが、シルヴァーの教会歌的作品は、どうもホリネス教会のそれとちがって、もっと黒人霊歌ないし民謡に近いように思えてならない。

ミンガスは一九五六年クインシー・ジョーンズの処女アルバム『私の考えているジャズ』（ABCパラマウント）の《サーモネット》でベースを弾いている。この曲もミンガスよりはホレス・シルヴァーに近い曲調だ。だからミンガスが、自分こそこの方面のパイオニアと自負する点はわかる。だが、ナット・アダレイが自分の名で吹込んだ《ジャックレグ》（辻説法師、一九五六年七月、エマーシー盤）などをきくと、ミンガスよりはかなり早く、キャノンボール兄弟が正真正銘のゴスペル風ジャズをやっていたことがわかるのである。

一九六〇年、ミンガスはマックス・ローチとはかり、ジョージ・ウェインの政策に反旗をひるがえし、ニューポート・ジャズ・フェスティバルと同日同時刻に、目と鼻のさきのクリフ・ウォーク・メイナー・ホテルの庭で別のジャズ・フェスティバルを催した。『ニューポートの反逆者たち』（キャンディド）を生んだが、ひきつづきその秋「ジャズ・アーティスト・ギルド」の発足となり、が、もともと経営手腕のない男なので、すぐ雲散霧消してしまった。

ミンガスは、やることなすことが挫折《ざせつ》するのは、ジャズ界に巣食うギャングのしわざであると結論づけた。国連ジャズ・クラブの討論会に出席した彼は批評家マーティン・ウィリアムズに嚙《か》みついた。「ジャズ界を牛耳っているのはギャングである」

ウィリアムズが黙っていると、彼は続けた。「おい、何とかいったらどうだ！」

一九六一年五月、カーネギー・ホールで催されたマイルスとギル・エヴァンス・オーケストラのコンサート会場に、マックス・ローチ以下数人のミュージシャンが、「フリーダム・ナウ」と書いたプラカードを押し立てて、ステージを占拠する騒ぎがあった。それを新聞記事で読んだミンガスは、ニタリと笑っていった。

「ワシがマックスにいったんだ。有名になりたかったら、アホなことをやりなってナ」

今のミンガスに、《直立猿人》や《ベター・ギット・イット・イン・ユア・ソウル》をリクエストしても、乗り気になってやってくれないことをファンは銘記すべきである。この点、自作のヒット・パレードに終始するセロニアス・モンクとは、完全に一線を画している。ミンガス自身が語っている。

「みんなが《ベター・ギット・イット・イン・ユア・ソウル》や《水曜日の夜の祈りのつどい》をやってくれという。だけど、あれは過去のものだ。吹込む数年もまえにつくったものだ。今やっているのは別のことなのである」

ソニー・ロリンズ

一九六一年秋、久しく姿を消していたソニー・ロリンズは、「ジャズ・ギャラリー」に華々しくカムバックすると同時に、RCAビクターのポピュラー部門の責任者であったジョージ・アヴァキャンとの間に、専属契約を締結した。契約金はわからないが、その契約内容は、同社にLP五枚を吹込むこと、ミニマム・ギャラは一枚につき一万五千ドルというものだったと記憶する。

ジャズ・ミュージシャンの専属契約としては破格のものであり、こんなに払って引き合うかどうか、随分話題になったものだ。LP五枚ときいていたが、今数えてみるとそれから三年間にロリンズがRCAにつくったLPは六枚にのぼった。しかしモトがとれたLPはついに一枚も出ず、ジョージ・アヴァキャンは、責任をとってRCAを辞職するという悲劇を生んだ。アヴァキャンが辞職を声明したのは、一九六二年の末であったが、ロリンズの吹込みだけには一九六四年まで、プロデューサーをつとめた。RCA末期の二枚――『ナウズ・ザ・タイム』と『スタンダード』は、何とかして損失をとり戻そうとするアヴァキャンの焦りが露骨に出たLPであった。

前者には《ナウズ・ザ・タイム》、《ブルー・ン・ブギー》、《アイ・リメンバー・クリフォード》、《五十二丁目のテーマ》、《セント・トーマス》、《ラウンド・ミッドナイト》、《パリの午後》、《フォア》というバップからハード・バップ期の有名オリジナルが、手あたり次第に吹込まれている。これに対して後者は、ロリンズの最も得意とする歌ものだが、片面五曲ずつで、長いもので六分の《マイ・ワン・アンド・オンリー・ラブ》、短いもので一分三十五秒の《アイル・ビー・シーイング・ユー》というのでは、まるで前戯だけで終るスカみたいなもの。

六五年にはインパルスに移り『オン・インパルス』、『アルフィー』、『イースト・ブロードウェイ・ラン・ダウン』などの快作を放ったが、この時点でぼくは考えた。

RCA末期の数枚は、本当は長く演奏されたものを、収録曲を多くするためにカットしたにちがいない。RCA本社からオリジナル・テープをとりよせて日本で発売すれば、稀《まれ》なるアルバムが出来あがるはずである。インパルスに入って吹込んだものは、水を得た魚のような感じがするのに、RCAのはまるで、腐りかけた鯛《たい》みたいだ。オリジナル・テープはこんなものでなかろう……と、日本ビクターをたきつけて、照会の手紙を書かせた。返事はすぐきた。当時のおぼろげな記憶によると、「たしかにLPは、編集されてかなり短くなったテープをまとめたものだが、これはロリンズ氏自身がハサミを入れたものであり、テープは全部ロリンズ氏が保存していて、当社にはない。しかしロリンズ氏の所有しているのも、編集済みのテープのはずである」とあったようだ。日本ビクターもその頃人事異動がさかんで、担当者がひんぱんにかわり、この話はそのままになってしまった。

この一年あまり（六九－七一年）、ソニー・ロリンズは再び姿を消している。七〇年のニューポート・イン・トウキョウやベルリン・ジャズ・フェスティバルの予定プログラムにもあがっていたのに、「まだ聴いてもらう自信がない」といったとかいわないとか。

だが一九五〇年代におけるソニー・ロリンズの足跡と影響は、歴史に特筆すべきものがあった。

ロリンズのレコードを皆持っている熱狂的ファン、たとえばいソノてルヲ君などには相済まないが、五〇年代におけるロリンズの偉大さを知るためには、エッセンシャルなアルバムとして『サキソフォン・コロッサス』（プレスティッジ一九五六年）と『ウェイ・アウト・ウエスト』（コンテンポラリー一九五七年）があれば、他は「あった方がよいが、なくても差支えない」とぼくは思う。あとはマイルスとモンクのＬＰを揃えればひとりでに聴ける。これは歴史的観点からの評価である。「ロリンズは随分持ってます」というファンで、以上の二枚を欠いていたらひどい片手落ちで、あまり威張らないほうがいい。

それほどこの二枚には、ソニー・ロリンズのあらゆる美点が凝縮されているのである。この二枚を丹念にきけば、一九五〇年代――「アドリブ」が伝統的な意味で絶頂をきわめていた時代（伝統的な意味というのは、コード進行の上に展開されるアドリブの意）における最高のアドリブ・プレイを知ることができる。

アドリブというものが、ロリンズによってここまで達成されてしまったなら、このあと余人に何が出来よう。ジャズは遠からず、伝統的な意味のアドリブを脱するにちがいない――とそこまで読めねば嘘なのだが、五七年当時、そんな予測を立てた人は誰もいなかった。もしいたとすれば、一九五九年夏に姿を消したソニー・ロリンズただ一人だったにちがいない。危機感を抱くかわりに、皆が皆ロリンズをお手本にしてテナーを吹きはじめた。こうなれば、あとはcliché に陥る他はない。

五〇年代末のハード・バップは、モンクが再認識されたこと、コルトレーンが変貌《へんぼう》をみせはじめたこと、そしてマイルスの活躍を除けば、どうも予想よりもだいぶ面白くない方向に動いていたわけである。

日本では既に一九五四年ごろ、外来ミュージシャンの噂からソニー・ロリンズの存在が知られ、特にテナー奏者――なかんずく宮沢昭《みやざわあきら》などは熱心にきいていたという。

その頃聴けたものとして群を抜いた二作は『Sonny Rollins, Art Blakey, Kenny Drew: With The Modern Jazz Quartet』(Prestige 7029)であると思う。これには《スロー・ボート・トゥ・チャイナ》、《マンボ・バウンス》などが入っており、十二曲のうち四曲は、五三年MJQと共演したセッションである。のこり八曲は一九五一年にSP企画で吹込まれたもので演奏はみじかい。しかし、のちにロリンズ・スタイルとして知られるようになったユニークな味は、そこかしこに現われている。この時期には、マイルスのサイドメンとなったもの三枚、ブルーノートのバド・パウエル・セッションに加わったもの、セロニアス・モンクのプレスティッジ・セッションなどがあるが、モンクとのが面白い程度で全般に未完成である。モンクの《今宵《こよい》の君》、《幸福になりたい》は、当時としては上出来。

そこで一か年、シカゴに雲がくれする。

ロリンズに関する記録は、麻薬のことに触れていず「個人的な悩み」とのみ記しているが、ぼくは麻薬だと思う。彼自身はこう語っている。

「われわれ（パーカーと彼）は、音楽を語ったが、バードはつねに私をたいそう激励してくれた。バードはたくさんの若手に力を貸してくれた。私の前にはソニー・スティットもその恩恵をうけた。ぼくたち——とくにサックス奏者に対しては、まるで父親のように気をつかってくれた。個人的に胸襟をひらくようになると、ただ話したくて、ただ会いたくて、彼のところへ行くようになった。その頃、私はだんだん混乱した個人生活につき進みつつあった。自分のアイドルがやっていることならなんでもやらなければいけないものと思いこんで、いろんなことをやりはじめていた。だがバード自身が一度としてそういう悪いことをすすめてくれたことはない。マイルスの《蛇の歯》、《ラウンド・アバウト・ミッドナイト》（五三年一月）セッションの時、顔を合わせたバードは、音楽と生活で私がやるべきことを、諄々《じゅんじゅん》と説いてくれた。彼は私が年若く何をしたらどうなるかなどという知識を持っていない無分別な青年であることを見抜いていたから、今まで何をしてきたかを白状させた上、今後なすべきこと、してはならないことを、自分を例に引いて教えてくれた。生きている目的は音楽であり、音楽は至上のものなのだから、それを阻害するようなものは断固として止めるべきだと忠告してくれたのである。あとになって、私は彼の忠告を有難く受け入れ、いわれた通りのことをしたのだが、その報告をしようと思った時、彼はすでにこの世を去っていた」

これが麻薬以外のこととは考えられない。まえにガレスピーに会ったとき「パーカーのような麻薬耽溺《たんでき》者と共演していて、あなたはよくすすめられなかったですね」ときくと、彼は答えた。「バードが麻薬を人にすすめたことなど一度としてなかった。麻薬をやっている姿さえ見られたがらなかった。自分では心から恥じていたのだよ」

この言葉は本当だと思った。麻薬を人にすすめる輩《やから》は、よほどの初心者で、本当に苦しんだエキスパートだったら、「これはいいもんだ」などとすすめられるはずはない。パーカーもビリー・ホリデイも、こんな苦しみには他人が陥るべきでないと忠告を続けたのである。

姿をかくしたロリンズは、医者にかかり、治療したのちシカゴで守衛の職を得た。守衛というより掃除夫である。

「この仕事を恥かしいとは思わなかった。肉体労働は好きなのだ。就職したのは工場の事務所で、まず掃き出し、床をモップで磨き、便所を清掃した。入念に精を出した。だからやめるとき、社長がとても惜しがったよ」

次に手がけた仕事は、トラックの荷積みであった。肉体の鍛練になると思った。ところが何度も腕を傷つけたのでやめてしまった。そうした間にも、サックスは吹き続けていたが、練習だけで人前には出なかった。

ちょうどこの一九五五年、かねてロリンズを最も認めていたマイルスが、初めてクインテットをつくる時、ロリンズに入団を望んだ話は有名である。ロリンズがことわったため無名のテナー奏者ジョン・コルトレーンが起用された。

この年の十一月、シカゴに巡業に来たクリフォード・ブラウン＝マックス・ローチ五重奏団のテナー奏者ハロルド・ランドがカリフォルニアに帰ることになり、シカゴ出演中だけという条件で、エキストラをたのまれた。グループがニューヨークに出発する時、ロリンズもいつのまにかついて行ってしまい、彼の第二期の活躍がはじまる。「クリフォードは、ぼくの私生活に甚大な影響を与えてくれた。まじめで、清潔な（clean ——麻薬をやらない）生活を続けていても、立派なミュージシャンでいられることを、彼に教えられた」

ブラウン＝ローチ五重奏団におけるソニー・ロリンズは、私にとって失望に近いのである。『ベイズン・ストリートのブラウン＝ローチ』（エマーシー）がそれだ。前任者ハロルド・ランドの方が、ずっといいことは大方も認められることであろう。ところがそれを吹込む一か月まえブラウンとリッチー・パウエルを抜き、かわりにレイ・ブライアント（p）を加えたカルテットでプレスティッジに吹込んだ『ワークタイム』は、堂々たる出来なのだから不思議だ。

ラウンのラスト・デイトとなった『ソニー・ロリンズ・プラス・フォ ジ）は実質にブラウン＝ローチ五重奏団なのだが、ロリンズがプレステ クリがあるため、こうして発売されたものであろう。このアルバムには《ヴァル ア という異色作がある。ワルツ・タイムでスイングした最初のモダン・ジャズ スのオリジナルである。もっともこの曲は、『ジャズ・イン・¾タイム／マック チ』（エマーシー）における演奏の方が、私にはよくきこえる。

八年、プレスティッジとの専属契約が終ったあとのロリンズは、各社に手あたり次第録音した。これは最初の結婚が破局に達し、金がべらぼうに必要になったためである。リスト・アップしてみると、ブルーノート、リバーサイド、アトランティック、ピリオド、ヴァーヴ、メトロ・ジャズ（MGM）、コンテンポラリーとなる。

このうち異色作は『自由組曲』（リバーサイド）であろう。録音年月日は、一九五八年二月とのみ記載されている。プロデューサー、オリン・キープニューズの語るところによるとこうだ。

「ソニーがトリオでやりたいといいだした。ソニーの他はオスカー・ペティフォード

(b)とマックス・ローチ(ds)だという。すばらしいアイディアだと思った。最初のセッションで片面分のスタンダードを四曲とった。もう片面は彼のオリジナルにしたいと思った。その時、彼に組曲の腹案があったかどうかはわからない。一週間後に二回目のセッションが行われた。このセッションでのトラブルには随分いろんな思い出があるが、あまり重要ではない。重要なのは、両セッションの間の一週間のうちにソニーの胸に組曲の腹案が出来たということだ。最初からそうしようと考えていたとは思えない。スタジオに入った時、まったく偶然のようにそうなってしまったんだあの午後は――」

ロリンズのイミテーターは、世界各地に現われた。彼らはフレーズを盗み、音を真似、ソロをそっくりそのままコピーした。批評家の賞め言葉が彼を悩ませはじめた。彼自身は、すべての仕事に満足できなかった。結婚は破局を迎え、深酒に陥っていた。「だが彼にと最も苦痛に感じられたことは、自分の若い時と同じように、若者たちが彼をアイドル
得ア
ックスの吹き方以上のことまで模倣しはじめたことであろう」

リンズは引退した。一九六一年秋にカムバックするまで――。この間彼は禁酒、
彼が引退
精神修養と楽器のマスターにつとめたようである。第二の妻、ルシールを
は新しい方向づけが与えられた。

九六〇年代における
間、ジョン・コルトレーンは、皮肉にもロリンズのあとを継ぎ、一
巨人のミュージシャンへの道を進んだ。またオーネット・コールマ

ンの出現が、大きな話題をよんだ。

ロリンズはオーネットの出現をまっさきに理解したミュージシャンであり、エリック・ドルフィーとは共演したことさえある。その成果は、RCA専属第三作『アワー・マン・イン・ジャズ』に明らかである。ロリンズ自身、最も左傾した作品であり、私にいわせれば、再起後のロリンズの諸作のうちで成功不成功は度外視して、最も興味深いアルバムということができる。

この『アワー・マン・イン・ジャズ』を吹込んだ直後ロリンズは初めて来日した。伝統的アドリブの王者は、ひどくフリー化したソロをとり、われわれを驚かせたが、丸の内ホテルで開かれたレセプションの席上、大橋巨泉《おおはしきよせん》がうまいことをいった。「どんなに前衛のマネをしても、この人のアドリブは、今どこを吹いているかがわかるからいいよ」

一九六八年再度来日した時は、一九五〇年代のスタイルに大きく逆戻りしていた。すると『アワー・マン・イン・ジャズ』と初来日した時のステージはひどく背伸びした姿勢を示すことになる。

ところで、五〇年代の「歌もののうまいロリンズ」に逆戻りしたとすると、『サキソフォン・コロッサス』と『ウェイ・アウト・ウエスト』という、自分自身の最高記録がひどく邪魔なものとなりはしないか？

このジレンマがあればこそ、彼は三度目の雲がくれを敢行したのだと思う。自分が打ちたてた世界新記録を自分で破ることは容易なわざではない。

サッチモはやらなかった。しかしサッチモは、堂々とわが道を歩み、全世界に惜しまれつつこの世を去った。

マイルスは打ち破った。コルトレーンは常に自己の前回の最高記録に挑戦しつづけた。

ふたたびジャズ・シーンにカムバックした時、ロリンズはこのジレンマを、どのように解決しているであろうか？　ポイントはそこにある。

セロニアス・モンク

セロニアス・モンクが吹込んだレコードには、いろいろなドラマーがつきあっているが、その中で、いちばんウマが合うのは——ぼくのみるところでは——アート・ブレイキーだ。マックス・ローチがつきあったのより、ブレイキーの方がいいというのは、当時として意外な感があったが、今となってみると、至極当然だという感じがするのである。

モンクが初来日したのは、六三年五月のこと。その年の正月に、ジャズ・メッセンジャーズをひきいて二度目の来日をしたアート・ブレイキーをとらえて、モンクをどう思うかときいてみた。伝えられるところでは、変人中の変人という気がしたからである。ブレイキーは答えた。

「モンクについては、いろいろなエピソードが伝えられている。それらの多くは本当のことだが、彼は変人でも何でもない。口数はすくないが、一言でいえばoutspokenな男である」

ブレイキーは、outspokenという形容詞を二度くりかえした。どう訳したらいいだろう。「あけっぴろげ」に似ているが適切ではない。胸に一物なく、素直な性格のことをいう。「へーえ、outspokenねえ」といってぼくが考えこんでしまったのは、その半年まえ自分で雑誌ニュース欄に書いた次の記事が、頭にこびりついていたためである。

サンフランシスコの「ブラック・ホーク」で驚異的な入りを記録したセロニアス・モンクを追って、リバーサイド・レコードのオリン・キープニューズはシスコに飛び、ハリウッドから共演者として、シェリー・マン、ジョー・ゴードン、ハロルド・ランドを呼び寄せたが、キープニューズの四枚のLPをつくる夢は、はかなく破れ去った。モンクとシェリー・マンはどうしても音楽的に合わず、二日がかりでやっと九分間の吹込みをしたあと、堪りかねてマンは「もう堪弁してくれ」とロスに帰ってしまった。風邪を引いていたモンクはピアノを枕にぐうぐう寝込む始末。結局キープニューズはその晩、マンのかわりに他のドラマー（ビリー・ヒギンズ）を加えて、「ブラック・ホーク」での実演を録音し、ニューヨークに帰った（注38）。

このエピソードについてシェリー・マンはスイング・ジャーナル誌主催の「ドラマー、

評論家大いに語る」座談会で大いに釈明したが、それにはそれで理由があった。しかしそこまでわかっては面白くない。こういうニュースだけを読むと、モンクとは一筋縄ではゆかぬ変人のように思いこんでしまう。

ところが実際に会ったモンクは、いつでも帽子をかぶっている以外は、無口だが実に礼儀正しい立派な男であった。

彼が第二回目に来日したのは六六年五月で、ちょうどエリントン楽団が東京厚生年金ホールで初日をあける日に、巡業から帰京していた。彼はすぐエリントンを楽屋にたずねたが、昼の部と夜の部の間で仮眠をとっていたエリントンは「今休むところだから、あとで会おう。地下の食堂に行けば、メンバーに会えるよ」と追いかえした。モンクはおとなしく地下の食堂に現われて、メンバーと歓談したが、ホッジスにしろカーネイにしろ、モンクにとっては大先輩ばかりだ。

「おおモンク、よく来たな」ふうにあしらわれ、それでもニタニタと喜んでいた。その晩ステージで、エリントンに紹介され、お辞儀に現われたモンクの嬉《うれ》しそうな顔をみると、この人は変人でも奇人でもなく、礼儀をわきまえた、たいへん偉い男だと思えてきたのである。

もうひとつ驚いたのは、一九七〇年十月、はじめて来日したテディ・ウィルソンが、ヘレン・メリルとビクター・ワールド・グループにレコーディングすることになった時、リズム・セクションに滞日中のモンクのサイドメンを借りることになった。サイドメンを貸す位だからモンクもその晩仕事がなかったのは確かだが、ネリー夫人と共に見学に現われたモンクは、かなり無駄な時間を費したレコーディングに、夜あかしでつきあったのである。何と七時間もスタジオでウィルソンを見守っていたのだ。モンクはテディ・ウィルソンの大ファンだったのだ。

夜中を過ぎた頃、ウィルソンが《ラウンド・ミッドナイト》を完奏し、モンクが無言で感激の涙を浮かべたあたりの情景は、どんなに説明してもそう簡単には納得してもらえまい。

ジェリー・ニューマンが録音した『ミントン・ハウスのチャーリー・クリスチャン』にきくモンクのソロが、誰よりもテディ・ウィルソン→クライド・ハートの系統に近いことは、多くのファンが指摘するところだ。

デューク・エリントンとの近似性についてはいうまでもない。

エリントンを尊敬するミュージシャンにはチャーリー・ミンガスもいるが、ある意味ではモンクの方が一層似ているとさえいえるように思う。第一、彼はジェームズ・P・ジョンソン→デューク・エリントンを貫ぬく、ストライド・ピアノの伝統を守っている。

わずかの滞日期間中に、エリントンとウィルソンにみせた彼の心からなる敬意の表明は、私をえらく感動させたのであった。

ソプラノ・サックス奏者スティーヴ・レイシーは、モンクを尊敬すること神のごとく、彼のグループのレパートリーに、モンクの曲は五十三曲もあった（六四年現在でモンクのオリジナルは全部で五十七曲といわれた）。モンク自身、即座に演奏できる自分のオリジナルは、精々二十曲だというから、レイシーの打ちこみ方はたいへんなものだ。

レイシーはまたモンクのグループに加わり、数か月を過したが、モンクの音楽を徹底的に研究していただけに、その言葉は含蓄に富んでいる。

「モンクの作品の本体（body）は、あらゆる観点からみたニューヨークという都会の風景画である。それはユトリロの画《え》がモンマルトルの風景を描きつづけたのと似ている。いやもっと適確にいうと、ニューヨーク市およびモンクの知友を背景にしたモンクの自画像といった方がいいだろう」（注39）

日本でいちばんモンクにしびれたのは、ピアニストの八木《やぎ》正生《まさお》であろう。彼はいう。

「モンクは大変オーソドックスなピアニストだと思います。考え方によってはバド・パウエルより古い、というよりトラディショナルなんですよ。彼のアドリブは普通のコードやっているんですかと聞いたピアニストがいましたが、そうに違いないのです。例えばコードを弾く場合でも、下と上の音だけおさえて真中の音を抜かすとかそういうやり方で独得のモンクス・ミュージックが生まれるわけです。つまり考え方はオーソドックスなのですが、やり方がユニークなんです」（注40）

この観察は鋭い。モンクの本質はトラディショナルな基盤の上にあるので、彼自身、フリーの前衛を目指したわけではない。もし彼が、フリー・ミュージシャンに大きな影響を与えたとすれば、「可能性の暗示」のようなもので、影響をうける側の勝手である。

モンクのミストーンといわれるものについて、八木正生はいう。

「彼を弁護するわけではありませんが、彼の場合はミストーンとはいえないミストーンがあると思うのですよ。例えばいくつかの音を一緒に押さえて手を離すとき、一つの音だけを残すというやり方をするのです。ちょっときくとミストーンのように聴えるのですが、モンクはこれをよくやるのです。最初はぼくもミストーンかと思っていたのですが、実はモンクが意識的にやっているのだということに気がついたのです。たしか『セロニアス・ヒムセルフ』というリバーサイド盤の《アイ・シュッド・ケア》でそういう弾き方がきけます」

クラシック評論家だが、モンクのピアノを弾かせたら、どっちが本物かわからないほどうまい大宮真琴《おおみやまこと》氏はいう。

「モンクはわざと調律を変えて弾くのでしょうかね？　『ブリリアント・コーナーズ』というアルバムのB面に入っている《アイ・サレンダー・ディア》は、その意味で面白いし、感心させられますね。ところがあとでCBSに入れた同じ曲は、常識的になっていて面白くない」（談話）。

バップの創生期に、その発祥の地といわれたハーレムの「ミントンズ」で、モンクはハウス・ピアニストをつとめていた。そのために歴史家は、往々にして彼をバップ・ピアノの祖先のように分類づける。「バップの高僧」ともよばれた。しかしモンクをバッパーに数えることは、ひどい誤まりに思える。彼はバップらしいバップをやっていないのだ。チャーリー・パーカーと共演したレコードでも、彼は超然としている。

「モンクはディミニッシュ分解のアドリブをあまりやらない点で、パーカーを中心とするバッパーたちとは違いますね」という、八木正生の指摘は正しい。

こういうシンの通った発言をきいたあとで『セロニアス・モンク・グレーテスト・ヒット』（CBSソニー）の無署名解説を読むと撫然《ぶぜん》とする。曲は《クレパスキュール・ウィズ・ネリー》。

「ものやわらかなモンクの作曲になるバラード。モンクのソロにはじまり、途中からユニゾンとなり、テーマを繰りかえして終る。ここでは正直いって、最初につくられたモンクの音楽をサイドメンたちが悪く扱いすぎ、せっかくの美しさをこわしてしまっている」解説者がつまらぬ演奏を最高の出来と賞めるのも感じがわるいが、「せっかくの美しさをこわしてしまっている」という断定的な解説もどうかと思う。

《クレパスキュール・ウィズ・ネリー》はモンク自身が「小シンフォニー」と考えている小品で、一切のインプロヴィゼーションを禁じた、モンクとしては珍らしい一作なのである。愛妻ネリーが大病で入院した時、モンクは一日に二十回も家を出たり入ったりして、そのたびに推敲《すいこう》を重ねて出来上ったのだ。「ファイヴ・スポット」に出た時は、コルトレーンといえどもアドリブを許されなかった。「サイドメンが悪く扱える」わけがない。

以上、モンクの音楽についての正しい理解と、よくない理解の見本を掲げて、あとは読者の判断にゆだねよう。


セロニアス・モンクは一九二〇年ノース・カロライナに生まれたが、四才の時両親はニューヨークに出て、西六十三丁目……通称サン・ファン・ヒルとよばれる黒人ゲットーのうちでは比較的ましな一角に居を据えた。それから四十六年経つが、モンクは今も西六十三丁目二百四十三番地を動こうとしない。転宅魔の多いジャズ界では異例のことだ。「セロニアスという名前では不自由しなかったが、モンクでなくモンキーとよばれたのには閉口した」

父は療養のため、一家を残して帰郷してしまい、モンク三兄弟は母の手ひとつで育てられることになった。

モンクは十一才の時、週一回七十五セントでピアノ・レッスンを受けはじめたが、一年後、彼が本当に愛する音楽は教則本になく、デューク・エリントン、ファッツ・ウォーラー、ジェームズ・P・ジョンソンのナマ演奏にあることを知って、レッスンをやめた。毎週水曜夜アポロ劇場で開かれるアマチュア・コンテストに出場しはじめたが、出るたびに入賞するので、ことわられるようになった。

十九才で、「ミントンズ」のハウス・ピアニストになり、バップの誕生を経験した。戦後、バップは盛んになったが、主流から外れた彼のピアノは共演者から歓迎されず、定職を失い、壁にビリー・ホリデイの写真を貼りつけ、自宅で作曲に没頭し、《ラウンド・アバウト・ミッドナイト》、《ウェル・ユー・ニードント》、《ルビー・マイ・ディア》などをつくった。

一九四七年に自分の名を冠した最初のレコードをブルーノートに吹込み、近所の娘で長い間彼の家事手伝いに来てくれていたネリー・スミスと結婚した。人一倍親孝行で、一旦住みついた家を離れる気がなかったモンクは「別居はいやだぜ」と念を押した。ネリーは荷物を抱えて彼の家にやってきて、姑《しゅうとめ》と同居し、彼は「ママが二人になった」と喜んだ。定職がない彼のために(彼はその間ブルーノートに、後年傑作とされるレコードを吹込んでいたのだが)、ネリーは勤めに出て、彼の服を買い、ポケット・マネーをつくった。

五一年までの生活はひどかったが、この年に最悪の事態となった。バド・パウエルの車に乗せてもらっている時検問にあい、車内からヘロインが発見されたのだ。モンクが麻薬をやらないことは周囲が皆知っていたのに、モンクは黙秘権を使い、パウエルともども有罪となり、六十日の豚箱生活を送った。パウエル一人を罪におとすことは出来なかったのだ。面会に来たネリーは、阿呆《あほ》らしくてたまらなかったという。これがないと、ニューヨークの酒を出す店では働けないのである。

出所すると、キャバレー・カードをとりあげられた。

モンクは、日中の仕事を別に持って夜はミュージシャンとして働く連中を軽蔑していた。苦難の六年間の内で彼が働いたのは唯《ただ》一度、友人の家具の移動を手伝った時だけだというからふるっている。

レコーディングと、ニューヨーク以外への出稼ぎが彼の収入のすべてであった。

この時現われたスポンサーが、パノニカ・ド・ケーニスウォーター男爵夫人である。モンクはネリーに惚れこんだ一穴主義者だから色気を抜きにして「もう一人のママ」の出現に狂喜した。ニカは、モンクのマネージャーやモンクの親友で高校教師のハリー・コロンビーと共に、モンクが麻薬患者でないことを証明する証拠を集め、五七年遂にキャバレー・カードの再交付をうけることができた。

マイルスのもとを一時離れたジョン・コルトレーンをメンバーに加え、「ファイヴ・スポット」と長期契約を結んで、モンクは俄然ジャズ界の中心的存在となった。

ところが翌五八年十月十五日、キャバレー・カードは再び警察が没収するところとなった。

ニカ夫人とチャーリー・ラウズとモンクが、デラウェアを出演地に向って車を走らせている時、咽喉《のど》が渇いたモンクは、とあるモテルの事務室に寄って水を所望した。飲んで「有難う」と立ち去れば問題はなかったが、そこはノンビリしたモンクのこと。水を飲みながらレジのあたりをいじくったり、机の上の書類を触ったり、outspoken に振舞っていたのだが、モテルの主人の方は恐怖を感じはじめて、別の部屋から震えながら一一〇番。「デカイ黒いのが事務室を物色してます」

警官が来た時、モンクは車の中に戻ってハンドルを握っていた。警察は出ろという。モンクは何が何だかわからない。警官は腕をとって引きずり出そうとした。モンクは頑として動かなかった。「危いっ!」とニカが悲鳴をあげた時、モンクの手の甲に警棒が打ちおろされた。「車のトランクからマリファナが見つかった」と警官はいった。罠《わな》である。黒人の間に白人女性がいるのがうさん臭かったのだろう。留置場に入れられたモンクはカードを没収された(注・このカード制は数年前廃止された)。

二年間、ニカ夫人が法廷で争った結果、無罪が確定し、モンクのカードは再び戻ってきた。

それからのモンクは順風満帆である。

一九六三年十一月二十五日号のタイム誌は、セロニアス・モンクを表紙にし、私が上にのべた興味深いエピソードを特集して発行するはずになっていた。ところがケネディ大統領暗殺事件という、突拍子もない事件がもちあがり、モンク特集号は延期されて、一九六四年二月二十八日号として出た。

モンクのファンだったら、この「タイム」を買い逃がす手はない。ぼくが書き抜いたエピソードはその二十分の一ぐらいにしかならない。実に面白く書けているのである。

セシル・テイラー

セシル・テイラーは、ニューヨーク州ロング・アイランドで一九三三年三月に生まれた。父の血統には、黒人、スコットランド人、インディアンの血がまじっており、母もまたインディアンの血をひく黒人であった。

母はピアノが弾けたので、セシルを五才の頃からピアノ・レッスンに通わせた。彼がピアノを教わった女性の夫は、トスカニーニの指揮するNBC交響楽団のティンパニー奏者でジェッシーさんといった。この家で彼はピアノばかりでなく、打楽器も習うことができた。

今になって考えると、セシル・テイラーに甚大な影響を与えたジャズメンは、デューク・エリントンとセロニアス・モンクということになるが、エリントンをききはじめたのはかなり大きくなってからだという。

父も母も熱烈なるエリントン・ファンであった。特に母親の実家は、エリントンのドラマー、ソニー・グリアーの一家の近所にあり、親戚《しんせき》づきあいをしていたから、「エリントン・オーケストラは最高だ」という話はしょっちゅうきかされていた。ところが子供というのは不思議なもので、両親があまり熱烈だと従わないのである。親が熱心だったから、セシルはエリントンの音楽をことさら避けていた。

四〇年代も終りに近いある日、リナ・ホーンのコンサートをききに行ったら、そのあとデューク・エリントン・オーケストラが出た。その夜から、セシルは明けても暮れてもエリントンづいてしまったのである。後年、彼の数多くないレコードの中に、《シングス・エイント・ホワット・ゼイ・ユースド・トゥ・ビー》、《ジャンピン・パンキンス》、《ジョニー・カム・レイトリー》といったエリントン・レパートリーを発見出来るのはそのためだ。

また彼はタップ・ダンスの響きに魅せられた。バップ・ドラマーが出現するまで、タップ・ダンスは、ジャズ・ドラムと同等のスイング・リズムを発散していたものである。ケニー・クラーク、マックス・ローチ、アート・ブレイキーに至ってついにドラムはタップを抜き、タップ・ダンスそのものも衰微するようになった。このあたりの関係についての研究は、ジャズの方でも充分になされているとはいえないから、今後にゆだねるが、スイング時代までの名ドラマーといわれた人……シドニー・カトレットにしろジョー・ジョーンズにしろ、タップ・ダンサーと共演する機会が多かった。またその時までのドラム奏法が、驚くほどタップ・ダンスに似ていたこともこの機会に指摘しておく必要があろう。このことについては「ジャズ・ダンス」（591頁）でも触れてある。

セシル・テイラーは、ベイビー・ローレンスとフォア・ステップ・ブラザーズの大ファンであり、「これこそ黒人民族のバレーである」と思ったそうだ。テイラー自身彼のプレイにタップの影響が濃いことを語っている。

彼はまたタップ・ダンサーのビル・ベイリーやジョン・W・バブルズの伴奏ピアニストとして雇われたこともある。トロントに出たときのバブルズの伴奏は、もう彼のスタイルが出来上っている一九五四年のことだったので、バブルズは彼のピアノに合わせようとして汗ダクになったあげく、お客に向っていいわけをしたそうだ。

「ご当地のピアニスト、アート・テイタムやオスカー・ピーターソンに口をかけたのですが、やって来たのはセシル・テイラーでした」

一九五二年、十九才で彼はボストンの親戚の家から、ニュー・イングランド音楽学校に通い、ピアノ科に籍を置き、編曲、和声学、ソルフェージを学ぶ。彼の言によれば、「音楽学校で習ったことよりも、デューク・エリントンから学んだことの方が大きい。たとえば、オーケストラのようにピアノを弾くエリントンのやり方を、学校では絶対に教えてくれなかった」

この「オーケストラのようにピアノを弾く」というのは、彼がローレンス・ブラウン

（tb）の言葉にヒントを得たものだ。テイラーは、レコードになっていないが、ジョン・コルトレーンがいた前後、ほんのしばらくだったがジョニー・ホッジスのコンボにいたことがある。エメット・ベリー、ローレンス・ブラウンもそのコンボにいた。ブラウンが彼にいったのだ。「ピアノ弾きというのは、まるでオーケストラのようなもんだ」
一九五一年、ニューヨークでつくられたデイヴ・ブルーベック十重奏団は、セシル・テイラーによって大いなる光明となった。

「今となっては、彼の音楽は大したものでない。だけど、あの当時は実に我が意を得たものだった。今でもそう思う。あんなにゆたかなハーモニーをもつジャズはなかった。リズムもいい。私はデイヴに会いに行って、そういう感想を伝えた。自分のやっていることをわかってくれた人がいることに、彼もびっくりしたようだ。当時私はストラヴィンスキーを研究していたし、デイヴはミヨーの弟子だ。私はミヨーもよくわかっていたので、ブルーベックのやることがわかったのだ」

この話には後日談がある。ある晩、「ロウァー・ベイズン・ストリート」に出ていたブルーベックが、歩いてセシルの出ているバーに現われたのだ。ブルーベックはいう。

「クラシック音楽のやっていることを借りるのは、どんなジャズ・ミュージシャンもやっていることだ。だがセシルのものはすごくエキサイティングで、重要だ。彼の多幸を祈ると共に、二十人、百人と彼のように個性ゆたかなミュージシャンが現われてくることを望むものだ」

セシル・テイラーの処女録音は、今は無きトランジションのために、一九五六年九月十四日に行われた。

ビューエル・ナイドリンガー（ベース奏者Buel Neidlingerはこの発音が正しい）の話によると、これはプロデューサー、トム・ウイルソンの初仕事だったそうで、テイラー・カルテットは、そのために屋根裏の部屋を借り、一か月半ほどみっちり練習を積んで、録音のためわざわざボストンまで行ったそうだ（注41）。ところが借りていたスタジオというのは、ジャズ向きでなく、弦楽四重奏を録音するような高級小スタジオで、全然反響がなく、技師が困ってしまい、一計を案じた。マイクを通して拾った音をもういちどスタジオで再生してエコー効果をつけようというのである。今ならエコーの活用で解決するところだが、当時はそんなことをやった。するとソプラノ・サックスの音が邪魔だということになり、スティーヴ・レイシーは別室につれてゆかれてしまった。こうして八時間を費して七曲をとったが、一か月半の練習は全く役立たなくなった。録音が終ったあと、渡されたギャラは一人四十一ドルずつの小切手。当時としてもユニオン・スケールの三分の一以下という小額で、旅費は自弁という、散々なものだったとのことである。

一九五七年、セシル・テイラーはジョー・ターミニ（Joe Termini）の経営する「ファイヴ・スポット」に出演した。五九年にオーネット・コールマンのニューヨーク・デビューを行うなど、なかなか功績のあったジャズ・クラブだ。フレンチ・ホーン奏者デイヴ・アムラムがセシルをターミニのところにつれてゆき、「この店にぴったりの男だ」と紹介した。この店には、どう高く見積っても二十ドルでは売れまいと思われるアップライト・ピアノがあった。前板ははずされたままで、鍵盤の象牙《ぞうげ》はところどころ欠けている。セシルが叩いてみると、ハンマー・ヘッドがどこかに飛んでいってしまった。

ともかく雇われることになった。実際のリーダーはボストンの出身で、ヴァイオリンその他の楽器を奏するディック・ホイットモアで、セシル以下はリズム・セクションということになっていた。

初日はセシルも、バド・パウエル・スタイルで調子を合わせていたが、二日目になるともうリーダーのいうことなどきかず、セシルのペースでやってしまった。三日目になると、ホイットモアの楽器を全部ピアノの上に積みあげた。ベソをかいたホイットモアは、出て行ったきり行方がわからなくなってしまった。

「こうなりゃこっちのものだ。スティーヴ（レイシー）、上って吹きな」ということになり、そのまま七週間ちかく続演した。客は満員で、セシルはもっとやりたかったが、毎夜のごとく、ピアノの絃が切れ、ハンマーがとび、ついにポンコツとなってしまったのでやめたという。お客は毎夜のごとく立見で溢れ、出演料はバカみたいに安かったのでターミニはこの期間にたっぷり稼いで、店内の改装に成功したという。これはセシル・テイラーのはなし。

セシル・テイラーは、再び長期契約を望んだが、ターミニはそしらぬ顔をして、毎月曜の夜だけにしてもらおうといった。以下、経営者ジョー・ターミニの話。

「全くセシル・テイラーが出ると、不思議なほど客の入りはいい。だが一曲の長さが、あべラ棒に長いのはクラブにとって致命的なのだ。これはいつも我々の間の喧嘩の種になった。アーチー・シェップが加わった場合は一曲が二時間ちかくにもなる。何とかならんかと相談しても、何ともならんというのだ。アップライト・ピアノの件もそうだ。あれはもうポンコツ寸前だが、新しい奴を買う計画は今のところ無いのだから、そのつもりで使ってくれよ……というかいわぬうちに、ガンガン鳴らして、キーをふたつ飛ばしてしまったんだ」

SJ誌の児山《こやま》編集長は、セシルのアパートにピアノがないことに驚いたという。前のピアノは数年前にこわれてしまった。

この話をきくと、改めて音楽におけるピアノという楽器について考えさせられる。他のプレイアーの楽器は、すべて自前である。こわれたり、調子が狂った時の修繕費も自前である。ところがピアノに関してはすべてについて主催者もちなのだ。タッチが強くて表現力のあるピアニストがふえるにつれて、主催者側の負担はふえるばかりだ。「セシル・テイラーは、ピアノ屋のまわし者じゃないか？」というカゲロがたたかれるゆえんである。

ビューエル・ナイドリンガーはいう。

「ナイト・クラブにおけるピアノは、たしかにセシルにとっての大問題である。セシルは誇り高きピアニストであり、彼の音楽を全的に表現するときには、一台でまにあわず、二台用意する必要があるのではないかと思うほどだ。半分の機能しかないピアノで出せるわけはない。だから彼は、調律したピアノでなければ、演奏する気にならないのである。だがこれはナイト・クラブの経営者にとって金銭的に不可能なことだ。クラブの経営者というのは〝ピアノかい。あそこにあるよ。いつでも弾きな〟という人種なのだ。エロール・ガーナーとかジョン・ルイスとか、売れっ子で地位の確定したピアニスト以外には、調律を要求するなんて無理な話だ。セシル・テイラーは、チャーリー・パーカー以後、第二次大戦後のアメリカが生んだ最大の音楽家である。ホロヴィッツのコンサートでいちど使われたピアノは、メーカーが引きとるか、安値で学生に売られるのだ。二度と使われないのだ。そのことを頭に入れてクラブに出ているセシルをみるとどうだろう。十五分毎にボーイが駆け出していって〝そのピアノをこわさないように注意して下さい〟と囁《ささや》いているのだ。馬鹿馬鹿しい」

セシル・テイラーは、八年前に路上で白人に暴行をうけたことがある。児山氏の文章では、アラン・シルヴァーの言として「セシルの天才をねたんだ白人の仕業だった」と伝えている。当時の私のノートをとりだしてみると、こう書いてある。

〔一九六四年五月二十四日の明け方、セシル・テイラーは、イースト・サイドの自宅に帰る途中、数人の白人の傍を通りすぎようとしてアッパー・カットをくらい、左腕を骨折した。明らかに彼にいどんだ男がいたのである。ベス・イスラエル病院で骨折手当をうけ(のち二度手術をうけた)、警察に訴えたが数時間後同じ場所を通ると、二人の男はまだそこに居り、警察が調べた様子はまったくなかったという。ギブスは三か月後にはずされた〕

なぜこう詳細に新聞記事を写していたかというと、暴漢が「黒人」のまちがいではないかと私は直感的に思ったからだ。児山氏の記事でその疑いは晴れたが、セシル・テイラーを取り巻く数々の事象のうち、私にとって特に重要と思えることがひとつある。

セシル・テイラーは、黒人の中にも敵を持っているのではないかと疑われる一事なのだ。オーネット・コールマンも最初のうちは、黒人ミュージシャンからうしろ指をさされる存在であった。だが今はそういう環境にない。ところがセシル・テイラーの場合、黒人間の内ゲバを誘発しかねない要素を多分に持っているようにみえる。セシルは同族から羨《うらや》まれるような金持ではない。地位も高いとはいえない。するとその敵意は、彼の芸術そのものにあるとしか考えられない。もし私の漠たる予感が、不幸にしてあたっているとするなら、セシル・テイラーの逆境は四面楚歌《しめんそか》の内にあることになる。

彼のファンを調査したことはないが、黒人よりも白人とくにヨーロッパ人の比率が高いのではないだろうか。彼自身は、ブルースのルートと黒人のトラディションに沿っていると確信しているし、我々もまたそれを認めるにやぶさかではない。

長い間いろいろなジャズに接して、私は黒人の連帯感を羨ましいほど感じてきた。ところが一九六〇年代に入ってから急に黒人同志の連帯感が解体しつつあるのではないかと感じるようになった。ジャズが以前のようにたやすく誰とでも共演できない音楽になってきたのもそのあらわれのように思うが、特にセシル・テイラーの場合彼一人が他と隔絶していて、どのホーン奏者と共演しているレコードにも私はその点に不満を感じるのである。

まあき憂に過ぎなければ幸いだ。

セシル・テイラーの音楽は、バルトーク、ストラヴィンスキー、ドビュッシーを混合させたものと批評されてきた。音楽学校で彼が、これらの作曲家に親しんだことはたしかである。だが彼はつぎのように答える。彼が父と慕うデューク・エリントンの言葉がここにも引用されている。

「デューク・エリントンはいった。音楽学校からは学びとれるだけのものを吸収する必要がある。だがそのとき町から聞こえる音を聴きおとさない耳を持ってな——と。つまりヨーロッパの作曲家のエネルギー、テクニックをどんどん吸収して、意識的にそれをアメリカ黒人の音楽伝統とまぜあわせ、新しいエネルギーをつくりあげるのだ。これが独創的だってとんでもない。歴史がそれを否定しているさ。ニューオリンズの昔からジャズはそうして発展してきたのだし、エリントンがとうにやっていることだよ」

オーネット・コールマン

一九七〇年十一月中旬の氷雨《ひさめ》が降る寒い日であった。ニューヨークに着いたその夜、ホテルに荷物を置くと、蔡垂炳君が車で街を案内してやろうといった。

ワシントン広場がみえてきた時、ぼくはふとオーネット・コールマンの家がこのあたりにあったことを思い出した。「南へ四本目を右に折れてくれない？」

そこは右折禁止だったので、もうひとつ下ったところから、うまくプリンス・ストリートに乗り入れた。「右手のあのあたりだ」というところで車を停め、「まちがいなくこの家のはずだよ」と降りて、標札をみると小さく、オーネット・コールマンと書いてあった。「この建物の三階なんだ」というと蔡君は、「はじめてきたニューヨークで、こんな雨の晩に、ピタリと車を横づけするなんて、さすがは油井さんですね」とすっかり感心していたが、日本を出るまえに書いた『フレンド・アンド・ネイバーズ』（フライング・ダッチマン）のジャケット写真でおぼえていた「プリンス通り百三十一番」と、児山編集長の訪問記事だけで充分だった。ニューヨークの地図はまえから頭にピタリと整理されている。

「ベルを押しましょうか？」と蔡君がいう。

「いや、突然の訪問は礼儀に反するし、ぼくはここにコールマンが住んでいることを確認しただけで満足なんだ」

「これがまた油井さんらしい」

小学生の息子デナード君が友だちともたれていた倉庫の扉は、大きな黒いカンバスで覆われ、改築中らしかった。児山君が練習をきいたのも、『フレンド・アンド・ネイバーズ』の録音がおこなわれたのも、この一階の倉庫跡である。

オーネット・コールマンは、だまされてこの建物の一階と三階を借りたのである。もっとも家主の方ではだましたつもりではない。そのまえにはワシントン広場の北にあたる十一丁目に住んでいたのだが「いい出ものがある」とすすめられて契約したのだ。オーネットはかねてからジャズ・クラブを開く構想をもっていた。一階は改装すればすぐ立派なクラブになる。自分は三階に住んで、吹きたいときに下りてくればいい。全く絶好の出ものだと契約して、すぐ床の張りかえにかかったところを、オマワリさんがきて、「いったい何をはじめるんだい。ここは住宅専用区域なんだよ」という。床を張っただけで、家主に談判にゆくと、「ええ、住宅専用区域で水商売はできませんよ。はなからおっしゃって下されば、余計な契約をなさらなくても済みましたのにねえ」と、とりつくシマがない。オーネットはそれでシューンとなった。

「オーネットは商売人じゃないよ。風向きがおかしくなったときに、もうひと押しという気をなくしちまうんだ」とデヴィッド・アイゼンソン（b）は批評する。

「家主さん、クラブにすることはちゃんと話していたじゃないですか」と掛けあうべきところを、「じゃあしょうがない。練習場にでも使って、契約期間が終るのを待とうか」と折れてしまうのである。

住宅専用区域（residental zone）とはどういう所をいうのか知らないが、その晩見た限りでは、斜《はす》向いも倉庫らしく、夜の八時半というのに大型トラックで荷物の出し入れをやっていた。これではオーネットがしくじったのも無理はない。実地に見ておきたかっただけさ——とぼくは蔡君に説明した。

ベーレントの新版『ジャズ』のなかに、きわめて注目すべき見解が二、三ある。

まず第一に、オーネット・コールマンの作品では、作曲がインプロヴィゼーションの上位にあり、ジョン・コルトレーンにおいてはすべてが（彼の作曲までが）インプロヴィゼーションから生まれている——というのである。

オーネット・コールマンが何よりもまず作曲家であることを証する裏話を彼は語っている。

一九五八年、ロスでの生活に絶望した彼は、レッド・ミッチェル（b）の口ききと称し、コンテンポラリー・レコードのレスター・ケーニッヒを訪ね、「私の作曲を買ってくれませんか?」といったのだ。「吹込ませて下さい」といったのではなく、作曲の買いとりを頼んだのである。ケーニッヒは、「そこのピアノで弾いてごらん」といった。彼にはピアノは弾けないといって、包みから白いプラスティックのアルト・サックスをとりだし、吹きはじめたのだが、ケーニッヒは「アルトで吹込んだ方が面白いじゃないか」といい吹込みの話がきまったのである。これが彼がまず作曲家であることの証拠である。

一九六七年十月、彼が来日した時演奏をきいたファンの反響は、実にまちまちであった。「サム・テイラーみたいなギラギラの洋服が気に喰わない」、「音がきれいになりすぎた」、「出現時にくらべると、まるでキバを抜かれた猛獣のようだ」……これがわるい方の感想の代表的なもの。

前年夏にきたジョン・コルトレーンの演奏が、来日タレントの全部を通じ、稀にみる感動を残したあと、しかもコルトレーンが亡くなったすこしあとであるだけに、コールマン=コルトレーンという二大巨星があまりにも異なる印象を与えたことに対する失望の声の方がやや大きかったようだ。

オーネットを一概にインプロヴァイザーでないと考えるのはあやまりである。『フリー・ジャズ』(アトランティック)にしろ、『チャパクァ組曲』(CBS)にしろ、彼が傑出したインプロヴァイザーであることを証拠立てている。ただ彼の場合、作曲がすこしばかり優先するというだけだ。上記の例外を除けば、彼の作曲は、コルトレーンに比していずれも短時間であるのもそれを証拠立てる。

ベーレントが新たに書きおろした「オーネット・コールマンとジョン・コルトレーン」という一章は、共に偉大でありながら、その性格も音楽性もまったく異なる二人の姿をみごとに描きあげた力作で、コルトレーンにあてた物差しを、そのままオーネットにあててはならないことを鋭く指摘したものだ。

ベーレントのもうひとつの重要な指摘は、オーネット・コールマンをブルースのかたまりとする点にある。ブルー・ノートといえば、フラットされる二つないし三つの音を指すが、オーネットがアルトで吹き出す音は、ほとんどすべてすこし高めか、すこし低めに微妙にオフ・ピッチされていて、つまり全音がブルー・ノートだというのである。そしてこれはカントリー・ブルース・シンガーの歌声とおなじセンスなのだとしている。

オーネットは、かつていった。「私は《平和》という曲で吹くFの音と、《悲哀》という曲で吹くFの音はおなじであってはならないと考える」

Fの音は、どんな曲で吹かれようとFの音じゃないか——と考えるのは、われわれが長い間ふつうのジャズやクラシック音楽に馴《な》らされた結果にすぎない。オーネットの見解は、まさしくブルース歌手のそれである——とベーレントはいっている。

泰平を破ったオーネットの音楽

私はオーネット・コールマンについて、一九六七年に次のように書いたし、今もその考えは変っていない。

「ぼくは早くもオーネット・コールマンを、ジャズの歴史に出現した最高の巨人の一人にランクしているのですが、今後かれが注目すべき傑作を一曲も演奏できなくとも評価をかえる必要はないと思うのです。極端にいえばコールマンが出現したという事実だけでいいのです」

オーネットが出現した一九五九年——ジャズ界は泰平を謳歌していた。ウエスト・コーストから主導権を奪回して二年……まさに「ファンキー元禄《げんろく》」に酔っていたといえる。ファンキーの前途は洋々たるものにみえた。だがそういう時にこそ危機はしのび寄るものだ。オーネットが、コンテンポラリーに二枚目の『明日が問題だ』の吹込みをすることになった時、レスター・ケーニッヒは、レッド・ミッチェル（b）、シェリー・マン（ds）をリズムにもってくることをすすめた。処女作『サムシング・エルス』が売れなかったのは、無名の新人を揃えすぎたからで、やはり当代のスターを加えて、その人気に抱きあわせるべきだ——と考えたわけである。

シェリー・マンは素直にオーネットの音楽を理解した。彼は語った。

「ソングの伴奏をしているという感じではない。人間の伴奏をしているという気持であった」

レッド・ミッチェルはむしろ反抗的であった。オーネットの要求は、ステッディな四拍子ではなく、メロディによって変化するベースである。「彼は私を気ちがいではないかと本気で考えていたようだ」とオーネットは語る。このLPは最初から二回のセッションにわけられていた。マン、ミッチェルとの第一回のセッションが終り、お金をもらうとオーネットはドン・チェリー（tp）と共にサンフランシスコに飛んだ。かねてから尊敬していたMJQのパーシー・ヒースを口説くためである。この時、二人はMJQと共演したのだが、ジョン・ルイスが二人の音楽に驚嘆したのはこの時だ。

『明日が問題だ』は彼がニューヨークのファイヴ・スポットに出演直前に発売されたが、二枚のコンテンポラリー盤が吹込まれる間に、彼はたった一度クラブ出演をしただけだった。ロスの「ヒルクレスト・クラブ」で、ポール・ブレイ（p）グループのサイドメンとしてである。この時の録音がアメリカ30から発売されている。このグループでオーネットは、はじめて理想的なベース奏者チャーリー・ヘイデンにめぐりあった。

一九五九年、ジョン・ルイスの肝煎《きもい》りで、ニューヨークの「ファイヴ・スポット」に出た時まきおこしたpros and cons（賛否両論）については、しばしば語られているのでここで繰りかえす必要はないと思う。ただどうして「ファイヴ・スポット」がこのグループを契約したかについて、すこし説明しておこう。ジョン・ルイスは一九五九年夏、イタリーのジャズ雑誌のインタビューでこう語っている。

「カリフォルニアで会った二人の若者――オーネット・コールマン（as）とドン・チェリー（tp）は、今までに私がきいたこともないような音楽をやる。二人のうちリーダーシップをとるのはオーネットだが、二人のプレイはまるで双生児のようだ。二人の協調ぶりとそのアンサンブルは、私が一度も耳にしたことのないもので、どう説明したらよいか今のところ私にもわからない。ある意味で、オーネットは、チャーリー・パーカーの延長線にあるといえるが、かつてなかったスタイルなのだ。私が今最も必要と思っているのは、バードのアイディアを模倣するというのでなく、基礎から発展させて真に新しいものをつくりだすことである。この二人はまだ完全ではなく、初歩的段階にあるが、将来おそるべき、新鮮さを持っている点で注目しているのである」

その夏、マサチューセッツ州レノックスのジャズ学校で二人の演奏をきいた評論家マーティン・ウィリアムズは、コンテンポラリーの二枚の裏解説を書いたナット・ヘントフと共に、最大の支持者となった。「ジャズ・レヴュー」誌の「レノックスからの手紙」で彼は、「オーネット・コールマンが最も気をつけなければいけないことは、批評家の言によって迷ったりためらったりすることである。オーネットがすでにしてイノヴェーターであることは疑いのない事実だからだ」と書いている。

このような前宣伝があったところで「ファイヴ・スポット」への出演が決まったわけで

ある。契約は二週間だったが、経営者のジョー・ターミニは、初日の第一ステージを記者会見とレセプションにあてた。こういうことがあったから、オーネットのデビューは、すくなくともジャズ内部にくまなく知れ渡り、論議の対象となったのであった。かくして、オーネット・コールマンの出現は「ファンキー元禄」の夢をぶち破ったのである。

オーネット・コールマン出現の波紋

[illegible]ト出現の意味をずっとあとになるまで理解できなかったミュージシャンはさて[illegible]理解した人の間でもその反応はまちまちであった。[illegible]にジョン・ルイス。あれほどまでにオーネットを支持し、理解しながら、彼はオーネットから影響らしい影響はうけていない。オーネットの作《淋《さび》しい女》はMJQのレパートリーのひとつとはなったが、やはりMJQらしい演奏となり、オーネットの音楽の核心を衝くものにはならなかった。

マイルス・デヴィスもそうだ。クリッシェに陥っていないオーネットの音楽をまっさきに認めはしたが、自分には自分のゆく道があることを知っていたこの偉大なミュージシャンは、オーネットとその影響の圏外を縫って次代のジャズの発展を意図したかのようにみえる。

ソニー・ロリンズは、オーネットのデビューと時を同じくして引退してしまった。しかしその間もオーネットの音楽は時おり聴き、大いに想を練っていたようである。一九六一年カムバック後の第三作『アワー・マン・イン・ジャズ』（RCA）では、オーネットの影響をもろにかぶった姿でわれわれを驚かせた。この時彼は意識的に、オーネットのグループにいた二人のキー・メンバー、ドン・チェリーとビリー・ヒギンズを使っている。

ジョン・コルトレーンは、彼がニューヨークに戻ると、必らずオーネットをききに出掛けた。彼自身はっきりと次のように語っている。「オーネットは、私のプレイに全く新しい可能性の領域があることを示したばかりでなく、彼をきくまえには、自分にはこれが限度一杯だと思われていた領域よりも、はるかに巨大な新しいかたちのインプロヴィゼーションに足をふみいれる動機をつくってくれた」

ジャッキー・マクリーンもまた、オーネットから得るところの多かったミュージシャン『レット・フリーダム・リング』（ブルーノート）は、それを証拠立てている。

で、オーネットに影響されたエリック・ドルフィー以下の、いわゆる「ポスト・オズター（オーネット以後）の新人群について語るべきであるように思う。だが、それをジャズはゆくことは、どう考えても適切には思えない。オーネットの出現は、ジャほどの大地震であったのだ。

カを経由してアメ頃「民族音楽としてのジャズ」で触れているように、ラテン・アメリに入りこんだ黒人によってつくられた。その意味でラテン音楽はジャズの直系尊属である。だが、アメリカ本土に入りこんだときから黒人音楽は、ラテン諸島にみられない衝突現象をおこした。即ち黒人本来の音楽とヨーロッパ音楽の接触である。黒人は白人世界に投げこまれて、いかに自分たちが、文化、慣習の面で劣っているかを、いやというほど思い知らされた。言語、習慣、宗教をすべて捨て去り、未知の外国語である英語をおぼえ、キリスト教を与えられて宗教歌になじみ、白人世界への同化を心掛けねばならなかった。

ジャズの歴史は、また同時に、黒人たちの白人的洗練化の歴史として捉《とら》えることもできる。

かなり早く一応の洗練化を達成したのは、スコット・ジョプリンを代表とする世紀の転換時代のラグタイム・ピアニストたちであった。次に達成したのはラグタイムを継承して、ニューヨークのハーレムに現われたストライド・スタイルのピアニストたちであった。ジェームズ・P・ジョンソン、ウィリー・ザ・ライオン・スミスを、単なる黒人ピアニストと考えるのは勝手だが、彼らのおびただしいレコードを丹念にきいてゆけば、彼らが同時代の他の都会のミュージシャンに比して、高度に洗練化された音楽家であったことがよくわかる。フレッチャー・ヘンダーソンとレスター・ヤングの悲劇は、ストライド・ピアニストの水準以上に、洗練化がつき進んでいた点にある。

そして天才パーカーが現われた。彼は音楽学校すら出ず、麻薬に犯され、泥まみれの一生を送ったが、音楽大学を出た者をすら畏怖《いふ》せしめる作品を残した真の天才である。

一九五〇年代のポスト・パーカー時代には、ジャズが白人の音楽学校卒業生や、シェーンベルク、ミヨーの弟子に大手を振ってかきまわされるほど、ヨーロッパ音楽寄りに傾いた。これでは駄目だ、というわけで黒人らしさを表面に打ち出したファンキーの時代がきたが、ヨーロッパ音楽尊重の基本体制は変らなかった。最初マイルスが、ついでコルトレーンがひきついだモーダル・ジャズは、体制内における限度一杯の新考案であったといえる。さきに引用したコルトレーンの言葉はそれを裏づけたものだ。

オーネット・コールマンは、その体制が黒人音楽のルートだけで、根本からひっくりかえせることを暗示したのであった。

生いたち

オーネット・コールマンは、一九三〇年三月十九日、テキサス州フォートワースに生まれた。母は裁縫婦、父は（オーネットが知る限りでは）野球選手であった。というのは残っていたたった一枚の写真で、ユニフォームを着ていたからである。父はオーネットが七才の時なくなった。母の語るところによると、父は歌手でもあり、フォートワースの町中を歌いまわったということである。兄妹《きょうだい》は四人いたが、二人死んでしまいオーネットと妹のトラヴェンザが母と暮らした。

同郷の竹馬の友、チャールズ・モフェットとプリンス・ラーシャがこもごも語るところによれば、オーネットの家とモフェットの家は、音楽の練習場に使われ、いつも荒れ放題になっていたそうだ。

オーネットの家庭は貧しかったので、友人が楽器を買ってもらって、はしゃいでいるのを、ただ眺めているしかなかった。「サックスを買って……」と母にねだったことはあるが、彼女にそんな余裕はなかった。あまり何度もねだるので、母親も妥協し、「もしお前もいくらか稼いでうちに入れてくれたら、私の分と合わせて考えよう」といった。オーネットは一心に働いた。ある晩、母親が寝ている彼をゆすりおこし「ベッドの下をごらん」といった。そこにはアルト・サックスが置かれていた。十四才の時である。

オーネットは一年間アルトを吹いた。ところがある時、フットボールの試合で鎖骨を折り、アルトの練習が不可能になった。そればかりか一年原級にとどまった。再びスクール・バンドに復帰した時から、テナーを吹くようになっていた。

オーネット・コールマンの奇妙な音程について、ひろく知られているのは、彼がアルトを独習した時、ピアノの教則本を使い、その本に書かれているAを、アルトならCだと思いこんでおぼえこんだ——という実話である。これは本当の話だが、そういう誤まりを矯《きょう》正《せい》してくれたのがスクール・バンドでのレッスンだった。

オーネットとキング・カーティスは、スクール・バンド仲間であったが、ともにスクール・バンドだけでなく、ナイト・スポットでアルバイトをやっていた。彼らはジャズとR&Bのテナーを吹いた。

学友プリンス・ラーシャはカリフォルニアに出た時、ソニー・シモンズにめぐり合って意気投合。二人ともしめし合わせたように、オーネット・コールマンと同じプラスティック・アルトを吹くようになり、「ポスト・オーネット派」の第一号となった。もっともこれは後の話だ。

テキサス州フォートワースへ四〇年代に、ディジー・ガレスピーが来演し、オーネットたちも彼を聴いたが、当時バッパーに模倣されたベレーや豹《ひょう》の皮の上着には影響をうけなかった。その当時、この地方の若者たちに大影響を与えた服装は、キャブ・キャロウェイのズート・スーツと、ビリー・エクスタインのYシャツの襟のカーヴであった。

オーネットは髪をコンクし、ポマードをテカテカに塗ってオールバックにしていたという。その上ズート・スーツを着こんで、アーネット・コブ（ts）の新吹込みR&Bレコードをコピーし、楽器を高々と持ち上げ、ふりおろしてホンク・テナーを演じ、ついにはステージの上にのけぞって、仰向いたまま吹続けたというのだから壮観である。そもそも彼がアルトをテナーに切りかえたのは、当時のR&Bレコード界の大スター、ビッグ・ジェイ・マクニーリー（ts）に惚れこんだためであった。

「私がそのころきいたミュージシャンで、最大だと思うのは、レッド・コナーズ（Red

Conners）というアルト奏者だった。レッドは、いろいろな原因で、若くして死んだ。三〇年代から四〇年代のはじめだったと思う。チャーリー・パーカーよりクリエイティヴなところがある人だった。レッドのグループをきくと私は顔が赤くなった。彼のやっていることは本当の音楽だった。私も町では人気ミュージシャンだったが、私のやっていることは音楽ではなかった。しかしレッド・コナーズから格別の影響をうけたとは思わない。私は誰からも影響をうけなかった。プレイアーとしては、ジミー・ドーシー、ピート・ブラウン、レスター・ヤング、チャーリー・パーカーたちを尊敬したし、彼らをまねろといわれたら、そっくりまねて吹くことはできたが、幸運にもうんと若い時から、自分自身の音楽を吹くことができたので――」と彼は語っている。

「私も町では人気ミュージシャンだった」というオーネット自身の音楽は、これまでオーネットの伝記を知っているファンに、意外の感を与えるかもしれぬ。あの奇妙なサックスの音程で、小さい時から白い眼でにらまれ続けたかのように、今までの彼の伝記は取り扱っていたからである。

当時、テキサス州フォートワースの町は、すごい好況下にあった。石油成金、家畜成金、織物成金がうようよいて、そういう金は低所得層にも何らかのかたちで浸透していたのである。ナイト・クラブは好況で、最も程度の低いクラブでも、ティーン・エイジの半プロ・ミュージシャンを雇っていた。

オーネット少年のグループでは、チャールズ・モフェットがトランペットを吹き、プリンス・ラーシャが歌を歌っていた。ラーシャの歌は、ルイ・ジョーダンのレパートリーを歌う時はルイ・ジョーダンふうになり、ビリー・エクスタインの歌を歌う時は、ビリー・エクスタインふうになるというお粗末なものだったが、このバンドでオーネットの得る金は週給百ドルを上廻ったというから、好況のほどがうかがわれる。ラーシャの言によれば、高校教師で週に百ドルとっていた人は一人もいなかったそうだ。

ただし、そのクラブはバクチ打ちの巣窟《そうくつ》で、客同士の喧嘩は絶えなかった。ミュージシャンは、賭博《とばく》の騒ぎを消すために雇われていたのである。テキサス巡邏《じゅんら》隊が踏みこむと、彼らはいっせいに立ち上がってダンスをはじめる。逮捕者は一人も出なかった。

「その晩は、このクラブでさえ大荒れに荒れた一夜だった。私の目の前で二人の男が刺し殺され、別の一人が射殺されたのだ。私の音楽が暴行と犯罪をカバーしているのだと思うと泣けてきた。もうこんな店に出るのはやめようと何度思ったか知れない。だが百ドルは魅力だったし、母と姉の生活を支えているのだと思うと、それはできなかった。鉄道線路に沿った貧民の出でなければ、こうした気持は理解してもらえないかもしれない」

フォートワースの景気は上々だったので、一流バンドが次々とやってきた。

そのころオーネット少年は、スタン・ケントン・オーケストラと共演したことさえあるという。オーネットは、やらせてくれるバンドが来れば、積極的にsit in して（注42）経験をつんだ。

十三才の時からクラブに出ていたチャールズ・モフェットは、十五才で高校を出ると海軍に入ってしまった（海軍で彼はウエルター級のボクシング・チャンピオンになったが、これは余談である）。プリンス・ラーシャも同時に高校を出て、北部へゆき、鎖骨骨折のため一年停年したオーネットだけがフォートワースに残された。

前述したレッド・コナーズにいろいろ教わったのはその時からである。レッド・コナーズは、テナーとアルトを吹いたビッグ・バンド・リーダーで、バンドを解散したオーネットは、彼のバンドに入った。彼のバンドは、一片の譜面も用いなかったが、整然とヘッド・アレンジされていた。

オーネットはコナーズから、ビ・バップというあたらしいジャズが起ったこと、ジャズには、ポピュラー・ジャズとシリアス・ジャズがあることを教わった。そうしてきかされたのが、チャーリー・パーカーの《ナウズ・ザ・タイム》であったがオーネットはすかさずいった。

「これがビ・バップですか？　なあーんだ、《ハックルバック》じゃないですか」その通り。偶然にも《ナウズ・ザ・タイム》は、当時R&Bのレパートリーとして人気のあった《ハックルバック》と同じ曲であった。ここでオーネットは、バップもR&Bもおなじ種類の音楽であることを納得した。

「ヒリービリーを除けば、他の種類の音楽はクラシカル・ミュージックしかなかった。ハイ・スクールの音楽鑑賞の時間にレコードで聴く以外、フォートワースでクラシック音楽をきいたことはほとんどない。それとても私にはコマーシャル音楽のようにしかきこえなかった。フォートワースでの生活では、クラシックは全く結びつかないものだった。私にとってクラシックとは、演奏の間じゅう誰一人立ち上ってソロを吹くことをしない、統制された読譜会のようにしか思えなかった」

オーネットにおけるバップの経験を、彼の口から語らせてみよう。

「一九四〇年代というのは、アメリカ全体の音楽がバップによって新しい動きをみせた時代だと思う。だが私が最初にバップをきいた時には、ただ音符をやたらに使う音楽なんだな、という印象しか持たなかった。ところがまもなく、バップというのは歌形式（a song form）とそのコードを使って、別のメロディをつくるものであることに気がついた。これはすばらしい進歩である。バッハ以後の大発展だと思った。そこで私もコード進行にのせてまったくちがうメロディをつくってみた。《ストンピン・アット・ザ・サヴォイ》のコードに全然別のメロディがつくれた時には、すごいぞと喜んだ。これは実に創作意欲を刺《し》戟《げき》してくれる。バド・パウエルも、チャーリー・パーカーも、ディジー・ガレスピーも、みなこれを楽しんでいるのだなあ、と納得した。セロニアス・モンクに至っては、コード進行をとりあげて、別のメロディをつくりだす名人だものなあ」

この時まで、オーネットの演奏経験は、黒人の客に限られていた。レッド・コナーズのバンドに入ってアルトに切りかえ、白人客を前に演奏することは、バップ経験とあいまって、彼をひどく粋《いき》な気分にさせた。

ある晩、アルト・フィーチュアの《スターダスト》を彼は吹いた。テーマを出してからアドリブに入り、原メロディから離れたフレーズを次から次へと吹いてゆくと、一人の客が叫んだ。

「メロディ通りにやれ」はは あん、この客はさっきテーマを吹いていたのを聴いていなかったんだな、と彼は思った。他のメンバーがバックでちゃんとコードを吹いているのに、なぜ原メロディに執着しなければならないんだ。ようしそれなら——と彼は思った。いっそのこと、コード進行にみちびかれて吹くアドリブを放擲《ほうてき》して、そんなものに一切とらわれない音楽をつくる可能性を考えてやろう！

オーネット・コールマンの一生を決定する転換の契機は、白人客がとばした弥次にはじまったのである。

A・B・スペルマンは、オーネットのこの転換アイディアについて、そこにはやはり、人種偏差にもとづく理由があったことを強調する。スペルマンは数少い黒人ジャズ評論家の一人である。

一人の白人客がやってきていった。

「おい、すごいサックスを吹くじゃないか。お前の出身地はきっと、名前の前にミスターをつけてよび合う国だろう？」

オーネットのコンク仕立の長い髪とヒゲをみて、その客はテキサスの黒人ではないと思ったにちがいないのだ。

「いいえ、ぼくはここで生まれました」

「ほほう、そうかい。握手してくれないか。お前はすばらしいサックス奏者だから、握手してもらうことは光栄だと思う。だが……俺にとっては、お前がやっぱりニガーにすぎないことはたしかだ」

何という下劣な奴。オーネットはムーっとしたがそのまま黙っていた。

テキサスでは、黒人は人間の屑《くず》扱いなのだ。

そうした屑をめがけて、いどんでくる女性もいる。ある晩、彼は休憩時間に、さっき演奏中ふと頭にうかんだフレーズを整理しようと思って、誰もいないキッチンの片隅でアルトを吹いていた。

ふと気がつくと、白人の女がスカートをまくっていどんできた。

オーネットはゾーっとした。もし白人が通りかかってこの光景を目撃すれば、彼は「奇妙な果実」となってポプラの木からぶらさがらねばならない。

オーネットがこれをどうさばいたかはさだかでないが、拒絶して恥をかかせたらやっぱり奇妙な果実になったにちがいない。生きているところをみると、うまく行ったものであろう。

コンテンポラリーに吹込むまで

若いミュージシャンが故郷を出る場合、十中八九は楽旅に来たバンドに雇い入れられて行くというケースをとる。オーネットの場合は、そういうチャンスがなかった。親友チャールズ・モフェットによると、「オーネットは、十七才の頃にはもうオーネット・コールマンのような音を出していた」という。つまり、例の不思議な調子のテナーを吹いていたわけだ。これでは楽旅バンドのリーダーが雇い入れなかったのも無理はない。

彼がつかんだ唯一の楽旅バンドはニューオリンズの「サイラス・グリーン」というミンストレル・ショウだった。これは言語に絶するひどい巡業ミンストレルで、団員はくたびれ切っており、テントはボロボロであった。バンドは白人ディキシーがやりそうな曲ばかりをレパートリーとしており、オーネットのテナーは誰からも好かれなかった。

ミシシッピー州ナチェスで興行している時、オーネットは町の食堂でほとんど白人といってもいい色の白い黒人に会った。彼はインペリアル・レコードを経営しており「どうだい、うちのレコードに吹込んでみないか」という。オーネットはテントに引きかえし数人のミュージシャンをつれてスタジオにゆき、気が狂ったような熱演を吹込んだが、このレコードがどうなったかは誰も知らない。「そのうち、徹底的に探し出してみよう」と彼自身は語っている。

オーネットは、このバンドでいつもたった一人でバップの練習に励んでいたが、仲間が欲しくなり、もう一人のテナー奏者を引っぱりこんだ。その男はすぐ団長のところにゆき「オーネットがぼくにビ・バップを仕込もうとしています」と告げ口をした。オーネットはその場でクビになった。

オーネットを次に拾ったのは、リズム・アンド・ブルースのギター兼ヴォーカリスト、クラレンス・サミュエルス（Clarence Samuels）である。ルイジアナ州バトン・ルージュでこのバンドが演奏した時、ブルースの中でオーネットは堂々と彼が信ずるモダン・ブレークを吹いた。その途端にホール中のダンスはぴたりととまり、なかには罵声《ばせい》をとばす客もいた。

そのあと、楽屋に女性が訪ねてきて、「会いたいという人が表に待っています」といった。オーネットがテナー・ケースをぶらさげて出てゆくと、三人ほどのヨタモンがぐるっと彼をとりまき、ボカボカなぐりつけた。オーネットのテナー・ケースをとりあげ、楽器をめちゃくちゃにこわし、オーネットをノック・アウトすると立ち去った。彼はこのあとアトランティックに『オーネット・オン・テナー』を吹込むまで、二度とテナーを手にすることはなかった。

バンドのテナーには別の男が雇われ、彼はやめる他はなかったが、ともかくニューオリンズまでついていって、バンドと別れた。

ニューオリンズには友人メルヴィン・ラシッターがいた。事情を話すと「母親の家が空いてるから住め」という。それにメルヴィンの兄はアルト吹きだったが、今は別の仕事についているから楽器を使ってもいいという。

こうしてオーネットは、昔なつかしいアルトに戻った。一九四九年のことだ。彼はここで昼間は庭仕事、夜はモダン・ジャズメンと共演という日課をつくり、半年をすごした。

ニューオリンズでも彼のプレイは敵意をもって迎えられた。彼のやることを理解してくれたミュージシャンは二人しかいなかった。クラリネットのアルヴィン・バティースト(Alvin Batiste)とドラマーのエド・ブラックウェルである。エド・ブラックウェルとの友情は今日まで続いている。

やがてフォートワース時代にリーダーをやっていた古い知り合いピーウィー・クレイトンのバンドが巡業してきた。このバンドのアルトは空席であり、バンドはテキサスに帰る前にロスに寄ることになっていた。オーネットはどこからか楽器をくすねてきて、このバンドに加えてもらった。一九四九年冬のことである。

リーダーのクレイトンはオーネットのプレイをきいて驚いた。「あれッ、こんなサックスを吹くように変ってしまったのか!」クレイトンは大失望し、ロスまでの道中、オーネットに「吹かせないために」給金を払わねばならなかった。

ロスでお払い箱になった彼は、母親に旅費を送ってもらい、フォートワースに帰った。だが故郷の景気は思わしくなく、友人たちの多くも都会に出てしまっていたため、二年後彼は再びロスに出た。今度は貧民街ワッツにあった友人の家にころがりこんだ。まえにロスにいた時、彼はR&Bとバップをミックスしたスタイルで、テディ・エドワーズ、ハンプトン・ホーズ、ソニー・クリスらと、「ディキシー・クラブ」で共演したことがあった。彼らは皆オーネットのプレイをほめてくれた。ところが、彼のスタイルがもっと成熟した二度目のロス進出では、すべてのミュージシャンが彼を嫌っている態度をとった。

彼を支持してくれたのは、ニューオリンズ以来の親友であるエド・ブラックウェルと、ドン・チェリーという若いトランペット奏者であった。

オーネットは床屋にもゆかず、髪とヒゲを生えるにまかせ、黒いキリストのような姿になった。ジェーンと結婚したのはこの頃である。ジェーンもワッツに住んでいたが、黒人とフィリッピン人の血がまじった美女で、たいへんなジャズ・ファンであった。二人の間に息子のデナードが生まれることになる。

オーネットは「奇人」として知られるようになった。「ティンパニー」にチャーリー・パーカーと共演の機をねらって出掛けた時は、戸口で追い払われた。

デクスター・ゴードンとの共演をねらって出掛けた時は、偶然にもゴードンだけが最初のセットに遅刻して姿を現わさなかった。彼は早速アルトをとりだし、デクスターのリズム・セクションと一曲をはじめたが、ゴードンがやってくると大声で怒鳴られた。「即刻ここから出てゆけ！」

オーネットは雨の中をワッツの自宅までトボトボと歩いて帰った。

月曜の夜「カリフォルニア・クラブ」ではジャム・セッションがひらかれていた。ある月曜日、クリフォード・ブラウン＝マックス・ローチのグループが出た時、オーネットも楽器を持って出掛けた。最初のセットにまにあうように着いたが、「もっとおそくなるまで待ってくれ」といわれ、十時から一時半まで客席で待たされた。ローチとブラウンがクラブを去った一時四十五分に、「さあやれ」といわれた。オーネットがバンド・スタンドにあがると、リズム・セクションは楽器を片附けて立ち去ってしまった。

こういうことは、このころのオーネットにとって決して例外的な出来事ではなかったという。

やっと雇われたのはメキシコふうの酒場であったが、半裸のダンサーのバックで、R&Bをテキサスふうにやる仕事だった。

「こんな仕事なら、失業していた方がマシだった」と彼は打ちひしがれ、やりたい時にやりたい音楽をやるために、日中の仕事を探し歩いた。保育係、ポーター、エレベーター・

ボーイ、倉庫係……転々と仕事がかわったのは、勤務時間に音楽の勉強をやっているのをみつかってしまうからである。

やがて彼はグループをつくり、公式の場には顔を出さず、練習に熱中するようになった。この時集まったのは二人のテキサス・ミュージシャン——ボビー・ブラッドフォード（tp）とジェームズ・クレイ（ts）——そしてエド・ブラックウェル（ds）である。

オーネットは今でもいう。

「ブラッドフォードは、現存する最高のトランペット奏者だ。いつまでもいて貰《もら》いたかった。だが仕事がないのに、バンドを養っておくだけの力はなかった。売りこみはやったのだが、金にはならなかった」

ボビー・ブラッドフォードは現在ジョン・カーター（as）とカルテットを組み、注目すべき活躍をみせているあの人だ。ジェームズ・クレイは、陸軍にとられ、そのあとレイ・チャールズ・オーケストラに入ってしまった（七一年十一月、来日したチャールズ・オーケストラでアルトを吹いていたのがこのクレイである）。ボビー・ブラッドフォードも去り、かわって入ってきたのがジョージ・ニューマン（サックス）とドン・チェリー（tp）であった。ジョージ・ニューマンは、オーネットのアルトを吹いてみて驚いた。ものすごく厚いリードを使い、マウスピースとの間は広い。とても音が出ないのだ。

さて皆で練習するにつれ、ニューマンとチェリーは、「オーネットはアルトを自分のものにしていないのじゃないか。要するに未熟なのじゃないか」と考えるようになったという。というのは、一曲ごとにサウンドがまったくちがうのであった。ジャム・セッションでしめ出されたころからオーネットも、皆がそう感じていることを認めていた。彼は語る。「私が音楽をまったく知っちゃいないという噂はひろがっていた。噂が出たほんとうの原因は、私が南部の出身だからだと思う。ロスの連中は、自分たち以上にジャズを知っている人間は他にいないという優越感をもっていたし、南部の奴らにそれ以上のことが出来るものかと馬鹿にしているところがある。私はバップのスタンダードをそれほど知ってはいなかったからテーマも勝手につくって吹いたし、ソロに至ってはまったくの自己流であった。それがきっとデタラメをやっているように見えたのだろう。私自身は自分の信念の赴くままに、ごく自然にやっていたつもりだが――」

ドン・チェリーは、やっと十九才だったが、既にしてデクスター・ゴードン、ウォーデル・グレイに可愛がられている若手のホープであった。彼のそのころのスタイルは、クリフォード・ブラウンの長く、旋回するアルペジオと、マイルス・デヴィスのソフトなミュート・サウンドをもっていたという。ドン・チェリーは語る。

「ロスの高校にジェファーソン・ハイ・スクールというのがあって、ここのスイング・バンドは凄《すご》かった。スタン・ケントンからディジー・ガレスピーのレパートリー、さらに生徒が書いたアレンジを演奏していた。ぼくの学区からはずれていたが、どうしてもそこに入りたかった。だけどぼくは別の高校に入れられた。ついに一計を案じ、毎日六時間目をサボってジェファーソン・ハイにゆき、リーダーのダニエル・ブラウン先生に、〃ぼくもこの学校の生徒です〃と嘘をついてメンバーに入れてもらった。このバンドはよく他校のコンサートにも出演した。そうしているうちに、ぼくが他校のバンドに入っていることがバレて、大騒動となり、放校されて detention school（アメリカの学校にくわしい人ならすぐ訳語がみつかるだろうが、私は知らないので原語のまま出しておく）に入れられた。ここにもバンドがあることはあったが、貧弱で、楽器の数もすくなかった。ビリー・ヒギンズ（ds）に会ったのはこの学校でのことだ。彼はバスケット・ボールに熱中していて、練習にあまり顔を出さなかった。ぼくは彼の才能を認めていたので、〃もうすこし音楽にまじめにとりくむべきだよ〃と彼に忠告した」

ドン・チェリーは、ビリー・ヒギンズをオーネット・グループの練習場になっていたジョージ・ニューマンのガレージにつれていった。エド・ブラックウェルのドラムをきいたとたん、ビリー・ヒギンズは愕然《がくぜん》とした。ブラックウェルのドラム・セットは皆手製で、まるで玩具《がんぐ》のようであった。ブラックウェルは、生地ニューオリンズのディキシー奏法から、アフロ・キューバン、アフリカのドラムにも精通しており、それから彼自身のスタイルを案出したのであった。

ビリー・ヒギンズはその日からブラックウェルの弟子となって、あらゆる奏法を習得した。

もはや、オーネットはどのジャム・セッションに参加しても、たった一人とりのこされてベソをかく必要はなくなった。ドン・ペイン（b）、ウォルター・ノリス（p）もこのグループに加わり、彼らはグループとしてステージにあがることになった。

ジョージ・ニューマンは、レッド・ミッチェル（b）と共演したことがある。大ベース奏者レッド・ミッチェルにオーネットを紹介したのはニューマンであった。ニューマンの熱心なすすめで、レッド・ミッチェルがこのグループをききにきたのは、ドン・ペインの家でひらかれたセッションの時である。レッド・ミッチェルは、売り物としてのこの音楽には批判的であった。

彼らはぜひコンテンポラリーのレス・ケーニッヒ社長に紹介してレコーディングの機を与えてくれるようにミッチェルに懇願した。ミッチェルは、今きいたところでは、オーネットはインプロヴァイザーとしてよりも、作曲家として才能がある。彼の作曲なら、彼の演奏よりは売り物になる、という趣旨の感想を、もっともおだやかな外交辞令として洩《も》らしたのであった。そしてケーニッヒに会う時、もし私の名前を紹介者として出すのなら、作曲を買ってほしいということを忘れぬように――とつけ加えたのであった。つまりオーネットが「作曲を買ってほしい」とケーニッヒを訪ねたのは、ミッチェルのいいつけ通りにしたまでで、彼の意志ではなかったことになる。

すると、このエピソードをもって、オーネットが何よりもまず作曲家であることの証拠とするベーレントの立論は正しくないことになるが、にもかかわらず、オーネットとコルトレーンを比較した場合に、前者を作曲優先、後者をインプロヴァイズ優先とする見解は、的を射た意見と思われるのである。

日本人にはたやすくわかるオーネット・コールマン

ロンドンでマーク・ガードナーと話し合った時、たまたま話がオーネット・コールマンに及ぶと彼は言った。

「ぼくがオーネット・コールマンのレコードでいちばん好きなのは『サムシング・エルス』だな。コンテンポラリーに最初に吹込んだピアノが入っているやつ」という。

ああこんなにもちがうのかな——と私は思った。オーネットのレコードで、私にとってはいちばん興味の薄いものだからである。もっともマーク・ガードナーは、スイングからバップにかけてのジャズに一生をかけているような研究家で、フリー・ジャズ以降にはほとんど関心をもたないから、そういう結論が出るのは当然かもしれない。『サムシング・エルス』は、オーネットの諸作中、出来不出来は別として、いちばん保守的なアルバムであり、ハード・バップ・ファンに、とに角とりつきやすいスタイルであることは事実だ。ちょうどその時、私は最新号のＳＪと、一九六〇年七月号を携行していた。その号の表紙はプラスティック・アルトを抱いたオーネット・コールマンで、ちょうど彼のアトランティック第一作（日本ではデビュー・アルバムとなった）『ジャズ来るべきもの』が出る直前のものであった。

当時ＳＪの編集長であった岩浪洋三《いわなみようぞう》君は無署名でつぎのように書いている。

「外誌は彼の演奏をシュール・レアリスティックだともいっているが、オーネット・コールマンを語る場合、非常に大切なことは、彼の演奏がいかにシュール・レアリスティックで、アブストラクトなものを持っていようとも、その底にジャズの根源、あるいはニグロの根源に深く根差したルーツやソウルがあるということである」

これはオーネット・コールマンについて、最も的を射た意見であって、アメリカをはじめ西欧の評論家には、そう簡単に思い至れない核心部ともいうべきものである。おなじ人種の黒人ミュージシャンもまた、そうやすやすと思いあたることは出来なかった。オーネットに対する激しい非難が、黒人ジャズメンの中からおこったことを想起してもそのことはすぐ納得できる。

ところが、日本人にはそれが出来た。日本人というのは、そういう伝統的資質をもっているからなのである。

一九六二年にベーレントがはじめて日本に来た時、日本の評論家たちが当時のオーネット・コールマンとジョン・コルトレーンにみせた大きな関心に驚嘆し、「日本のファンは何とすばらしい人たちなんだ。まだヨーロッパで彼らに関心をもっている人などほとんどいないよ」といったことが私にそれを考えさせる動機になったものである。

だが、ここでは当時アメリカでたたかわされた三つの代表的な考え方を並置することによって、当時世界のファンがオーネットおよびフリー・ジャズに対してとった考え方を明らかにしておきたい。

代表的な三つの意見

ここに要約してかかげるのは、一九六一―六二年にかけて、ダウン・ビート誌でたたかわされたアメリカの三人の有力評論家によるフリー・ジャズへの見解である。

最初はオーネットが従で、コルトレーン＝エリック・ドルフィーが主となった論説としてはじまるが、やがてオーネットへ焦点が絞られてゆく。

最初に登場するのはジョン・タイナン――この人はオーネットの『フリー・ジャズ』にみごとNO RATINGという評価を与えたことがある。ダウン・ビート誌はその時はじめて、SJ誌の「問題作を試聴する」に該当する、賛否両者の意見並置の編集方針を加えるようになった。

タイナンは「テイク・ファイヴ」という自分のコラムで次のような意見をのべた（注

43)。

反動派とよばれようと、最近ジャズの名でおこなわれているナンセンスな音楽は鼻持ちならぬ。最近私はハリウッドの「ルネッサンス・クラブ」で、前衛音楽の代表者ジョン・コルトレーンとエリック・ドルフィーによる大デモンストレーションを聴いた。二人のニヒリスティックでリハーサルみたいなサックスのかげで、マッコイ・タイナー(p)、レジー・ワークマン(b)、エルヴィン・ジョーンズ(ds)という立派なリズム・セクションは骨折り損のようなことをやっていた。コルトレーンとドルフィーは、計画的にスイングを破壊し、アナキー的な道へ進みつつある。私のような古い考えの持ち主からすれば、これはジャズでなく、アンチ・ジャズとしかよびようのないものだ。

メロディ的にもハーモニー的にも、彼らのインプロヴィゼーションは私にとってgobbledegook(不可解でややこしいもの)である。

こうした意見に対して、レナード・フェザーは、次のように書いた(注44)。

ジョン・タイナンが書いた「アンチ・ジャズ論」は、タイムリーで鋭い文章だ。ミュージシャン、評論家をとわずこういうことを心に感じているくせに、いざ意見として公表するとなると、ためらいがちなものである。

タイナンのジョン・コルトレーン＝エリック・ドルフィー論および『フリー・ジャズ』

に対する手きびしい評価は「ニュー・シング」（フリー・ジャズ）の動きに対して意味深い反省を提起したものである。

『アフリカ・ブラス』というコルトレーンの新作LPに対するマーティン・ウィリアムズの批評は、非常に建設的なもので、タイナンのそれとは対照的だが、ウィリアムズが「ニュー・シング」の指導者オーネット・コールマンその他の熱心な支配者である以上当然のことであろう。

こうした新しい波は、音楽界だけにおこっている現象であろうか？　いやそうではない。演劇にはすでに、プロット構成、リアリズムなど一切の伝統を無視したアンチ・シアターが生まれているし、アンチ・ペインティングは絵画の分野でもう数十年の歴史を持っている。だが視覚芸術と音楽芸術とは根本的に異ったものだ。

ジョージ・ラッセルを我々が受けいれるのは、彼が過去十年ちかく「音組織におけるリディア的概念」という彼自身の理論を発展させてきたからだ。こうしたラッセルが、音楽の法則からの解放を目指すアンチ・ジャズ派からも多大の尊敬を集めていることはまったく皮肉という他ない。私のみるところ、ラッセルはアヴァンギャルド・ジャズの中で最も才能あり、かつ成功した作曲家である。その理由は、彼が天与の才を持っている上に、作曲と演奏の際、破るよりも守る規律の必要性を感じているからだ（注45）。

フリー・ジャズの擁護者たちはいう。たとえ今のところは荒削りで不完全であっても、彼らのまじめさと熱情は認めてやるべきだ——と。まじめだったら何をやってもよいのか？　私はいおう。「ヒトラーは終始まじめであった」と。

アンチ・ジャズの出現に対して、モダニストおよびトラディショナリストを含め、多くのミュージシャンが否定的態度をとっているのは、バップの発生の時、多くの一流ジャズメンが直ちにみせた共感と全く逆である。

アンチ・ジャズを礼賛する人が、圧倒的割合で、プレイをしない人々であることに注目しなければならない。そのなかには、ガレスピー、パーカーの出現時に、激しい悪口を浴びせた人すらいるのだ。

思うに彼らは、今度こそバスに乗り遅れてはたいへんと、次の流行がはたして目的なき脱出かどうかをつきとめることすらしないで、尻馬《しりうま》に乗っているのではあるまいか？

このフェーザーの一文に対して、マーティン・ウィリアムズが早速うけて立った（注46）。「レナード・フェザーへの公開状」と副題されたその文は次のようにいう。

まず最初にはっきりさせておきたいのは、最近のジョン・コルトレーンの仕事と、オーネット・コールマンのそれとは、いかなる点においても関連性がないということだ。

コルトレーンの演奏は、基本的にはその出発点において伝統に発している。コルトレーンのインプロヴィゼーションは、コード進行にもとづいている。エリック・ドルフィーとて同様だ。ただしドルフィーの方がコルトレーンよりも一層ハーモニーからの脱出がよく目につくが。

一方、オーネット・コールマンに目立つのは、モーダルな、時としては無調と思えるプレイである。インプロヴィゼーションに対するこうした原則は芸術的で調和のとれたものであると同時に、筋が通っており、未開発の可能性を秘めたものだ。

この際、名は伏せておくが、シリメツレツなプレイをする数人のニセモノが既に現われているし、そのうちの一人はもう二枚のLPを出している。そうしたアルバムをきくとオーネットの存在がいかに重要なものかがよくわかる。

オーネットのプレイで、最も重要なのは、独創的なフレージングとリズムである。彼が出現した重要性は、この点において、ルイ・アームストロングとチャーリー・パーカーに比肩するものだ。オーネットのフレージング、彼のメロディックなリズム、タイム感覚は、ジャズにおける秩序感覚、メロディ感覚の回復を期待させる。もしおなじことを彼以外のプレイアー……きびしいフレージングとリズム感をもつすぐれたプレイアーが試みたとするなら、必ずやヨレヨレで収拾のつかぬ音楽が出来あがり、それを推進させるためには数学的理論の助けを借りる以外にないような結果となるにちがいない。

ここでオーネットのイントネーションについて触れておこう。多くの人がこれに疑問をもっているからだ。私をしていわしむれば、オーネットのプレイは調子外れではない。彼を調子外れというなら、マイルスのオフ・ピッチもそうだし、サラ・ヴォーンの作品の三分の一も調子外れということになろう。チャーリー・パーカーがシャープがかった吹奏を、実に多く残していることを思い出してほしい。オーネットの場合、高音と低音では、そうでなくても、好んで使う中音は常に正しい調子であり、吹く音は決してデタラメではない。彼がやろうとしたことは、昔のヴォーカルの抑揚を使うことであった。ブルー・ノートばかりでなく、すべての音がオフ・ピッチでスラーがかかってまがり、ヴォーカルのような音色と抑揚をもっている。これらはジャズの重要な表現法であったが、今までのように部分的に使うのでなく、フレーズと曲全体に適応させたところに注目せねばならない。

もちろん、こうしたオーネットのゆきかたに対して、好き嫌いはあろう。だが、単にイントネーションだけの問題ではなく、ジャズ・トラディションの本筋にかかわっているところが大切なのだ。

オーネット・コールマンの音楽を形成している基礎に、ジャズ・トラディションがある。局外者に彼の音楽をきかせれば、そのリズムとスイングから「これはジャズだ」という答えがかえってくるだろう。その確率は、レニー・トリスターノの音楽をきかせた場合よりも高いであろう。他の「ニュー・シング・プレイアー」をきかせた場合より高いかもしれない。

「オーネット・コールマンは、まるでライトニン・ホプキンスのように吹く」といった人がある。賞めていったのか、けなしていったのかわからないが、的確な言葉だ。

あなた（フェザー氏）の意見でひとつわからないのは、あなたがニュー・シングがやかましくて多分に軽蔑すべき音楽であるという論争の火つけ役を買って出たのか、あるいはニュー・シングとはいかなるもので、その核心的なものを知りたいという人がいたら、ジョージ・ラッセルをきくだけでわかるといおうとしていたのかという点だ。私はジョージ・ラッセルがオーネットやコルトレーンやドン・エリスとどういうかかわりがあるのかを知らないのである。

あなたが引っぱりだした議論だから、揚げ足とりという意味でなく伺いたい。あなた自身は、ディジー・ガレスピーやチャーリー・パーカーの出現に、どういう評価を与えておられたか？　一九四四年秋、彼らのオリジナリティが、ジャズの内部にかかわりあっている者には既に明瞭となっている時点……一九四五年度のエスクァイア誌批評家投票で、あなたは彼らに投票していなかった。マル・ブレーガマン、デイヴ・デクスター、ジョン・ルーカス、フランク・ステイシー、バリー・ウラノフはガレスピーに入れている。あなたが新人として投票したトランペッターはJesse Millerであったし、パーカーには誰一人投票していない。

またあなたが一九四九年に出版した「ビ・バップの内幕」の中ではセロニアス・モンクについてそれほど貢献していないような記述をされていた。一九五五年の著書「ジャズ百科事典」では扱いが大きくなり、六〇年版ではさらにさらに大きくなっている。まあいいでしょう。昔の投票などを引き合いに出されることはどの評論家にとっても気持のいいことではないし、すくなくとも私自身は望まないことだから。要するに、誰がまっさきに誰を認めたなどということは議論の本質にかかわりないことなのである。私やあなたがジョン・コルトレーンやジョージ・ラッセルやオーネット・コールマンを認めようが認めまいが、本質には関係がない。

批評の論理としては弱いと思うが、あなたがいつも引用なさるデューク・エリントンの言葉に「もし若い聴衆の耳に快くひびけば、それはいい音楽なのだ」というのがある。

私の友人が最近デトロイトで、十八才のミュージシャンと話した時、オーネット・コールマンをどう思うか？ときいたそうだ。少年はいった。

「本気なんですか？　いまデトロイト中のセッションでは彼のやり方がお手本になっているんですよ」

この決定的事実を前にして、あなたや私が何をいおうとあまり意味がないように思う。

エリック・ドルフィー

一九六四年六月二十九日、西ベルリンでわずか三十六才の生涯を終えたエリック・ドルフィーは、ジャズ史上特筆すべきプレイアーであった。

フリー・ジャズの特徴のひとつに数えてよいものに、集団のマス・プレイがある。だれが主役というわけでもなく、マス・プレイに徹するわけだ。気心を知り合った者同志が徒党を組むことにより、そこに一種の連帯意識が発生する。そして徒党はいつしかレギュラー・グループを形成するというわけだ。

ところが、エリック・ドルフィーの残したレコードは、ほとんど一作ごとに共演者がかわっている。フリー・ジャズ期のリーダー格プレイアーで、彼のようにレギュラー・グループを持たなかった人はいない。これが彼の存在をきわだたせている理由のひとつである。

エリック・ドルフィーは、一九六〇年以降ジャズ界に定着したマルチ・インストルメンタリスト（一人でいくつもの楽器を手がけるプレイアー）の、はしりの一人に数えることが出来る。アルト・サックスの他、ベース・クラリネット、フルートを吹いたが、他に普通のクラリネットやピッコロも手がけた。

以上、エリック・ドルフィーにみられる特徴のいくつかを列挙したが、彼を巨人の一人としてランクする、さらに重要な要素は、彼が根っからの前衛派ではなく、チャーリー・パーカーの遺産に発し、フリー・ジャズをつなぐ、かけはし的な存在であったという一事にある。

一九五八年七月のニューポート・ジャズ・フェスティバルを記録した「真夏の夜のジャ

ズ」はまれにみる傑出したジャズ映画であった。そしてこの映画は、無名の新人エリック・ドルフィーを紹介した点でも忘れがたい。

彼はチコ・ハミルトン・クインテットの一員として《ブルー・サンズ》をフルートで吹いたのだが、封切当時にみた人で「あのフルートを吹いていたのが、後に有名になったエリック・ドルフィーだよ」といわれて、その姿を思い出しうる人はほとんどいない。私などはあとで何度も繰りかえして見たから、ドルフィーの姿は心に焼きついているが、一度目はまるで印象薄であった。この映画の最初から最後まで、ニューポート中を練り歩くディキシー・バンドがいたが、そのトロンボーン奏者がラズウェル・ラッドであった——といっても、思い出せる人がいないのと同様である。

事実、一九五八年当時はエリック・ドルフィーもラズウェル・ラッドも、まったくカゲの薄い新人たちだったのだ。

エリック・ドルフィーは、一九二八年六月二十日ロサンジェルスに生まれた。九才の時にクラリネットをはじめて、十代のなかばにはサックスを手がけた。彼の先生はロイド・リーズといい、彼はその後もしばしばインタビューで、この先生の名をあげて謝意を表している。またジェラルド・ウイルソン、レスター・ロビンソン、バディ・コレットも彼の恩人としてよく口にのぼった。

ロスでプロ・ミュージシャンとして働くうち、チコ・ハミルトンにやとわれた。

彼の処女吹込は、サヴォイのロイ・ポーター・ビッグバンドの八曲（四九年春）で、つづいては一九五八年四月ごろのチコ・ハミルトン・クインテットによる《インナ・センチメンタル・ムード》と《希望がみえた》というふたつのエリントン曲がそれである。そのあとワーナー盤の三枚のハミルトン・コンボにつきあったあとニューヨークに移住、チャーリー・ミンガスのコンボに移ったが、その直前プレスティッジに吹込んだ『惑星』(Outward Bound) によって、一躍オーネット・コールマン派の瞠目《どうもく》すべき新人として注目を集めることとなった。ドルフィーの全キャリアを通じて、『惑星』ほど重要なアルバムはなかった。もしこの一作がなかったら、彼が世に認められるのは遥《はる》かに遅れることになったであろう。

録音は一九六〇年四月一日——オーネット・コールマンの出現に追い打ちをかけるかのようなデビューとなった。アルト・サックスとベース・クラリネットのけばだったアグレッシヴ・サウンドは、ただちにオーネット・コールマンに結びつけられた。前衛ジャズメンの代名詞のように「オーネット・コールマンやエリック・ドルフィー」という言葉が使われるようになった。しかし、オーネットのフリー・コンセプションとドルフィーのそれは、根本的にちがったものを持っていた。既成のハーモニーの概念にとらわれないオーネットに対して、エリック・ドルフィーは、より既成のハーモニーを尊重するミュージシャンであった。

オーネット・コールマンに、ビッグ・バンドの一番アルトを吹かせることは無理だが、エリック・ドルフィーにはそれが出来た。事実ドルフィーは、カウント・ベイシー楽団の中に放りこまれても、ミンガスの大編成に加わっても、ジョン・ルイス＝ガンサー・シュラーのオーケストラUSAでも、ギル・エヴァンスのビッグ・バンドでも完璧なセクションマンとしての責務を果すことができた。

仕事を失ったオーネット・コールマンは一九六〇年代の前半、雌伏に甘んじなければならなかったが、エリック・ドルフィーにはありあまるほどの仕事があった。

本質的にはパーカー派だが、オーネット・コールマンに近接したスタイルを完成したエリック・ドルフィーは、期せずしてパーカーとオーネットを結ぶかけはしとなったのである。「かけはし」とか「スポークスマン」というのはいや味なことばだが、オーネットを嫌悪した保守派のミュージシャンが、抵抗なくフリー・ジャズを理解しえたのは、エリック・ドルフィーという稀なるミュージシャンを通じてであった。その代表としてフレディ・ハバードとオリヴァー・ネルソンを挙げてみよう。ご留意ねがいたいのは、影響されたのはこの二人だけではないということだ。水面に石を投げた時の波紋のように、影響はただちに全般にひろがってゆく。特に稀にみる新人として衆目一致したこの二人のようなミュージシャンが影響をうけたとき、その伝わりかたは一層速度を増すものなのである。

フレディ・ハバードの場合は、ドルフィーのデビュー作『惑星』に続き、大作『フリー・ジャズ』、『オレ／コルトレーン』、『ベニー・ゴルソン／Pop＋Jazz＝Swing』からアメリカにおける最後の力作『アウト・トゥ・ランチ』に至るまで、ほとんどドルフィーの全キャリアをカバーするつきあいをみせ、インパルスに自分の名で吹込んだ『ボディ・アンド・ソウル』にも、ドルフィーの参加をえている。マイルスを尊敬し、クリフォード・ブラウンを神のように慕うハバード自身、こうしたレコードによって、フリー・ジャズの尖兵《せんぺい》のように思われたこともあるが、この人も本質的には伝統派であり、「トランペットのエリック・ドルフィー」ともいえる存在である。

オリヴァー・ネルソンは『スクリーミン・ザ・ブルース』(一九六〇年 プレスティッジ)によって手合わせたのち、彼の代表的傑作といえる『ブルースの真実』(一九六一年 インパルス)に、エリック・ドルフィー、フレディ・ハバードを起用した。さらにそのわずか一週間あと、自分の名を冠した『ストレイト・アヘッド』(プレスティッジ)で、ドルフィーと二管のデュエットをおこなっている。特にドルフィーのベース・クラをうけて出るネルソンのテナーが、処々にドルフィーを模しながら、自分のペースを守る《ラルフズ・ニュー・ブルース》はおもしろい。

『惑星』についで傑出したドルフィーがきけるのは『ミンガス・プレゼンツ・ミンガス』(一九六〇年 キャンディド)であろう。その中で最もまとまった演奏は《フォーク・フォーム NO.1》だが、最もおもしろくきけるのは、《ホワット・ラヴ》の後半を占めるミンガスとドルフィーの禅問答的デュエットである。

すでにフリーとしての活躍を決意していたドルフィーはミンガスに対して暇願《いとま》いをしていた。ミンガスは毎夜のように、グリニッチ・ヴィレッジの「ショー・プレイス」のステージで、この曲を演じ、ドルフィーを去らせまいと説得を続けていたという。このレコーディングはそのさなかにおこなわれた。

ミンガスのベースはいう。「お前はどうしてもやめる気か」

ドルフィーのベース・クラリネットが答える。「お願いします。やめさせてください」

ベースがののしる。「馬鹿だな、フリーになったってロクなことはないぞ」

ベース・クラリネット「でもどうしてもやってみたいんです」

「なんとかならんか」「なんともなりません」

こんな押問答がながながと続いたあげく、ついにミンガスはサジを投げ、

「そうか、わかった。では行け」という。

……とナット・ヘントフは裏解説に書いているのだが、なんとドラマティックな解釈であろう。しかしこの部分は、明らかにやや威丈高で強要的なベースに対して、時に繰りごとをまじえながら初志貫徹を訴えるベース・クラの明らかな対話となっている。

チャーリー・ミンガスという人は、つきあえばつきあうほどわがままになって、意地わるくなるという。長年つきあったジミー・ネッパー（tb）は、最後に猛烈なパンチを喰ら

って歯を折った。「これがミンガスに折られた歯だ」と彼はわざわざ口をあけてみせてくれたほどである。よほど仕打ちがこたえたらしい。

エリック・ドルフィーについてミンガスが当時どのような態度をとっていたかわからないが、ドルフィーの死をきいてミンガスがのべたことばは、切々と胸を打つ。

「追悼文というものは、故人の生前の美徳で埋められることになっている。だが、エリック・ドルフィーに関しては、美徳しか思い出せぬのだ。短所をまったく持ち合わせぬ男だった。彼の音は凄く大きくて、チャーリー・パーカーのビック・トーンそっくりだった。マイク不要という点では、大昔のジャズ・ミュージシャンに似ていた。ジャズという行為の本質は、音楽を通じて語ることにある。我々は常にそれを心掛けている。彼の偉い点は、語る点にあるのではなく、語る内容の高さにあった。

エリックがミュージシャンとして偉かった点は、その順応性にあった。あれだけ個性の高い芸術家だったにもかかわらず、ビッグ・バンドに加わると、完璧なリード・アルト・プレイアーにかわった。いったんソロ・パートになると、スイッチを切りかえて自己表現に徹した。エリックはジャズという音楽と、彼がえらんだ楽器をマスターしていた。マスターということばは適当でない。不可能を可能にした。ヨーロッパのあるパーティが、彼の姿をみた最後だったが、パーティの間じゅう、片隅でパーカーのレコードに合わせて楽器の練習をやっていた。生涯のうち一時たりとも、音楽を考えていないことはなかったと思う。エリックは聴いたものや演じたものを、心の中で昇華させた。だから彼のプレイには異様な輝きがある。

エリックはやさしい、いたわりの心を持っていた。ある時、あるクラブで、私は長々としたソロを演じた。耳を傾けている客は一人もいなかった。たまらないことである。するとエリックはそっとうしろから囁いた。

〝しっかりやりましょう。皆が聴いていないようにみえますが、あそこの隅で熱心に聴いている人がいるんですよ〟こういう言葉で臨機応変に鼓舞してくれる男が他にいようか。下積みの苦労をなめながら、彼の心はこうもあたたかかったのだ。彼にはいい思い出しか残っていないというのは、こういう意味なんだよ」

ドルフィーのこの時期における最も印象的なアルト・ソロは、《ストーミー・ウェザー》（キャンディド）であろう。ドルフィーが大先輩ジョニー・ホッジスを知りつくしたうえで、彼自身の表現をつかんでいることがよくわかる。この一曲は「ミンガス・プレゼンツ・ミンガス」を録音した日のテープだが、ミンガス自身のベースも冴《さ》えている。

ミンガスのグループを出た直後、ドルフィーには歴史的な録音が待っていた。オーネット・コールマンの傑作『フリー・ジャズ』（アトランティック）である。

左チャンネルに、オーネット・コールマン（as）、ドン・チェリー（tp）、スコット・ラファーロ（b）、ビリー・ヒギンズ（ds）を、右チャンネルにエリック・ドルフィー（b、 cl)、フレディ・ハバード(tp)、チャーリー・ヘイデン(b)、エド・ブラックウェル(ds)が位置し、簡単な打ち合わせで試みられたダブル・カルテットによる、AB面を通して三十五分を越す大作である。一九六〇年代のジャズ・フォームともいうべき集団マス・プレイは、実にこのレコードからはじまったとみてよい。全員が対等の個人で、同時に集団の一人……というこの概念は、「サークル」や「ウェザー・リポート」にも受けつがれている。

オーネット・コールマンはいった。

「最も重要なことは、我々がすべて同時に、互いを邪魔することなく、一緒に演奏することであった。もしあるソロイストが、音楽的アイディアや方向を私に暗示するような演奏をしたときには、私は私のやり方で彼の背後からそれにこたえた。もちろん、彼は彼のやり方でソロを続けたさ」

『フリー・ジャズ』はワン・テイクのセッションといわれていたが、一九七一年に至って、突如そのファースト・テイクというのが公開された。ファースト・テイクというよりも、むしろマイク・リハーサルとでもいうべきものであろう。時間は本テイクの半分の十七分である。

さてディスコグラフィーを繰ってみて驚いた。

『フリー・ジャズ』が吹込まれたのは、一九六〇年十二月二十一日ニューヨークのA&R

スタジオであるが、エリック・ドルフィーはおなじ十二月二十一日に、ニュー・ジャージーのルディ・ヴァン・ゲルダー・スタジオで、リーダー・アルバム、『ファー・クライ』を録音しているのである。しかもその前日には、ガンサー・シュラーのオーケストラUSAに入って『ジャズ・アブストラクション』の二つの大作《ジョン・ルイスのテーマにもとづくヴァリエーション》（ジャンゴ）と《セロニアス・モンクのテーマにもとづくヴァリエーション》（クリス・クロス）を吹込んでいる。後者にはオーネットもつきあっている。おそらくこの二日間は、彼の生涯を通じて最も長い日であったにちがいない。

『ファー・クライ』はまた、彼の生涯で最もエキサイティングな共演者となったブッカー・リトル（tp）との最初の顔合わせとなった。ジャッキー・バイヤード、ロン・カーター、ロイ・ヘインズというリズムも理想的だ。《ミス・アン》の終りにちかく、短いが実に気の合ったチェースを聴くと、二人の間に早くも音楽的友情が生まれているのがよくわかる。二人はこのあと、『アビー・リンカーン／ストレイト・アヘッド』『ブッカー・リトル／アウト・フロント』『コルトレーン／アフリカ・ブラス』で共演し、二人の生涯の絶頂を記録する「ファイヴ・スポット」の実況盤をつくったのであった。最後の共演は、『マックス・ローチ／パーカッション・ビター・スイート』（一九六一年八月）である。ブッカー・リトルはこの年の十月五日に二十三才の若さでこの世を去った。

『ファイヴ・スポットのドルフィー』までの間に、私にとって特に忘れられないものに、

『ジョージ・ラッセル／エズセティック』（リバーサイド）の《ラウンド・アバウト・ミッドナイト》がある。このドルフィーのアルトは全く感動的なのだ。ミンガスやジャッキー・バイヤードが証言するように、彼がチャーリー・パーカーと同質同量の音色を持っていたことを証拠立てる一作である。『ファイヴ・スポットのエリック・ドルフィー』は四枚のLPに分割されている（プレスティッジ）。このLPについてなら、私はこのシリーズの一回分を埋めるほど語りたい。それほど惚れこんでいるのである。第一にブッカー・リトルが凄絶《せいぜつ》だ。それまでのブッカーは有能ながら吹っ切れたところがなく、私はあまり買っていなかったが、この夜（一九六一年七月十六日）は神がかっている。死の数か月まえになると、人間はこうも超絶できるものであろうか。

エリック・ドルフィーについていえば、彼の表現はアルトにおいても、ベース・クラにおいても、フルートにおいても絶頂をきわめた観がある。《ザ・プロフェット》における彼のアルトには最敬礼だ。これは当夜録音された七曲を通じて最良のトラックであろう。《ライク・サムワン・イン・ラヴ》におけるフルート・ソロが、また圧巻である。ところがエド・ブラックウェルの、おそろしく悪趣味なハイ・ハット・プレイがすべてをぶちこわしてしまった。これはまたどうしたことだ。ブラックウェルのように信頼されているドラマーとして、このプレイは魔がさしたとしかいいようがない。おそらくはドルフィーの代表的フルート・ソロとなりえた名演なのである。ドラムが音を出すまでの演奏をきけばすぐそれがわかる。

だから彼の最良のフルート・ソロは、ヨーロッパで死の二十七日まえに吹込まれた《君は恋を知らない》ということになる。彼のフルートが二年ほどのうちに驚くほど表現力を身につけたことを知るには、ふたつの《チャーリー・パーカー頌歌《しょうか》》がいい手がかりになろう。そのひとつは六〇年十二月プレスティッジに吹込まれた『ファー・クライ』、もうひとつはCBSソニーから出た『アイアン・マン』（六三年録音）に収められている。

ジョン・コルトレーン

固有名詞のカナ文字表記はむずかしく、どう書いても原語の発音のようにはゆかないが、すくなくともコルトレーンと、レにアクセントを置く表記は、実のところ正しくない。正しくないと知りながら、ぼくなども無雑作にコルトレーンと書いてしまう。本当はコにアクセントがあり、これをすこしのばすのが正しいのだから、コールトレンの方が正確だ。だけど、デーヴィスをデヴィスと表記している筆法でゆけばコルトレンでよい。ところが彼のアダナは、汽車にひっかけてトレーンというので、何となくコルトレーンと書いてしまうのである。

ジョン・コルトレーンは一九二六年九月二十三日、ノース・カロライナ州の貧しい仕立職人の家に生まれ、一九六七年七月十七日午前四時わずか四十才で急逝した。経歴には徐々に触れるが、トレーンが世に知られるようになったのは、一九五六年九月十日に吹込まれたマイルス・デヴィス・クインテットの『ラウンド・ミッドナイト』(CBS)が世に出た時である。すると彼が実質的に活躍したのはわずか十年ちょっとに過ぎない。ジャズの巨人として、十年そこそこで消えた例はそう多くない。しかし彼の十年は、他人の三十年に匹敵するような十年間であった。彼の超人的な精進が死期を早めたことにほぼまちがいないが、まるで余命を予知したかのように前進また前進、一九六〇年代をゆるがす巨星となって、一瞬の内にかき消えたのである。

ソニー・ロリンズとジョン・コルトレーンは三才年がちがう。漠とした印象ではキャリアからいって、ロリンズの方が年上に思われがちだが、その反対なのだ。ともに十九才でプロ入りしたのだから、結果的にはロリンズが早稲《わせ》で、トレーンが晩稲《おくて》ということになる。ロリンズが《スローボート・トゥ・チャイナ》を出してテナー界の新人として注目されだしたころ、コルトレーンはディジー・ガレスピーのコンボでソロもろくろくとらせてもらえずくすぶっていた。その時の録音は四曲あるが、かろうじて彼のテナーがきこえるのは《ウイ・ラヴ・ザ・ブギ》(リージェント『スクール・デイズ』収録)一曲という淋しさだ。六人編成でホーンとしてはガレスピーと彼だけ(ヴァイブをホーンとして数えたらミルト・ジャクソンも入るが）しかいなくてこの始末なのである。そしてこれはかなりR&B臭のあるテナー・スタイルだ。一九五二年にはR&Bのアルト奏者アール・ボスティックのコンボに入っている。キングに吹込まれた全八曲をぼくは持っているが、きこえるのはおん大ボスティックのアルトばかりという始末だ。一九五四年八月五日、ジョニー・ホッジスがコルトレーンを含むコンボで『Used To Be Duke』というアルバムをつくっている。その標題曲でバリトン・サックスまがいのソロをとるのをぼくがコルトレーンと誤解したのはディスコグラフィーの誤まりによるものだった。それは正真正銘のバリトンで奏者はハリー・カーネイ。コルトレーンの音はさっぱりきこえない。コルトレーンはその前年からホッジスのバンドで働いていたのであった。

「ピアノがリッチー・パウエル、トロンボーンがローレンス・ブラウン、トランペットがエメット・ベリーで、ドラマーはジミー・ジョンソンだった。ベースは誰だっけかな？この仕事は楽しかった。本当に音楽らしい音楽をやった。チャーリー・パーカーの印象が鮮やかだったから、アール・ボスティックのようなのは最初のうちどうも好きになれなかった。ホッジス・コンボのあと二週間ほどジミー・スミスのコンボにいたが、夜中にふと目をさますと、前夜きいたオルガンのコードがよみがえってくるのだった」

ホッジスのコンボにおける、珍無類のテナー・スタイルは、一年後マイルスのグループに入った時には、かなり改善されていたのだが、それでも「ジョン・コルトレーンとフィリー・ジョー・ジョーンズ（ds）は、クビをすげかえた方がよい」とマイルスは何度も批評家やファンから忠告されたという。

当時はソニー・ロリンズの影響が一世をふうびしていたので、トレーンもまたかなりの影響をうけた。

一九五六年五月十一日と十月二十六日、プレスティッジに吹込まれた全二十五曲は、四枚のアルバムに分散収録されているが、五月のセッションがロリンズ一辺倒であるのに対して、十月のものにはロリンズの呪縛を脱し、自分自身のスタイル形成へ向う姿がみられる。トレーンがロリンズと共演した、ただ一曲《テナー・マドネス》はかなり耳のいいファンでも、どこまでがロリンズで、どれがコルトレーンかをあてるのに苦労するはずである。これは五六年五月二十四日の録音だ。

アイラ・ギトラーは、コルトレーンをロリンズの模倣者であるとの通説を否定し、「デクスター・ゴードンとソニー・スティットの影響によるところが大きい」といった。

またトレーン自身は、「レスター・ヤング、ジョニー・ホッジス、チャーリー・パーカーに負うところが大である」といった。

「ソニー・ロリンズの影響は？」ときくと、彼は笑って、「ともかく私はレスター・ヤング以降のいいテナー奏者を片っ端からきいたので、あらゆる人のいいところをとりいれた。中に一度もレコードを吹込んでいない人もいる」と答えた。なぜロリンズの名を回避しているのかわからないが《テナー・マドネス》は、トレーンが我々の予想通りロリンズの影響下にあったことを示している。

五月にそうであったものが、同じ年の十月にはもはやそうでなくなりつつある……その変貌のほうがわれわれには興味がある。この変化のスピードは、五六年という一年間にとどまらなかった。ホッジスのコンボで、R&B的なテナーを吹いていた彼が、一年後にはロリンズ型になり、半年後にはロリンズに訣別《けつべつ》し、さらに一年後にはセロニアス・モンクの甚大な影響をうけ……といったふうに、トレーンの短い一生を彩るのは、あくことなき変貌の姿である。だからファンは、「五九年のコルトレーン」、「六五年のコルトレーン」というふうに、自動車の型式をいいあてるような気軽さで、トレーンのレコードをききあてることができる。

コルトレーンの最後の十年間は、つねに音楽表現の過渡期の連続であったといえる。ある峰にたどりつくと、絶頂と思えた峰が実は中腹であったことがわかり、姿を現わした新しい峰に向って岩をよじのぼる。そういうことの連続であった。それは前人未踏の巨峰であった。おそらく絶頂は天国へ突き抜けていたにちがいない。

シーツ・オブ・サウンド

一九五六年一杯で、マイルス・デヴィスの第一期クインテットは解散した。マイルスはギル・エヴァンスの編曲でCBSに『マイルス・アヘッド』を吹込んだあと、映画「死刑台のエレベーター」のサウンド・トラックを録音するためにパリに赴き、コルトレーンはニューヨークで、セロニアス・モンクのカルテットに入った。

この年モンクは永年とりあげられていたキャバレー・カード（クラブ出演許可証）を、友人たちの奔走で再交付され、「ファイヴ・スポット」に長期出演したのであったが、コルトレーンはマイルスに続いて、モンクによって新しい眼を開かれることになった。「ビル・グロウアー（リバーサイド社長）がモンクとトレーンとウイルバー・ウェアが、ファイヴ・スポットで、あの年の夏に共同で作っていた、信じられないほどの音楽を、どれ一つとして録音しなかったことは、近年の録音史上で最悪の罪の一つであると私には思われる。グロウアーは、テープ録音を中止していて、ジョニー・グリフィンがコルトレーンと交替するときまで待っていたのである。ああ、何てことだ……」と、リロイ・ジョーンズは記している。

コルトレーンは、ダウン・ビートに寄稿してこう書いている。

「モンクと仕事したことは、最高の秩序をもつ音楽構造へ私を接近させた。感覚、理論、テクニックを通じて私は多くのものを彼から学びえたと思う。私はよく音楽上のわからないことをモンクに質問した。そのたびに彼はピアノにすわって、答えを演奏で示してくれた。私はそこから納得のゆく答えを引き出すことができた。またまったく知らなかったことをたくさん知ることができた。モンクはまたテナー・サックスから同時に二つ三つの音を出す方法も教えてくれた。思いもよらぬ指使いと、唇の調節でそれが出来るのだ。モンクは私の楽器をつくづく見ただけで、どういう機構だからそれが出来るかを〝感じとった〟のであった」

このころ、トレーンはいわゆる「シーツ・オブ・サウンド」(Sheets of Sound)に、特異の境地を切りひらきつつあった。この形容はアイラ・ギトラーの命名で、文字通り「敷きつめたサウンド」という意味である。ロリンズ流のぼうようたるフレーズと異り、おそろしく起伏凹凸《おうとつ》の激しい長いフレーズを吹ききるわけだ。コードの音を全部横にならべて吹ききるような手法で、とても四分音符や八分音符では間に合わない。十六分音符を基調に、三十二分音符をまじえて構成されるフレーズを驚くべきスピードで吹ききるのである。もちろん、彼がテナーという楽器を技巧的にマスターしえたことを証明するわけだが、テクニックのひけらかしでないことはもちろんである。では何の目的で？　となると、ぼくはビートの細分化を企図したものであったと思う。多くの場合、コルトレーンはリズム・セクションにそれを要求せず、在来のリズムの上に、シーツ・オブ・サウンドを展開したのであったがやがて名手エルヴィン・ジョーンズが参加するに及んで、コルトレーンのテナー・ビートに対応する、理想的な細分ビートを叩き出すようになった。

六〇年代の中期に、コルトレーン自身が「シーツ・オブ・サウンド」時代を終って、つぎなる巨峰に挑戦しつつあった時、フリー・ジャズ・ミュージシャンは、こぞってビートからパルスへ進んだのであるが、シーツ・オブ・サウンドは、ビートからパルスへ向う第一歩であったわけだ。シーツ・オブ・サウンドはまた、ジョン・コルトレーンが、オーネット・コールマン流の、根っからのフリー・ジャズ・ミュージシャンではなく、保守派の一員であったことを立証するものである。この場合、保守派とはチャーリー・パーカーを始祖とし、コード進行にのっとるモダン主流派を指す。

テナーという楽器で、パーカー派インプロヴィゼーションの頂点を形成したのは、疑いもなくソニー・ロリンズであった。それゆえに新人コルトレーンも、ロリンズを当初の目標としたわけである。そのロリンズに訣別を試みたのは、まえにのべたように、一九五六年のなかばであった。R&B→ガレスピー→ホッジス→マイルスといった保守主流のコンボで働き、つぎつぎと開眼してきたトレーンがテナー・アドリブの最高峰ロリンズに訣別するからには、これ以外に方法がなかったのである。他のあらゆる試みは、すでに誰かが初登攀《とうはん》を終えていた。コード進行にもとづくアドリブ手法はすでに限界に来ており、このままだとあとはナゾリかマンネリ以外になくなっていた。秀作『トレーニング・イン』(プレスティッジ)、『ブルー・トレーン』(ブルーノート)は、このシーツ・オブ・サウンドという新語の好対象となった。

四分音符基調だったそれまでのジャズを、チャーリー・パーカーは八分音符基調にして、アドリブをけんらんたるものにした。必然的にリズム・パターンもかわった。コルトレーンは、それを十六分音符基調にした。必然的にリズムもかわらざるをえない……ごく単純にはこう整理できる。この傾向が、一九五六年十月のマイルス・セッションに、現われているのも論理的だ。だからロリンズから離れはじめたことがわかるのだ。そういう時に、モンクと出会ったことがトレーンにとって、どれほど大きな喜びであったかも手にとるようにわかるのである。

フランスから帰米したマイルスは、再びもとのメンバーを集めて、第二期のコンボを編成した。今度はアルト・サックスのキャノンボール・アダレイを加えたセクステットである。その第一作『マイルストーンズ』は、著しく単純化されたコード進行で、全世界のミュージシャンを驚かせた。一年後に出した『カインド・オブ・ブルー』(一九五九年春)で、この手法が「モード」(音列)に準拠したものであることがわかった。

マイルスはスタジオに入ってくると、五線紙をとりだしいくつかの音を並べ、「これでやるよ」といった。ビル・エヴァンスもトレーンもキャノンボールも、「うへェー、テーマがないんですかい」というと、マイルスが「ソー、ホワット?」(だからどうなんだ)と答えたというのはチト出来すぎてるが、コルトレーンが新しく悟りを開いた気分になれたことも想像がつく。

マイルスもトレーンもロリンズも、当時第一線でジャズ・シーンをリードしてきたすぐれたミュージシャンは、もはやコード分解によるインプロヴィゼーションに、はっきりと限界を感じていたのだ。ロリンズはいつのまにかジャズ・シーンから雲がくれしてしまっていた。

そのアルバム『カインド・オブ・ブルー』がまだ市場に現われるまえ……一九五九年五月、「ファイヴ・スポット」に無名の新人グループ、オーネット・コールマン・カルテットがデビューしたのだ。トレーンの「シーツ・オブ・サウンド」をひとつの解決法とすると、オーネット・コールマンのそれは奇想天外、行きづまりの見えていたジャズに、新しい光明を投じたものであった。その出現の意味が、多くのミュージシャンに直ちに理解されたものでなかったことはまえに述べたが、心あるミュージシャンがみせた反応は特記されねばならぬ。

ジョン・コルトレーンがいった言葉は、オーネットの項に記したが、記憶をよび戻すためもういちど引用しよう。彼はこういったのだ。

「オーネットは、私のプレイに全く新しい可能性の領域があることを示したばかりでなく、彼をきくまえには、自分にはこれが限度一杯だと思われていた領域よりも、はるかに巨大な新しいかたちのインプロヴィゼーションに足をふみいれる動機をつくってくれた」

しかしトレーンは、オーネットの手法を直ちにそっくりとりいれるような俗物ではなかった。マイルスがオーネットをまっさきに認めながら、オーネットとその影響の圏外を縫ってわが道を行ったように、トレーンもまたオーネット出現の意味を把握しながらも、自分なりの発展を心がけた。だがマイルスほど冷静になりえなかったトレーンは、オーネット・コールマン・カルテットから全員を拝借し、オーネットのかわりに自分を加えて一枚のLPをアトランティックでつくっている。

一九六〇年はじめ、トレーンはマイルスのコンボを去り、自分のカルテットをもって独立するまえにアトランティックと専属契約をかわして、トミー・フラナガン（p）、ポール・チェンバース（b）、アート・テイラー（ds）という臨時編成コンボで傑作『ジャイアント・ステップス』を吹込んだ。収録曲のなかにウイントン・ケリー、ジミー・コブが加わっている一曲がある。この目だたない一曲が、のち「ヴィレッジ・ヴァンガード」で再演され、コルトレーンをよく知る者にある種の感動をもたらした《ネイマ》であった。

一九六一年からジョン・コルトレーンのインパルス時代がはじまる。アトランティック時代のコルトレーンが他人に模倣を許容する、普遍妥当性をもっていたのに対して、インパルス時代は誰の模倣をも許さぬ個性的なものに変化してゆく。これを両会社の方針のちがいのせいにするのは正しいと思えない。コルトレーン自身が、たまたまそのように変化したのである。このことは、コルトレーンの影響をうけたと目される他のミュージシャンを考えると一層明瞭となる。たとえば、ウェイン・ショーターは自分自身でも「コルトレーンに影響をうけた」と語ったが、それは一九六一年正月に、アート・ブレイキーのジャズ・メッセンジャーズと初来日した時点であって、その後はコルトレーンを偉大な音楽家と評価したものの、直接の影響は口にしなかった。マッコイ・タイナーとエルヴィン・ジョーンズは、一九六五年という時点までコルトレーンの分身かと思われるほど、その音楽の前進に寄与したが、最後の二年間は逃げ出してしまった。やめたのであって、逃げ出したのではないという説も成り立とう。二人はやめた理由について、ついぞ語ったことがないのだから。だが私は「逃げ出した」という形容が、どうしてもあたっているように思う。

エルヴィン・ジョーンズもマッコイ・タイナーも、やめた翌年ドラム合戦に加わって来日したが、ともにコルトレーン・コンボをやめた理由について語るのは避けた。

そこで私はエルヴィンに、サニー・マレイ以下一連の前衛派ジャズ・ドラマーについて彼がどう考えているかをたずねてみた。こうきいたのである。

「マックス・ローチやアート・ブレイキーによって設定された一九五〇年代のドラム・スタイルから一歩も二歩も踏みだして、一九六〇年代のドラム・スタイルをつくりあげたのはあなたであると思う。サニー・マレイ以下はさらにあなたから派生したアヴァンギャルド・ドラマーのように思うがどうだろう」

するとエルヴィンはかぶりを振って答えた。

「彼らのスタイルが私から派生したといえるかどうか。私は保守的なドラマーであって、彼らに基礎を与えるようなことはやっていないから——」

これは当時としてははなはだ意外な言葉であった。ことに「私は保守的（コンサーヴァティヴ）なドラマー」と、自分自身を定義づけた点は予想をこえていた。

ところがコルトレーン・コンボを辞したあと、今日までのエルヴィン・ジョーンズの作品は、彼がまさしく伝統的で保守的な名ドラマーであることを実証しているのである。するとコルトレーンの、細分化されたビートに合わせて、とても二本の腕と二本の足だけで叩いているとは思えない、オクトパス（たこ）ドラマーのエルヴィン・ジョーンズは、いったいどこに消えたのだろう。

ジョン・コルトレーンは天才ではなかった。チャーリー・パーカーのように、他人のアルトを借りて、アマチュアのリズム・セクションをバックに、パラパラ吹き切るタイプではなかった。彼は自分に、厳格きわまりない生活規律を課し、マウスピースひとつのトラブルに悩み続けた。

フランク・コフスキーが、『チェイシン・ザ・トレーン』や『インプレッション』といった火の出るようなレコードをつくったあとで、エリントンとの共演や『プレイズ・ザ・バラード』のようなアルバム、さらにジョニー・ハートマンとの共演盤をつくったのは、あなた自身の企画なのか、それともボブ・シールが押しつけたものか、とたずねたのに対し、コルトレーンは、「実は、マウスピースが気に入らなかったので、ちょっと細工してみたところ、ますます悪くなってしまったんだ。急速調をやりたくても出来なくなり、調子を落さざるをえなくなった。かわりのマウスピースも手に入らなかった。それで、ああいう作品をつくったわけだが、ききかえしてみると自分でも、まるでいままでのペースをかえて前進し、結構いいものをつくったような気がする。でも当時は、やりたいことが出来ないことに苦しんだものだ」と答えている。

ジョン・コルトレーンの信じた神は何だったのだろう。イエス・キリストではありえない。デューク・エリントンの書く宗教音楽はすべてキリスト教に結びつくが、コルトレーンの場合はわれわれにはわからない神である。リロイ・ジョーンズは、「トレーンが神について語る時、それが東方の神であると理解したまえ。おそらくアラーの神だ」と指摘している。日本化しない前の釈迦《しゃか》のようでもあり、もっと黒っぽいアラビアの神のようでもある。アフリカ、アラビア、インドの宗教と音楽は、このノース・カロライナ生まれの黒人音楽家の内部で混合し、発酵して彼自身の新しい信仰を作りだしたかにみえる。コルトレーンほど音楽と実生活で神について多く語ったジャズマンは他にいないのに、宗派がいまもってわからないのだ。

そうして大作『至上の愛』(一九六四年)が生まれた。『至上の愛』でトレーンおよびそのメンバーが賛美し、感謝する神がどんな神さまなのかわかる人はいないが、それが感動的な告白であることは誰にでもわかる。『至上の愛』はコルトレーン・ジャズの象徴的傑作である。

デューク・エリントンとの共演（一九六二年）、ジョニー・ハートマンとの共演（一九六三年）を最後に、ジョン・コルトレーンの音楽は、他のジャズ・ミュージシャンとの共演を許さぬ境地に入ってゆく。

レニー・トリスターノが二十年前におなじような境地に踏みこんだ。トリスターノは、ディキシーからスタートし、トレーンはリズム・アンド・ブルースからスタートした。前者は白人であり後者は黒人である。ともに孤高の境地に踏みこむに従って、「楽しくないジャズ」をつくりだした。

レニー・トリスターノについては、前項ですでにとりあげたが、その書き出しの部分「楽しさはジャズ判定の基準にならぬ」という項を読みかえすとまるでコルトレーン・ジャズの序章のような感じでわれながらおかしい。

トリスターノ・ジャズは、バップからクールへの重要な転換期を画し、コルトレーン・ジャズは、ハード・バップからフリー・ジャズへのマイルストーンとなった。トリスターノだけがクールの創始者ではなく、スタン・ゲッツ、ジミー・ジュフリー、ジョージ・シアリング、そして何よりもマイルス・デヴィスが外辺にいた。コルトレーンだけがフリー・ジャズの創始者でなく、彼に開眼のチャンスを与えたオーネット・コールマンの一党がさきに現われていた。

トリスターノがリー・コニッツにそむかれたように、コルトレーンも忠臣と信じたエルヴィンとタイナーに逃げ出された。レニー・トリスターノは孤独となったあげく、テープ操作で一人三重奏を演じたが、コルトレーンは、死ぬまで少数の忠臣をえた。その一人は妻のアリスである。忠臣ということばはよくないな。処女峰征服登山隊長に同行するシェルパといおうか。

調性からの脱出

ジョン・コルトレーンは、ニューヨークのブラック・フリー・ジャズ派の新人を支援した。非妥協的で、無名の新人アーチー・シェップは、『フォア・フォー・トレイン』(インパルス)でコルトレーン・カルテットの演奏と抱き合わせて発売されることにより、一躍して有名になることが出来た。そうして生まれた大作が『神の園(アセンション)』である。感激する人はいたずらに感激し、無視する人からは徹底して無視された。一九六〇年代最大の話題作だ。

集められた人——フレディ・ハバード、デューイ・ジョンソン(tp)、マリオン・ブラウン、ジョン・チカイ(as)、ジョン・コルトレーン、アーチー・シェップ、ファラオ・

サンダース（ts）、マッコイ・タイナー（p）、ジミー・ギャリソン、アート・デヴィス（b）、エルヴィン・ジョーンズ（ds）。

私は三回聴いて投げた。醜悪なのである。この種の作品としては、まえにオーネット・コールマンの『フリー・ジャズ』という傑作がある。これは格調高い名品であった。この種のフリー・ジャズをやるのに、十一人とは集めすぎた。船頭多くして舟山に登ってしまった観がある。コルトレーン自身はこういった。「あの日はやたらに忙しかった。死ぬほど気を使った。だからレコーディングを楽しむどころではなかった。レコーディングさえなかったら、心から楽しめたと思う。テンポ設定や何やかやで私は忙殺され通しだったが、他の連中は何かを得たことと思う。いまききかえすと楽しめる。みんなが一所懸命にやっているのがわかるから」

『神の園（アセンション）』は、コルトレーンが調性の世界から逸脱した最初の作品であった。調性からの脱出に対して私は不平をもつものではない。インパルスに入ってからのコルトレーンは、たえずその境界線をさまよい続け、あらゆる調性内の可能性をきわめつくした末、ついに踏みこえたのである。コルトレーンの全作品に耳を傾けてゆけば、それは時間の問題であったことがわかる。その必然性は痛いほどよくわかる。エルヴィンとタイナーが、すぐにサヨナラしなかったのも、そうしたコルトレーンの苦衷を察してのことだったろう。苦衷……然《しか》り、コルトレーンは調性のミュージシャンであった。本質的にはエリック・ドルフィーと同じ立場をとるミュージシャンであった。だから『アセンション』のあとも、二度と同種のレコードはつくらなかった。

死の一年前の来日公演で、エルヴィンとタイナーを失った彼は、身内だけを手中に残して調性外の驚くべき力演を展開した。これはあらゆる外タレの公演を通じて、最高の感動的演奏であり、私は一人でも多くの人が聴くべきだと確信した。粟村政昭君が『アセンション』以来あまり乗り気がしないので、大阪公演を見送ろうと思う、というハガキをよこしていたことを思い出し、「ゼッタイ、いかなる事情があろうとも見送るべからず」と速達を出し、あとでたいへんに感謝された。まさに千載一遇の機会だったわけだ。《マイ・フェバリット・シングス》と《ネイマ》をこの手法で再演した『ヴィレッジ・ヴァンガード・アゲイン』（インパルス）は晩期の傑作であると思う。ベーレントはこの《ネイマ》についての感懐を次のように記している。

「《ネイマ》の気高く律動するメロディック・ラインをきけば、トレーンがついに調性の世界から脱せざるを得なかった苦衷を察することができよう。それによっていかに多くのものを失ってしまったかを彼はよく知っていた。調性の限界内で、必要なすべてのものを表現できたとしたら、彼は決してこの一線を踏みこえなかったであろうに――」

コルトレーンとラヴィ・シャンカール

ジョン・コルトレーンは、かなり早くから諸外国の音楽に目を向けていた。彼がラヴィ・シャンカールの訪米をとらえ、いんぎんに自宅に招き、食事をともにして入門を乞うたのは、まだマイルス・グループに在団中のことであった。いかにシャンカールに傾倒したかは、長男が生まれた時、ラヴィという名をつけたことでもわかる。

一九六八年五月十八日、音楽之友社の手で小泉文夫《こいずみふみお》氏と小生とが、滞京中のラヴィ・シャンカールを囲む座談会を催した。シャンカール氏は上機嫌で、コルトレーンとのまじわりを話してくれた。以下その要約である。

「私（シャンカール）がコルトレーンに会ったのは、まだ彼の音楽をきく前のことであった。ジャズ・ミュージシャンの中には、麻薬をやったり、大酒をのむ人がいて、私はあまり気を許しませんが、彼は例外だった。酒を一切口にしない。奥さんの話では、ドライブやパーティはすべて断わっているということである。多くのジャズ・ミュージシャンとちがって、彼はまるでインド人のように素直で謙虚であった。愛読書はラマクリシュナ（一八三四―一八八六、インドの宗教家）のものをはじめ、皆宗教に関するもので、インドについてとても知りたがっていた。私のレコードは数え切れぬほどきいていて、入門したいという申し出であった。

その日以来、私は彼のレコードをきくようになったが、まだマイルスのコンボにいる時のものだったから、結局私はマイルスに会う前に、マイルスの音楽をきいてしまったことになる。コルトレーンのレコードは、概して立派だったが、オーネット・コールマンの出現以降のものには、金切声や不協和音がまじったものもあって感心しない。一九六一－六二年の冬だった。インドに行ってみたいという。私は最小限一年は住む気になれといった。結局実現しなかった。私と彼とは深く理解しあっていた。去年のはじめ（一九六七年）私はシティ・カレッジで講義することになり、彼も四、五か月私と一緒に暮らして、勉強したいといっていたが、彼の死によって実現することなく終った。一九六五年だったと記憶するが、彼の新作アルバムをきいて驚いた。あの清潔な生活ぶりにもかかわらず、そのアルバムの音楽はあまりにも醜悪だった。私はロスにいたが、長距離電話でニューヨークの彼をよび出した。『ジョン、どうか誤解しないで私の話をきいてほしい。君の新しいアルバムを今きいた。私は不安でたまらないのだ。君の音楽を批判しようというのではない。君は偉大だ。皆が君の音楽に陶酔している。だが、君は私を尊敬してくれているから、そのよしみで一言いわせてほしい。インドの音楽というものは、もっと崇高なもので、このようにナマで、down to earth なものではない。決して金切声の悲鳴をあげたりしない。ソフィスティケートされてサトル（subtle）なものだ。このレコードでびっくりしたのは、君のサックスが、だれも出したことのないような悲鳴をあげつづけていることだ。だんだんひどくなってゆくように思う。私だけでなく、たくさんの人もそう思っているにちがいない。なぜこういう音楽をつくるのだろう。すばらしい生活態度と、聖者のような人格の君が、どうしてこういう醜い音楽をつくるのだろう。これがオーネット・コールマンなら話がちがう。オーネットは音楽家として君とちがうアプローチをもっているからだ。君と同種族の黒人たちは、黒人問題について怒りをぶちまけた音楽をつくった。そういう作品を私は信じたくないが、まあ、それはそれでいいだろう。

君がやってはならないのだ。君がやるべきことは、そうした不幸な人にも幸福感を与えるような音楽でなければならない。そうでない音楽を私は信じないのだ』この電話は三十分たっぷりかかった」

ここまでシャンカール氏が語ったとき、私はことばをはさんだ。「悲鳴をあげたり、怒り声を出すジャズについては、私にも意見があります。あれは単に泣いたり怒声を発したりしているのでしょうか。他民族の耳には怒りのサウンドとしてしか受けとれぬものが、実はその民族にとっての愛の表現であるというようなことが考えられないでしょうか。たとえば日本に義太夫《ぎだゆう》というのがあります。太夫は声をふりしぼり、泣きわめき、今にも死にそうな声を出しますが、実は恋人への思いのたけを打ち明けているのです」

シャンカールは答えた。「なるほど、考えられぬわけではない。愛の中には、恋愛もあればセックスもある。後者だとしたら、かなり野獣的な力を必要としますからね」(笑)。

小泉氏が口をはさんだ。「私はコルトレーンをほとんどきいてませんが、別の面をみせたものがあるんじゃないですか」

「それはいい質問だ」とシャンカールがいった。「彼は疑いもなく天才でした。静かで立派な音楽をたくさんつくりました」

さらに小泉氏がたずねた。「そうした喧騒な音楽についても、彼はあなたに影響されたといいましたか」

シャンカールは断定的にいった。「そうなんです」

小泉氏がまとめた。「すると、あなたの影響から、まったくかわった方向の作品がつくられてしまったというわけですね」「そうです。それが私のいいたかったことだったのです」

これは思いがけぬインサイド・ストーリーであった。師と仰ぐシャンカールから説諭されたことは、センシティヴなトレーンの心にかなりこたえたことだろう。しかし、もはやとめようとしてとまるものではなかった。涙をのんで彼はヴァンガードや日本のステージに立って、力一杯に消耗の限りをつくした。

しかし、絶作となったのは、奇《く》しくもシャンカールの忠告にこたえたかのように崇高な『エキスプレッションズ』(インパルス)であった。

第四章　余滴

ジャズ録音史

「世界最古のジャズ・レコードは？」ときかれた場合、今までは、「オリジナル・ディキシーランド・ジャズ・バンド（ODJB）のビクター盤『ディキシー・ジャズ・バンド・ワン・ステップ』です」と答えれば正解であった。シャルル・ドローネエの名著『ニュー・ホット・ディスコグラフィー』にも、そうなっている。この本以上に信頼される著作物は皆無だったから、皆それを正しいものと信じていた。

ところが、バンドは同じODJBでも、ビクター盤よりあとの録音とされていたコロムビア盤の方が、約一か月さきに吹込まれていたことがわかった。何しろ歴史的に最古のものとされていたレコードの順序がちがったのだから、ジャズ界の話題をにぎわした。そのくわしいいきさつは、一九六一年に出版されたH・O・ブラン著『ODJBものがたり』の取材中に明らかとなったのだが、さらに驚くべきは、この史上最初の一枚が、SP末期に、日本コロムビアから出た十二枚組大作「ジャズの歴史」の劈頭《へきとう》を飾っていたことで、日本盤『ジャズの歴史』は、全世界から注目されるところとなった。
では、上記『ODJBものがたり』から該当部分を要約してみよう。

ODJBの初吹込（一九一七年）

一九一七年一月、レコード界をリードしていたのは、スーザ・バンドとエンリコ・カルーソを擁したビクターだった。それまで優位を保っていたコロムビアは、首位逆転の材料さがしに、血まなこになっていた。そんな時に、ブロードウェイでの最近の話題は、ODJBである――というニュースがつたわった。

ライゼンウェバー・レストランへ出演してから一週間とたたぬうちに、ODJBは世界最初のジャズ・レコードを吹込む契約を、コロムビアとの間に交わしてしまった。

コロムビアの当事者は、ジャズとはいかなる音楽かを知らなかった。《虎のラグ》、《駝《だ》鳥《ちょう》のあゆみ》、《馬小屋のブルース》……こんなアニマル・ノヴェルティを吹込まれてはセールスが期待できないというわけで、A面には、既に流行していた《ダークタウン・ストラッターズ・ボール》、B面には全く知られていないが、これから流行しそうな新曲として《インディアナ》を組むことにした。ジャズ・レコードは、最初の瞬間からして、会社側の意向で曲目が決定されたのであった。

さて録音がはじまって驚いた。絃楽《げんがく》四重奏団とソロイスト用につくられた小さなスタジオは、五人の演奏がはじまると共に、そのヴォリュームでビルの基礎までゆらいだ（……とある。原文のまま）。壁から壁へと反響するジャズ・サウンドは、やがて絶え間なき騒音と化した。ディレクターはあわててドアを内側から閉め、スタジオの修理に来ていた大工たちは道具をほうり出して、混乱に拍車をかけた。

二曲が終ると、ミュージシャンは二百五十ドルを与えられ、スタジオから出てゆくことを命令され、マスター・レコードはオクラにされてしまった。

コロムビアから与えられた二曲のリクエストは、楽譜に弱いODJBのメンバーたちにとって、大きな負担であった。《ダークタウン・ストラッターズ・ボール》は、Cで練習したにもかかわらず、本番になったとたんにラロッカ（コルネット）がDで出てしまい、メンバーたちをドギマギさせたし、《インディアナ》はフシをおぼえるために楽譜出版社でピアニストに何度も弾いてもらい、メロディをくちずさみながら、コロムビアのスタジオに向った。もし途中で溝をとびこえたら「どっこいしょ」になるところだったが、無事スタジオにとびこむことができたものの、ラロッカは、テーマをほとんど忘れてしまい、結局ありあわせのオリジナル曲を吹きつないだというし、メロディ・セクションは全滅にちかく、史上最初にレコード化された《インディアナ》は、作曲者の意志を全く無視したものとして出来上った。ただし他のレコードではほとんど聴けないヘンリー・ラガスのピアノはわりときこえるし、トニー・スバーバロのウッドブロック・テクニックが、まるで彼をフィーチュアしたかのようによくわかるのは、ケガの功名というべきであろうか。

このように処女吹込は、サンタンたる出来であったが、コロムビアの冷淡な態度に腹を立てた五人のミュージシャンは、復讐《ふくしゅう》心も手伝って、ライバル会社ビクターに赴き、一九一七年二月二十六日、人気オリジナルだった《ディキシー・ジャズ・バンド・ワン・ステップ》（のち《オリジナル・ディキシーランド・ワン・ステップ》として知られるようになった曲）と、《馬小屋のブルース》（Livery Stable Blues）を吹込んだ。

録音技術の面では、コロムビアが失敗したことを、ビクターが成功したのである。

ことの次第をのべるまえに、この時代が録音技師を悩ませた、初期「機械吹込」（acoustic recording）の時代であったことを認識しておく必要がある。

真空管とアンプを使う「電気吹込」以前の話で、入力ヴォリュームを調節する機構はなかった。

録音針（recording stylus）を正しく動かすためには、音質、フィデリティを含めた一切を犠牲にすることが要求されていた。

大きな錫《すず》製のメガフォンが、壁から突き出ていて、その尖端《せんたん》がレコーディング・ヘッドの振動板につながれ、このメガフォンは「ピック・アップ・ホーン」とよばれていた。

オペラ歌手などの録音では、経験上、いろいろと工夫をこらしていた。たとえば、フォルテッシモの個所では、ピック・アップ・ホーンがビビるのを避けて、歌手を後退させ、反対にピアニッシモの個所では、頭を突っこませた。

だがODJBの場合、こうした経験は一切役立たなかった。どうしても四メートル半は、ホーンから引き離す必要があったが、そうすると部屋全体からエコーが発生し、収拾がつかぬ騒音となってしまうのである。コロムビアの技術者は、ここで工夫をやめてしまった。ビクターの技師チャールズ・サウィー（Charles Souey）は辛抱強くこの難問ととりくみ、みごとにそれを解決したのである。まず、プレイアーたちをバラバラに引きはなしバランスを点検するために、たくさんのテスト・カッティングが続けられた。

ニック・ラロッカは当時の模様を、次のように語っている。

「テスト・レコードは、その都度プレイバックしてくれた。そのあと位置がえられた。最初のテストをきくと、キャタツを持った四人の男がスタジオに呼びこまれ、天井から何本かの針金を吊《つ》り下げた。こりゃどういうシカケかね？ときくと、倍音を吸いとってホーンの中に送りこむのだ——ということだった。主任技師は、神様のように忍耐強く、満足する音になるまで、テストをくりかえした」

結局、最後のポジションは、コルネットのラロッカが、ホーンから二十フィート（約六メートル）はなれて立ち、ドラマーのトニー・スバーバロは、さらに五フィート（一・五メートル）うしろで、ベース・ドラムを除いたドラム・セットを叩《たた》く。力強いエディ・エドワーズのトロンボーンは、意外にも十二－十五フィート（四メートル前後）の位置からホーンに向い、クラリネットのラリー・シールズはたった五フィート（一・五メートル）に近接し、ピアノのヘンリー・ラガスは、誰よりもホーンに近いところに位置した。

このポジションは、音量を基準にしたものではない。音量という点では、ラロッカ、エドワーズともに、ほとんど同じぐらいだった。音量ではなく、楽器の音質と音域、アンサンブルのバランスを中心に決めたところに、サウィー技師の卓抜なアイディアがあったのだ。

だがこれだけバランスに配慮したにもかかわらず、そのレコードをきくと、クラリネットとトロンボーンはよくきこえるが、コルネットがあまりきこえない。ラロッカはこのことについて、「みんながアガっていたので、本番になると、他の二人がいつもより大きな音を出してしまったからだ」といっている。

ＯＤＪＢの演奏は、いつもリーダー、ラロッカの足踏みでスタートしたが、レコーディングでは禁止された。ドラマーを除く全員がリーダーに背を向けて立つことになる。そのためやむなく、ホーンの横の信号ランプがついた瞬間から「イチ、ニー」と数えて「サン」でスタートすることにした。ともかくこの方法で全員が同時にスタートし、テンポを合わせたことは驚嘆に値しよう。

いざ発売してみると、ブレークに馬のいななきを入れた《馬小屋のブルース》の方が人気の的になった。

カルーソよりもスーザ・バンドよりもよく売れ、百万枚を突破する大ヒットを記録した。蓄音機の普及度を考慮すると、これは驚異的記録ということができる。あまりにもよく売れたため、二曲とも著作権をめぐって裁判沙汰《さいばんざた》となったが、ここでは関係ないので省略する。

このレコードは、ODJBの出身地ニューオリンズで特によく売れた。売れたばかりでなく、のち同地から北部へ巡業するバンドの楽器編成は、ODJBを基準にするようになった。

ビクターの大ヒットに驚いたコロムビアは、あわててオクラにしていた原盤を発売したが、選曲がわるい上、録音がひどく、ほとんど売れなかった。

ビクター盤が一九一七年二月二十六日、コロムビア盤は同年一月三十日の録音で、どう考えてもシャルル・ドローネエのようなディスコグラファーがとりちがえるはずはないのに、どうしてまちがえられたかというと、後者の発売年月日（五月三十一日）が、録音日と思われていたためである。また三か月ちかくおくれて市場に出たのだから、この誤解は無理もなかったといえるのである。

タテ振動からLP誕生まで

レコードの歴史を、軽妙な筆致でたどった名著に、ローランド・ジェラットの『すばらしい蓄音機』がある。年代記を箇条書きにしたものはダウン・ビート誌の年鑑「ミュージック一九六〇」に掲載されている。

それらを参考にしながら、ジャズ・レコードの歴史を簡単にまとめてみよう。

最初の蓄音機は、シリンダー（円筒）システムとよばれ、日本では蠟管《ろうかん》とよばれるタンブラー状の円管に、巻くように溝がきざまれたものであった。巻きセンベイの太い奴と思えばよい。

続いて円盤時代が到来するが、溝は今のような横振動（lateral cut）ではなく、縦振動（vertical cut）で、そのため盤そのものがズシリと厚くなっていた。

このへんのことは、ＯＤＪＢの初吹込以前のことだから、あまり必要ない。但し、縦振動レコードは、パラマウントあたりでは一九二三年の中ごろまで続いていた。

機械吹込から、マイクを用いる電気吹込にかわったのは、大体一九二五年のことである。コロムビアとビクターが最初の電気吹込によるレコードを出したのは、二五年四月と五月のことであった。録音周波数は一〇〇－五〇〇〇サイクルといわれた。カタログ番号でいうと、コロムビアの50013-D（三十センチ、クラシック）、ビクター1926（二十五センチ、ポピュラー）以後のものは大体電気吹込である。

そういうかたい話よりも、一九二三年四月に、キング・オリヴァー楽団が、インディアナ州リッチモンドのジェネット・スタジオで吹込んだ時の思い出ばなしを語ったベイビー・ドッズ（ds）の言葉に、そこはかとなきペーソスがあって面白い。

「われわれはシカゴとリッチモンドを日帰りで汽車に乗らねばならなかった。リッチモンドには黒人を泊める宿がなかったからである。朝発《た》って、夜帰った。みんなイライラした。ものすごい労働で、汗まみれになった。（中略）《ディッパーマウス・ブルース》で、ブレイクを叩くことになっていたのに、私はうっかり忘れてしまった。するとビル・ジョンソン（bj）がすかさず「Play That Thing !」と叫んだ。まったくピッタリの個所で叫んだ。このことは、オリヴァー・バンドがお互いによく注意しあっていたことを示すものである。技師が『そういうことになっていたんだったら、前もって知らせておいてくれなきゃ困る』といったが、われわれは『全然計画していなかったのだ』と説明した。あんまりうまく行ったので、以後はそうすることにした。この曲をやるすべてのバンドが、このパターンでやっているが、実は私のうかつさから生まれたことなのである」

電気吹込となってから、一九四〇年代末にLPという、画期的なレコードが生まれるまで、技術的には絶えざる進歩があっても、レコードとジャズとは、仲良く発展してきた。ジャズはダンス音楽だったから、二十五センチ（十インチ）盤片面はまことに好都合だった。「三分間芸術」の枠を破った最初の作品はデューク・エリントン楽団のSP両面に及ぶ《タイガー・ラグ》（一九二九年一月八日録音）で、翌三〇年九月二十六日には、レッド・ニコルス（tp）が《オン・リバイバル・デイ》を同一趣向で吹込んでいる。ただし、この両者は、ソロを多くしてのばしたというだけのことで、両面が抜きさしならぬコンポジションになっているという点では、エリントン楽団の《クリオール・ラプソディ》（三一年六月十一日録音。三十センチSP両面）がその最初であろう。

昭和九年ごろと記憶するが、神戸《こうべ》元町《もとまち》の大蓄《だいちく》という店が、ボール紙のペラペラなレコードを山のように積んで、二枚十五銭で安売りしていた。ペラペラなため穴のあいた消しゴムのようなもので、ターン・テーブルに押さえつけてきくのである。片面だけプラスティックのようなものを塗ってプレスしているのだが、音は意外によかった。「ヒット・オブ・ザ・ウィーク」というレーベルで、そのなかに何と変名のエリントン楽団が二枚あったことを思い出す。戦災で焼かなかったら、一寸《ちょっと》した国宝ものだった。エリントンは別格としても、LPはもっと早く生まれるべきであった。すくなくとも、ベニー・グッドマンのカーネギー・ホール・コンサート（三八年一月）あたりから、ジャズはコンサート・ミュージックの姿を呈しはじめていたのである。

そうした動きがなかったわけではない。一九三一年ビクターは、三十三⅓回転のLPを大々的に売り出した。材質はシェラックだったから、周波数レンジがひろくなるわけでも、スクラッチ・ノイズがなくなるわけでもなく、ただ長時間収録できるという特長をもったものにすぎず、この失敗は、大不況下だっただけにビクターに手痛い打撃を与えた。

そんなわけで、一九四八年四月コロムビアが、今のLPシステムを開始するにあたり、ビクターにも同調を求めたが、ビクターは応じず、翌四九年二月、突如として四十五回転ドーナッツ・レコードを発表し、約一年間、激烈なLP・EP合戦を行った末、五〇年一月、ビクターはついにLP方式を採用すると発表し、合戦に終止符を打ったのであった。

レコーディングのために録音テープを使ったのは、いつからか?

テープ録音の歴史もかなり古いが、今日のテープ・レコーダーへ進む契機は、一九四四年九月十一日、連合軍が四年間にわたってドイツ軍に占領されていたラジオ・ルクセンブルクを奪取し、そこから驚くべき性能をもったレコーダーを発見した日にはじまる。しかもそのテープは十四インチのリールに三十分放送が収まるというものであった。つまり一秒三十インチという高速だった。

これを仔細《しさい》に分析した結果、一九四七年に至って3M社(Minnesota Mining and Manufacturing Company)が「スコッチ」の商標で、秒速七・五インチ、一万五〇〇〇サイクルを録音できる紙テープおよびプラスティック・テープをつくることに成功したものである。

ジェラットの書では「レコーディング・スタジオにテープがはいってきたのは、一九四九年はじめのこと。そして一年たたぬうちに、ワックスないしアセテート・マスターへのダイレクト・カット・システムは、ほとんどテープ・レコーディングにとってかわられた」とある。そうするとコロムビアの最初のLPは、テープを素材にしていなかったことになる。

キャピトルが、LP・EP合戦のさなかに、LP、EP、SP三種のクラシック・レコードを出したのは、一九四九年九月のことで、三種類を出すのは当時の各社が試みたことだが、そのため、企画の中心はかなりあとまでSPに置かれていた。たとえば、マイルス・デヴィスの『クールの誕生』は、四九年四月二十二日と五〇年三月十三日のセッションを集めたものだが、一曲三分の時間制限で行われている。企画としてはSPをねらっていたのである。これがわかったのは、307頁に触れたようにロイヤル・ルーストの実況録音で、一曲あたりの演奏時間がかなり長かったのを知ったためである。

すると、LP企画としてはじめてジャズが録音されたのはいつであろうか？　一九五〇年十二月十九日、コロムビアのスタジオで行われた『Masterpieces by Ellington』だったのである。最も早く三分間芸術の枠をはずすことを考えていたジャズの巨人が、LP企画の先発オーケストラとなったことは意味が深い。

「一九四八年にLPがはじまった……」と歴史の本に書いてあっても、それが直ちにジャズに応用されたものでないことは記憶してよい。諸君に親しいマイルス・デヴィスに例をとると、彼がLP企画で吹込んだのは、一九五一年十月五日、プレスティッジの『ディグ』セッションがはじめてのことだったのである。

Vディスク

Vディスクとは、オールド・ファンにはなつかしく、新しいファンは見たこともきいたこともない三十センチSPレコードのことである。

数年まえホット・クラブの月例会で「Vディスク大会」をやり、出席者に持ち寄ってもらったところ、意外に多くのファンがこの珍盤を所蔵していることがわかった。

最近はVディスクをソースに、世界各所で海賊盤LPがつくられており、苦労してVディスクを探し歩く必要性は、前ほどはなくなったが、一九四〇年代……約三年間の吹込ストと、戦時のシェラック不足でジャズが最もレコード化されなかった時代の貴重なドキュメントとして、Vディスクの存在は非常に重要である。

Vディスクとは

V-discとは、米軍将兵のレクリエーション用として、アメリカ政府が一九四二年末もしくは四三年初頭から製造を開始し、四八年末に製造を中止した三十センチSP盤である。その大部分は、「われやすくない」(unbreakable)、弾力性のあるヴィニライト盤にプレスされている。Vディスクには Army と Navy の二種がある。Army のは No.1~905、

Navy は No.３００ぐらいで製造中止となった。だが Navy で出たすべてのマトリックスは、Army の九百五枚に収録されている。ここでは Army V-disc について述べることにしよう。

レコードは、二十五枚ずつカートン・ボックスに収められ、その二十五枚はクラシック、シンフォニー、ヴォーカル、ノヴェルティ、ジャズといったふうに多彩な選曲がなされていた。本部はニューヨーク四十二丁目にあり、ジャズの選曲には、評論家のジョージ・T・サイモンがあたった。

第一回の出荷は英国だったが、その後戦局がすすむにつれて、フランス、ベルギー、オランダ、最後にイタリー、日本、ドイツと送られた。この分布状態からみても日本では No.５００以降が圧倒的に多く、No.５００以前のものは、あったとしてもかなり損傷摩滅したものであることがわかる。

軍隊の移動に際しては、無料で住民にくれてやるか、不心得な兵隊が小遣いかせぎにコレクターに売るかした。

レーベルの文字とマトリックス（母盤）番号

No.３１５B面を例にとると V-disc の文字の下半分は赤地で、文字は全部青色。細字で書かれた赤地の中の三行の文章は、This record is the property of the War Department of the United States and use for radio or commercial purposes is prohibited.（このレコードは

アメリカ戦時局の所有にかかわり、ラジオまたは商業目的への使用は禁止されている）と記されている。№５１５以後は、the War Department… の文字が、the United States Government（アメリカ政府）にかわった。そして新たに produced by the Music Branch, Special Services Division, Army Services Forces と白抜きの文字が入った。

レーベルの穴の左側に、たとえばＶＰ８６６という文字がみえる。これは同時にレーベルわきのワックス部分に彫字されているマスター・ナンバーである。しかしこのＶディスク専用のマスター・ナンバーはあまり意味をなさない。ワックス部分の彫字をよく検討すると、もっと面白い発見がある。№３１５についていえば、Ｂ４０６２３という彫字がある。Ｂの意味は判然としないが、些少《さしよう》の例外を除いて、Ｂのついたものは、吹込ストさなかのＶディスクだけのためのレコーディングに多いことが注目される。

最も多い彫字ナンバーは、Ｄ３―ＭＣ―１１３もしくはＸＰ３３５０３といった数字で、前者はビクター、後者はコロムビアの製盤によるものらしい。Ｄ３とはビクターが当時使っていたマトリックス記号で、四三年という意味。ＭＣとはＶディスク用マトリックス記号。したがって、この記号は「一九四三年にビクターがＶディスクＭＣ１１３として製盤したマトリックス」と読むわけである。Ｄ４とあれば四四年のことになる。Ｖディスクのマトリックス記号にはＭＣのほか、ＴＣというのも用いられていた。また原盤はコロムビアのものでも、Ｖディスク原盤はビクターが製作するというようなことがあった。

コロムビアが製作した原盤はXPの表示があり、その多くは、いわゆる「われやすく、部厚い」シェラック盤である。だが中には、両方の材料を使ったものも例外的にはある（No.553、558、660）。

Vディスクに収められたジャズは、

(1) 以前に各社から発売された原盤を使ったもの
(2) Vディスクの企画で特に吹込まれたもの
(3) コンサート録音。その多くは、AFRS（American Forces Radio Service）が、十六吋《インチ》のヴィニライト（三十三回転の大盤で、片面約十五分収録）に録音したトランスクリプション（放送用録音盤）からダビングされたものが多い。

という、三点にまとめることができる。

Vディスクはすでに記したように、ジャズばかりでなく、クラシック、ノヴェルティからクリスマスものまで広範囲にわたっており、全部が全部ジャズではない。私が聴き落しているものも多い。

ジャズ・ファンの執念は恐ろしい。どこにどうつてを求めたものか、昭和三十年頃になると、当時の全ファンがVディスクをひそかにキャビネットにしまいこんでいたのである。

必然的に人気レコードが生まれた。たとえば、No.529コールマン・ホーキンズ（ts）、オスカー・ペティフォードの《私の彼氏》などペティフォードのとどろくばかりのピチカットと激しい息づかいがリアルの極致を見せ、ほとんどのファンが探し歩いたものだ。不思議なことに、その気になって探したファンは、どこからともなくこのレコードを手に入れることができた。あれは実に不思議であった。いったい日本にあのレコードは何枚持ちこまれたのだろうと、今でも考えこむことがある。

おなじことが、№674エスクァイア・オール・スターズの《フライング・オン・Vディスク》にもいえた。AB両面にまたがる大セッションで、ライオネル・ハンプトン(vb)→ルイ・アームストロング(tp)→バーニー・ビガード(cl)→ホーキンズ(ts)→ロイ・エルドリッジ(tp)とエキサイティングなソロが続くのだからこたえられない。これは四四年一月にメトロポリタン・オペラハウスで行われたコンサート録音である。

戦争直後の昭和二十二年、在京の戦前派ファンがどうにかして、Vディスクを借りて聴く方法はないかとアメリカ軍に陳情した。軍当局は、ファン・クラブのような受け入れ団体をつくれば貸し出そうと快諾した。こうして生まれたのが、現在も月一回、無料のレコード・コンサートを続けてファンに奉仕しているホット・クラブ・オブ・ジャパンである。日本一歴史の古いジャズ・クラブで、現在までレコード会社や放送会社の首脳部や評論界に多くの人材を送り出している。創立以来の池上悌三氏(副会長)やジャズ評論家として健筆を振っているいソノてルヲ、小川正雄《おがわまさお》、瀬川昌久、中村宏《なかむらひろし》、青木啓《あおきひらく》、大和明《やまとあきら》、岡崎正通、佐藤秀樹の諸氏は現在の定連であり、質問すればすぐ回答が得られる便利で自由なフアン交歓の場となっている。

Vディスクの注目盤

特にVディスクだけのために吹込まれ、他のレーベルで求め得ない録音を調べてみると、ベニー・グッドマン・オーケストラおよびコンボ…二十一枚、カウント・ベイシー楽団…十七枚、ルイ・アームストロング…八枚、ウディ・ハーマン楽団…二十二枚、デューク・エリントン楽団…二十九枚という数にのぼる。ここでは一般的注目作を、私の知っている範囲で挙げてみることにする。

No.258　グッドマン・セクステット《グッド・イナフ・トゥ・キープ》は《エアメイル・スペシャル》と同じ曲で、コロムビア盤と同一テイクだが、コロムビア盤はハサミを使って他のテイクからクリスチャンのソロをつぎ足しているのに対し、オリジナルを使用したものである。

No.258　カウント・ベイシー《カンサス・シティ・ストライド》（四四年五月）では、久しぶりに復帰し、入隊寸前にあったレスター・ヤングのソロがきける。

No.286　ポール・ホワイトマン楽団《トラヴェリン・ライト》は、絶頂期のビリー・ホリデイの歌をフィーチュアした異色作。これはキャピトル原盤。最高のホリデイは他に、

No.672《ドゥ・ナッシング・ティル・ユー・ヒァ・フロム・ミー》、《アイル・ゲット・バイ》できける。エスクァイア・コンサートの実況で、ビリーのフレージングは、スラーとグリッサンドにジョニー・ホッジスの影響をみせる。

No.555　アニタ・オデイとコニー・ボスウェルの好唱と共に「八人のスクエアーと一人の批評家」という人を喰《く》った演奏がある。《ホット・ジャズにおける最新の演奏》と題し、バップを皮肉ったもので、ガチャガチャした騒音がきこえるが、やっているメンバーが、ヤンク・ローソン（tp）、ピーナッツ・ハッコー（cl）、バド・フリーマン（ts）、レイ・マッキンレイ（ds）らというのだから、お笑い演奏として最高だ。

サウンド・トラック盤が見出《みいだ》せるのも面白い。日本未封切フォックス映画Sweet And Lowdownに、グッドマンが吹込んだ二曲はNo.779にある。歌っているロレイン・エリオットという歌手は主演女優リン・バリーの陰の声をつとめた。また『アメリカ交響楽』のサントラから《パリのアメリカ人》の部分が、ワーナー交響楽団の演奏でNo.296に収められている。

グッドマンといえば、No.693《ラトル・アンド・ロール》が珍品。コロムビアと同一テイクではあるが、一九四五年十二月の録音でスタン・ゲッツ（ts）、カイ・ウィンディング（tb）の若々しいソロがきける。ゲッツは十八才だった。この一曲は、バディ・リッチ（ds）が叩いている。

ファッツ・ウォーラーのピアノないしオルガン・ソロは全部で八枚ある。曲数で十二曲。これはウォーラーのラスト・レコーディング（一九四三年九月二十三日録音）となった。この絶作のうち二枚――No.630とNo.658の裏面に、ニューヨークの「スタイヴサント・カジノ」で実況録音されたバンク・ジョンソン（tp）のニューオリンズ・バンドによる《アイ・キャント・エスケープ・フロム・ユー》と、《スナグ・イット》が入っているのだからこたえられない。このバンクは優秀なプレイに属する。

ディキシーには名作が多い。一九四〇年代はディキシーランド・ジャズ史上の最盛期だったためである。それらを一々あげてゆく紙面はないが、シドニー・ベシエ（cl）のNo.214、No.270の二枚は、私をベシエのファンにした思い出のものだ。また、No.723キッド・オリー（tb）《ハイ・ソサエティ》におけるアルバート・ニコラスのクラリネットは、星の数ほどある《ハイ・ソサエティ》のクラリネット・プレイ中、最上位に置かるべき絶品である。

アームストロングとジャック・ティーガーデン（tb）はどれもこれも一級品である。なかでもNo.784《レミニッシン・ウィズ・ルイ》は、アート・フォード（MC）とサッチモの対談で、ニューオリンズの古い昔の思い出を語るもの。裏の《エイント・ミスビヘイヴィン》と対談まえの《ハイ・ソサエティ》は、ジャック・ティーガーデン、ディック・キャリー（p）、ジャック・レスバーグ（b）、シドニー・カトレット（ds）の他、アコーディオンがいるが、共にWNEW局の放送録音で、データ不明である。

アームストロングとティーガーデンの共演は、一九四四年十二月七日に録音されたものが、No.384《ジャック＝アームストロング・ブルース》、No.491《コンフェッシン》に分散されているが、共に好演だ。

デューク・エリントン楽団は、Vディスク切ってのスターである。吹込スト（一九四二年八月一日－一九四四年十一月三十日）の頃はもちろん、その後も好んで将兵慰問のため、無料吹込をした。Vディスクのための特別吹込に、大作《ブラック・ブラウン・アンド・ベイジュ》（No.657）、《香水組曲》（No.516）、《ニュー・ワールド・ア・カミン》（No.695）、一九四六年十一月二十三日カーネギー・ホールでの初演を実況録音した《ディープ・サウス組曲》（No.751と759）などを見出すことは、エリントン・ファンにとってたまらない誘惑であろう。《香水組曲》はビクター盤より三か月早い録音。また《ディープ・サウス組曲》（全四部）の完奏盤はVディスクを除いて求め得ない。カーネギー・ホールの実況録音には、同日に吹込まれた《ゴールデン・クレス》、《サルトリー・サンセット》（No.742）と、一九四八年十一月十三日録音の《いれずみ花嫁》（No.898）がある。後者では、演奏が終ってからエリントンがマイクに進み、「普通のいれずみは、イカリやイニシャルを彫るわけですが、いれずみ花嫁のいれずみは、Wという字の連続になるところが変っています。これを音で示すと、ザゾザゾとなるのです」と解説する声も入っている。

旭日昇天《きよくじつ》の勢いにあったウディ・ハーマン楽団とエリントン楽団の合同演奏は№.648できくことができる。曲は《Cジャム・ブルース》。

ほかにアート・テイタム（p）の六枚なども得がたいものだ。


ところで最近は、ヨーロッパのPalmをはじめ、VディスクやAFRSトランスクリプションを使ってLP化した海賊盤が続々出て輸入されているが、かつて日本でも、この種のパイオニア的存在があったことは、記しておく必要がある。

一九五九年に東京で出た三十センチLPで、Discomaniaという黒白レーベル。製作者はコレクター間に著名なT氏とF氏である。101というカタログ・ナンバーをもち、A面はエスクァイア・メトロポリタン・ジャム・セッションから《ベイズン・ストリート・ブルース》、《フライング・オン・Vディスク》、《モップ・モップ》。B面は、前記したバンク・ジョンソンの二曲と、マグシー・スパニア・オールスターズの二曲……《ピーウィー・スピークス》（№.344）《パットのブルース》（№.394）で、ソースはすべてVディスクであった。

アメリカその他の国のコレクターからさかんに入手希望が筆者の許《もと》にも寄せられたが、ついに一枚しか入手することが出来なかった。これなどはアングラLPのはしりに属するものであろう。

マイナー・レコード

レコード会社のコングロマリット（複合企業体）化は、世界的現象となってしまった。

わが国でも、日本ビクターとテイチクは松下系であり、日本コロムビアは日立系、長らく富士電機が筆頭株主であった日本グラモフォンは、ドイツ・グラモフォンが五十％の持ち株で筆頭を交代した（富士電機は二十七％）。このドイツ・グラモフォンとフィリップスをまとめたのがG・P・G（グラモフォン＝フィリップス・グループ）であり、EMIと共にヨーロッパ最大のレコード・コングロマリットを形成しているのである。

EMIは、米キャピトル、英HMVと英コロムビア、仏VSM、オデオン、パテ・マルコニー、独エレクトロラを傘下に収めている。新しいところでは、先年ワーナー、セヴン・アーツがレコード業界から手を引いた時、アトランティック、リプリーズ、ワーナー・ブラザーズを一手に収めたキニー・コープ（Kinney Corp）がある。

このように一九七〇年代以降のレコード界は、税金対策なども微妙に関連して、集合体化に向っているが、三十年昔は史上まれにみるマイナー・レコード全盛時代を迎えていたのであった。

日本の稀少盤ラッキー・レコード

レーベルの数は、レコード創生の頃からかなりあった。昔からコロムビアとビクターしかなかったと思うのはまちがいである。

手許にある一九三〇年までの資料をひもといて数えてみると、ジャズに関連したものだけで、百四十七レーベルも存在していたのである。だが大不況に耐えたレーベルは少数であった。RCAビクターとコロムビアが大手であとはブランスウィック、パーフェクトなどいくつかのマイナーが残った。

大不況の影響は、米コロムビアの社史にもみられる。一九三一年、ロンドンのコロムビア・グラモフォン本社は、業績のふるわない米国支社を、ラジオと冷蔵庫の製造会社であるグリグスビー＝グラノウ社に売り渡した。ところがグリグスビー＝グラノウ社は、三四年に破産し、コロムビアは全原盤と商標、ヨーロッパ・コロムビアからの原盤供給権を含め、わずか七万五百ドルで、アメリカン・レコード・カンパニーに買いとられた。九年まえには二百五十万ドルと評価されていた財産なのだから、恐慌の影響はすさまじい。

ことのついでに書いておくと、イギリス・コロムビアと資本技術の面でていけいしていた日本コロムビアは、このころ鮎川義介《あゆかわよしすけ》（当時の財界巨頭）の日産コンツェルン傘下に入った。一九三五年十月、外人にかわって社長に就任したのが、三保敬太郎《みほけいたろう》の父君、幹太郎氏である。丸ビルの斉藤誠司商店から「ラッキー」というレーベルで売られていたブランスウィック原盤の発売権を、そっくりそのまま買いとってコロムビアから発売したことは三保社長就任当初の功績として、日本コロムビアの社史に記録されている。

この当時のラッキー・レーベルは今世界のコレクターが血眼になって探している稀少盤《きしょう》で、黄色地に黒文字および紫地に金文字のものが斉藤商店のもの。アズキ地に金文字のち黒地に銀文字のレーベルになったものが日本コロムビアの手に移ってからのものである。

コモドアとブルーノート

大不況後経済的基盤が弱いマイナー・レーベルに手を出す人はあまりいなかった。

一九三四年の元ブランスウィックの重役だったジャックと弟のデイヴのキャップ兄弟が設立したデッカ・レコードは、ジャズ＝ポピュラー部門を専門に最も大きく伸びた新興勢力で、一九三八年のレコード売り上げ量（三千三百万枚）の七十五％は、RCAビクターとデッカに占められた。

第三位に落ちたコロムビアは、元RCA重役エドワード・ウォーラスタインが、CBSの資金援助（七十万ドル）を得、経営権をとって再建に乗り出し、ヨーロッパ原盤によるクラシック政策を排して、グッドマン、エリントン、ベイシーなどスイング時代の巨匠を契約する一方、アメリカのクラシック・オーケストラ、ソロイストを契約した。

一九四〇年代の初頭を彩ったのは、コロムビアが先鞭《せんべん》をつけた価格引き下げ競争である。

ビクターも応じているうちに、太平洋戦争となった。当時ビクターとコロムビアのジャズは、二十五センチ一枚七十五セントであった。三〇年代中期、新興デッカは何と同じものを三十五セントで売り出したので、ビクターは別の廉価レーベル、ブルーバードを、コロムビアはヴォカリオンをつくって三十五セントとし、これに対抗した。

一九三八年、ジャズ専門のマイナー「コモドア」が発足した。レコード屋の主人ミルト・ゲイブラーが趣味でつくったレーベルで、値段は二十五センチSP一枚一ドルだったと記憶する。自分の店先きだけで売っているレコードとて、日本にはほとんど入ってこなかった。

一九三九年には、「ブルーノート」が発足した。ドイツの貿易商社につとめていたアルフレッド・ライオンが、たまたま出掛けたコンサートが三八年クリスマスの「ジョン・ハモンド・カーネギー・ホール・コンサート」(ヴァンガード盤に実況録音盤あり)で、その夜はじめてシカゴでタクシー運転手をやっているアルバート・アモンズ、ミード・ルクス・ルイスらの「ブギ・ウギ」というピアノ・ブルースをきいた。彼は以前からのジャズ・ファンで、ドイツの家にはたくさんのレコードを揃えていたが、こんなスタイルのピアノは一枚もなかった。興奮して楽屋を訪れたライオンは、アモンズとルイスに、自分のためにレコーディングをしてくれるように申し出た。

こうして二週間後の一九三九年一月六日、ニューヨークの貸スタジオで、ブギ・ウギ・

ピアノが録音され、これがブルーノート・レコードの発足となったものである。十インチ（二十五センチ）SP全盛時代にもかかわらずブルーノートは、十二インチ（三十センチ）SPを主体にし、一ドル五十セント。あまり出さなかったが、十インチ（二十五センチ）は一ドルという定価であった。ブギ・ウギは、五十枚ずつしかプレスしなかったが、フィラデルフィアのレコード店から最初の注文が舞いこみ、ブルーノートはめでたく船出した。

その年の六月、ライオンは、フランキー・ニュートン（tp）をリーダーとして『ポート・オブ・ハーレム・セヴン』というレコーディング・コンボを吹込んだ。シドニー・ベシエ（ss）もその一員だった。ベシエはライオンに「このあいだ大レコード会社で《サマータイム》を吹きたいといったら、そんなものは売れぬといってことわられた」とこぼした。「やりたまえ、やりたまえ。大レコード会社がことわるような奴をやってもらいたいんだ」とライオンがいった。下痢をしていたニュートンが、トイレに行っている間に、《サマータイム》は吹込まれ、ブルーノート最初のヒット・レコードとなった。

ライオンは貿易会社の社員として働く片手間に、包装、配送をたった一人でやってのけた。十月になるとベルリンから後輩のフランシス・ウルフが手伝いにきた。ウルフは写真家でスタジオで働くかたわら仕事を手伝い、ライオンは相変らず会社員として働いた。ブルーノートを最も多く扱ってくれたのがコモドア・ミュージック・ショップであった。ライオンに召集令が来て、一時閉鎖しなければならぬことになった時も、コモドアでは、

「ちょうどうちで卸し部をはじめたので、ブルーノートも取り扱ってあげよう」と引きうけてくれた。

ライオンは一九四四年に復員し、ブルーノートは以前にも増して活発な活動を続けた。ディキシーからスイングへ、スイングからバップへ、バップからファンキーへ、ファンキーからフリー・ジャズへ……ジャズ史に残るブルーノートの功績は大きい。

プレスティッジとボブ・ワインストックの商策

「一九四六年の新年を迎えた三百五十以上のレコード会社のうち、その後の十二か月に起ることになったレコード価格の暴騰、レコード・スト、レコードや楽譜や楽旅の障害となった石炭ストを乗り切って残り得ることを信じた経営者が何人いただろう？」と、ダウン・ビートの年代記は記している。うへえっ、三百五十社以上？　ちょっと信じられぬ数字だが、あるいは本当かもしれない。猫もシャクシもレコード会社を経営した時代がたしかにあった。

年代記の一九四七年の項目のひとつに次のようなものもある。

「シグネチュア・レコードの持ち主ボブ・シールは、ジャズは商売にならぬといい、以後同レーベルでジャズを扱わぬことを言明した」このボブ・シールは現在インパルスを退いて、フライング・ダッチマンをやっている人と同一人物である。

続いて一九四八年の一項には、「多くのレコード会社は自社のカタログを埋めるため、最近数年間に潰《つぶ》れたレコード会社からマスターを買いこんでいる」とある。

するとこの三年間は、開業↓乱立↓マスターゆずり渡しが、目まぐるしく続いたという結論になる。いずれもSP末期の話だ。

一九四九年に至って、ふたつの重要なジャズ・レーベルが発足する。ニューヨークのプレスティッジ（ニュー・ジャズ）と、ロスのコンテンポラリー（グッド・タイム・ジャズ）だ。経営者は、前者がボブ・ワインストック、後者がレス・ケーニッヒである。

ボブ・ワインストックは、六番街四十七丁目をちょっと入ったところにあるレコード店の若い店主であった。店にはディキシーとスイングのレコードを並べていたが、ご当人は足繁くジャズ・クラブに通って、モダン・ジャズに耳を傾けた。やがて彼は、バップを吹込む会社はあるのに、マイルスやトリスターノやコニッツを録音しようとする人がいないことに気がついた。

一九四九年一月十一日、レニー・トリスターノの名で吹込まれた五曲が、プレスティッジの創業作品となった。これらはまず「ニュー・ジャズ」レーベルで出て、のちすぐ「プレスティッジ」にかわった。

最初は楽しみのために録音して高く売るつもりだったが、この企画が知れわたると注文が殺到し、プレスをふやして値を下げることにしたわけである。それからの二年間、ワインストックはバスで十六都市をこまねずみのように走りまわり、セールスやDJとの話し合いをして販路をひろげた。彼はつねにこれから芽が出そうな新人に目をつけて、積極的に吹込ませた。スタン・ゲッツ、リー・コニッツ、ズート・シムズ、ウォーデル・グレイ、アート・ファーマー、スウェーデンのオールスターズらが、こうして世に出た。

ワインストックの性格を示すエピソードがいくつかある。

MJQを最初に契約したのはプレスティッジだが、ワインストックは最初「ニュー・ジャズ・カルテット」というグループ名を提案した。しかし四人がいうことをきかず、「モダン・ジャズ・カルテット」で押し切られた。「ニュー・ジャズ」というレーベルをもつワインストックは、まげて承諾させたかったところであったのだ。その上ワインストックは、ジョン・ルイスのピアノが気に入らなかった。彼はミルト・ジャクソンだけと契約したかったのであるが、ジョン・ルイスがくっついてきてしまったのである。で、二度ばかりジョン・ルイス抜きでレコーディングしてみた。ルイスのかわりに、ごひいきのホレス・シルヴァーを入れたのである。もちろん悪い出来ではないが、どちらが永久に傑作として残るかは一目瞭然《いちもくりようぜん》だった。ワインストックにだけはわからなかったのである。一九五六年MJQはさっさとアトランティックに移ってしまった。

第二のエピソードは、A・B・スペルマンの著書に引用されているジャッキー・マクリーンの話だ。

マクリーンの処女録音は、事実上プレスティッジに於《お》けるマイルス・デヴィスの『ディグ』セッション（一九五一年十月）であった。そういうこともあったのだろう。一九五六年から五七年までの丸二年間、彼はプレスティッジの専属であった。しかし彼自身はプレスティッジと名指しているわけではない。

「当時その会社には、マイルスもロリンズもコルトレーンもモンクもいた。彼らも私同様一刻も早く契約から抜けだすことを考えていた。つまりこの会社のやり方は、とるものだけとって、何も呉《く》れないのだ。最初かなりの契約金というのを積み、レコードが売れた時の印税のことを説明してくれる。私は随分吹込んだが、その都度録音料、アルバム解説稿料、写真撮影費などすべての経費を、貰《もら》い分から差し引かれた。今でもその会社に五万ドルから借金があることになってるそうだから笑わせる」

最後のエピソードは、狐と狸のばかし合いのような話である。

一九五五年七月ニューポート・フェスティバルにおけるマイルス・デヴィスは、一夜にして名声を確立した。

この演奏をきいたCBSコロムビアの首脳部は、マイルスが同年秋レギュラー・コンボをつくったのを機会に専属契約の話を進めていた。マイルスも乗り気だったが、プレスティッジにはあと一年間、アルバムにして四枚分の契約が残っていた。CBS側は、マイルスがコンボを作ると同時に二曲、プレスティッジへの録音の合い間を縫って一枚分の録音をとり「プレスティッジの契約が消滅するまでは絶対に発売しない」という堅い約束を交わしたのである。俗な言葉でいえば、ツバをつけておいたのだ。

マイルスは五六年五月十一日と十月二十六日、たった二日間で、曲数にして二十五曲、LP四枚分をワン・テイクでとってしまった。情報の流れるのは早い。それと察したプレスティッジは再契約を迫ったが、マイルスは条件を出した。「二十人の一流プレイアーを集めて、ギル・エヴァンスに編曲指揮をしてもらうLPをつくりたい。やってくれるなら再契約に応じよう」

プレスティッジに、そんな金のかかるLPが出来るわけはなく、マイルスはまんまとCBSに移籍した。移籍すると言葉通りギル・エヴァンスと組んで『マイルス・アヘッド』という傑作をつくったのである。プレスティッジも負けてはない。CBSの宣伝力で、マイルス株が上昇する気運に乗じて、二日間で録音したLPを一年に一枚の割りで小出しに発売し、四枚目が出たのは何と五年後の一九六一年のことであった。だがCBS側も負けてはいなかった。「プレスティッジのはオクラ・テープで、当社のは新吹込である」ことを強調するために、二度とプレスティッジ時代のメンバーをそのままは使わず、キャノンボールを加えたり、ピアニストを変えたりした。

まあ、これ位図太い神経がなければマイナー・レコードは立ちゆかぬのかもしれない。

ジャズ・ファン

ジャズ・ファンの大多数は常に青年層である——これは世界を通じて共通した現象とみられる。年齢にして十七才から二十七才。この層が圧倒的に多い。私は二十五年間もジャズのレコード・コンサートを続けているが、年齢層はほとんどかわらず顔ぶれだけが変ってゆくのである。一般的にみると、まるで学校のように、ジャズに入学してくる人と卒業して出てゆく人がいる。

だがもし学校だとすると、定員はきまっていて、ファンの数は多くもならず少くもならず、スイング・ジャーナルは一定部数で固定してしまい、レコードの売り上げも伸びないはずである。ところが現実にはジャーナルもレコードも売れゆきが毎月のように伸びている。

年齢的にはある程度固定していてもそれは極めて概括的な話であって二十七才で卒業してしまうのではなく、散ってゆく人もあれば残る人もある。残る人が年ごとに増えている——というのが正確な表現であろう。

フランスのアンドレ・オデールはこの現象をつぎのように観察している。

「ジャズがうけ入れられるようになったのが、ごく最近のことだから、ファンは青年にかぎられているという説がある。そんなことはない。戦前われわれはジャズに対する情熱やみがたく、ポケットをはたいてルイやファッツ・ウォーラーのレコードを集めた友人たちをたくさん知っている。しかし今日なおこのコレクションを聴いている人は、その十分の一に満たないであろう。コレクションを満足に保存している人すら少いかもしれない。芸術への情熱よりも、中産階級の宿命に屈し去ったのだ。

青年のジャズに対する情熱は、音楽に対する真の愛情よりも、むしろ青年期特有の熱情(enthusiasm)の作用とみられる。何事をなしとげるのも熱情であるが、遺憾ながら熱情は一部の人を除いて長続きするものではない。レコードが発売されるとすぐ聴く。批評を読んで友人と討論する。これ皆熱情のしからしむるところであり、この熱情が狂的にたかまってくると、ジェリー・ロール・モートンやトミー・ラドニアだけが英雄や聖者のようにみえてくるのである。しかしいったん熱情がなくなると、すべては急速にくずれ去り、バトンは新しく熱情におそわれたより若い世代にうけつがれる。ジャズ・コンサートを聴きにくる人、ジャズ雑誌の購読者の顔と名前は年々ちがうが、平均年齢がいつも同じである秘密はここにある。

だが、この表面的な動きに反して少数ではあるが、ジャズの真のよさを体得したファンを忘れてはならない。年齢的には三十才から四十才。レコードに対する知識は深遠である。若い頃はジャズの名手に対して宗教的な畏怖《いふ》を抱いたかもしれない。しかし今ではもっとおだやかな親近感をもっている。ジャズを聴いて熱狂的な拍手声援は送らないが、長い経験でよいジャズと悪いジャズをすぐに聴きわける耳をもっている。もし彼の住んでいる町にコジー・コールとレスター・ヤングが来演するならば必ずコジーをカクテルに誘ってジャズを語り、レスターを食事に呼んでレコードを語るといった紳士たちである。私はこういう人を特にヴェテラン・ジャズ・ファンと呼ぼう。ヴェテラン・ジャズ・ファンはおおむねモダン・ジャズに対して保守的である。彼にとって今のジャズは代用品であり、偏向であり、冒瀆《ぼうとく》である。こういった態度は私の非難したいところだが、それとても若いファンが、バップ以降のジャズしか知らず、古いジャズを軽蔑《けいべつ》し、スイング時代以前さえ知ろうとしないでとる生意気な態度と比べるときは、後光がさすほど尊いものだ」

オデールの説はたしかにうなずかせるものを持っている。ジャズにとりつかれた瞬間、「世の中にこんなすばらしい音楽があったのか」と感激し、ほかのことはおっ放りだして次から次へとジャズを聴きまくる。そして「こんなすばらしい芸術が世人から軽蔑された り無視されているとはけしからぬ」と片っ端から友人をつかまえてはジャズ論をぶちまくる。やっとのことにジャズ好きの人間にめぐりあうと、ジャズを讃《たた》えあい、ともに未来永遠にジャズの友となろうと誓いあう。ジャズ・ファンなら誰しもそういう経験をもっている。たしかに熱情のしからしめるところである。

こういう熱情は特に周囲にスクエアー（無理解な人間）が多いほど燃えあがりやすい。周囲に対する一種のプロテスト（抗議）である。プロテスト精神をもちあわせているのも青年期の特権である。

だがオデールがこういう現象を単に「青年期特有の熱情の作用」として片づけているのは妥当と思われない。宝塚にあこがれるのも、ザ・ビートルズをさわりにゆくのも皆青年期の熱情のしからしむるところであって、ジャズ・ファン独特の流動性を解明したものとはならないと思う。

ジャズ・ファンを流動させる要因は、ジャズという音楽自体の中にもある。ジャズが生きた音楽だからなのだ。

ある日ある時、若者は偶然の機会を得てジャズの魅力にとりつかれる。「こんなすばらしい芸術は他にない！」と彼は心の底から自分の新発見に驚喜する。その日から彼はジャズのとりこになる……。ここまではほとんどすべてのジャズ・ファンがたどる過程である。

ところが彼をジャズ・ファンにした瞬間の音楽が何であったかが大きな問題なのだ。もしオーネット・コールマンであれば彼は前衛ジャズのファンになるし、ディキシーであればディキシーの、中間派であれば中間派の熱心なファンになるのである

初恋の人は忘れられないというが、初めて恋したジャズ・スタイルだけを彼は熱心に愛するのだ。電車に乗って一旦《いったん》座ってしまうともっといい席が斜《はす》向いに空いてもすぐ立ちあ

がってゆきにくい。あの心境になってしまうのである。ジャズを理解できたということ自体はたいへん進歩的なことでありながら、時勢がどう変ろうが最初に好きになったスタイルだけは変らないでほしいという保守的な願望がともすると頭をもたげるのである。

にもかかわらず、ジャズは生きものだから、一か所にじっとしているようなことはない。「三日見ぬ間の桜」のようにどんどん変貌《へんぼう》してゆく。仕事のために一年もジャズを聴く機会がないと、きいたこともない新人がどんどん現われていて、ジャズという名のまったくちがった音楽をやっている。この変貌に抵抗なくついてゆける人はそう多くない。「ジャズはつまらなくなった」多くのファンはそういう捨てぜりふを残して去ってゆく。しかしその時、彼がつまらないといったその音楽に全情熱を打ちこんでいる新しいファンがいっぱい生まれているのである。

Moldy Figs

保守的ファンの代表格は「モールディ・フィグ（moldy fig ――腐ったイチジク）」とあだ名される人々である。コチコチのディキシーランド（とくにニューオリンズ）・ファンを指すモダン・ファンからの蔑称《べっしょう》で「一九三〇年代以降のジャズはジャズではない」と信じて疑わないファンのことである。ファンと片づけてはすまないくらいの学究派で、吹込年月日が一日まちがってもレコード会社を攻撃し、メンバーの名がちがっていようものなら解説者に脅迫状を送る熱狂的な研究家のことである。これは世界中にいるファンの一タイプでむろん数は少いが日本にもいる。ただし日本人は鋭敏な頭脳をもっているから「一九三〇年で終った」などとは考えない。ぼくの知っているフィグ型のファンは十年にわたって研究をすすめハード・バップ期まで入りこんでいる。こういうタイプのファンが評論を書きだしたら強いと思う。外国でフィグから鮮やかに転向した人に旧リバーサイドの副社長オリン・キープニューズがいる。評論家故ジョージ・ホーファーもその一人だ。

ぼくなども多少そのけはあった方だ。今でもディキシーの古いレコードをかけて楽しんでいる。断わっておくが古いレコードである。ディキシーの新しい吹込でピンとくるものはほとんど無い。懐古趣味に陥るか、職人気質まるだしになるか、コマーシャル・ミュージックになる以外にない。あのリズムとあのハーモニーで、一九六七年のエモーションを表現できると考えるのは、鉄道馬車で新幹線の代用ができると考えるのにひとしい。

ではなぜ古いレコードに聴き入るかというと、昔はジャズといえばディキシーしかなかったからである。ジョニー・ドッズ、ジミー・ヌーン、ビックス・バイダーベックなどが、もし三十年おそく生まれていたら決してディキシーをやらなかったであろう。宮本武蔵《みやもとむさし》が現代に生まれていたら決して刀を差して歩かなかったろうというほどこれは確かなことである。LP時代にくらべたらお話にならない窮屈な枠の中で、ソロの長さもせいぜい八小節しか与えられていないのに彼らはいうべきことをちゃんといっている。そこが楽しいのだ。

ピーウィー・ラッセルやバド・フリーマンなど、真にクリエイティヴなミュージシャンは、いつまでもディキシーの枠に閉じこもってはいなかった。モールディ・フィグからみれば「とんでもない堕落」ということになるのだが――。

モールディ・フィグのはなしは神話ではない。まだアダナこそ発明されていないが、ジャズのスタイルがかわるたびに、嘲笑《ちょうしょう》と痛罵《つうば》をあびせ「ジャズはつまらなくなった。俺は十年まえのジャズを愛する」というファンは多いのである。気持としてはよくわかる。恋人は永遠に十八才の姿でいてもらいたい。ところがどっこい、ジャズは生きている。ベーレントの名著は、ここのところを巧みに衝《つ》いて結論としている。

「ジャズの最も大きな魅力は生きていることである。ジャズは固定化し得ぬものである。ジャズが生きているということから、評価の尺度は常に変化せざるを得ない。ここにジャズ批評のむずかしさがある。ジャズ批評は尺度がないとして非難された。事実、ジャズ批評は尺度をもつことができない。尺度をみつけているうちに、ジャズの方が早くつき進んでしまうからだ。たとえ尺度をみつけることができても、多くの場合勝手きわまるものであることが多い。だがしかし、尺度をきめたり、尺度で計ってみることは重要でない。重要なのは芸術をもつことである。たえず尺度の方を芸術に合わせることである。これは面倒なことだ。だから面倒くさがる人はジャズに近づこうとしないし、ジャズ・ファンの中にも尺度をかえないで、古いジャズにしがみついている人が多い」

バップが起ったときの罵声《ばせい》は大きかった。

ジョージ・アヴァキャンは、ディキシー・トランペット奏者マックス・カミンスキーが「ディジー・ガレスピーは偉大だ」と語った言葉に激怒し、三千語におよぶ公開状を「レコード・チェンジャー」誌に掲載していった。「ニューオリンズ・ジャズの真髄を会得した男なら、スイングにさえ転向しない筈《はず》である！」

また偉大な評論界の先達ジョン・ハモンドはいった。

「バップとはきまり文句の反復である」

のちチャーリー・パーカーを雇い、ヴァーヴ・レコードで名演の数々をプロデュースしたノーマン・グランツもいった。

「チャーリー・パーカーのコンボときたら、硬直と反復以外の何物でもない」

こういう失言の数々をとりあげるのはあげ足とりのつもりではない。

もし読者諸君の中に、めまぐるしく変化してゆく現在のジャズに不覚にも罵倒《ばとう》を浴びせ、今になって「シマッタ」と思っている人があれば、堂々と前言をひるがえし、「ジャズは生きている。生きているものなら変化する。前衛派の出現こそ生きていることの証拠なのだ」といえばよいのである。

バップを罵倒した上記の人々がいつのまにやらモダン・ジャズにしびれ切っている姿を教訓とし「どんな偉い人にも誤まりはある」とうそぶいていればよいのである。

ベーレントによれば、ジャズ・スタイルの変化はほぼ十年ごとに、それも十年代のきれ目（三〇年代、四〇年代、五〇年代……）ごとに現われるといっている。ジャズ年齢が十七才にはじまり二十七才に終るとすれば、これもまたちょうど十年である（395頁にあるように、私は二十年説だ）。

そのうちで大きな変革とよべるのは、四〇年代のバップと六〇年代の前衛であろう。ところがそれに匹敵する大変革がもうひとつあったのだ。それは二〇年代の終りにルイ・アームストロングの成熟化がもたらした革命である。バップの場合は幾人かの新しいアイディアの集積によってはじまったのだが、ルイ・アームストロングはそれをたった一人でなしとげたのである。全ジャズ界をアームストロング一人が支配した。

ニューオリンズに生まれ、ニューオリンズに育ったルイが、師キング・オリヴァーをこの上なく尊敬し、ニューオリンズ・スタイルを信奉しながらも徐々にアンサンブル中心のニューオリンズ・スタイルから脱し、同僚のすべてを伴奏者としてジャズに新しい次元を開拓してゆく姿はジャズ史を通じて最もスリリングな局面展開である。

もしその頃モールディ・フィグがいたなら、そういうアームストロングに罵声をあびせたにちがいない。

「アームストロングはジャズを堕落させつつある張本人だ。ニューオリンズにはじまったジャズはこんなものじゃない！」

だが幸いなことにモールディ・フィグという人種はその頃まだ存在しなかったのであった。

黒人と宗教

ＭＣＡの『ルイ・アームストロング／ジャズ・クラシックス』は、再発売ものだが、その第一曲目に入っている《聖者の行進》（一九三八年五月十三日録音）は、私の知る限り、ジャズ・レコード史上はじめての《聖者の行進》なのである。ニューオリンズでは誰一人知らぬもののない宗教歌だが、はじめてレコードを通じて演奏するサッチモは、特に牧師に扮《ふん》して次のようによびかけている。

「シスターズ・アンド・ブラザーズ（宗教的なよびかけ）私はサッチモ牧師です。口あたりのよいお説教をジャズにしてお送りいたしましょう（getting ready to beat out this mellow sermon for you）。今夜のテキストは《聖者の行進》です。ではブラザー、ヒギンバッサム、トロンボーンを吹きなきい」

サッチモが牧師に扮したのはこれがはじめてではなく、《ロンサム・ロード》(一九三一年オーケー・レコード)でも「シスターズ・アンド・ブラザーズ、お話しするのはサッチェルマウス・アームストロングです」というよびかけの一節がある。《ロンサム・ロード》は、ニグロ・スピリチュアルに模してナサニエル・シルクレットが作った歌だから、一種のギミックとみなしてよいが、《聖者の行進》は、れっきとした宗教歌である。これが発売された時、黒人牧師たちは神聖な宗教歌をジャズで演奏したアームストロングをこぞって攻撃したという(注47)。

ニューオリンズ・ジャズと宗教

ニューオリンズ・リバイバルによる古老の登場によって、われわれが最も驚いたことのひとつは、初期のジャズのレパートリーが実に多くの宗教歌、スピリチュアルスで満たされていたことであった。次に引用する文章は、私として全面的に検討がすんでいないものだから、正しいとか正しくないとは明言できないが、見逃すことの出来ぬ指摘だと思う。

ジャズ史家たちは、ニグロ・フォークソングがニューオリンズ・ジャズに大きな影響を与えた事実を認めている。そうした歌のあるものは、スピリチュアルスを含めて、「宗教的」なものであり、他のもの——ジャズに重要な影響を与えたとされるワーク・ソングやブルース――は「世俗的」(非宗教的)なものと考えられている。ところがブルースは、ワーク・ソングおよびスピリチュアルスに起源をもつものだったのだ。H・E・クレイビールは書いている。

「非宗教的なワーク・ソングは実にすくない。黒人霊歌は同時に彼らのワーク・ソングであった」

もしクレイビールの意見が正しいとすれば、ニューオリンズ・ジャズに対するスピリチュアルスの影響は、一般に考えられている以上に大きなものであるといえる。にもかかわらず、ジャズ史家たちは、クレイビールの発見を、どうしたわけか無視しがちであった(注48)。

よく誤解されているが、黒人奴隷は最初からキリスト教を信じていたわけではない。最初はアフリカから持ってきた原始宗教であった。フランスが統治していたハイチとニューオリンズの黒人は、ダホーメイ族が大部分であったことで共通しており、ダホーメイ族の宗教はヴードゥー(Voodoo)であった。ヴードゥーは一時ハイチの国教だったことがあり、ニューオリンズもまたヴードゥーの首都として有名であった。

キリスト教が、黒人奴隷への布教を避けた理由は、「キリスト教義によれば、奴隷制度のごとき非人道的制度は容認できない。奴隷を入信せしめることは、制度そのものを容認することになる」というのであった。こうして約百年間、奴隷たちは原始宗教の世界にとどめられた。

やがてメソジスト派の宗教改革者ジョン・ウェズリー（英国人。一七〇三－一七九一）の信仰復興運動が、怒濤《どとう》のような勢いでアメリカに侵入し、その伝導の方向を、宗教をもたぬ黒人に向けた時、他宗派も前述の考え方を修正せざるを得なくなった。つまり「可哀そうな奴隷を、神のめぐみに浴せしめることこそ、奴隷制度に対するイエスの釈罪(Justification)なのだ」というふうに修正され、全宗派をあげて、奴隷をキリスト教に入信せしめる方向にむかったのである。

奴隷が入信に際して、つかえていたご主人の宗派に入ったであろうことは想像に難くない。大まかにわけるとフランス人、ポルトガル人、スペイン人などラテン系主人はカトリック、イギリス人、オランダ人、デンマーク人などはプロテスタントの信徒であった。ラテン系の主人は、奴隷の労働をきびしいまでに監督したが、余暇に何をしようと何を考えようと、労働にひびかない限り、干渉しなかった。

これに反して、プロテスタント系イギリス人の主人は、余暇に奴隷の考えていることや、宗教にも干渉した。これはイギリス系の主人の農場がラテン系のそれに比して小規模で、奴隷の数もすくなかったためと考えられる。奴隷たちはたえず主人と顔を合わせることによって、アフリカからの慣習を捨て、白人社会の慣習にいちはやくなじんでいった。

カトリックに帰依した黒人は、キリスト教の聖者たちを、ヴードゥーの神々とスーパー・インポーズさせた。聖パトリックの肖像にはダホーメイ族の蛇神ダンバラを思わせる蛇の絵がつけ加えられ、聖パトリック・デイともなれば、ダンバラを祝福するドラムを叩き、ダンバラのテーマ音楽を即興演奏して、同時に聖パトリックをたたえた。また聖ミカエルは剣を持った聖者として画かれ、ヨルバの戦争神オグンを象徴させた（注49）。

英国系農場……プロテスタントの場合は、そのようなダブル・ミーニングの聖者の絵を禁止し、アフリカ宗教に欠くべからざるものとされている、ダンスとドラミングをも厳禁した。

ニグロ・スピリチュアルスは、プロテスタントの農場からおこった。故にスピリチュアルスの歌詞は、すべて英語であって、フランス語（クリオール語）によるスピリチュアルスは無いのである。一方、カトリック系ニグロは、クリオール・ソング、クリオール・ダンスといった別の奴隷音楽を歌った。これはむしろラテン音楽に似たものである。フランス語によるワーク・ソングもたくさんあったが、これはイギリス人たちが、植民地からフランス語をしめだしたため、ほとんど残っていない。

ニグロ・スピリチュアルスの起源

ニグロ・スピリチュアルに先行して、ホワイト・スピリチュアルがあった。白人霊歌が大量につくられたのは、メソジストの信仰復興運動がひろがっていた一七九〇年から約百年間のことで、アメリカに植民されたアングロ・サクソン……つまりイギリス植民の宗教歌が、ホワイト・スピリチュアルである。

今日、それらをきくと、あまりにもC&W（カントリー・アンド・ウエスタン）的であることに驚く。事実、ホワイト・スピリチュアルの多くは、その後も西部や南部の民謡として残った。C&Wでいう、セイクレッドまたはカントリー・ヒムとよばれるものがそれである。

学者によっては、このホワイト・スピリチュアルを、黒人ふうに歌ったものがニグロ・スピリチュアルだ——という人もある。だが私のきいた範囲で、ニグロ・スピリチュアルの歌詩やメロディと共通したものはなかった。後世の研究にまつべきであろうが、おそらく関連は稀薄《きはく》なのではあるまいか。

黒人霊歌の起源については意外なほど明確でない。ぼくの研究が限られた小範囲にとどまっているせいもあろうが、ぼく自身が接した色々な書籍にてらしても、起源はアイマイモコとしている。

南北戦争が終った直後の一八六七年テネシー州ナッシュヴィルのフィスク大学で、「フィスク・ジュビリー・シンガーズ」が誕生し、世界を巡演して、黒人霊歌の真髄を伝えた——という記述はある。その素材となった霊歌が、どのようにして誕生したかがわからない。いずれにしても黒人霊歌が一種の「口頭文学」であり、聖書を読まなくとも、聖書の物語がわかるような歌になっているのはたしかなことだ。

津川主一《つがわしゆいち》氏の訳編『ジュビリー・シンガーズ物語と黒人霊歌集』（音楽之友社）を注意深く読むと、白人宗教家が解放奴隷に対するキリスト教教育のために、この種の霊歌をつくり、黒人の音感でフシづけしたのではないかと推測できる点もある。歌詞の構成から考えて、黒人間から自然発生したものとは思えないのである。

何はともあれ、霊歌によってモーゼやジェリコの城壁にいどむジョシュアなど旧約聖書の英雄たちは黒人間に有名になった。黒人たちは、歌われている土地の名に、彼らの彼岸を結びつけた。イスラエルやエジプトは、自由の天地であり、ヨルダン河（ジョーダン・リヴァー）を横断することに希望を抱いた。

ゴスペル・ソングの発生

黒人を信徒にもった教会は、色々な点で、黒人たちが伝統的にもっているリズムや音楽やダンスを容認せざるを得なかった。最初のうちこそ、プロテスタントは歌や踊りを禁じたが、やがては妥協せざるを得なくなった。解放されて自由市民となった奴隷には特に……。

こうして黒人教会の音楽は、白人世界に類をみないかたちに独特の発展をとげてゆくこととなった。特に一九三〇年代後期にはじまるゴスペル・ソングは、その最も顕著な一例というべきである。ゴスペル・ソングは、ジャズの手法をとりいれて新しく作られた宗教歌である。

もとブルース歌手だったジョージア・トム、本名トーマス・A・ドーシーが、黒人独特のリズム感と、ジャズ・フィーリングをつかって作りはじめたので、「ブルースの父」W・C・ハンディと並んで、トーマス・A・ドーシーは、「ゴスペル・ソングの父」といわれている。

ゴスペル・ソングが最初教会内で歌われた時は、さすがに幾分の抵抗があったようだ。地方によっては歌うことを禁止した教会もあったという。だが、今日では次々と新しい歌もつくられ、黒人教会を活気あるものにしている。もちろんプロテスタントの教会での話だ。今日アメリカでカトリック教徒がきわめて少数となっていることは、J・F・ケネディがカトリック教徒であるため、大統領に当選する可能性が薄いといわれたことからも、察することができよう。

古いニグロ・スピリチュアルスも、ゴスペルにみられるジャズ手法をとりいれて、多くのゴスペル歌手やグループに区別なく歌われているため、今日ではスピリチュアルスとゴスペル・ソングの区別が、実のところアイマイなものとなっている。スピリチュアルスの題材が、圧倒的に旧約聖書からの物語で占められていたのに対し、ゴスペル・ソングではジーザス（イエス様）を歌うものがずっと多い。これはぼくの仮説だが、「口頭文学」から「フィーリング」への変化ではないかと思うのである。

一九四〇年代に入ると、黒人の教会はゴスペル・ムードでみちあふれた。

一九五〇年代に現われたジャズの若き世代は、このような教会で多感な少年時代をすごしている。ミルト・ジャクソン、ホレス・シルヴァー、チャーリー・ミンガス、ボビー・ティモンズ、クインシー・ジョーンズらの音楽が、ゴスペル・ソングからジャズへの再影響を感じさせるのは、ごく自然の成りゆきだったというべきであろう。

黒人のある考え方

一九一六年、ニューオリンズからニューヨークに出てきた「オリジナル・クリオール・オーケストラ」のリーダー、フレディ・ケパードは、ビクターからレコード吹込の話をもちこまれた時、「俺たちが永年苦労してやっと身につけた演奏技術を、レコードにとられて、たやすく真似られるのはマッピラだ」と、語気荒くはねつけたという。

この話は、私にもうひとつの実話を思い起させる。

一九六八年夏、日本に来ていたあるフリー・ジャズのベース奏者が、私に会いたいと電話してきた。この人の名を仮りにNJとしておこう、インパルスその他にサイドメンの一人としてつきあったLPもあることはある。都内のホテルで会ってみるとNJはいった。

「我々はドン・チェリーともマリオン・ブラウンともやった。今は心ならずも某コマーシャル・コンボと共に日本に来たが、我々は二十日間ほど余計に滞在予定をとった。その間コンサートでもレコーディングでも何でもお役に立ちたい」とのことである。「ではサイドメンとして、いくらならレコーディングするか？」ときくと、五千ドルだという。馬鹿いうな、アメリカで超一級のスターでも、五百ドルならOKだ。何も知らないのだな——と思った。ぼくの呆《あき》れかえった顔を見て彼はいった。「我々の音楽は、何年も練磨して自分自身のものとした、世界に二つとないものである。レコードに吹込めば、必ず誰かに自分の音楽を盗まれる。五千ドルでも安いと思う」

フレディ・ケパードと全く同じ考えだ。

いずれの世界でも、カケダシは向う見ずに途方もない報酬を要求する。NJ君はその後新宿《しんじゅく》あたりのジャズ喫茶に出たが、いくら要求していくら貰ったかは、ぼくの関知するところでない。

こんな例で、黒人一般の考え方を代表させるわけにはゆかないが、こんな考え方が活字になっているのをみると、オヤオヤという感じがしないでもない。

次に掲げる一文は、ヨーロッパ・ジャズ・フェデレーションの機関誌「ジャズ・フォラム」の一九七〇年第一号に掲載されたものである。

フリーダム・ナウ　テッド・ジョーンズ

一六一九年八月の終り、一隻のオランダ船が二十人の黒人男女をヴァージニア州ジェームズ・タウンに運んで売った。この黒人たちこそ、のちのUSA……当時の植民地に売られた最初の奴隷だったのである。

彼らは、その後のアメリカ資本家たちを富ませた「黒い黄金」の先祖にあたるものであり、偉大なアメリカ帝国（The Great American Empire）をつくりあげた奴隷労働力であった。

これら二十人のブラック・アフリカンの子孫は今日もなお奴隷制度と搾取制度のもとに利用され続けているのである。

このことは、他のいかなる職業よりも音楽の世界に、最も顕著に現われている。音楽界にどれほど貢献しようとも、黒人ミュージシャンとして、その業績に値する力と支配力を与えられた者は、いまだかつて例がない。黒人ミュージシャンは何らかのかたちで、白人の力のある人々に搾取を許すような契約にサインしているのである。第一に、グッドマンやブルーベックのような金を持った黒人ミュージシャンは一人もいない。ジャズは黒人のイノヴェーターによって創造された。だが金をさらうのは、白人の音楽マーケットなのである。

デューク・エリントンは、彼が創作したぼう大な作品群に対して、それに値するだけの報酬を得ていないが故に、小金を得るために屈辱的なゴマすりを続けねばならない。そればかりか、たとえば「メリー・ポピンズ」のような、糞《くそ》みたいな作品に、彼の偉大な才能を傾注しなければならないのである。

今こそ、ジャズ・ミュージシャンおよびジャズを愛するふりをしているジャズ・ファンは、反乱に総決起すべきなのだ。ジャズの搾取家に対して、攻撃を開始すべきなのだ。ミュージシャンやジャズ・ファンを冷遇しているジャズ・クラブにデモをかけるべきなのだ。さらにまた、アメリカの軍需産業にも似た量産力を以《も》って、過大宣伝をされつつある即席ジャズ・スターに反抗すべきなのだ。

毎年一度、世界にショックを与えるダウン・ビート誌は、元兇《げんきょう》ともいうべき存在である。一九六九年一月二十三日号の表紙はリンゴ・スターであり、六八年の「ジャズマン・オブ・ジ・イヤー」は、ゲイリー・バートンであった。この種の白人優先思想は、ジャズの世界に起り得ぬことであり、この雑誌は「ニューズウィーク」、「タイム」と共に、最もジャズに縁のないタワケ雑誌なのである。この種の雑誌は、すべての点で、いいか、すべての点で間違っている。

彼らはジャニス・ジョプリンをブルース歌手とよび、ベッシー・スミスとの比較をさえ敢えておこなう。糞たれ奴《め》、ジャニスのような女が、ハーレムのアポロ劇場で、十分間ももつものか。もしダイナ・ワシントンが生きていたら、きっとジャニス・ジョプリンに歌合戦を申し込んだにちがいない。賭《か》けてもいい。

トップ・ポップ・グループは皆、彼らの薄弱な音楽に生命力を与えるため「ブラック・ミュージックの借用」を行っている。ビートルズしかり、ローリング・ストーンズしかり。宣伝文がこれを認めている。にもかかわらず、彼らのうちの誰一人として、アメリカの黒人たちに、弁償金の支払いを申し出たものはないのである。彼らが支払いを申し出なかった理由は、あまりにも明らかである。

黒人たちが力を持つように援助しようとする白人は、かつていなかったし、今日もいないからだ。力を持たれては、彼らの支配力が失われてしまうからである。

故に私は、黒人音楽の借用者は、すべて黒人税を支払うよう、国際法に規定すべきであると提言する。

この黒人税は、黒人大学の設立資金およびジャズに興味をもつ黒人子弟の奨学金に用いるのである。

一六一九年は、三百五十年も昔のことであるが、この間に、いかなる変化がおこったであろうか？　二十人の黒人は今や二千五百万人以上にふくれあがったが、いまなお不当な圧迫をうけている。

二千五百万人の人々は、白人国家の中に黒人国家を形成するに至った。昔、多くのジャズ・ミュージシャンが音楽的に吹いたことを、これらの黒人たちは、言葉で叫ぶようになった。彼らは、ブラック・パワー・レヴォリューションを叫ぶ。黒人へ自由を——だ。

彼らは音楽業界を支配し、適正な報酬を自分の手に集めることを望んでいる。つまり、プロモーターもレコード会社も、ジャズ関係出版社も、ジャズ・クラブも、自分たちで経営したいと考えている。読者は驚くにあたらない。つきつめれば、ジャズは黒人の音楽ではないか。黒人から黒人文化を切りはなしている現状がおかしいのだ。黒人文化は黒人が支配権を握る——これが自由というものだ。

「地に呪われたる者」で、フランツ・ファノンが描いた人々は、今や肉体的にも頭脳的にも自由を感じはじめている。

白人のジャズ愛好家や、ブラック・ミュージックの寄生虫どもは、声をからして我々の過激思想やクロウ・ジム思想の正当性を説き、暴力では成功しないぞという説教までたれてくれるかも知れぬ。だが彼らの痛切な叫びも、ブラック・ピープルにとってはすこしの価値もない。

我々は今や、みずからの手で解放し、世界人の間に伍《ご》そうと決意したのである。

一六一九年八月……日はさだかでないがその最終の週に、オランダ人は最初の二十人のアフリカ人を奴隷に売り、これを契機に海洋貿易に関係していたすべてのヨーロッパの国々が、残酷な奴隷貿易に参画した。

最初の船に乗せられていた二十人以上に重要な人間が、かつてアメリカに上陸したであろうか。

のちオリンピックで数々のメダルをこの国にもたらした偉大な選手たち、すべての白人を踊らせている偉大なダンスの開祖たち、スピリチュアルス、ブルース、ゴスペルズ、そしてジャズに共通する偉大なブラック・サウンドは、すべてこの最初の二十人の上陸からはじまったのであった。

今日——我々、一六一九年に上陸したアフリカ人の子孫たち——アフロ・アメリカン民族は、弁償と自由を要求して、白人勢力と対決しているのである。

Freedom Now!

この考え方のひずみと無反省がこわい

筆者のテッド・ジョーンズは、アメリカの黒人ジャズ詩人。「チャーリー・パーカーの伝説」にも発言が記録されているヴィレッジの知的黒人間の顔役だ。

また原文は幾分削除されているとのことわり書きもあるから、この文章に対して批判を加えることはフェアーでないかもしれないが、論旨がまげられているとは思えない。それにしても、何という不思議な論理であろう。

黒人音楽の借用者は、弁償金を支払えというのはギャグかと思いきや、まことに本気でいっているのである。率先垂範してブラック・ミュージシャンから、インド音楽に対して模範的借用料を払ってみたらどうだろう。こんな手合いが共和国をつくったら、地球上は戦争がたえ間なく続くだろう。

デューク・エリントンに関する個所は、もっと激越な口調で書かれているのである。原文はこうだ。

'Thus today, Duke is forced to stoop so low as to kiss an ass or two, just to get hold of a little bread.

このうち to kiss an ass というスラングは、もともと「ケツメドにキスする」というひどい表現ではあるが、今日では上品とはいえぬにせよ、それほど下品な意味でなく「歓心を得ようと卑屈な態度をとる」ぐらいの意味に使われ、「ゴマスリ」(英語では Apple-polish という)と訳しておいたのである。エリントン自身がこれをきいたら、不愉快そうに顔をしかめて、「私はそんなつもりで演奏しているのではない」というにきまっている。

東西、人種をとわず、ひねくれた考え方に共通しているものは、「どうしてそういう結果を招いたか」という反省が全く欠けていることだ。反省が欠けていたからひねくれたのか、ひねくれているから反省しないのかはわからないが、多くの黒人音楽が正当な報酬を得ていないのに、それを借用した白人は金をかき集めるという一事にしてもそうだ。たしかにジャズの歴史は、黒人が創作したものを、白人が借用してより一層売れるものをつくりだした――という事実のくりかえしになっている。

その代表的な一例として、フレッチャー・ヘンダーソン楽団が演奏したヘンダーソン・アレンジと、ベニー・グッドマン楽団が演奏したおなじアレンジを比較してみると、作品の質や稀少価値は別として、公平な第三者であれば、誰でもグッドマン楽団の演奏の方を「売れるもの」と判定するにちがいない。この場合、借用とか盗用とかいう言葉もあたらない。グッドマンはヘンダーソンから古い編曲をゆずりうけたので、これは商取引の問題である。金を払って編曲を委嘱するのとおなじことだ。教え子から総理大臣を出した教師は、「あなたが総理大臣になったのは、私の教育がよかったせいだ」と、改めて報酬を要求し得るであろうか。昔描いた画《え》が時価数千万円になっているという理由で、画家は売り値で買い戻しがきくであろうか。

ジャニス・ジョプリンの引き合いに、偉大なベッシー・スミスまでかつぎ出されたことを彼は怒るが、ベッシー・スミスが生きていた当時、彼女の歌うブルースを最も毛嫌いしたのが、ニューヨークずれしたブラック・ピープルであったことを、この論者はおそらく知らぬにちがいない。あの当時、ハーレムのアポロ劇場で十分ともたなかったのは、おそらくベッシー・スミスその人でなかったかと、ぼくは思う。

ドサ廻りでエロまで売り物にしなければならなかったベッシーに、最後に救いの手をのべたのが、白人ジョン・ハモンドであった事実にも、この論者は目をつぶっている。ジョン・ハモンドのような人がいなかったら、ジャズは今のように認められた音楽とはなり得なかったに違いない。

他人種との協調を拒否し、今ぞ我々のみでブラック革命を——と叫ぶ、この種の過激派に心情的に同情出来てもまったく共感できないのはこのためである。

この文章を掲載した「ジャズ・フォラム」の編集者は、冒頭に特に一文を記している。「我々は、この論者の意見に同意し得ない点がある。たとえば、ブラック・ミュージックの借用料を払えという要求は不当であろう。人類の文化、芸術は、皮膚の色にかかわりなく、万人のものであると信ずるが故にである。もし白人が同様の要求をしても、我々は不当なものと考える。にもかかわらず、敢えてこれを掲載するのは、あまりにも長きにわたって、ジャズを最初に創造した黒人ミュージシャン側から、この音楽に対する発言がなかったためである。今後とも本誌は、彼らの発言を出来るだけ多く掲載し、その見解を読者にわかちたいと考えている」

一九七一年一月来日したカウント・ベイシー楽団の歓迎パーティが、スナイダー公使邸でおこなわれた時、日野皓正や松本英彦《まつもとひでひこ》、世良譲《せらゆずる》、本田竹曠《ほんだたけひろ》、菅野邦彦《すがのくにひこ》などが交互に演奏した。ベイシー楽団のメンバーはアッケにとられ、"They get it all"(すっかりわかってるんだ)だと囁《ささや》きあって感心していた。これがブラック・ミュージックの過激派たちだとそうはいかない。

デンマークのニールス・ヘニング・エルステッド・ペデルセン（b）が、アルバート・アイラーと演奏していたのは、一九六三年――まだ十五、六の頃だったが、彼のアイラー観は、決して好ましいものではなかった。「俺はアメリカの黒人で、お前たちは白人、しかもヨーロッパ人だ。ヨーロッパ人にしてはマシな方だ」と、徹底して見下していたという。

テッド・ジョーンズの考え方は、一笑に付すべき論理であって、アメリカの黒人の総意でも何でもない。むしろ異端である。だがしかし、冒頭に掲げたフレディ・ケパードから、NJというベース奏者の考え方と、どこかしら共通したものがある。

こうした珍論の紹介に終るのは情けないが、一九五〇年以降の黒人ジャズを語るにあたって、時として、このような考え方のひずみが、作品の中に頭をもたげている場合もあることを考えると、やはり一章を割いておくほかはないと思えるのである。

ジャズ・ダンス

昭和のはじめ、ぼくがほんの子供であった頃、当時住んでいた港都神戸の市内や郊外にダンスホールというものが出来はじめた。男と女が向い合って組んで、楽しそうに踊っている姿を屢々《しばしば》目撃した。楽しそうというのは正確でない。習った通りに固くなって踊っている姿はどこかギクシャクして、楽しそうではなかった。何しろまだ「男女七才にして席を同じうせず」といった儒教の教えが残っていて、小学校も三年以上になると、男女は別々のクラスに隔てられていた時代だ。「ダンスだから許されるんだ」と言いわけでもしたそうな姿で、女の背に右手をまわして踊っているニキビづらの青年の、とりつくろったような固い表情は、子供心にも不思議な印象として焼きついている。

そのころ「尻《しり》ふりダンス」という言葉があった。最も下劣なダンスに対する侮蔑《ぶべつ》語で、現実にみた人はあまりいないはずだが「社交ダンスは、下劣な尻ふりダンスでないから上等なのだ」と教えられた。そのうちにハワイから本場のフラ・ダンサーがやってきて、日本の善男善女が腰を抜かすような尻ふりダンスを演じた。

ぼくのまわりの若い女性たちは、何を連想したものか顔をまっ赤にして笑いころげ、男もこらえ切れずに笑い出し何もわからぬぼくたちまで笑いの仲間入りをしたのだから本場のダンサーは随分踊りにくかったろうな。家に帰ってマネして踊ってたら、おふくろが顔をまっ赤にして「尻ふりダンスはいけません！」と怒った。

だから日本ではダンスといえば、男女向いあって直立し「スロー、スロー、クイック、クイック」で踊る、ヴィクター・シルヴェスター流の正統派イギリス社交ダンスだけがダンスのように思われてきた。

日本だけではない。アメリカでもヨーロッパでも、広く白人世界ではそれがダンスだと信じられていた。

だがジャズに黒人派と白人派があるように、ダンスにもそれがあるのだ。ヨーロッパを起源とするダンスの他に、アメリカに源を発し、今や白人世界のみならず、全世界の人類を踊らせている黒人ふうダンスの流れと歴史がれっきとしてあるのだ。

ジャズはダンス音楽としてはじまり、スイング時代まではダンス音楽として成長してきた……という文章からわれわれがシルヴェスター流の男女が組んで踊る姿しか思い浮かべぬとしたら、とんだ誤解である。ローレンス・ウェルクの音楽をきいて、これがジャズだと思いこむのと大差はない。その上、この種の裏街道を歩んできたダンスのいくつかは、ジャズの曲名にもなっている。カウント・ベイシー楽団の《ショーティ・ジョージ》もベニー・グッドマン楽団の《ジャーシー・バウンス》も皆そうだ（注50）。

ジャズ・ダンスもまたアフリカに発する

以下、すでに故人となったマーシャル・スターンズ博士の興味ある記述から、その糸口をさぐってゆこう。

一九五〇年代、マサチューセッツ州レノックスで毎夏催されていた「ミュージック・イン」については、いくつかの現場録音盤を通じて、諸君もご承知のことと思う。オーネット・コールマンも、ここでジョン・ルイスに認められたのであった。ある夏、スターンズ博士は主催者のフィリップ・バーバーと共に、夕食後のひととき、くつろいで「ケークウォークからクールまで」という黒人ダンスの鑑賞会をひらいた。出演者は次の三グループ四人であるが、ひとつのチームが踊っている間、他の出演者は自由に意見をのべることを許された。アサダタ・ダフォーラ〔西アフリカ・シェラ・レオーネ出身〕、ジェオフリー・ホールダー〔西インド諸島・トリニダッド出身〕、アル・ミンズとレオン・ジェイムズ〔ニューヨーク・サヴォイ・ボールルーム〕、最初、即興ステップを交えないで踊ったミンズ＝ジェイムズ・チームによるケークウォークは、アフリカのダンスと無縁のものに思われたが、ジェオフリー・ホールダーが直ちに、これはトリニダッドのベル・エア（Bel Air）に似ているといって踊ってみせた。

次にマンボは、アフリカの「コンゴー」ないしトリニダッドの「シャンゴ」のステップとそっくりだ――と指摘された。マンボという言葉自体コンゴー語なのだそうだ。古いアメリカのダンス、シミー（Shimmy）もまたただちに、ナイジェリアのシカ（Shika）ダンスの出だしの部分だ――とダフォーラがいい、実演をはじめた。両肩をふるわせる動作を続けたあと、今度はだんだんふるえを下半身に移動させ、全身でふるえた。するとアメリカのミンズ＝ジェイムズ・チームが、「あっそれはアメリカのシェイク（Shake）だ」と叫んだ。

そうしてミンズ＝ジェイムズ・チームがシェイクを踊りはじめた。腰をくねらせながらふるわせる仕草は、エルヴィス・プレスリーを連想させた。アメリカのダンス、ツイスト、フラッグ（frug）、ジャーク（jerk）がすべてシェイクの変型であることが明らかになったが、さらに明らかにされたことは、シェイクが、トリニダッドのバンダ（banda）、西アフリカのオレケ（oleke）と同じものであるということだった。

このようにして明らかにされていったアメリカのダンスと、ラテン・アメリカないしアフリカのダンスの共通点は次のような式になる。

チャールストン——キング・セイラー（トリニダッド）、オボロ（西アフリカ、イボ族）
ペッキン——ヤンヴァロウ（トリニダッド）、ダホーメイ族の踊り（西アフリカ）
リンディ・ホップ（ジルバ）——ダフォーラによれば、エジョー族の踊り（西アフリカ）、ホールダーによればシャンゴ（トリニダッド）

この夜の収穫は、ジャズ・ダンスそのものが、アフリカないし西インド諸島（ラテン・アメリカ）で今でもなお踊られているダンスに源を発していることが明らかにされた点である。

アフリカン・ダンスの特徴

一般的にアフリカのダンスは、肉体を密着し合わない。それは軽蔑すべきことであった。ヨーロッパのダンスのように、男女が向いあって立ち、男が女の背に右手をまわして抱くようにする格好は、アフリカの慣習では、「ワイセツ」とされていたのである。

ハースコヴィッツは書いている。

「ダンスそのものは……アフリカのいかなる慣習よりもより鮮明に新大陸にもちこまれたのであった」

ダンスの記述（notation—音楽ならば譜に書きとる行為）はたいへんむずかしい。ヨーロッパ社交ダンスのように男女の足型だけではダメで、身体全体の動きを正確に書きとめることは、ジャズのソロ・パートを記譜することよりも困難だ。いくつかのノーテーションはあるが、シロウトのぼくなどが見たのではチンプンカンプンで動きが目にうかんでこない。そこで、アフリカのダンスにみられる六つの大まかな特徴を文章で記すことにする。アフリカのダンスそのものが目に浮かばなくとも、ゴー・ゴー・ダンスにまでみられるいくつかのアフリカ的要素を知る手がかりにはなろう。

(1) 裸足《はだし》の平足（bare-feet and frat-footed）で土を踏むダンス。これはのちJigないしClog（靴で平たく床を踏むダンス）の原型となる。

(2) かがんだ姿勢。膝《ひざ》を曲げ、かがむ姿勢。ヨーロッパの直立姿勢と対照的である。これは狩猟に際し、獲物から身を守る姿勢に発したものであろう。

(3) 動物の動きをかなり現実的に取入れたものが多いこと。

(4) 個性を示すために、インプロヴィゼーションが大幅に行われること。

(5) 重要なポイントだが、アフリカのダンスの動作はヒップを中心とする。これはヨーロッパの白人ダンスおよび日本を含めた東洋の踊りにない特徴であって、腰および骨盤の動きを下品なものとするヨーロッパの倫理観からすれば、容易に理解し得ないものであった。

(6) ダンスはもっぱらリズムに頼る。メロディに応じてシナをつくるようなことはほとんどない。

このようにアフリカのダンスには、日本および東洋諸国の舞踊にみられる静的要素がなく徹底して活動的である。

ニューオリンズのダンス

ジャズがアフリカとヨーロッパの慣習の出会いから生じたと同様、ジャズの誕生地ニューオリンズにおけるダンスは、やはりふたつの文化・慣習がブレンドされたものであった。カトリックとプロテスタントの教会的要素と、巨大な農園のしきたり、クリオール族と奴隷慣習がまじり合っていた。クリオールが子弟を留学させたパリからはカドリールが持ち帰られ、パーティを華やかにいろどった。一方でより黒い奴隷たちは、市の中央部のコンゴー広場に集って、市当局の認可のもとに、観光客向のアトラクションとなったアフリカのダンスを踊った。

G・W・ケイブルはそこで見た八つのダンスの名称を記している。Calinda, Bamboula, Chacta, Babouille, Counjaille, Juba, Congo, Voodoo ――これらは皆西インド諸島では知られているダンスであった。なかでもVoodoo の踊りは彼の興味をひいたようだ。こう書いている。

「上半身、とくに首と肩は関節がはずれるのではないかと心配するほどねじられるのだ。手足の動きはたいしたことはないが、身体の煽情《せんじよう》的で下卑たうごきは、よくもまあラテン・アメリカのご主人たちから大目にみられたものと思う」煽情的で下卑たうごきとは、多分腰のグラインドを指したものであろう。

一九五九年、マーシャル・スターンズはウイリアム・ラッセルの仲介で、当時九十五才で健在だったアリス・ジノ夫人とインタビューした。アリス・ジノは、ジョージ・ルイスの母親で数か国語に通じていたが、特に美しいフランス語をしゃべった。彼女は若い時歴史家として令名高いグレース・キング女史の家に奉公し、高度の教養を身につけたのである。一八六三年生まれ、クリオールの父をもつ女性であった。

「コンゴー広場のダンスの話はきいていています。あれが私たちの人種のダンスだと思われては堪《たま》りません。一八七八年ごろ――私の少女時代、踊ったのはマズルカとか、ポルカとかワルツとか、カドリールでした。アイリッシュ・リールとかスロー・ドラックなどは踊ったことがありませんでした」アリスは黒人でも上流階級に属していたことがこれでわかる。

「クリオール・ダンスは上品なものでした」

Buzzard Lope（ハゲタカのあゆみ）は下層黒人たちの間に、最初に普及したダンスであったらしい。ハゲタカは西アフリカとアメリカ南部に共通する猛禽《もうきん》である。そしてこの踊りは鳥のように両手をひろげ、上体を前に折って踊るものだったそうだ。

ニューオリンズのコルネット奏者チャーリー・ラヴは語る。「Buzzard Rock は下火になった。バディ・ボールデンの音楽に合わせて我々が踊ったのは Eagle Rock である」Eagle Rock は、両手をひろげるところは同じだが、腰を左右に振るところがちがうし、ずっと都会的な感じになったものだそうだ。このダンスの名は、カンサス・シティにあったイーグル・ロック・バプチスト・チャーチから起ったとする説もある。その教会では南北戦争が終った頃から、両腕を高くあげ、宗教的恍惚境《こうこつきょう》を示す踊りが踊られていたという。この説を出したのは古いジャズマンのウィルバー・スウェットマンだが、イーグル・ロックはもっと俗なダンスで宗教とはむすびつきそうもない。ベッシー・スミスの《ベイビー・ドール》の歌詞に「その男はみにくくても黒くてもいい。イーグル・ロックとボール・ザ・ジャックが出来さえすれば」というのがある。欲求不満でヒステリー症状の女の歌だから、かなりセクシーな踊りだったはずだ。Itch（かゆみ）もまたアフリカから伝わった踊りの仕草だ。リズムに合わせて両手をけいれんするように身体中に掻《か》くしぐさで移動させる。このしぐさはいろんな踊りに変化してとり入れられ現在に至っているという。

Jubaもまた西インドを経て伝えられた踊りのヴァリエーションで、キューバでジュバ、ハイチでマルティニークとよばれたステップ。よくわからないが「ヴェルサイユ宮殿で踊られるステップに、ヒップ運動を加味したもの」という。だがこうしたダンスを目撃した当時の白人知識人たちは、腰のうごきを描くことをためらったようだ。だから文献的にはいちじるしく不足していて、正確なことはわからないままになっている。

アフリカの伝統を最も生々しく伝えたとされるダンスにリング・シャウトがある。これはアフリカのサークル・ダンスに源を発するものだそうだ。ところが実際にみた人は数えるほどしかない。ジョンとアランのロマックス父子はその少数の人たちだ。こう記述している。

「歌は全身で踊られる。手、足、腹、尻……リズムに乗って」この記述だけではサッパリわからない。

一八六七年、Nationという雑誌（だろうと思う）に無署名で記載されたリング・シャウトの説明によると、「最初は単なるウォーキングではじまるが、やがて輪をつくった人垣の一人一人が次々とシャッフルしはじめる。足はほとんど床から離れず、主として身体のふるえや運動によって歌全体を煽動《せんどう》する」

ところが別の記録によると、足はフラットのまま、あるいはカカトを使ってタップするとある。多分に考えられることだ。いずれにしても、きわめて原始的なアフリカの踊りの延長だったにちがいない。

リング・シャウトが、十九世紀のかなりあとまで残ったのは、キリスト教に改宗した奴隷たちから、それ以前の信仰であるアフリカの原始宗教のあらゆる慣行を放逐するため、タイコを叩くこととダンスを禁止したバプチスト教会の措置のおかげだという。リング・シャウトは、禁じられたドラムのかわりに、手と足でリズムをつくった。また教会で、ダンスと規定したのは両足を交叉《こうさ》させる動作だったので、交叉させずに踊るぶんにはダンスに該当しなかったのだという。

大体、以上に触れたのが、アフリカ↓ラテン・アメリカ↓アメリカと推移してきた民族舞踊としての黒人ダンスの原形である。黒人ダンスが彼らだけの民族舞踊として温存されるのなら問題はない。絶えず接触するヨーロッパ文化、白人との交渉がこれらの原形を土台として、いろいろなヴァリエーションをつくりだしてゆく。

われわれは二十世紀の黒人社会から類推して白人と黒人は最初から差別社会に住んでいたのだと考えやすい。ところが、昔は全く差別がなかったそうだ。これはチューレイン大学のヘンリー・クメン教授の著書に記載されていることで、マーシャル・スターンズも非常に興味をもち、そのことで彼と会談したほどだ。大事な個所なので出典をつけて、スターンズ博士の書から引用しておく。

「チューレイン大学の歴史学教授クメン氏の指摘によれば、白黒のミックスド・ダンスはひろく行われていた。一八〇〇－五〇年にかけてのことである。それがなくなったのは一八五〇年ごろ以降のことだ。一八三〇年代にナット・ターナーがヴァージニアで奴隷暴動をおこし、北部でLiberator（解放者）が発行されてから、ニューオリンズの習慣は変化しはじめた。南北戦争後、人種的偏見は急速に高まった。北部からの渡り者がやってきたこともそれに拍車をかけた。そしてついに南部全体の階級制度がニューオリンズのきびしい差別制度になって現われたのであった」（注51）

ビル・ボジャングルス・ロビンソン

ジャズの歴史をふりかえると、常に黒人がはじめたものを、白人が模倣し、一層洗練化させて大衆にうけるものとする――といった現象のくりかえしになっている。

ジャズ・ダンスの代表といえるタップ・ダンスについてもこれは例外ではない。黒人ビル・ロビンソンと白人フレッド・アステアの関係などまさしくそれにあたる。

最近ポピュラーの分野で、《ミスター・ボジャングルス》という歌がヒットしている。ボジャングルス（Bojangles）というのはワン・アンド・オンリー、黒人タップ・ダンスの開祖ビル・ロビンソンの有名なアダナであり、一九三〇年代を知る者なら誰でも彼を思い浮かべるが、ニッティ・グリッティ・ダート・バンドの歌うボジャングルスというダンサーは、うらぶれたドサ廻《まわ》りの老いた白髪のダンサーで、実在したビル・ロビンソンのイメージを思わすものはこれっぽっちもない。

ビル・ボジャングルス・ロビンソンは、一八七八年ヴァージニア州リッチモンドに生まれた。一八九八年、二十才の時ニューヨークに出てボードビルや、レストランで踊っているが、彼が一躍有名になったのは一九二八年ルー・レスリーの「ブラック・バーズ」(レヴュー)に特別出演してからである。オープンして三週間後、どうも入りが思わしくないのでレスリーが切り札的に出演を決めたものだ。このレヴューで、のちスタンダードとなった《捧《ささ》ぐるは愛のみ》が、アデレイド・ホールによって歌われたというのは余談だが、十か月後の続演広告によると、ビル・ロビンソンはアデレイド・ホールと共に、トップ出演者に格上げされている。

実際このレリーフ・アトラクションは凄《すご》かったらしく、ニューヨークの新聞中七紙は、「十一時前に席を立ったら損をする。すばらしいタップ・ダンスがそれから始まるのだから」といった書き方で絶賛している。このショウで、ビル・ロビンソンは《ドゥーイング・ザ・ニュー・ロウ・ダウン》を歌い、かつ踊った。ステージには階段がつくられロビンソンはタップを踏みながら、その階段を上下した。これが彼の専売となった階段ダンス(Stair Dance)である。この大当りで彼の週給は、二万七千ドルに上ったと伝えられるほどの成功となった。

一九三二年に彼はハリウッドにゆき、一九三五年にはシャーリー・テンプル主演の「小連隊長」（The Little Colonel）に出演した。私はこの映画を五回みた。テンプルちゃんの祖父にあたる老大佐がライオネル・バリモア、ビル・ロビンソンはその邸《やしき》のバトラーで、テンプルちゃんを可愛がって、得意の階段ダンスを教えるという役であった。日本では未封切の、「Stormy Weather」、「One Mile From Heaven」をはじめ全部で十四本の映画に出演したあと、一九三九年ニューヨークの世界博（今の万国博だが当時はWorld's Fairといった）で上演された「ホット・ミカド」に出た。このころがロビンソンの絶頂期であった。その後は出演したレヴューのあたりも悪く、加えて、離婚再婚といった個人的トラブルが続き、一九四九年莫大《ばくだい》な借金を背負って七十一才の生涯を終えたのである。

映画でみる限り、ビル・ロビンソンは好々爺《こうこうや》であった。五十才を越してから、はじめて世に認められただけあって、すいも甘いも噛《か》みわけたような温和な人柄に思えた。ところが一皮めくるとこれがジキルとハイド——たいへんな人間であったらしい。

だいたい、ボジャングルスというアダナの由来がチト臭い。ありきたりの説明だと、アフリカ人がはめている鈴がいっぱいついた足輪ということになっているが、実は喧嘩《けんか》好きということだそうだ。jangleは口論ないし喧嘩の意味で、これはコンサイスにも出ている。ところがbo-という接頭詞は、いのししを意味するboarから出ているという。言語学者ウィリス・ジェイムズ氏の説によると黒人拳闘家《けんとうか》Beau Jackというのも、フランス語に関係なく、boarとjackass（ロバ）をつなぎ合わせたという話だ。つまり「猪突猛進《ちょとつもうしん》の喧嘩好き」ということになる。

ビル・ロビンソンは常にピストルを携帯し、気に喰《く》わぬことがあると直ぐ引き抜いて構えたという。これにまつわる逸話は山ほどある。にもかかわらず、彼は白人の上流社会にたくさんの知己を持ち、円満な交際を続けた。彼がハイド氏に変身したのは、黒人同胞を前にした時だったという。後輩は彼に向って簡単に「ハロー」とよびかけることが出来なかった。彼が笑った時には、一緒になって笑わないと「貴様おかしくねえかこれが……」とからまれた。

ビル・ロビンソンのタップ・ダンスは強烈なリズム感を持っていた。スイングした。彼はほとんど直立した姿勢で、機関銃のような音を打ち出した。一九三〇年代のタップ・ダンスを語る場合、彼はつねに王様としてたたえられる。だが、敵もいた。エセル・ウォーターズは彼の踊りを徹底して批判した。また彼が白人と交際する点にも疑念を抱いていた。

「白人はちがった言語を話し、何を考えているかわからない人種です」とエセルはいう。「ビル・ロビンソンやフレッド・アステアがタップの王様なんてとんでもない。キング・ラスタスやジャック・ジンジャ・ウィギンズは、彼ら以上の名人だわ。白人がたは全く見たことがないでしょうが……」

エセル・ウォーターズがあげた知られざる名人は、たしかに実在していた。

フーファーズ・クラブ

一九二〇年代から三〇年代にかけて、ハーレムの七番街百三十一丁目にあったラファイエット劇場をはさみ、向って右隣りがジャズ史上有名な「コニーズ・イン」、左隣りが「コメディ・クラブ」という賭博場《とばく》であった。この賭博場に入ってそれを突き抜けた裏部屋に、タップの練習場があった。人よんで「フーファーズ・クラブ」(Hoofers' Club)。

フーファーズとはタップ・ダンサーのことである。ピアノが一台とベンチがひとつ。五メートル平方ほどの殺風景な小部屋だったがタップ・ダンス史における「ミントンズ・プレイハウス」的役割を果したクラブである。

賭博場の経営者ロニー・ヒックスはピアニストでダンスの愛好家。練習にくるダンサーや見物人からは一銭の金もとらなかった。あがりの方は賭博場で充分だった。半年毎に傷んだ床板をふきかえるというサービスもゆきとどき、ここはニューヨーク中の黒人タッパーの溜り場になった。

この中で、最高の名手と目されたのがキング・ラスタス・ブラウンであった。どんな自信のあるタッパーが挑戦しても、常にブラウンが勝ち抜いたという。この人の踊りはついに多くの白人の眼にとまることはなかった。今文献によって推察すると、彼は部屋中を踊りまくるようなタッパーではなく、少しかがんだ姿勢で、ほとんど一か所を動かずタップを踏みつづけたらしい。

キング・ラスタス・ブラウンは芸能人となる素質をもっていなかった。第一次大戦中、一度だけ舞台に立ったが、ショウマンシップがまるでなく、二度と口がかからなかった。また彼はタップ・ダンサーの多くが、アクロバット的な踊りをはじめたことや、舞台中を踊りまわることにも批判的であった。つまり考え方がまるで古かった。

ビル・ロビンソンが「階段ダンス」で、莫大な収入を得はじめた時は頭にきたらしい。「俺の芸を盗みやがった」と叫んだそうだ。ところが「階段ダンス」は彼の発明ではなく、彼自身も先輩の芸からちょろまかしたものであった。

直接踊らなくとも、縁の下の力持ち的に振りつけに専念した初期の黒人に、バディ・ブラッドリーがいる。その頃は choreographer（振りつけ師）という言葉がなくダンス・ディレクターとよばれていた。

バディ・ブラッドリーの振りつけは、メエ・ウエスト、ベティ・コンプトン、ルビー・キーラー、ジャック・ドナヒュー、アステア姉妹、ルシル・ボール、エリナー・パウエル、ポール・ドレーパーに及んでいる。しかし彼の名は一度としてクレジットされたことがない。ブラッドリー自身はすぐれたソロ・ダンサーとはいえなかったが、タップ、チャールストンはもちろん、アフロ・アメリカン・ダンスのあらゆるステップに通暁しており、アイディアは常に卓抜であった。しかし名前を出されることがなかったので、彼のアイディアはすべて、ダンサーの創意と受けとられている。ブラッドリーは、のちイギリスでジェッシー・マシューズの主演映画を手がけそのままロンドンに住みついた。
バディ・ブラッドリーはほんの一例で、すでにその頃、黒人の振りつけ師はニューヨークに十指に余るほどいた。

フレッド・アステア

黒人社会の賭博場の奥の間を舞台にさかんにおこなわれていたカッティング・コンテストから発展したタップ・ダンスを、ひろく世間に紹介したのは、ビル・ボジャングルス・ロビンソンであったが映画というメディアを通じて、世界の隅々にまでタップ熱を煽《あお》ったのは、フレッド・アステアであった。

今日われわれはアステアとジンジャー・ロジャースが主演した一九三〇年代のRKO映画をテレビで見ることが出来る。目を覆いたくなるようなチャチなセットで踊られるダンスだが、ダンスそのものの美しさは損われていない。事実これらの映画は、チャチな脚本とシー調の演出（とくにマーク・サンドリッチという監督はひどい）であったにもかかわらず、アステア＝ロジャースという理想的なコンビによって、一作一作を待ち焦がれられたものばかりだ。一作ごとにアーヴィング・バーリン、コール・ポーター、ジェローム・カーンといった人気作曲家が主題歌を書きおろし、そのなかには永遠のスタンダード曲として残っているものもすくなくない。その当時のアステアは、マネー・メイキング・スターのトップをゆく存在であった。

　フレッド・アステアはネブラスカ州オマハのビール醸造業者の息子として、一九〇〇年に生まれたが、前半生は姉のアデル・アステアの相手役としてワキ役に終始した。全く気の毒なほどカゲの薄い存在であったそうだ。幼年期、ボードビルの子役ダンサーをふりだしに青年期を経て、一九三二年アデルがイギリスの貴族カヴェンディッシュ卿と結婚して引退するまで、一度としてスターの座についたことはなかった。

　フレッド・アステアは五才の時、バレーを習った。それはトウ・ダンスであった。ぼくのような素人が見ても彼のバレーは傑出したものではない。「踊らん哉《かな》」（一九三七年）の中でハリエット・ホクターの相手として踊ったシーンは、最もアステアらしくないダンスとして印象に残っている。アステア姉弟はタップを習ったが、別に没頭するというほど身を入れた形跡はない。

　一九六二年「ショウ」マガジンに出た作家ジョン・オハラとのインタビューで彼は「私はとに角ダンスをしてきただけだ。タップもバレーもボールルーム・ダンスもやったが、いわばミュージカル・コメディの芸人というところでしょう」と答えている。

　こうしてアステア独特のダンスが生まれた。黒人のタップ・ダンサーが、下半身の動きだけで上半身をおろそかにし、やがて、アクロバット的タップへと進んで行った時代に、美しい手と足そして全身の動きを強調したアステアのタップ・ダンスは革命的であった。

だが革命的なだけではあれだけの成功を収め得ない。

不景気が恢復《かいふく》しだした一九三二、三年、まったくタイムリーに彼は姉の束縛から解放された。つづく一九三五年、世はベニー・グッドマンのスイングに酔い「ソフィスティケーション」という言葉が、人心にアッピールした。

トップ・ハットに白いタイ、燕尾服《えんびふく》で踊るアステアの柔軟なダンスに、人々はソフィスティケーションの化身を発見したのであった。「ダンシング・レディ」（クラーク・ゲイブル、ジョーン・クロフォード主演　一九三三年）をふりだしに「空中レビュー時代」（ジーン・レイモンド、ドロレス・デルリオ主演　一九三三年）までは助演者または特別出演の形だったが、三四年の「コンチネンタル」、三五年の「ロバータ」、「トップ・ハット」に至って、昨今のジェームズ・ボンド・シリーズのような固定ファンが生まれるに至った。

アステアはスクリーンで、ジョーン・クロフォード、ジンジャー・ロジャース、エリナー・パウエル……シド・チャリシーと踊ったが「一九四〇年の大放送」で踊ったエリナー・パウエルとのそれは失敗であった。

エリナー・パウエルという女性は、タップのうまさからゆけばアステアを抜く、バディ・リッチ級の大テクニシャンであるが、ソフィスティケーションの味はなく、悪い意味での白人的メカニズムの固まりのようなひとである。こんなひとに自分のペースで踊られたらアステアの見せ場はない。これに反してジンジャー・ロジャースはアステアの思い通りに踊った。だからアステア・ダンスの真髄はアステア＝ロジャースの映画だけにあるとぼくは思う。

アステアの踊りは、その後多くのイミテーターを出したばかりでなく、黒人タップ・ダンサーからも感嘆の声が寄せられた。そのうちの幾人かは、アステアよりタップがうまいと評価されていたにもかかわらず……。

ここにも、ジャズと同じように、創始者たる黒人が下積みとなり、結局は白人が栄冠を握る皮肉な現象がみられるのである。

フレッド・アステアの歌とタップを入れたレコードはたくさんあり、なかにはコレクターズ・アイテムといえるものもある。

ノーマン・グランツが後年「フレッド・アステア・ストーリー」を出した時は、かなり考えたが、全身の踊りがみられないのじゃ興味半減とばかり手を出さなかった。今ぼくの周囲の人が誰も買ってないのを見ると、やっぱり買っておくべきだったと思う。レコード・コレクションはこういうところで穴があくものだ。

「セシル・テイラー」の項で触れたように、一九三〇年代人々をあれほど魅了したタップ・ダンスの響きが、今では何の感興も催さないものとなってしまったのは、やはりドラム・テクニックに抜かれたのだと思う。幻の名ドラマー、チック・ウェッブの数多くないソロをきいても、タップのリズムと大差はない。だがローチ、ブレイキー以降のドラムはもはやタップを大きく追い抜いてしまった。ドラムに抜かれてタップ・ダンスが衰微したといった言い方は、勝手なこじつけにみえるが、ぼくはジャズの花形楽器やヴォーカルの盛衰も、同じような見方で割り切れるように思っているのである。

ジャズとラテン音楽

ジャズ・ファンは、ラテンくさいジャズを敬遠しがちである。「日本人はラテン・リズムが好きなんだ」と口ではいいながら、ラテン音楽はジャズでなくポピュラー音楽のひとつだぐらいに考えている。これがそもそも大まちがい。

故アルバート・アイラー（ts）やアンドリュー・ヒル（p）に耳を傾ければ、いやおうなしに彼らのルートがラテン・アメリカ音楽につながることを納得しなければならない。マーシャル・スターンズ亡きあと最も信頼するに足るジャズ学者アーネスト・ボーネマンは、「ジャズはニューオリンズで誕生したラテン・アメリカ音楽の一種である」とまでいっているのである。わりに重要なポイントなので、正確に訳出してみよう。

「……こうしたジャズとラテン音楽の結びつきを、コチコチのジャズ愛好家（原文は the traditionalists となっている。意訳）は、神聖なジャズの領域に侵入した異分子と考え、一時的流行、演出（原文は gimmicks）、脱線、迷いとして排斥する。だがこれは大まちがいだ。脱線どころかジャズのルート（roots――根）への復帰なのだ。なぜならジャズはラテン・アメリカ音楽の一種としてはじまったものだからである」（注52）

ジェリー・ロール・モートンとスペイン音楽

ラテン・アメリカという言葉は、アングロ・アメリカに対する反対語で、スペイン系、フランス系（そしてポルトガル系）のアメリカを指す。ジャズの故郷ルイジアナ州ニューオリンズは、スペインとフランスによって統治され、わずか百六十数年まえアメリカの領土になったものである。

初期のジャズ・ピアニスト、クリオールのジェリー・ロール・モートンはいった。「ニューオリンズは地球上のあらゆる人種の吹きだまりのような町だった。勿論《もちろん》多かったのはフランス人だが、スペイン人も沢山いて、スペインの曲も、ずいぶんきいたものだ、私の初期の作《ニューオリンズ・ブルース》（一九〇二年作）にはスペイン音楽の痕跡《こんせき》がある。事実スペイン音楽の名残りをとりいれねば、ジャズに正しい味つけをすることができない」

モートンが国会図書館のために、レコーディングした『ジェリー・ロードのむかしばなし』には、『スペインの痕跡』（Spanish Tinge）という一枚があり、《クリーピー・フィーリング》、《ママ・ニータ》、《クレーヴ》などの自作と共に《ラ・パロマ》のジャズ版も収録されている。シカゴのブギ・ピアニスト、ジミー・ヤンシーの残したビクター盤にも、スパニッシュ・リズムは明らかだ。

いずれの場合にも純白人的スパニッシュ・リズムというよりは、黒人のリズム感を附与した混合型になっているのは当然である。

それがジャズ史の中期においてほとんど消滅したかのようにみえるのは、黒人的テーマがレパートリーから消え、ティン・パン・アレイ(Tin Pan Alley ——アメリカの流行歌謡界)の新作がそれにかわり、フォックス・トロットがダンス・ステップの基準になったからである。

不幸にして初期のジャズ・レコードの多くは、そういう時期になってから吹込まれた。ここに錯覚の原因がある。古い吹込みほど、大昔のジャズが原型のまま録音されているもの……と考えやすい。ところがレコードは既に企業であった。売れることが先決だから、当然かなりの注文が会社側から出されたはずである。吹込む側でも、自分たちのレコードが後世こんなに珍重されたり研究の対象になるとは夢にも思わないから、自説も少々は通したにちがいないが大部分はプロデューサーのいいなりになったはずである。

「黒人と宗教」の項にのべたようにディキシー・コンサートになくてはならぬ《聖者の行進》がはじめて、レコードに吹込まれたのは、なんと一九三八年のことであった——という一事が万事を語っているではないか。

四〇年代のニューオリンズ・リバイバル

ジャズ初期の姿を伝えるものとして、意外に貴重なレコードは、一九四〇年代から五〇年代にかけて吹込まれたバンク・ジョンソンやジョージ・ルイスなどの再登場時代にある。この時代はウイリアム・ラッセル、ユージン・ウィリアムズ、デヴィッド・スチュアートなどのジャズ愛好家が文化財発掘の希望に燃え、採算を度外視して録音をとりまくった時代であったから。

だがこの時代のレコーディングで注意しなければならないことが二つある。

(1)　老年期に入ったため、若い頃の実力のほどがよくわからぬこと。これは特にバンク・ジョンソンに著るしい。

(2)　演奏型式が昔そのままでなく、シカゴやニューヨークで成長したジャズの成果が彼らの演奏にも意識的、無意識的にとりいれられていること。

この時期にカリフォルニア州サンフランシスコ市を中心に起った白人アマチュア・ミュージシャンによる「ニューオリンズ・リバイバル」は、ともするとニセモノとして敬遠されやすい。その理由は、白人が黒人の大昔のジャズを徹底的にコピーしたものだから――というのである。たしかにオリジナリティに乏しい点は如何《いかん》ともしがたいが、注意してよいのはそのすべてにスペイン的ラテンの香りが漂っていることである。カリフォルニアがメキシコ領から、アメリカ合衆国の統治に入ってまだ百二十年しか経っていないのだし、メキシコという国は三百年にわたってスペインの植民地だったのである。サンフランシスコにおけるリバイバル運動を「ニセモノ」の一言ではねつけるは正しいことではない。共通分母がたしかにあるからだ。

ラテンとジャズの血縁関係

ラテン・アメリカとジャズを結びつけているルートを簡単に説明しておこう。

一四九二年コロンブスが新大陸の一角に諸島を発見。インドの続きとまちがえて「西インド諸島」と命名した。インディアンというのは印度《インド》人のことだが、アメリカン・インディアンという奇妙な名前も、コロンブスのそそっかしい誤解のために生まれているのである。

一五〇〇年ポルトガル人カブランがブラジルを発見。最後にバルボアがパナマの分水嶺《ぶんすいれい》に立って、太平洋と大西洋を分断するアメリカ大陸の存在を証明したのである。時に一五一三年。奴隷輸送が開始されたのはその前後のことで、ハイチ（一五一〇年）、キューバ（一五二二年）などから陸揚げされはじめた。

北米への直接輸送はそれから百年もおくれた。だからかなり長いのちまで黒人奴隷は西インド諸島から北米へ連れてゆかれたのであった。

この点にラテン・アメリカの黒人とアメリカ合衆国黒人（とくに南部）の血縁関係があるわけだ。

もう一歩突っこんで、ラテン諸島とニューオリンズの黒人の種族関係を調べてみよう。

われわれは一口に「アフリカ黒人」というが、その種族は数百ある。ちょうど「東洋人」という分類の中に日本人も中国人もベトナム人も一緒くたにされているようなもので、そういう大事なことが一般に知られていないのは、アフリカが長い間学問的に死角に置かれていたためである。

キューバ（スペイン統治）……………………ヨルバ族
ジャマイカ（イギリス統治）…………………アシャンティ族
ハイチ（スペインのちフランス統治）………（大部分）ダホーメイ族（一部）ヨルバ族
（注　ここで族というのは部族でなく種族のこと。部族はこの中で雑多にわかれている）

スペインとフランスが交互に統治していたニューオリンズは勿論ラテン植民地だから、血縁関係では、ダホーメイ族とヨルバ族である。ハイチとの関係の深さを示すのがヴードゥー教（Voodoo）だ。これはダホーメイ族の宗教で、ハイチでは国教とされていた時代もある。ニューオリンズはアメリカで最もヴードゥー教がさかんな町として知られた。ハイチの音楽をヴードゥー教の影響なしに観察することはできない。一方ニューオリンズではその後キリスト教への改宗がおこなわれたため、ジャズに於けるヴードゥー教の影響はほとんど考慮に入れなくてもよいほどになっている。

こうした血のつながりを知ると、ラテン・ジャズを白眼視することは許されなくなる。ディジー・ガレスピーが四〇年代に行ったラテン・ジャズはファンの喝采《かっさい》を浴びたが、ペレス・プラード、マチート、ティト・プエンテが商業的に成功したラテン・ジャズは、純ジャズ・ファンから白い眼でにらまれ続けた。だがこれはラテン音楽自体のコマーシャル化に大きな原因がある。

モダン・ジャズメンにみるラテンの影響

アメリカにおけるラテン・ブームは、一九三〇年代「ルンバ」の大流行によって頂点に達した。しかし大変な事実を見逃してはならない。われわれが耳にするルンバは、キューバの正調ルンバではないのである。欧米人の口に合うように換骨奪胎《かんこつだったい》された観光用音楽なのだ（注53）。

本当に土の香りがするラテン・アメリカ音楽は、にせものラテンのヒットによって我々の耳の届かぬところで演奏されるようになってしまったのである。いわゆるラテン・ジャズがジャズ・ファンに感動を与えないのは、どこかにコマーシャルな俗物精神を宿しているからで、ジャズ・ファンは俗物を見抜くことにかけて鋭い鑑別眼をもっているのである。

だからといって、ラテン音楽とジャズの血縁関係は否定できない。モダン・プレイアーを観察してみよう。

民族の血といった感じでラテンとの血縁をみせるのはチコ・ハミルトンだ。彼のブルースには山間のブルースに匂う土の香りがなく、潮風の香りがある。代表作《ブルー・サンズ》は夜のカリブ海に浮かぶ漁火《いさりび》を連想させる。アンドリュー・ヒルのピアノに一貫するのもカリブの潮風だ。《マンボ・バウンス》、《セント・トーマス》などの作品をもつソニー・ロリンズも西印度の血を引いている。だが彼の体内に流れる血は、ラテン・リズム以外のアドリブにも興味深い結晶をみせる。同じ音程でモールス信号的に吹くアドリブは——その代表的なものに《新しい娘をみつけた》がある——アフリカ的なものとラテン的なものを結合させ、感覚的な訴えと説得力をもっている。アルバート・アイラーの《ゴースト》をきいた人は皆「カリプソ」のようだという。アイラーの音楽は「先祖がえり」の典型的な一例だ。彼はアメリカに生まれ育った黒人だが、血に忠実な彼の音楽は、西印度諸島を経てアフリカにつながる驚異の逆ルートを展開してみせるのである。

民族音楽としてのジャズ

一九六七年度のスイング・ジャーナル「日本ジャズ賞」を得た『イベリアン・ワルツ』

（コロムビア＝タクト）の解説を書くため、渡辺貞夫君の家でチャーリー・マリアーノに会った。

「これはアメリカ流なら《アイビリアン・ウォルツ》というんでしょう？」という筆者の問いに、マリアーノは、「オー、イエス！　この《アイビリアン・ウォルツ》は約一年半まえに作った。イベリア半島といってもぼくが心に描いたのは南スペインの音楽である。南スペインの音楽を特徴づけるのは、アラブ音楽からの影響である。歴史的にもはっきりしているが、八世紀のはじめ、ムーア人（注54）はスペインを征服し、およそ七百年にわたって同地を支配したのである。このムーア人によって、スペイン音楽にインプロヴィゼーションと複雑なリズムが与えられたのであった」

口の重いマリアーノにしては意外にスラスラと立板に水ふうに語ったあと、「ワシのいうことがわかったかネ？」ふうのまなざしを投げてよこしたのであるが、こちらの研究はもうすこし深いので、「オー、イエス。そのアラブ音楽なるものに実はアフリカのニグロが微妙なところで貢献していたことまでワシゃ知っとる」というと、彼は「そこまで知っとるならいうことない」という表情で話題を打ち切った。

スペイン音楽にみるアラブ音楽の影響

スペイン音楽におけるアラブ音楽の影響はかなり大きい。試みに『標準音楽辞典』（音楽之友社刊）の「スペイン音楽」の項を開くと、「……しかし、アラビア人が占領するはるか以前に、すでに例えばセビーリャやコルドバではペルシャ人、ギリシャ人、ビザンツ人らの数多い音楽家たちが芸を競っていた。それ故スペイン音楽の特性を、ただアラビア音楽にのみ由来すると考えるのは誤まりであろう……」（野村良雄氏執筆）とある。

この解説を裏返すと、「スペイン音楽にはアラビア音楽の影響が実に大きい。だがそれだけだと考えては誤まりだ」と読めるではないか。

西洋史をひもとくならば、紀元七一一年アラブ人はヘレスの戦いに西ゴートを破り、イベリア半島に攻め入り一四九二年まで、実に七百八十一年にわたって、この地方をイスラム教徒の占領下においたことがわかる。チャーリー・マリアーノが指摘したのはこのことであった。マーシャル・スターンズ博士はこう書いている。

「(北アメリカの) 各地植民地はそれぞれの母国の文化を移入していたから、買われた奴隷は、ご主人の出身国に応じて、ちがった音楽、宗教、生活様式に馴染《なじ》むこととなった。たとえば、イギリスの清教徒とラテンのカトリック教徒に使われた奴隷とでは、ちがってきた。ラテン植民、とくにスペイン人の音楽はよりリズミックであった。これは多分中世に北アフリカからやってきたムーア人がスペインを占領したことによって、スペイン音楽にインプロヴィゼーションと複雑なリズムが与えられたものであろう。今も残っているよい例はフラメンコである」

アラブ音楽に内在するニグロ音楽の影響

アラビア人は、おなじ有色人種でもアフリカのニグロではない。しかしアラビア音楽にはその初期にニグロの血を引いたすくなくとも三人の音楽家がいたという。これはアーネスト・ボーネマンの説である。

① マベット・イブン・オウハブは、アフリカのニグロで、ダマスカスのイエジッド・カリフ朝の宮廷歌手であった。六二八年歿《ぼっ》。

② 予言者マホメッドと共にメッカからヤスレブ（メディナ）に逃れ六四一年ダマスカスで死んだビラルは、アフリカのニグロでイスラム教徒に祈りの時を告げるアッザーン(Adhan)の作曲者は彼であるといわれている。

③ 三人のうち最大の音楽家といわれたイブラヒム・イブン・アルマーディは、アフリカの黒人奴隷シクラの子で、父はマホメッドの曾祖父《そうそふ》ハーシムの血をひいていた。父の名はカリフ・ムハメッド・アル・マーディ。バグダッドのアッバーズ・カリフ朝の貴族である。七七九年七月に生まれ、リュートと歌に長じ、八三九年に死んだ。

こうしたイスラム音楽の巨人を通してだけでなく、アラブ、アフリカン・ニグロ、スペイン人の日常接触によって、アフリカ的リズム、メロディ、音色、形式は、スペインの民族音楽の中に、深く静かに浸透していった。

イスラムの音楽

岩波新書『イスラーム』（蒲生礼一氏著）はよくまとめられた好著であるが、イスラム音楽についての記述は一項もない。そこで再び『標準音楽辞典』のたすけを借りることにする。

「イスラム（回教）では原則として、宗教儀式に音楽を用いないことになっているので、仏教の法会やキリスト教の典礼音楽、讃美歌《さんびか》に相当するものはほとんど存在しない。しかし聖典《コラーン》を朗読するときのコラーン・カリームはきわめて旋律的であるし、祈りの時を告げるアッザーン（前述のごとくニグロ、ビラルの作と伝えられる――筆者注）も、専門の職があって音楽的に唱えられる」

正統派イスラムには宗教音楽がなくその他の宗派に多いらしい。同書で芸大の小泉文夫氏が記述している「アラビア（アラブ）の音楽」には、さらに具体的にのべられている。要約すると――

「六六一年までの正統カリフ時代には、それほど音楽文化は発展しなかった。それは宗教的戒律によって音楽はモスクの中で禁じられていたからだ。そのあと六六一－七五〇年になると豪華な王宮の内外で音楽が盛んとなり、音楽家が重く用いられ、めざましい発展をみせた。サラセン文化（注55）の華麗さは南スペイン、グラナダのアルハンブラ宮殿に見られるとおりその極致に達するが、その音楽は今日のスペイン民族音楽の中にすら、その足跡をとどめている。八世紀から九世紀にかけては、世界の音楽文化の中でももっとも精緻《せいち》な理論と華麗な内容をもつものに発展したが、十五世紀の末スペインのキリスト教勢力がイスラムを完全にイベリア半島から駆逐してしまうとともに、アラビア音楽は急激に衰亡の一途をたどった」とある。

アフリカのニグロとひとくちにいっても数百の種族、部族があり、アラブ音楽に対するニグロの貢献がどの程度のものであるかは明白でない。ここまで読まれた読者も、その点に疑問をもたれるであろう。アーネスト・ボーネマンもこの点に気づいて次のようにふえんしている。

「アフリカ音楽なるものの存在を否定する音楽学者はいる。その言によれば、南アフリカのバンシー族の音楽と北アフリカの音楽の差は、中国音楽とスペイン音楽ぐらいにちがうという。だが全世界にわたって実地に有色人種の音楽を研究したメルヴィル・ハースコヴィッツは〝ヨーロッパ音楽と同程度にアフリカ音楽というものは存在している。西ヨーロッパの歌を分析すると様式の上で基本点な共通点がある。同様に西アフリカとコンゴの音楽にも、割り切れる公約数というものがたしかにある〟と説いている」

民族音楽のつながりは意外に広く複雑だ

六〇年代に入って非常に目立った現象に、モダン・ジャズメンのインド音楽への接近があった。ジョン・コルトレーンの音楽にはたしかにラヴィ・シャンカールの大きな影響が感じられる。この点を逆のいいまわしで小泉文夫氏にきいてみた。

「北インドの音楽にアフリカのニグロの音楽の影響というものが認められるでしょうか？」

小泉氏はしばらく考えて、「そういうことは考えられません」といった。そりゃそうだろう。こっちが逆にきいたからだ。北インドの音楽がイスラム音楽東漸の影響をうけたことはレッキとした事実である。もしボーネマンがいうようにイスラム音楽にいくばくかのニグロの貢献があったとすれば、血のつながりがないものとはいい切れない。なぜこういうことに興味をもつかというと、一九六〇年代に入ってのいわゆる「前衛ジャズ」には、「先祖がえり」の現象が顕著にみられるからである。

歴史的事実というものは過去におけるレッキとした出来事だ。だが歴史の記述は完結し得ない作業である。新しい時代と共に新しい視点から眺め直さなくてはならなくなるからだ。

一九五〇年代までのジャズの歴史にはアフリカがほとんど関連してこなかった。アフリカに祖先をもつとはいえ、新大陸に移植された「アメリカ人としての黒人」が、過去の伝統を脱ぎ捨てていった過程、いちずに白人的洗練をたどった過程が、そのままジャズの歴史となった。だがその時代にうっかり見逃していたこともあった。

ガレスピーがラテン・リズムに打ち興じたり、アーマット・アブダル・マリクやユーセフ・ラティーフが、ジャズに中近東音楽をとり入れた作品をきいても、それが直接ルートにつながっていることに気づかず「いよいよやることがなくなりやがったナ」と笑っている仕末であった。

意識的、無意識的とを問わず、過去に我々が「ノヴェルティ」（珍奇）として一笑に附したすべてのものに対し、再検討を試みる時期が到来したように思える。

非常に若い学問だが、民族音楽学（比較音楽学）という分野（小泉文夫氏はその専門学者である）は、ジャズにおいても今後ますます重みをもつ科学となることであろう。

たとえば琵琶《びわ》という楽器は純然たる日本の楽器ではない。「中国から伝来したんだろう」と諸君は鋭い推理で答えるであろう。その通り。だがその先祖がアラビアのウードであり、ヨーロッパにわたってリュートとなったものであると知ればこれはボヤボヤしていられない。民族音楽の世界は意外に近いのだ。

アルゼンチン・タンゴとボサノバ

十数年まえ、ジェリー・ロール・モートンがスパニッシュ・リズムでピアノを弾いたLPの裏解説でアラン・ロマックスが「これはタンゴのリズムである。タンゴのリズムはアフリカ起源でタンガーノといった。これがスペインにわたってタンゴとなり、キューバにわたってハバネラとなった」と書いたのを読んだ。

そこでポルテニア音楽の大家Tさんに「アルゼンチン・タンゴのもとはアフリカだ」といったら「そんなはずはない」と一笑に附された。今では意見がかわったかもしれぬ。二十年ちかい前の話だ。実際アルゼンチン・タンゴというあのネチッコイ白人的な音楽が、アフリカ起源だとは考えもつかないことである。だがこれは真実だと思う。

つい最近われわれは黒人音楽が骨の髄まで白人的な音楽に急速に変貌する姿をみたばかりである。ボサノバがそれだ。ルイス・ボンファのギターとアストラッド・ジルベルトの歌を何らの予備知識を与えず聴かせて、「これがニグロにはじまった音楽だ」と納得させることはかなりむずかしい。読者はタネを知ってるから「そうだ」というだろうが——。

ジャズは民族音楽として生まれ、民族音楽として成長した。もはやアメリカだけの黒人音楽といったせまい視野から眺めることは許されない。アフリカはむろん、中近東、印度あるいは日本にもルートのある民族音楽かもしれないのである。

シャープス・アンド・フラッツが尺八の山本邦山《やまもとほうざん》とニューポートに出演して、日本民謡をジャズったとき、誰も笑わなかった。かわって熱烈な拍手を送り、全批評家が絶賛した。この話をきいて、批評界も成長したナと思った。十五年まえだったら一笑に附されたかもしれない。エキゾチックだといった人はいた。だがそれだから悪いという人は誰もいなかった。これが一九六〇年代のジャズ批評の新傾向なのである。つまりジャズは意外に根の深い民族音楽であり、民族音楽の歴史には非常な交流が行われてきたことがわかったのである。それをわからせたのは「先祖がえり」を示したジャズメンの勇気と率直さであった。テレビで御陣乗太鼓をきいた。びっくりしたのはアート・ブレイキーのリズム・パターンがこの伝統的な日本の打楽器芸術にきかれたことだ。日本の太鼓たたきの青年もジャズを耳にしないで成長することはできない。無意識のうちに自分のリズム感になってしまうのだ。ニューオリンズの古老の音楽も一九七二年に演奏される時は絶対に一九一〇年の音楽ではあり得ないのである。

民族音楽とはそういうものだ。民族音楽というもののつながりの広さ、根の深さを知ると、「音楽」といえば「ヨーロッパ音楽」だけしか頭にうかばぬ人が気の毒に思えてくる。なるほどヨーロッパ音楽は数世紀にわたって洗練を続け、立派な理論体系をつくりあげてきた。学校でもそれに準拠してしか教えてくれない。

オーネット・コールマンをきいて「音楽的でない」と批評するのは、ついうっかりヨーロッパ音楽の物差しをあてがってしまうからである。音楽という大きな世界でヨーロッパ音楽などというものは、小さな小さな存在なのである。ベートーヴェンも立派だしバッハも立派だ。それを指して「古典」というが別の言葉でいうと「骨董品《こっとう》」ということである。最近クラシックを聴く人がめっきり少くなったというが、原爆の危機感はおろか飛行機もなかった時代につくられた骨董的名作に耳を傾けるにはそれなりの心構えがいる。

オーネットを音楽的（つまりヨーロッパ音楽的）でないといい出した日には、ルイ・アームストロングもソニー・ロリンズも音楽的ではない。こういう連中にシンフォニーのメンバーがつとまるはずはない。だがシンフォニーやオペラだけが音楽ではない。ジャズとはこの上なく今日的で、人間くさい民族音楽なのである。

コールマンやアイラーのような耳なれぬ音に接した時、まちがっても「音楽的でない」という言葉を吐くべきではない。それは小さなヨーロッパ音楽的な見地に立ってのウワゴトにすぎない。むしろ人間的であるかないかを判断の基準にしたまえ。いいかわるいかにとまどった時は頭の中で二度三度つぶやきたまえ。「ヨーロッパ音楽だけが音楽ではない」それでもなおつまらなければ、それはほんとうにつまらないジャズなのである。

あとがき

十七才の頃から何となくジャズをきき出したのだから、もう四十年ちかくなる。「この道四十年」というと格好いいが、戦前戦中の空白もあり、昔のコレクションはすべて空襲で灰にしてしまったことなどを差し引くと実際は戦後の熱心なファンほどには聴いていないかもしれない。

それにしては「ジャズの歴史」について、語りすぎるほど語ってきたような気がする。同名の著書を東京創元社から出したのも昭和三十二年のことだ。あの本が絶版になっていれば気兼ねすることはなかったが、十五年を経た今日も、あれはあれで増刷を重ねており、今回は「ジャズの歴史物語」とした。名付け親はスイング・ジャーナルの児山編集長である。私自身は「ジャズの歴史とその周辺」とすこし気どってみたかったのだが。

昭和四十二年四月、児山編集長がわが家に見えて、「期限は切らないからなるべくエピソードを多くしたジャズの歴史を書いてくれ」という。「またぞろジャズの歴史か」とややげんなりしたが、ちょうど机上にあった前駐日アメリカ大使ライシャワー氏の著書『日本近代の新しい見方』の中に、「歴史の記述というものは、およそ完結することのない作業です。なぜかといいますと、新しい時代と共に、新たな視点が生じてくるので、過去の試みや業績を新しい視野に立ってながめることができるからです」とあったのに力を得て、ひきうけることにした。

毎回読み切りの形式で昭和四十二年七月号のスイング・ジャーナルから連載され、途中一回だけ休んだが、昭和四十七年十月号の第六十三回を以《も》って完結した。

毎回読み切りのはずだったが、エリントン、パーカーあたりから一回ではおさまりがつかなくなり、そのあとマイルス、オーネット、コルトレーンはいずれも数回連続ということになった。その意味で、それ以前に書いたサッチモ、ビックス、レスター、クリフォードといったわが永遠のアイドルたちに貧乏くじを引かせたことになり、申しわけなく思っている。

四十八才の時に書きはじめたが、書き終えた時は五十四才になっていた。足かけ七年、まる五年三か月もかけたというと、とてつもない大作にきこえるが、毎月のように編集部からの督促でミコシをあげ、「さて今月は何を書こうか」と二日ぐらいでデッチ上げたのだから、執筆にかけた正味はせいぜい三か月ぐらいなものである。

でもまとめてみると、ひどくぼう大でやや冗長なものになっていた。そこで配列を改め、不必要な文章は遠慮なく削除し、注を附して出典を明らかにした個所も大幅に整理して、必要最低限にとどめると共に、参考文献は巻末にまとめて掲げた。

ここまでは私が手を加えたが、索引の製作や編集、装幀《そうてい》に関しては児山編集長が陣頭指揮をとり、SJ編集部が総がかりでやってくれた。

引用レコードの番号は、原則として附けなかった。あまりにもしばしばカタログ番号を変えて再発売されるためである。

連載中そしてそれ以後、多くの意見や、訂正個所をご教示いただいた栗村政昭、大和明、青木啓、相川道夫、林州平の皆さん、ならびに先輩、野口久光氏に厚く謝意を表するものである。

擱筆《かくひつ》した直後、リオのテレビ・グローボの招きをうけて二週間をブラジルですごした。かの地でヨアヒム・ベーレント夫妻と落ちあい、毎晩のようにサンバや珍しい土俗音楽を楽しんだ。一年前、わずらってロンドンから蒼《あお》くなって帰国したことも忘れて、陽気にはしゃげたのは、やはり一仕事を終えた解放感によるものだったのかもしれない。

昭和四十七年十一月

油井正一

注　解

P.24　(1)　Iain Lang/Jazz in Perspective（Hutchinson & Co.）p.21

P.26　(2)　同上 p.3

P.42　(3)　「デイヴ・パーキンスとアシール・バケェという2人のニグロが、長い間（白人ジャック・パパ）レインのバンドに迷いこんでいたが、余りにも白い皮膚と緑色の眼を持っていたためミュージシャン以外にはほとんど気付かれなかった。」バリー・ウラノフ著　野口久光訳『ジャズへの道』（新興楽譜出版社）p.92

P.47　(4)　ジョージ・ホーファーの資料にもとづく油井正一著「ハーレムの音楽」（日本コロムビア『ジャズ・オデッセイ　ハーレム篇』別冊解説）p.7

P.70　(5)　Cutting Contest または Carving という。Cut と Carve はともに相手を弾き負かすこと。「ジャム・セッション」はこれからおこった。

P.46
P.70　(6)　Stride Piano のストライドは「またぐ」の意味。左手のステッディな左右の動きを形容した言葉。ブンチャ、ブンチャの左手に乗って、右手がカウンター・リズムによるコードやアルペジオでヴァリエーションをおこなう。この弾き方は「ハーレム・ピアノ・スタイル」として知られている。

P.74　(7)　市政委員会が市政を司るのは1900年テキサス州ガルヴェストンではじまったのを皮切りに、約400の市で施行されている。ある市では市長を委員会が補佐するかたちをとるが、KC、シンシナチなどではシティ・マネージャー（市政事務代行人）を指名している。シティ・マネージャーは政党色なく、市行政を司るプロフェッショナルである。

P.87 (8) Satchmo and Me/Lil Armstrong's Own Story: A Jazz Documentary (Riverside RLP12-120) A面後半。

P.139 (9) Leonard Feather/Tokyo Blues (Down Beat, Sep 10, 1964) p.23

P.140 (10) Jim Crow＝黒人差別論者。Crow Jim＝その反対に、黒人優越論者。

P.155 (11) 『マルカムX自伝』(浜本武雄訳　1968年　河出書房) p.42-43,159

P.165 (12) 引用個所は1968年6月8日FM東海放送「主張する黒人音楽」における木島始氏の発言。

P.179 (13) Leonard Feather/Inside Jazz (J.J. Robins & Sons, 1949) p.7

P.188 (14) Jazz Makers/Nat Hentoff: Lester Young (Rinehart & Co., 1957) p.247

P.193 (15) E. Franklin Frazier/Black Bourgeoisie (The Free Press, NY. 1957) p.22およびLeRoi Jones/Blues People (W. Morrow & Co., NY. 1963)。後者の邦訳「ブルースの魂」(上林澄雄訳　音楽之友社　1965) p.137-8から該当部分を引用しておこう。

「だがこの大不況は、それ以前のどの不景気よりも、黒人の社会観に大きな変動を与えた点が意味深い。それまで、伝説的に黒人が共和党ビイキだったのは〈リンカーン様の政党〉だったからであった。40年代になってからも、私の祖母は、子供時代に私の英雄であったルーズヴェルトに投票せず、デュウィやウィルキーをひいきにしていた。だが大不況に続いたルーズヴェルトのニュー・ディール政策と、それによる公共事業促進局(WPA)の諸事業は、黒人に職を与え、また連邦政府事業で働けない黒人には、救済費を恵んでくれた。

民主党が黒人の支持を受けるようになったのは、当然の経過であった。」

P.193　(16)　NAACP=National Association for the Advancement of Colored People 全米有色人種向上協会。今世紀はじめ「黒人がうける迫害、抗議、社会的政治的自由獲得のための闘争再開」を目的として生まれたキャンペーン会議が母体となり、1910年5月ニューヨークで結成された協会。

P.112
P.194　(17)　自動ピアノ (player's piano) とは小さい穴が沢山うち抜かれた型紙（ロール）を軸に巻き、廻転させるとピアノの鍵盤がひとりでに動き出して音楽をかなでる。エリントンは鍵盤の動きに合わせて指使いをおぼえた。

P.205　(18)　sophisticatedのこうした意味の訳語は、三省堂の『コンサイス英和辞典』ですら、近年に至るまで掲載しなかった。エルンスト・ルビッチの映画「生活の設計」(1933年)あたりから「都会的に洗練された」という意味で使われだしたもの。

P.210　(19)　Guitarist Freddy Guy's Ellington Memories by John McDonough (Down Beat, Apr 17,1969)

P.236　(20)　キャブ・キャロウェイ楽団のヴォカリオン＝オーケー吹込中、ガレスピーのソロがきける曲は、Pluckin' the Bass; Pickin' the Cabbage; Chop, Chop, Charlie Chan; Calling All Bars; Hard Times; Come On with the Come On; Bye Bye Blues; Boo-Wab-Boo-Wah; Cupid's Nightmare, その他である。

1941年3月ジョナ・ジョーンズ (tp) が加入してからのソロは、ジョーンズが担当するようになった。現在これらの原盤はすべてエピックにある。

P.236　(21)　ラッキー・ミリンダー楽団でディジーがソロをとった2曲は『スイング＆バップ』(MCA3043) に収められてい

る。

P.257 (22) The Years with Yard by Dizzy Gillespie (Down Beat, May 25, 1961) p.21

P.298 (23) Benny Remembers Clifford. (Down Beat, Oct 12, 1961) p.22

P.326 (24) 三浦淳史『現代アメリカ音楽』(新興楽譜出版社 1948年) p.3

P.336 (25) シネラマ第一作「これがシネラマだ」が、ブロードウェイの劇場で公開されたのが、1952年9月30日。シネマスコープ第一作「聖衣(The Robe)」の公開は1953年。

P.337 (26) David Dachs/Anything Goes The World of Popular Music (The Bobbs-Merrill Co., NY. 1964) p.312-3

P.343 (27) Shelly Manne & his Men Vol.2 (Contemporary 2511) の裏解説。

P.351 (28) Michael James/Dizzy Gillespie (Kings of Jazz 2. Cassell, London. 1956) p.20-2に次のようにある。

「どこまでガレスピーが参加したかについて正確なことはわからない。《コ・コ》のふたつのテイクのトランペットがディジーであることは衆目の一致するところだが、《ビリーズ・バウンス》、《ナウズ・ザ・タイム》のトランペット・ソロイストはマイルス・デヴィスである。一番の問題は《スライヴィング・フロム・ア・リフ》のソロイストで、この曲自体3か月後ガレスピーが《アンソロポロジー》と改題して吹込んでいるのである。この演奏の3つのテイクにおけるトランペット・フレージングは、《ナウズ・ザ・タイム》《ビリーズ・バウンス》に酷似しているのだが、音色の点で幾分ちがっており、さらに首尾一貫した構成と、より正確な吹奏ぶりからみて、この曲においてはガレスピーがデヴィスにかわっ

てトランペットを吹いたのではないかと思われる。」

ところ2か年後に出た同じ著者による Miles Davis（Kings of Jazz 9）p.7～8には次のように訂正されている。

「このセッションのトランペット奏者について、サディク・ハキム（前名アーゴン・ソーントン―p）が解決を与えた。「ジャズ・レヴュー」1959年2月号で、そのセッションでガレスピーと共にピアノを弾いていた彼は《コ・コ》のトランペットだけがガレスピーで、他のソロはすべてマイルス・デヴィスであることを明言したのである。ハーモニーに対する感覚が一時期より進んだことは、その音の選択によく現われているが《ビリーズ・バウンス》における無器用なプレイは、経験不足を明らかに示している。パーカーのフレーズは、大胆なまでに不斉一でありながら、結果的には光彩を放っている。マイルスはすこしも冒険的なことをやっていないくせに不安定だ。ピアニストとドラマーは、このギャップを埋めるためにベスト・プレイを要求される。（中略）《スライヴィング・フロム・ア・リフ》の3テイクを例外として、当時のマイルスが、ナヴァロやシェイヴァースのような楽器の名手でなかったことはたしかだが、彼の若さを考えるときは異とするに足りない。」

P.353　（29）　Marc Crawford/Miles and Gil（Down Beat, Feb 16, 1961）

P.355　（30）　Leonard Feather/Jazz-An Exciting Story of Jazz Today（Trend Books, LA. 1958）p.28～30

ほとんど同じインタビューが、Down Beat, July 2, 1964の同氏執筆 Miles and the Fifties にも転載されているが、より長くくわしい前者に拠った。

P.362　（31）　数年前、読売＝神彰氏の手でマイルスの招へいが試

みられた時、入国管理局の手で入国拒否にあったことは記憶に新しい。拒否の理由は発表されなかったが、仄聞するところによれば、国際刑事機構からの照会回答で彼の4回の逮捕歴が通報されたためであったと伝えられる。この時、神氏はマイルスに1万ドルの前金を支払っていた。ところがその後の調査により、提訴や実刑に服していないことが明らかとなったため、入管当局は次回に申請があれば許可を与える意向をほのめかしたので、1969年10月ニューポート・イン・トウキョウとの合同公演のかたちで、神氏のアート・ライフがマイルス・クインテットを提供することになった。その時は前渡金1万ドルの内、半額は前回の不履行補償のかたちでマイルスに受けとってもらい、残りの5千ドルを新公演の前金に充当することになっていたという。ところが直前にアート・ライフが倒産し、来日は実現しなかった。1971年8月、ユニヴァーサル・オリエントの招へいで、マイルスの来日が決定しかかった時、神氏は前渡金の未処理を理由にマイルスとかけあい、これを面倒がったマイルスが来日を断念したと伝えられる。

P.366 (32) Jazz Review, Dec, 1958

P.367 (33) Down Beat, Aug 7, 1958

P.374 (34) Leonard Feather/Tokyo Blues (Down Beat, Sep 10, 1964) 油井正一のマイルス・デヴィス分析として引用されたもの。これは日比谷野外音楽堂で行われた第1回公演の直後、フェザーの質問に答えたものである。フェザーは日本の評論家が如何に鋭いかという例として引用しているのだがマイルスの耳に届くところでこれをしゃべるのはつらかった。

P.379 (35) Down Beat, Sep 3, 1970

P.391 (36) この個所の全訳は次の通り。

「「スイング」という言葉が、われわれ仲間でつくりだされたのも同様の理由からであった。我々がミュージシャンを指して、He could swing or he couldn't swing. という場合、そのミュージシャンがバンド全体にどれほど大きな影響を与えたか、あるいは与えなかったかを意味したのである。これは「ホット」という言葉が、ジャズを解さぬ連中にやたらと使われだした時に、それにかわる言葉としてつくった新語であった。スクエアーな連中がバンドの正面に陣取って “Get hot! Yeah, man, get hot!” とまるでリングサイドからジョー・ルイスを声援するように叫び出したのにはまったくウンザリした。これ以上乗った演奏はあり得ないと思っている時に、野郎めらはそう叫ぶんだ。まるでビンタを喰ったような気分になるよ。ミュージシャンが新語をつくるのはそういう時だ。ところが新しくつくっても、いったんシロウトの手にかかると、たちまち新鮮さがなくなるほど酷使されてゆく。そのいい例が過去15年間も使い古された「スイング」という言葉だ。大衆の無知につけこんで売ろうとする音楽には、きまってスイングというレッテルが貼られる。今やニセモノ商品の代名詞にまでおちぶれたではないか。言葉の正しい使い方を規正する法律をつくってもらいたいぐらいなんだ。」Milton “Mezz” Mezzrow & Bernard Wolfe/Really The Blues（Random House, NY. 1946） p.142

P.391　(37)　Publication of the American Dialect Society, Nov, 1958/ Swinging: the highest term of approval.

P.419　(38)　「レコード芸術」1960年７月号「軽音楽ジャーナル」p.144

P.422　(39)　Down Beat, Oct 10,1963, p.15

P.422　(40)　「スイング・ジャーナル」 1960年11月号「八木正生

モンクを語る」p.74-5

P.433 (41) 多くのディスコグラフィーでは吹込地をデトロイトとしているが、この話だとボストンが正しいようだ。このエピソードの出典は、A.B.Spellman/Four Lives in the Bebop Business, p.66-7

P.454 (42) sit in(過去形なら sat in)は、ジャズの文章に必ず出てくる熟語である。ある訳書に「すわりこんだ」と誤訳されたこともあるので、わざわざ原語で出しておいた。「参加する」が正訳。ジャズの場合は「共演する」の意。日本のミュージシャンが外国ミュージシャンから“Sit in with us”とよびかけられたら、楽器を持って仲間に入り、共演するのが礼儀である。すわりこんでしまってはいけない。「共演させていただけますか」は“May I sit in?”但し sit の発音に注意。shit だとウンコになる。

P.470 (43) Down Beat, Nov 23, 1961, p.40

この意見はさほど重要ではないので、大意だけを摘記した。

P.471 (44) Down Beat, Feb 15, 1962, p.40 “Feather's Nest”

P.472 (45) フェザー調の美文で、「ハムレット」のセリフのヴァリエーションを用いており、私にはこういう訳が苦手であるうえ、彼のジョージ・ラッセル観のポイントであるから、原文を下にかかげる。

Russell, to my mind, is about the most gifted and successful writer of avant-garde jazz. One of the main reasons for his success, above and beyond the natural talent that must be a prerequisite, is his awareness of the inescapable need to establish rules, to sense and observe them in writing and playing before honoring them in the breach.

P.473 (46) Down Beat, May 10, 1962, p.39 “The Bystander” by

Martin Williams.

P.554　(47)　William L. Grossman and Jack W. Farrell/The Heart of Jazz (New York University Pres, 1956) p.63 footnotes: Negro clergymen protested against Louis' record of "The Saints".

P.555　(48)　同上 p.55

P.557　(49)　ヴードゥーの神々には、それぞれちがったテーマ・リズムとテーマ・メロディがある。ヴードゥーの祈禱では神々をよぶために、異ったリズム、異ったメロディを同時にインプロヴァイズする。これがジャズにおけるコレクティヴ・インプロヴィゼーション、複合リズム、複合メロディの発生源だとする説もある。

　この種の引例に興味ある向きは、Sterns の The Story of Jazz (文献表参照) を一読されたし。この本の p.33までには、ハイチ、トリニダード、キューバなどのラテン音楽と、ニューオリンズなど新大陸における音楽との興味ある比較研究がのべられている。

P.573　(50)　注解末にある別表参照。

P.582　(51)　Henry A. Kmen/Music in New Orleans (Louisiana State University Press, 1966)

P.593　(52)　The Decca Book of Jazz (Muller, London, 1958) p.254–5

P.598　(53)「おそらくみなさんはびっくりされるでしょうが、キューバでルンバと呼ばれているのは、まったく別なものであるばかりか、欧米でルンバとよばれているものとそっくり同じ音楽はキューバには存在していないのです。つまり、いわゆるルンバは、キューバ音楽ではなくて、欧米で作られた〝キューバ風な音楽〟にすぎないのです。」中村とうよう『ラテン音楽入門』(音楽之友社)

P.600　(54)　ムーア人 The Moore ─正派から分れて独立した宗派を信奉するイスラム教徒。ムーア人は、スペイン、スーダン、西アフリカのガーナ帝国（今のガーナとはやや位置がちがう）、地中海アフリカに侵攻し、長期にわたって支配した。

P.603　(55)　サラセン文化─サラセンとは中世アラビア人（イスラム教徒）の呼称。サラセン帝国はイスラム教成立（610年頃）にはじまり、1258年消滅するが、スペイン占領は、1492年グラナダの陥落、イスパニア王国の統一完成まで続く。

●別表

	Buzz Step	Fish Tail	Machine Gun	Shuffle
	Buzzard	Fly	Mashed Potato	Shuffle Break
ジャズ・	Buzzard Glide	Fox Trot	Mess Around	Skate
ダンス名	Cakewalk	Freeze	Monkey	Slooing
	Camel Walk	Frug	Mummers' Strut	Sloopy
	Charleston	Funky Broadway	New Low Down	Slop
African Boog	Charley-Bop	Funky Butt	Over the Top	Slow Drag
African Twist	Chicken	Goose Neck	Palmer House	Snake Hips
Around the World	Choo-Choo	Grind	Papa Dee Walk	Stamping Sequence
Atkins Stomp	Chugg	Hitchhike	Pasmala	Stroll
Ballin' the Jack	Conga	Horse	Pecking	Strutt
Black Bottom	Continental Walk	Hucklebuck	Philly Dog	Suzy-Q
Boogie Break	Crab Walk	Hully Gully	Pimp Walk	Sway Back
Boogie Stomp	Crawl	Itch	Pirate Walk	Swim
Boogie Woogie	Crossfire	Jerk	Pony	Truchin'
Boston Monkey	Dirty Dig	Jersey Bounce	Pulling Up	Turkey Trot
Break-A-Leg	Ditty Bop Walk	Jet	Rooster Strut	Twist
Breaks	Dixieland One Step	Jitterbug	Running in Place	Waddle
Bristol Stomp	Double Shuffle	Lambeth Walk	Shag	Watusi
Bugaloo	Eagle Rock	Lindy Hop	Shimmy	Wiging
Bumble Bee	Fight	Lloyd Hamilton	Shoot the Pistol	Wobble
Bunny Hop	Fish	Locomotion	Shorty George	Woodpecker

参考文献表

全巻を通じて、各所に引用させて頂いた文献は次の9冊である。

Joachim E. Berendt/The New Jazz Book translated by Dan Morgenstern（Hill & Wang. NY. 1964）〔邦訳〕ヨアヒム・E・ベーレント『ジャズ　その歴史と鑑賞』油井正一訳（誠文堂新光社。昭和41年絶版）

Joachim E. Berendt/Das Jazzbuch von New Orleans bis Free Jazz（Fischer Bücherei #856. 1968）〔邦訳〕ヨアヒム・E・ベーレント『新版ジャズ　ニューオリンズよりフリー・ジャズまで』（誠文堂新光社。昭和48年初頭刊行）

Joe Goldberg/Jazz Masters of the 50's（MacMillan. NY. 1965）

Andre Hodeir/TowardJazz translated by Noel Burch（Grove. NY. 1965）

Robert Reisner/Bird: The Legend of Charlie Parker（Citadel. NY. 1962）

A. B. Spellman/Four lives in the Bebop Business（MacGibbon & Kee Ltd., London. 1967）

Marshall W. Sterns/The Story of Jazz（Oxford University Press. NY. 1956）

Marshall and Jean Sterns/Jazz Dance（MacMillan. NY. 1968）

Hear Me Talkin' To Ya edited by Nat Shapiro and Nat Hentoff（Rinehart, NY. 1955）

本来からいえば、過去数十年間に閲読したすべての書物、雑誌などに教えられたわけだが、執筆にあたって再読し、参考としたのは下記の書物である。

注記や本文中に、具体的に挙げた書物は、省略している場合もあ

る。

Walter C. Allen and Brian Rust/King Joe Oliver（Jazz Monographs No.1）（W. C. Allen, New Jersey. 1955）

H.O.Brunn/The Story of the Original Dixieland Jazz Band（Louisiana State University. Baton Rouge. 1960）

☆ODJB物語とその最初の録音に関して。

Samuel B. Charters & Leonard Kunstadt/Jazz-A History of the New York Scene（Doubleday. NY. 1962）

John Chilton/Who's Who of Jazz（The Bloomsbury Book Shop. London. 1970）

EddieCondon's Treasury of Jazz（Dial. NY. 1956）

David Dachs/Anything Goes-The World of Popular Music（Bobbs-Merrill. NY. 1964）

☆ハリウッドにおけるサントラ音楽の需用活発化について。

The Decca Book of Jazz（Muller. London. 1958）

☆特にカンサス・シティ・ジャズに関して。

Leonard G. Feather/

The Encyclopedia of Jazz（Horizon. NY. 1955）

The Encyclopedia Yearbbok of Jazz（Horizon. NY. 1956）

The New Yearbook of Jazz（Horizon. NY. 1958）

The New Edition of the Encyclopedia of jazz（Horizon. NY. 1960）

The Book of Jazz（Horizon. NY. 1957）

Jazz: An Exciting Story of Jazz Today（Trend Books. LA. 1958）

Inside Be Bop（J.J. Robinson & Sons. NY. 1949）

Baby Dodds Story as told to Larry Gala（Contemporary Press. LA. 1959）

Roland Gelatt/The Fabulous Phonograph（Cassell. London. 1956）
☆ジャズ録音史に関して。
Ira Gitler/Jazz Masters of the Forties（MacMillan. NY. 1966）
Abel Green & Joe Laurie, Jr./Show Biz（Permabooks. P.217-S NY. 1953）
☆ASCAPとBMIの音楽戦争に関して。
William L. Grossman and Jack W. Farrell/Tbe Heart of Jazz（New York University Prese. 1956）
☆黒人の世俗歌と宗教歌に関して。
Nat Hentoff & Albert McCarthy/Jazz（Rinehart. NY. 1959）
☆黒人民族音楽と黒人の宗教につき、この書のボーネマン論文に負うところ大。
Dave Dexter, Jr./The Jazz Story（Prentice-Hall. 1964）
☆特にカンサス・シティ・ジャズに関して。
Nat Hentoff/The Jazz Life（The Dial Press. 1961）
☆ハリウッドにおけるサントラ音楽の需用活発化について。
The Decca Book of Jazz（Muller. London. 1958）
☆特にオーネット・コールマン出現の反響について。
Melville J. Herskovits/The Myth of the Negro Past（Harper & Bros. NY. 1941）
Just Jazz 2（Peter Davis. London. 1958）: Norman Granz/JATP-An Interveiw with Sinclair Traill.
Franh Kofsky/Black Nationalism & the Revolution in Music（Pathfinder Press. NY. 1970）
Henry Kmen/Music in New Orleans（Louisiana State Univ., Press. 1966）
H.E.Krehbiel/Afro-American Folksong（republished by F. Ungar Co., NY. 1962）

Alan Lomax/Mister Jelly Roll（Duell, Sloan & Pearce. NY. 1950）
John and Alan Lomax/Folk Song USA（Duell, Sloan & Pearce. NY. 1947）
Tha Autobiography of Malcolm X（Grove. B146. NY. 1964）
☆邦訳からカットされている部分に関して。
Mezz Mezzrow & Bernard Wolfe/Really the Blues（Random House. 1946）
Hugues Panassié/Hot Jazz（orig. Paris. 1934）translated by Lyle and Eleanor Dowling（Witmark. NY. 1936）
Hugues Panassié/The Real Jazz（Smith & Durrell. 1942）
Fredrick Ramsey, Jr. & Charles Edward Smith/Jazzmen orig. Harcourt, Brace. NY. 1939. Sidgwick & Jackson. NY/London. 1957）
George T. Simon/The Big Bands（MacMillan. 1967）

ディスコグラフィー

このディスコグラフィーは、文庫化にあたり新たに作成したものです。本文中の主要なアルバム名、曲名を抜き出し、和文表記の後に欧文表記を併記しました。

日本語表記は、原則として本文中のものを抜き出し、欧文は原盤のアルバム名、曲名に即して表記しています。和文のアルバム名は『　』、曲名は《　》で括り、欧文のアルバム名は“　”曲名は‘　’で括りました。

第一章　前期

ジャズはニューオリンズではじまった

ルイ・アームストロング・オールスターズ《ニューオリンズ・ファンクション》Louis Armstrong And The All Stars ‘New Orleans Function’

ジェリー・ロール・モートン（p）《タイガー・ラグ》Jelly Roll Morton (p) ‘Tiger Rag’

ジェリー・ロール・モートン作曲《キング・ポーター・ストンプ》‘King Porter Stomp’/ Jelly Roll Morton

W.C. ハンディ作曲《セントルイス・ブルース》‘St. Louis Blues’ / W. C. Handy

ニューオリンズからシカゴへ

ロミオ・ネルソン（p）《ヘッド・ラグ・ホップ》Romeo Nelson (p)

'Head Rag Hop'

スペックルド・レッド（p）《ウィルキンズ・ストリート・ストンプ》Speckled Red (p) 'Wilkins Street Stomp'

ミード・ルクス・ルイス《シックス・ホイール・チェーサー》Meade Lux Lewis (p) 'Six Wheel Chaser'

モンタナ・テイラー（p）《デトロイト・ロック》《インディアナ・アヴェニュー・ストンプ》Montana Taylor (p) 'Detroit Rocks' 'Indiana Avenue Stomp'

ジミー・ヤンシー（p）《ヤンシー・ストンプ》《ステート・ストリート・ストンプ》Jimmy Yancey (p) 'Yancey's Stomp''State Street Stomp'

パイン・トップ・スミス（p）《パイン・トップのブギ・ウギ》Pine Top Smith (p) 'Pine Top Boogie Woogie'

トミー・ドーシー楽団《ブギ・ウギ》Tommy Dorsey (orch) 'Boogie Woogie'

「ビクター盤のジミー・ヤンシー全八曲」Victor, Jimmy Yancey (p)

ジェームズ・P・ジョンソン（p）《パイン・トップのブギ・ウギの印　象　》James. P. Johnson (p) 'Improvisation On Pine Top's Boogie Woogie'

アール・ハインズ（p）《ブギ・ウギ・オン・セントルイス・ブルース》Earl Hines(p) 'Boogie Woogie On St. Louis Blues'

カウント・ベイシー（orch）《レッド・バンク・ブギ》Count Basie (orch)　'Red Bank Boogie'

ジーン・クルーパ（ds）《ドラム・ブギ》Gene Krupa (ds) 'Drum Boogie'

「シカゴアンズ」の《I've Found a New Baby》The Chicago Rhythm Kings 'I've Found a New Baby'

カンサス・シティ

スコット・ジョプリン（p）《メイプル・リーフ・ラグ》Scott Joplin (p) 'Maple Leaf Rag'

前期の巨人たち　キング・オリヴァー

キング・オリヴァー（orch）《サムデイ・スイートハート》King Oliver And His Dixie Syncopators 'Someday Sweetheart'

前期の巨人たち　ルイ・アームストロング

ルイ・アームストロング（tp, vo）《ハロー・ドーリー》《ブルーベリー・ヒル》Louis Armstrong (tp, vo) 'Hello, Dolly!' 'Blueberry Hill'

『フレッチャー・ヘンダーソン物語』"A Study In Frustration - The Fletcher Henderson Story"

ルイ・アームストロング（tp, vo）《スターダスト》Louis Armstrong (tp, vo) 'Stardust'

ミルドレッド・ベイリー《恋人よ我に帰れ》Mildred Bailey（vo）'Lover, Come Back To Me'

前期の巨人たち　ビックス・バイダーベック

ODJB《タイガー・ラグ》The Original Dixieland Jazz Band 'Tiger Rag'

ビックス・バイダーベック（cor）《リヴァーボート・シャッフル》Bix Beiderbecke (cor) 'Riverboat Shuffle'

『バイダーベック物語』"Bix Beiderbecke Story"

ビックス・バイダーベック（cor）《シンギン・ザ・ブルース》《私はヴァージニアへ》Bix Beiderbecke (cor) 'Singin The Blues' 'I'm Coming Virginia'

ビックス・バイダーベック（p）《イン・ナ・ミスト》Bix Beiderbecke (p) 'In A Mist'

前期の巨人たち　フレッチャー・ヘンダーソン

ヘンダーソン楽団《クリストファー・コロンバス》《スティーリング・アップルズ》Fletcher Henderson（orch）'Christopher Columbus' 'Stealin' Apples'

第二章　中期

スイング時代

ジャック・ティーガーデン（vo）《メイキング・フレンド》Jack Teagarden (vo) 'Makin' Friends'

「グレン・グレイのカサロマ・オーケストラ」《ホワイト・ジャズ》《マニアックス・ボール》Glen Gray and The Casa Loma Orchestra 'White Jazz' 'Maniac's Ball'

音楽戦争

『デューク・エリントンの黄金時代　第三集』"Duke Ellington Vol.3 The Golden Age 1940~1941"

アーティ・ショウ（cl）《フレネシ》Artie Shaw (cl) 'Frenesi'

大いなる過渡期

コールマン・ホーキンズ（ts）《ボディ・アンド・ソウル》Coleman Hawkins (ts) 'Body And Soul'

『ミントン・ハウスのチャーリー・クリスチャン』"Charlie Christian"

オーネット・コールマン（as）『ジャズ、来るべきもの』Ornette Coleman (as) "The Shape of Jazz to Come"

オーネット・コールマン（as）『タウン・ホール・コンサート』『ゴールデン・サークル』『チャパクァ組曲』Ornette Coleman (as) "Town Hall 1962" "At the 'Golden Circle' Vol.1, 2" "Chappaqua Suite"

ビ・バップ

『リー・コニッツ・デュエット』収録《ティックル・トゥ》Lee Konitz (as) "Duets" 'Tickle Toe'

「エリントン＝ブラントンのデュエット六曲」Duke Ellington (p) Jimmy Blanton (b) "Duke Ellington Solos Duets & Trios" に収録。

「テディ・ヒル楽団のレコード、ディジー・ガレスピーの処女録音」"Teddy Hill & His NBC Orchestra Dizzy Gillespie"

セロニアス・モンク（p）《エピストロフィー》Thelonious Monk (p) 'Epistrophy'

中期の巨人たち　デューク・エリントン

デューク・エリントン（orch）《イースト・セントルイス・トゥードル・ウー》《黒と褐色の幻想》《クリオール・ラヴ・コール》Duke Ellington And His Orchestra 'East St. Louis Toodle-Oo' 'Black And Tan Fantasy' 'Creole Love Call'

デューク・エリントン（orch）《ブラック・ビューティ》《ファンタジー》Duke Ellington (orch) 'Black Beauty' 'Black and Tan Fantasy'

デューク・エリントン（orch）《カクテル・フォー・トゥ》《エボニー・ラプソディ》Duke Ellington (orch) 'Cocktails for Two' 'Ebony Rhapsody'

デューク・エリントン（vo）《Moon Maiden》Duke Ellington (vo)

デューク・エリントン（orch）《ソフィスティケーテッド・レディ》 Duke Ellington (orch) 'Sophisticated Lady' 1933

デューク・エリントン（orch）《レミニッシン・イン・テンポ》 Duke Ellington (orch) 'Reminiscing In Tempo' 1935

デューク・エリントン（orch）《エコーズ・オブ・ハーレム》《クラリネット・ラメント》Duke Ellington (orch) 'Echoes Of Harlem' 'Clarinet Lament'

デューク・エリントン（orch）《イン・ア・ジャム》《トラッキン》 Duke Ellington (orch) 'In A Jam' 'Truckin''

デューク・エリントン（orch）《スイングなければ意味ないね》 Duke Ellington (orch) 'It Don't Mean A Thing'

デューク・エリントン（orch）《おやすみのキッス》Duke Ellington (orch) 'Kissing My Baby Goodnight'

デューク・エリントン（orch）『コットン・クラブ・ストンプ』 Duke Ellington (orch) "Cotton Club Stomp"

デューク・エリントン（orch, p）《キャラバン》《アイ・レット・ア・ソング・ゴー・アウト・オブ・マイ・ハート》《プレリュード・トゥ・ア・キス》《ブラック・バタフライ》Duke Ellington (orch, p) 'Caravan' 'I Let A Song Go Out Of My Heart' 'Prelude To A Kiss' 'Black Butterfly'

デューク・エリントン（orch）《ブラック・ブラウン・アンド・ベイジュ》《ニュー・ワールド・ア・カミン》《ディープ・サウス組曲》《香水組曲》Duke Ellington (orch) 'Black, Brown And Beige' 'New World A Comin'' 'Deep South Suite' 'Perfume Suite'

デューク・エリントン（orch）《ハーレム》Duke Ellington (orch) 'Harlem'

デューク・エリントン（orch）《コ・コ》Duke Ellington (orch) 'Ko

Ko' 1940,1956

『ポピュラー・デューク・エリントン』"The Popular Duke Ellington"

中期の巨人たち　ディジー・ガレスピー

テディ・ヒル楽団『キング・ポーター・ストンプ』『ユアーズ・アンド・マイン』『ブルー・リズム・ファンタジー』Teddy Hill (orch) "King Porter Stomp" "Yours And Mine" "Blue Rhythm Fantasy"

ハンプトン・コンボ『ホット・マレット』Lionel Hampton (orch) "Hot Mallets"

レス・ハイト楽団《ジャーシー・バウンス》Les Hite (orch) 'Jersey Bounce'

ラッキー・ミリンダー楽団《リトル・ジョン・スペッシャル》《メイソン・フライヤー》Lucky Millinder (orch) 'Little John Special' 'Mason Flyer'

コールマン・ホーキンズ (ts)《ウディン・ユー》《ブ・ディ・ダー》《ディスオーダー・アット・ザ・ボーダー》Coleman Hawkins (ts) 'Woody'n You' 'Bu Dee Daht' 'Disorder At The Border'

『ディジー・ガレスピー・ストーリー』"The Dizzy Gillespie Story" (Ember Records)

ディジー・ガレスピー (tp)《エマノン》Dizzy Gillespie (tp) 'Emanon'

中期の巨人たち　チャーリー・パーカー

チャーリー・パーカー (as), ディジー・ガレスピー (tp)《ブルームディド》Charlie Parker (as), Dizzy Gillespie (tp) 'Bloomdido'

「一九四四年九月、パーカーはサヴォイ盤にタイニー・グライムズ(g) の名で吹込まれたコンボ・レコーディングに参加した」 Charlie Parker With Tiny Grimes Quintet “Tiny's Tempo”

「四五年の二月と五月には、ディジー・ガレスピーのコンボ」「で七曲（本当は八曲）吹きこんだ」Dizzy Gillespie Sextet ‘Groovin' High’ ‘All The Things You Are’ ‘Dizzy Atmosphere’ 1945 Feb / Dizzy Gillespie And His All Stars ‘Salt Peanuts’ ‘Shaw 'Nuff’ ‘Lover Man’ ‘Hot House’ 1945 May　以上7曲だと思われる。

『ジェイ・マクシャン』“Jay McShann”

チャーリー・パーカー（as)《タイニーズ・テンポ》《アイ・ガット・リズム》《モップ・モップ》《レッド・クロス》Charlie Parker (as) ‘Tiny's Tempo’ ‘I Got Rhythm’ ‘Mop Mop’ ‘Red Cross’

「MGM 盤は四五年六月、レッド・ノーヴォ・セクステットによる四曲（11テイク）を収録」Charlie Parker (as) “Once There Was Bird”

『パーカー・オン・サヴォイ』“Charlie Parker On Savoy Vol.1~7”

チャーリー・パーカー（as)《スライヴィング・フロム・ア・リフ》《アンソロポロジー》《ナウズ・ザ・タイム》《ビリーズ・バウンス》《ウォーミング・アップ・ア・リフ》《コ・コ》Charlie Parker (as) ‘Thriving From A Riff’ (Thriving On A Riff) ‘Anthropology’ ‘Now's the Time’ ‘Billie's Bounce’ ‘Warming Up A Riff’ ‘Ko Ko’

スリム・ゲイラード楽団《スリムズ・ジャム》Slim Gaillard (orch) ‘Slim's Jam’

チャーリー・パーカー（as)《チェイシング・ザ・バード》《アー・リュー・チャ》《ハイ・ソサエティ》《レスター・リープス・

イン》《ザ・クローザー》Charlie Parker (as) 'Chasin' the Bird' 'Ah-Leu-Cha' 'High Society' 'Lester Leaps In' 'The Closer'

チャーリー・パーカー（as）《チュニジアの夜》《フェイマス・アルト・ブレイク》Charlie Parker (as) 'A Night in Tunisia' 'Famous Alto Break'

チャーリー・パーカー（as）《ラヴァー・マン》《リラクシン・アット・ザ・カマリロ》Charlie Parker (as) 'Lover Man' 'Relaxing At Camarillo'

チャーリー・パーカー（as）《Klactoveedsteen》Charlie Parker (as) 'Klactoveedsedstene' ＊本文の表記《Klactoveedsteen》はスペルミスだと思われる。

ベニー・グッドマン（orch）『カーネギー・ホール・コンサート』Benny Goodman (orch) "The Famous 1938 Carnegie Hall Jazz Concert"

ジョン・ハモンドの『スピリチュアルからスイングへ』"From Spirituals To Swing - The Legendary 1938 & 1939 Carnegie Hall Concerts Produced By John Hammond"

チャーリー・パーカー（as）《スイート・ジョージア・ブラウン》《ブルース・フォー・ノーマン》《いい出しかねて》《レディ・ビ・グッド》《君去りしのち》《JATPブルース》《アイ・ガット・リズム》Charlie Parker (as) 'Sweet Georgia Brown' 'Blues For Norman' 'I Can't Get Started' 'Oh, Lady Be Good' 'After You've Gone' 'JATP Blues' 'I Got Rhythm'

チャーリー・パーカー（as）《ジ・オープナー》《エンブレイサブル・ユー》Charlie Parker (as) 'The Opener' 'Embraceable You'

チャーリー・パーカー（as）《イースト・オブ・ザ・サン》《サマータイム》《四月のパリ》《アイ・ディドント・ノウ・ホワット・タイム・イット・ウォズ》Charlie Parker (as) 'East of

the Sun' 'Summertime' 'April in Paris' 'I Didn't Know What Time It Was'

マチート楽団とチャーリー・パーカー（as）《オキドケ》Machito (orch) & Charlie Parker (as) 'Okidoke' または 'Okiedoke'

チャーリー・パーカー（as）《セグメント》《パスポート》Charlie Parker (as) 'Segment' 'Passport'

チャーリー・パーカー（as）& ディジー・ガレスピー（tp）『バード・アンド・ディズ』Charlie Parker (as) & Dizzy Gillespie (tp) "Bird & Diz"

チャーリー・パーカー（as）《オー・プリヴァーヴ》《シー・ロート》《K・C・ブルース》《スター・アイズ》Charlie Parker (as) 'Au Privave' 'She Rote' 'K. C. Blues' 'Star Eyes'

チャーリー・パーカー（as）《スウェディッシュ・シュナップス》《シ・シ》Charlie Parker (as) 'Swedish Schnapps' 'Si Si'

チャーリー・パーカー（as）《アリスへのブルース》《バック・ホーム・ブルース》『ジニアス・オブ・チャーリー・パーカー第三集／ナウズ・ザ・タイム』《ソング・イズ・ユー》《コズミック・レイズ》《キム》《チ・チ》《ナウズ・ザ・タイム》《コンファーメーション》《アイ・リメンバー・ユー》Charlie Parker (as) 'Blues For Alice' 'Back Home Blues' "The Genius Of Charlie Parker, Vol. 3: Now's The Time" 'The Song Is You' 'Cosmic Rays' 'Kim' 'Chi-Chi' 'Now's The Time' 'Confirmation' 'I Remember You'

チャーリー・パーカー（as）《ホワット・イズ・ジス・シング・コールド・ラヴ》Charlie Parker (as) 'What Is This Thing Called Love'

チャーリー・パーカー（as）『マッセイ・ホール』Charlie Parker (as) "Jazz At Massey Hall"

中期の巨人たち　ウディ・ハーマン

ウディ・ハーマン楽団《ウッドチョッパーズ・ボール》Woody Herman (orch) 'Woodchopper's Ball'

ウディ・ハーマン楽団《アップル・ハニー》《カルドニア》《グーシー・ガンダー》《ノースウェスト・パッセージ》《ザ・グッド・アース》《嵐を捲きあげ》《親父の髭》Woody Herman (orch) 'Apple Honey' 'Caldonia' 'Goosey Gander' 'Northwest Passage' 'The Good Earth' 'Blowin' Up A Storm' 'Your Father's Moustache'

ジミー・ジュフリー作曲《フォア・ブラザーズ》'Four Brothers' / Jimmy Giuffre

グレン・ミラー楽団《ムーンライト・セレナーデ》Glenn Miller (orch) 'Moonlight Serenade'

ウディ・ハーマン楽団《ビジュー》《レディ・マクゴワンズ・ドリーム》《サマー・シークエンス》《アーリー・オータム》Woody Herman (orch) 'Bijou' 'Lady McGowan's Dream' 'Summer Sequence' 'Early Autumn'

ベニー・グッドマン (cl)《スティーリン・アップルズ》Benny Goodman (cl) 'Stealin' Apples'

中期の巨人たち　バド・パウエル

クーティ・ウィリアムズ楽団《ラウンド・アバウト・ミッドナイト》Cootie Williams (orch) 'Round About Midnight'

バド・パウエル (p)《ウン・ポコ・ロコ》《リーツ・アンド・アイ》《インディアナ》Bud Powell (p) 'Un Poco Loco' 'Reets and I' 'Indiana'

バド・パウエル (p)『アメイジング・バド・パウエル　第一、第

二集』『ファビュラス・ファッツ・ナヴァロ　第一、二集』『スティット、パウエル＆J・J』Bud Powell (p) “Amazing Bud Powell Vol.1, 2” “The Fabulous Fats Navarro Vol.1, 2” “Sonny Stitt / Bud Powell / J.J. Johnson ”

バド・パウエル（p）『Moods』『Powell '57』『The Lonely One』『Piano Interpretations』《バターカップ》《ファンタジー・イン・ブルー》《ザット・オールド・ブラック・マジック》Bud Powell (p) “Bud Powell's Moods” “Bud Powell '57” “The Lonely One” “Piano Interpretations By Bud Powell” 'Buttercup' 'Fantasy In Blue' 'That Old Black Magic'

バド・パウエル（p）『Bud!』『Time Waits』『The Scene Changes』Bud Powell (p) “Bud!” “Time Waits” “The Scene Changes”

中期の巨人たち　ファッツ・ナヴァロ

ビリー・エクスタイン楽団《ロング・ロング・ジャーニー》《テル・ミー・プリティ・ベイビー》Billy Eckstine (orch) 'Long, Long Journey' 'Tell Me Pretty Baby'

ファッツ・ナヴァロ（tp）《五十二丁目のテーマ》《ウェイル》Fats Navarro (tp) '52nd Street Theme' 'Wail'

中期の巨人たち　クリフォード・ブラウン

『クリフォード・ブラウン・メモリアル』“Clifford Brown Memorial”

第三章　後期

クールの誕生

レスター・ヤング（ts）《島の歌》《クラップ・ハンズ、ヒア・カム

ズ・チャーリー》Lester Young (ts) 'Song of the Islands' 'Clap Hands Here Comes Charlie'

『クールの誕生――マイルス・デヴィス傑作集』"Birth Of The Cool"

マイルス・デヴィス（tp）《シル・ヴ・プレ》《ホワイ・ドゥ・アイ・ラヴ・ユー》《チェイシン・ザ・バード》Miles Davis (tp) 'S'il Vous Plaît' 'Why Do I Love You' 'Chasin' the Bird'

レニー・トリスターノ

リー・コニッツ（as）『サブコンシャス・リー』Lee Konitz (as) 'Subconscious-Lee'

ウディ・ハーマン楽団《サマー・シークエンス　第四部》Woody Hermen (orch) 'Summer Sequence Part 4'

レニー・トリスターノ（p）《ブルー・ボーイ》《クーリング・オフ・ウィズ・ウラノフ》Lennie Tristano (p) 'Blue Boy' 'Coolin' Off With Ulanov'

レニー・トリスターノ（p）《ジュディ》《プログレッション》《追想》《トートロジー》Lennie Tristano (p) 'Judy' 'Progression' 'Retrospection' 'Tautology'

ケントン楽団《イン・ア・ライター・ヴェイン》Stan Kenton (orch) 'In Lighter Vein'

『レニー・トリスターノ』収録《君はわがすべて》《レクイエム》《ターキッシュ・マンボ》《ラインアップ》《イースト32》"Lennie Tristano" 'All The Things You Are' 'Requiem' 'Turkish Mambo' 'Line Up' 'East Thirty Second'

レニー・トリスターノ（p）《イントゥイション》《ディグレッション》Lennie Tristano (p) 'Intuition' 'Digression'

スタン・ケントンとボイド・レーバン

ケントン楽団《アーティストリー・ジャンプ》《アーティストリー・イン・ブギ》《アーティストリー・イン・パーカッション》《アーティストリー・イン・ボレロ》Stan Kenton (orch) 'Artistry Jumps' 'Aristry In Boogie' 'Artistry In Percussion' 'Artistry In Bolero'

ケントン楽団《マチート》《キューバン・カーニバル》《南京豆売り》《ブラジルへの旅》Stan Kenton (orch) 'Machito' 'Cuban Carnival' 'The Peanut Vendor' 'Journey To Brazil'

ケントン楽団《絃楽の家》《ガラスの都市》Stan Kenton (orch) 'House of Strings' "City of Glass"

ボイド・レーバン楽団《ゼアズ・ノー・ユー》《アウト・オブ・ジス・ワールド》《ヤーザ》《トンシレクトミー》《ボイド・ミーツ・ストラヴィンスキー》《ダルヴァトア・サリー》Boyd Raeburn (orch) 'There's No You' 'Out Of This World' 'Yerxa' 'Tonsillectomy' 'Boyd Meets Stravinsky' 'Dalvatore Sally'

ノーマン・グランツの実験的アルバム『ジャズ・シーン』Norman Granz (プロデューサー) "The Jazz Scene"

ジョージ・ハンディ楽団《ブルース》George Handy (orch) 'The Bloos'

マイルス・デヴィスを通してみる一九五〇－一九六〇時代のジャズ

マイルス・デヴィス (tp)『ビッチェズ・ブリュー』Miles Davis (tp) "Bitches Brew"

マイルス・デヴィス (tp)《ディグ》《ペイパー・ムーン》《マイ・オールド・フレーム》《ブルーイング》Miles Davis (tp) 'Dig' 'It's Only A Paper Moon' 'My Old Flame' 'Bluing'

マイルス・デヴィス (tp)『テンパス・フュジット』Miles Davis

(tp) "Tempus Fugit"

マイルス・デヴィス（tp）《ウォーキン》Miles Davis (tp) 'Walkin'

「世に名高いクリスマス・セッション」マイルス・デヴィス（tp）《バグス・グルーブ》Miles Davis (tp) "Bags Groove"

マイルス・デヴィス（tp）《ザ・マン・アイ・ラヴ》Miles Davis (tp) 'The Man I Love'

マイルス・デヴィス（tp）《ブルース・バイ・ファイヴ》『マイルストーンズ』《グリーン・ドルフィン・ストリート》『カインド・オブ・ブルー』『スケッチズ・オブ・スペイン』Miles Davis (tp) 'Blues By Five' "Milestones" 'On Green Dolphin Street' (1958) "Kind Of Blue" "Sketches Of Spain"

マイルス・デヴィス（tp）《フラメンコ・スケッチズ》Miles Davis (tp) 'Flamenco Sketches'

マイルス・デヴィス（tp）『ブラック・ホークのマイルス』『フォア・アンド・モア』『マイ・ファニー・ヴァレンタイン』《ソー・ホワット》《オール・オブ・ユー》Miles Davis (tp) "In Person Friday and Saturday Nights at the Blackhawk, Complete"（本書執筆の当時は２枚の別売だった）。"Four & More" "My Funny Valentine" 'So What' 'All Of You'

マイルス・デヴィス（tp）《サムデイ・マイ・プリンス・ウイル・カム》《テオ》Miles Davis (tp) 'Someday My Prince Will Come' 'Teo'

マイルス・デヴィス（tp）『ESP』『マイルス・スマイルズ』Miles Davis (tp) "E.S.P." "Miles Smiles"

マイルス・デヴィス（tp）『ソーサラー』Miles Davis (tp) "Sorcerer"

マイルス・デヴィス（tp）『ネフェルティッティ』Miles Davis (tp) "Nefertiti"

マイルス・デヴィス（tp）《マイルス、ヴードゥを追求》Miles Davis (tp) 'Miles Runs The Voodoo Down'

マイルス・デヴィス（tp）『イン・ア・サイレント・ウェイ』Miles Davis (tp) "In A Silent Way"

フリー・ジャズとポスト・フリー・ジャズ

オーネット・コールマン（as）『来るべきジャズの姿』『ジス・イズ・アワー・ミュージック』Ornette Coleman (as) "The Shape Of Jazz To Come" "This Is Our Music"

『ウェザー・リポート』"Weather Report"

ジョー・ザヴィヌル（p）『ザヴィヌル』Joe Zawinul (p) "Zawinul"

チック・コリア（p）『リターン・トゥ・フォーエヴァー』Chick Corea (p) "Return To Forever"

後期の巨人たち　チャーリー・ミンガス

チャーリー・ミンガス（b）《直立猿人》《ハイチ人の戦闘の歌》Charles Mingus (b) 'Pithecanthropus Erectus' 'Haitian Fight Song'

チャーリー・ミンガス（b）《ブルー・シー》Charles Mingus (b) 'Blue Cee'

チャーリー・ミンガス（b）《ホワット・ラヴ》Charles Mingus (b) 'What Love'

ソニー・ロリンズ（ts）『サキソフォン・コロッサス』Sonny Rollins (ts) "Saxophone Colossus"

チャーリー・ミンガス（b）『ミンガス・アー・ウン』《ベター・ギット・イット・イン・ユア・ソウル》『ブルース・アンド・ルーツ』《水曜日の夜の祈りのつどい》Charles Mingus (b) "Mingus ah um" 'Better Git It In Your Soul' "Blues & Roots"

'Wednesday Night Prayer Meeting'

後期の巨人たち　ソニー・ロリンズ

ソニー・ロリンズ（ts）『オン・インパルス』『アルフィー』『イースト・ブロードウェイ・ラン・ダウン』Sonny Rollins (ts) "On Impulse!" "Alfie" "East Broadway Run Down"

ソニー・ロリンズ（ts）『ウェイ・アウト・ウエスト』Sonny Rollins (ts) "Way Out West"

ソニー・ロリンズ（ts）『Sonny Rollins, Art Blakey, Kenny Drew: With The Modern Jazz Quartet』《スロー・ボート・トゥ・チャイナ》《マンボ・バウンス》Sonny Rollins (ts) 'On A Slow Boat To China' 'Mambo Bounce'

ソニー・ロリンズ（ts）『ワークタイム』Sonny Rollins (ts) "Work Time"

ソニー・ロリンズ（ts）『ソニー・ロリンズ・プラス・フォア』《ヴァルス・ホット》Sonny Rollins (ts) "Plus 4" 'Valse Hot'

マックス・ローチ（ds）『ジャズ・イン・3/4タイム／マックス・ローチ』Max Roach (ds) "Jazz In 3/4 Time"

ソニー・ロリンズ（ts）『自由組曲』Sonny Rollins (ts) "Freedom Suite"

後期の巨人たち　セロニアス・モンク

セロニアス・モンク（p）『セロニアス・ヒムセルフ』収録《アイ・シュッド・ケア》Thelonious Monk (p) "Thelonious Himself" 'I Should Care'

セロニアス・モンク（p）『ブリリアント・コーナーズ』収録《アイ・サレンダー・ディア》Thelonious Monk (p) "Brilliant Corners" 'I Surrender, Dear'

セロニアス・モンク（p）《クレパスキュール・ウィズ・ネリー》Thelonious Monk (p) 'Crepuscule With Nellie'

セロニアス・モンク（p）《ウェル・ユー・ニードント》《ルビー・マイ・ディア》Thelonious Monk (p) 'Well You Needn't' 'Ruby My Dear'

後期の巨人たち　セシル・テイラー

セシル・テイラー（p）《シングス・エイント・ホワット・ゼイ・ユースド・トゥ・ビー》《ジャンピン・パンキンス》《ジョニー・カム・レイトリー》Cecil Taylor (p) 'Things Ain't What They Used To Be' 'Jumpin' Punkins' 'Johnny Come Lately'

後期の巨人たち　オーネット・コールマン

オーネット・コールマン（as, tp, vn）『フレンド・アンド・ネイバーズ』Ornette Coleman (as, tp, vn) "Friends And Neighbors"

オーネット・コールマン（as）『フリー・ジャズ』Ornette Coleman (as) "Free Jazz"

オーネット・コールマン（as）『明日が問題だ』Ornette Coleman (as) "Tomorrow Is The Question!"

ソニー・ロリンズ（ts）『アワー・マン・イン・ジャズ』Sonny Rollins (ts) "Our Man In Jazz"

ジャッキー・マクリーン（as）『レット・フリーダム・リング』Jackie McLean (as) "Let Freedom Ring"

オーネット・コールマン（as）『サムシング・エルス』Ornette Coleman (as) "Something Else!!!!"

後期の巨人たち　エリック・ドルフィー

チコ・ハミルトン・クインテット《ブルー・サンズ》Chico

Hamilton Quintet 'Blue Sands'

エリック・ドルフィー（as, bcl, fl）『惑星』Eric Dolphy (as, bcl, fl) "Outward Bound"

ジョン・コルトレーン（ss, ts）『オレ／コルトレーン』John Coltrane (ss, ts) "Olé Coltrane"

エリック・ドルフィー（as）『ベニー・ゴルソン／Pop + Jazz = Swing』Eric Dolphy (as) "Triple Play Stereo Pop + Jazz = Swing"

エリック・ドルフィー（as, bcl, fl）『アウト・トゥ・ランチ』Eric Dolphy (as, bcl, fl) "Out To Lunch!"

フレディ・ハバード（tp）『ボディ・アンド・ソウル』Freddie Hubbard (tp) "The Body & The Soul"

オリヴァー・ネルソン（as, ts）『スクリーミン・ザ・ブルース』Oliver Nelson Sextet Featuring: Eric Dolphy / Richard Williams "Screamin' The Blues"

オリヴァー・ネルソン（as, ts）『ブルースの真実』Oliver Nelson (as, ts) "The Blues And The Abstract Truth"

オリヴァー・ネルソン（as, ts, cl）、エリック・ドルフィー（as, bcl, fl）『ストレイト・アヘッド』収録《ラルフズ・ニュー・ブルース》Oliver Nelson With Eric Dolphy "Straight Ahead" 'Ralph's New Blues'

チャールズ・ミンガス（b）『ミンガス・プレゼンツ・ミンガス』収録《フォーク・フォーム NO.1》《ホワット・ラヴ》Charles Mingus (b) "Presents Charles Mingus" 'Folk Forms No.1' 'What Love'

エリック・ドルフィー（as）《ストーミー・ウェザー》Eric Dolphy (as) 'Stormy Weather'

エリック・ドルフィー（as, bcl, fl）『ファー・クライ』収録《ミ

ス・アン》Eric Dolphy (as, cl, fl) “Far Cry!” ‘Miss Ann’

『アビー・リンカーン／ストレイト・アヘッド』Abbey Lincoln (vo) “Straight Ahead”

『ブッカー・リトル／アウト・フロント』Booker Little (tp) “Out Front”

『コルトレーン／アフリカ・ブラス』John Coltrane (ts) “Africa / Brass”

「二人の生涯の絶頂を記録する『ファイヴ・スポット』の実況盤」Eric Dolphy / Booker Little Quintet “At The Five Spot - Complete Edition”

『マックス・ローチ／パーカッション・ビター・スイート』Max Roach (ds) “Percussion Bitter Sweet”

『ファイヴ・スポットのドルフィー』Eric Dolphy (as) “At The Five Spot Vol.1, 2”

『ジョージ・ラッセル／エズセティック』収録《ラウンド・アバウト・ミッドナイト》George Russell Sextet “Ezz-thetics” ‘Round About Midnight’

エリック・ドルフィー（as）《ザ・プロフェット》Eric Dolphy (as) ‘The Prophet’

エリック・ドルフィー（fl）《ライク・サムワン・イン・ラヴ》Eric Dolphy (fl) ‘Like Someone In Love’

エリック・ドルフィー（fl）《君は恋を知らない》《チャーリー・パーカー頌歌》『アイアン・マン』Eric Dolphy (fl) ‘You Don’t Know What Love Is’ ‘Ode To Charlie Parker’ “Iron Man”

後期の巨人たち　ジョン・コルトレーン

ソニー・ロリンズ（ts）、ジョン・コルトレーン（ts）《テナー・マドネス》Sonny Rollins (ts), John Coltrane (ts) ‘Tenor

Madness'

マイルス・デヴィス（tp）、ギル・エヴァンス（arr）『マイルス・アヘッド』Miles Davis (tp), Gil Evans (arr) "Miles Ahead"

ジョン・コルトレーン（ts）『トレーニング・イン』『ブルー・トレーン』John Coltrane (ts) "Traneing In" "Blue Train"

ジョン・コルトレーン（ts）『ジャイアント・ステップス』収録《ネイマ》John Coltrane (ts) "Giant Steps" 'Naima'

ジョン・コルトレーン（ts）『チェイシン・ザ・トレーン』『インプレッション』『プレイズ・ザ・バラード』John Coltrane (ts) "Chasing Trane" "Impressions" "Ballads"

ジョン・コルトレーン（ts）『至上の愛』John Coltrane (ts) "A Love Supreme"

アーチー・シェップ（ts）『フォア・フォー・トレイン』Archie Shepp (ts) "Four For Trane"

ジョン・コルトレーン（ts）、アーチー・シェップ（ts）『ニュー・シング・アット・ニューポート』John Coltrane (ts), Archie Shepp (ts) "New Thing At Newport"

ジョン・コルトレーン（ts）『神の園（アセンション）』John Coltrane (ts) "Ascension"

ジョン・コルトレーン（ts）『ヴィレッジ・ヴァンガード・アゲイン』収録《マイ・フェバリット・シングス》John Coltrane (ts) "Live At The Village Vanguard Again!" 'My Favorite Things'

ジョン・コルトレーン（ts）『エキスプレッションズ』John Coltrane (ts) "Expression"

第四章　余滴

ジャズ録音史

ビクター盤『ディキシー・ジャズ・バンド・ワン・ステップ』 Original Dixieland 'Jass' Band "Dixie Jass Band One Step / Livery Stable Blues"

ODJB《ダークタウン・ストラッターズ・ボール》《インディアナ》 Original Dixieland Jass Band 'Darktown Strutters' Ball' 'Indiana'

ODJB《馬小屋のブルース》Original Dixieland 'Jass' Band 'Livery Stable Blues'

デューク・エリントン楽団《タイガー・ラグ》Duke Ellington (orch) 'Tiger Rag' 1929

レッド・ニコルス（tp）《オン・リバイバル・デイ》Red Nichols And His Five Pennies 'On Revival Day' 1930

デューク・エリントン楽団《クリオール・ラプソディ》Duke Ellington (orch) 'Creole Rhapsody' 1931

デューク・エリントン楽団『Masterpieces By Ellington』Duke Ellington (orch) "Masterpieces By Ellington"

黒人と宗教

ルイ・アームストロング（tp）《聖者の行進》Louis Armstrong (tp) 'When the Saints Go Marching In' 1938

ジャズ・ダンス

カウント・ベイシー楽団《ショーティ・ジョージ》Count Basie (orch) 'Shorty George'

ベニー・グッドマン楽団《ジャーシー・バウンス》Benny Goodman

(orch) 'Jersey Bounce'

ジャズとラテン音楽

ジェリー・ロール・モートン作曲《ニューオリンズ・ブルース》 'New Orleans Blues' / Jelly Roll Morton

ジェリー・ロール・モートン（p）『スペインの痕跡』収録《クリーピー・フィーリング》《ママ・ニータ》《クレーヴ》《ラ・パロマ》Jelly Roll Morton (p) "The Saga Of Mr. Jelly Lord Vol. IV - The Spanish Tinge" 'Creepy Feeling' 'Mama 'Nita' 'The Crave' 'La Paloma'

ソニー・ロリンズ（ts）《セント・トーマス》《新しい娘をみつけた》Sonny Rollins (ts) 'St. Thomas' ' I've Found A New Baby'

アルバート・アイラー（ts）《ゴースト》Albert Ayler (ts) 'Ghosts'

本書は、一九七二年にスイング・ジャーナル社より刊行された『ジャズの歴史物語』を文庫化したものです。

著者が生前に遺した訂正指示等を反映させたほか、統一のため一部の表記を変更し、アルバム名の表記は『』、曲名は《》に揃えました。

本書中には、混血、ニグロ、黒ん坊、ニガー、黒人ゲットー、釜ッ気、片ちんば、ジャズキチ、気狂い、パンパン、私生児といった差別語、ならびに今日の人権擁護の見地に照らして不適切とみられる表現がありますが、人権意識の高くない時代の作品であること、および著者が故人であり、扱っている題材の歴史的状況およびその状況における著者の記述を正しく理解するため、底本のままとしました。

（編集部）

ジャズの歴史《れきし》物語《ものがたり》

油《ゆ》井《い》正一《しょういち》

平成30年 3月25日　初版発行
令和6年 11月15日　10版発行

発行者●山下直久

発行●株式会社KADOKAWA
〒102-8177　東京都千代田区富士見2-13-3
電話　0570-002-301（ナビダイヤル）

角川文庫 20851

印刷所●株式会社KADOKAWA
製本所●株式会社KADOKAWA

表紙画●和田三造

●お問い合わせ
https://www.kadokawa.co.jp/（「お問い合わせ」へお進みください）
※内容によっては、お答えできない場合があります。
※サポートは日本国内のみとさせていただきます。
※Japanese text only

ISBN978-4-04-400341-8　C0173

◆◇◇

角川文庫発刊に際して

角 川 源 義

第二次世界大戦の敗北は、軍事力の敗北であった以上に、私たちの若い文化力の敗退であった。私たちの文化が戦争に対して如何に無力であり、単なるあだ花に過ぎなかったかを、私たちは身を以て体験し痛感した。西洋近代文化の摂取にとって、明治以後八十年の歳月は決して短かすぎたとは言えない。にもかかわらず、近代文化の伝統を確立し、自由な批判と柔軟な良識に富む文化層として自らを形成することに私たちは失敗して来た。そしてこれは、各層への文化の普及滲透を任務とする出版人の責任でもあった。

一九四五年以来、私たちは再び振出しに戻り、第一歩から踏み出すことを余儀なくされた。これは大きな不幸ではあるが、反面、これまでの混沌・未熟・歪曲の中にあった我が国の文化に秩序と確たる基礎を齎らすためには絶好の機会でもある。角川書店は、このような祖国の文化的危機にあたり、微力をも顧みず再建の礎石たるべき抱負と決意とをもって出発したが、ここに創立以来の念願を果すべく角川文庫を発刊する。これまで刊行されたあらゆる全集叢書文庫類の長所と短所とを検討し、古今東西の不朽の典籍を、良心的編集のもとに、廉価に、そして書架にふさわしい美本として、多くのひとびとに提供しようとする。しかし私たちは徒らに百科全書的な知識のジレッタントを作ることを目的とせず、あくまで祖国の文化に秩序と再建への道を示し、この文庫を角川書店の栄ある事業として、今後永久に継続発展せしめ、学芸と教養との殿堂として大成せんことを期したい。多くの読書子の愛情ある忠言と支持とによって、この希望と抱負とを完遂せしめられんことを願う。

一九四九年五月三日

角川ソフィア文庫ベストセラー

角川ソフィア文庫ベストセラー

落語名作200席（上）（下）　京須偕充

寄席や落語会で口演頻度の高い噺を厳選。演目別に筋書と主な会話、噺の落ちと結末、どの噺家の十八番かなどをコンパクトにまとめた。落語の初心者・上級者を問わず役に立つ、極上のガイドブック。

落語ことば・事柄辞典　榎本滋民　編／京須偕充

落語を楽しむ616項目を、時・所・風物／金銭・暮らし・衣食住／文化・芸能・娯楽／男と女・遊里・風俗／武家・制度・罪／心・体・霊・異の6分野、五十音順に配列して解説。豊富な知識満載の決定版。

聖書物語　木崎さと子

キリスト教の正典「聖書」は、宗教書であり、良質の文学でもある。そのすべてを芥川賞作家が物語として再構成。天地創造、バベルの塔からイエスの生涯、そして黙示録まで、豊富な図版とともに読める一冊。

イスラーム世界史　後藤明

肥沃な三日月地帯に産声をあげる前史から、宗教としての成立、民衆への浸透、多様化と拡大、近代化、そして民族と国家の20世紀へ——。イスラーム史の第一人者が日本人に語りかける、100の世界史物語。

ミレーの生涯　アルフレッド・サンスィエ　井出洋一郎＝監訳

「芸術は命がけだ」——〈種まく人〉〈落穂拾い〉をはじめ、農民の真の美しさを描き続けた画家ミレー。感動の名画を生んだのは、波乱と苦難に満ちた生涯だった。公私共に支えた親友が描くミレー伝の名著！